# Vagabond des mers du Sud

DU MÊME AUTEUR AUX ÉDITIONS J'AI LU

*La longue route*, N° 3738.

*Cap Horn à la voile*, N° 4038.

*Tamata et l'alliance*, N° 4138.

# BERNARD MOITESSIER

## Vagabond des mers du Sud

RÉCIT

Préface de Véronique Lerebours

LES GRANDES LATITUDES

J'AI LU

*Note de l'éditeur*

Le texte de cette édition est le texte d'origine de la première édition de *Vagabond des mers du Sud*.

La première édition de cet ouvrage est parue en 1960 aux Éditions Flammarion dans la collection « Aventure vécue ».

# Préface

Soixante ans séparent le départ de Saïgon de Bernard Moitessier avec son ami Deshumeurs, à bord du *Snark*, de cette nouvelle édition de *Vagabond des mers du Sud*.

« *... Cette fois, j'ai quitté pour de vrai mon pays natal... enfin le Grand Départ ! Pour la première fois de ma vie, je suis libre, vraiment libre.* » C'était en 1951.

Quand les éditions Arthaud m'ont proposé de rédiger une préface à cette nouvelle édition, j'ai été tout d'abord touchée par la proposition, un peu inquiète, peut-être, et j'ai replongé dans la lecture de ce premier ouvrage de l'œuvre littéraire de Bernard Moitessier qui en comprend quatre (sans compter le livre technique posthume).

Avec une question en tête : quel attrait, quelle magie opèrent dans ces lignes écrites il y a plus de cinquante ans, racontant des aventures maritimes qui débutent quand l'auteur quitte l'Indochine de l'époque et se terminent par le naufrage de *Marie-Thérèse II*, pour que ce livre soit toujours réédité ?

J'ai interrogé autour de moi.

Henry Wakelam, le complice de Bernard dans ses aventures, le rend responsable, des années plus tard de la rencontre avec sa future femme Yannick, qui « *a dévoré* Vagabond des mers du Sud *et a commencé à rêver de rencontrer des aventuriers de la trempe de Bernard et Henry (moi-même) tels que décrits dans ce récit. Quelques années plus tard, elle partait en solitaire sur un voilier autour du monde. Huit ans après, elle croisait mon chemin.* »[1]

Pour son ancien éditeur et ami Jacques Arthaud, ce premier livre est « *la grande révélation de l'homme dans tous ses détails, dans tous ses coins et ses recoins. On y fait la découverte de son esprit, de ses amis, de sa civilisation, de sa souffrance et de sa naïveté... Je ne prends pas ce mot dans son sens péjoratif, mais dans son côté charmeur et dans sa fraîcheur. Bernard avait cette qualité merveilleuse : toute histoire qu'il racontait se transformait en conte.* »[2]

Pour la navigatrice Nicole van de Kerchove :
« Vagabond des mers du Sud *m'avait donné envie de rencontrer son auteur.* »[3]

Pour l'écrivain navigateur Gérard Janichon :
« *Après avoir lu* Vagabond des mers du Sud, *nous rêvions de cette fraternité entre vagabonds et autres oiseaux du large que nous avions découverte à travers ce livre et de copains que l'on retrouve d'escale en escale.* »[4]

---

1. Extraits de *Bernard Moitessier au fil des rencontres*, Véronique Lerebours, Arthaud, 2004.
2. Extraits de *Bernard Moitessier au fil des rencontres*, Véronique Lerebours, Arthaud, 2004.
3. Extraits de *Bernard Moitessier au fil des rencontres*, Véronique Lerebours, Arthaud, 2004.
4. Extraits de *Bernard Moitessier au fil des rencontres*, Véronique Lerebours, Arthaud, 2004.

Et enfin, pour un ami navigateur actuel, c'est l'incarnation du Vagabond qui fascine et inspire un mode de vie à travers « *l'habilité à mener sa vie en dehors des clous tout en ayant l'habileté de négocier au mieux les passages obligatoires qu'impose la vie en société.* »

Pour ma part, la réponse est probablement dans le mot *Aventure* avec un grand A, avec tous ses ingrédients : jeunesse, passion, débrouillardise à tous crins, méthode de récupération, bluff. Un côté fonceur et pragmatique, un besoin impérieux d'aller voir ailleurs et de vivre intensément un mode de vie choisi et non subi, avec ce leitmotiv : « Essayer au lieu de prétendre que la chose est impossible ».

En soixante ans, l'art de naviguer a beaucoup évolué, grâce aux progrès de la technique. Nous sommes aujourd'hui à l'heure du GPS et du portable, en quelque sorte à l'époque de la communication et de l'information immédiate. Lire ce livre, c'est réaliser la difficulté de naviguer avec très peu de moyens et totalement isolé du reste du monde. Bernard Moitessier est parti de Saïgon avec pour seuls instruments de navigation un compas et un sextant qui lui permettaient de connaître uniquement sa latitude. Obtenir une position précise, en croisant longitude et latitude, nécessite de disposer d'une heure précise, d'éphémérides et de tables de calcul (avant l'avènement des calculatrices), telles celles de Dieumegard qu'il apprendra à maîtriser... une fois en route, en montant à bord des navires de la marine.

Mais, par-dessus tout, je retiens la formidable capacité à rebondir de Bernard, à « faire avec » la situation qui se présente, et à transformer une situation « au creux de la vague » en nouveau départ. L'histoire même de ce livre en témoigne : après des aventures maritimes qui le laissent totalement démuni, sans bateau et sans le sou, il se lance dans leur récit, suite à l'incitation du journaliste et ami Jean-Michel Barrault, découvre un talent d'écriture qui deviendra ensuite le moyen de remplir sa caisse de bord, et attire sympathie et générosité.

Et la suite est quasi magique :
« *Jean Knocker a aimé le bouquin. Il dessine gratuitement les plans de mon futur bateau. Je le baptise* Joshua *en hommage au grand navigateur Joshua Slocum.*

*Fricaud a aimé le bouquin. Il construit* Joshua *au coût de la tôle et des baguettes de soudure. Et oui, ça existe...* »[1]
Et ainsi va la vie de Bernard, être charismatique.

Je vais tenter de résumer la « recette » de celui qui fut mon compagnon de vie et dont je peux témoigner qu'elle lui servait encore et toujours :
1. Rêver.
2. Aller voir si c'est vrai, se confronter à la réalité.
3. Apprendre en faisant, au contact des autres.
4. Raconter, témoigner et transmettre pour aider les autres à rêver, puis à oser réaliser, transmettre, etc.
5. Et donner ainsi du sens à son propre cheminement.

Un petit clin d'œil pour finir avec une note d'actualité :
Ces jours-ci, j'ai eu la joie de participer à la remise du Prix littéraire Bernard Moitessier au Bono, petite commune du Morbihan où repose désormais ce dernier. L'heureux lauréat, auteur de *L'Aventure de TaraTari*, s'appelle Corentin de Chatelperron. Lorsque j'ai vu pour la première fois ce jeune homme de 27 ans près de son voilier en fibre de jute, avec des dérives

---

1. Extraits de *Tamata et l'Alliance*, Bernard Moitessier, Arthaud, 1993.

latérales bricolées à partir de matériaux de récupération, j'ai cru voir Bernard Moitessier à cet âge quittant Saïgon pour ses aventures dans les mers du Sud. J'ai retrouvé dans ce jeune aventurier des temps modernes parti du Bangladesh pour rejoindre La Ciotat, pour démontrer la faisabilité de la fibre de jute comme matériau de base pour la construction des bateaux de pêches locaux, le même esprit, la passion, le culot, et l'envie de transmettre.

Oser, croire que le rêve est possible, qu'il est possible de changer le monde avec peu de moyens mais beaucoup de passion… je vois que la relève est là et cela me réjouit.

Véronique LEREBOURS
Le Bono, 6 juin 2011

# 1
# Dans l'océan Indien

Le livre de bord portait, ce jour-là, la date du 4 septembre 1952. Nous en étions à notre quatre-vingt-cinquième jour depuis Singapour.

« Je dis "nous", puisque nous étions deux : *Marie-Thérèse* et moi. En réalité nous ne faisions qu'un, comme ne font qu'un le corps et l'esprit qui habite ce corps.

Cette fusion de l'homme et du bateau s'était établie progressivement, par étapes : à notre première rencontre, j'étais simplement amoureux de cette belle jonque du golfe de Siam aux formes pleines et robustes, fleurant bon l'huile de bois, avec sa pièce d'étrave jaillissant de l'avant pour en prolonger gracieusement la forte tonture, montrant à la fois le ciel et l'horizon… et les terres derrière cet horizon.

Mais pour que le bateau et l'homme ne fassent qu'un, totalement, il fallut, je pense, la Mousson de l'océan Indien où nous étions allés nous égarer candidement, « pour voir si c'était vrai », un peu comme pour jouer.

Or « c'était vrai » : la Mousson ne jouait pas. Nous avions alors remonté ensemble cet enfer de vents contraires pour pouvoir en sortir, tirant bord après bord, inlassablement, pendant six semaines.

Car cette Mousson du sud-ouest fut un enfer pour l'unité que nous représentions déjà ; un enfer au sein

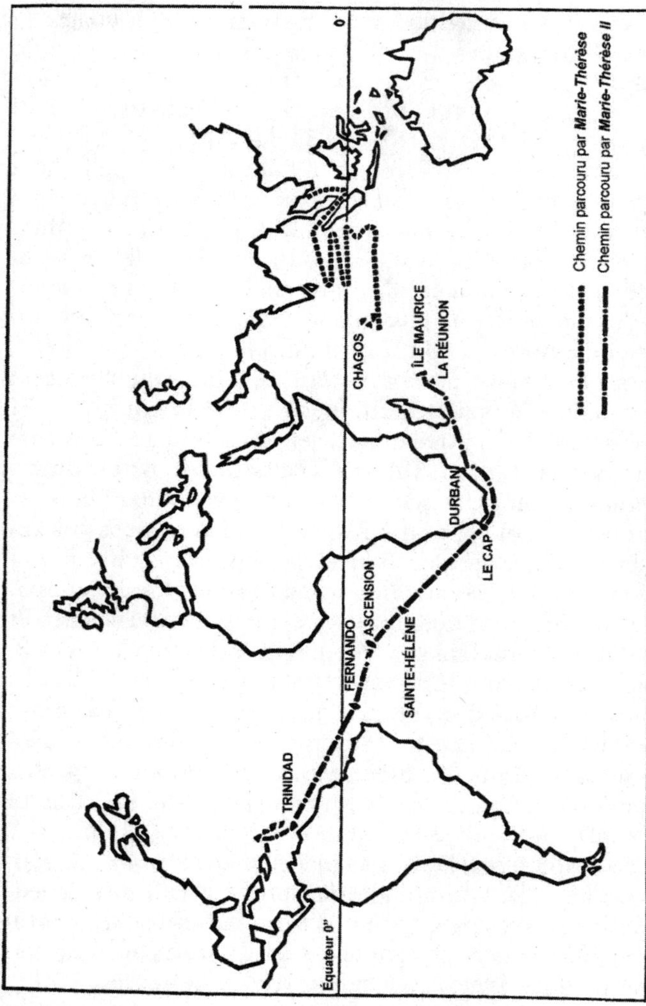

Équateur 0°
0°
TRINIDAD
FERNANDO
ASCENSION
SAINTE-HÉLÈNE
LE CAP
DURBAN
LA RÉUNION
ÎLE MAURICE
CHAGOS
Chemin parcouru par Marie-Thérèse
Chemin parcouru par Marie-Thérèse II

duquel l'idée qu'il pût exister autre chose, ailleurs, n'effleurait même pas l'esprit.

C'était l'éternité des vents contraires et des coups de vent entrecoupés de calmes plats trop courts pour que la mer pût s'apaiser. Et cela, sous un ciel gris de saison des pluies qui en bannissait la plus belle divinité du marin : le Soleil.

Je ne devais plus être tout à fait un être humain, à la fin de notre première semaine dans l'océan Indien : une espèce d'animal aquatique plutôt, mû par un instinct. Car sitôt placé en face de ce mur de vent, à la sortie du détroit de Malacca, l'intelligence n'eût servi à rien. L'intelligence, non plus que tous les sentiments qui animent habituellement l'esprit humain.

L'esprit s'était alors dépouillé de tout ce qui aurait pu lui nuire, puisque ce qui ne sert à rien peut nuire. Et seul l'instinct animal qui demeure au fond de chacun de nous était remonté en surface pour s'hypertrophier, prendre intégralement possession de l'unité « bateau-homme », et lui donner le seul ordre ayant alors un sens : tenir, quoi qu'il arrive. Tenir, sans chercher à comprendre. Tenir l'étrave du bateau le plus près possible du vent, très au large de la terre et de ses rochers. Et surtout, vivre dans le présent, rien que dans le présent, en oubliant tout le reste.

Puis la Mousson fut traversée. Comment et pourquoi, je l'ignore, car une fois atteinte la zone des alizés favorables, l'animal qui régnait encore quelques jours plus tôt était à son tour devenu inutile, donc nuisible et l'esprit engourdi se réveilla.

L'humain reprit alors sa place. Mais l'homme ne pouvait juger ni comprendre l'animal qu'il avait été pendant six semaines. Cela n'importait pas, du reste, puisque nous étions passés et que la Mousson, maintenant dans notre sillage, appartenait à un temps révolu.

J'avais quitté la petite île de Porlo-Angska le 12 juin. C'était notre dernière escale dans le détroit de Malacca.

De là, une navigation sans trop d'incidents nous avait conduits à l'entrée de l'océan Indien, atteint le 3 juillet.

Puis ce fut la Mousson (n'en parlons plus !), et enfin l'alizé atteint aux environs du 12 août. Un alizé de l'océan Indien... ! Ils portent le même nom dans tous les océans, mais se conduisent souvent d'une manière un peu différente. C'était pourtant l'alizé, malgré son humeur changeante et la mer confuse qu'il soulevait souvent. Une sorte de Paradis, comparé à ce qui avait précédé.

*Marie-Thérèse* se dirigeait cap à l'Ouest, vers les îles Seychelles, depuis qu'elle avait atteint la zone des vents portants. Je possédais, pour tout instrument de navigation, un compas et un sextant : autrement dit, juste assez pour calculer une latitude à midi. Quant à la longitude, il fallait l'estimer depuis deux mois, car il n'y avait pas de chronomètre à bord, ni même un loch ; encore moins un récepteur à pile sèche pour capter les signaux horaires, ce qui m'eût permis au besoin d'utiliser le réveille-matin en guise de chronomètre et d'obtenir ainsi une longitude avec une approximation suffisante pour atteindre les Seychelles, après avoir contourné le grand banc des Chagos situé entre *Marie-Thérèse* et l'escale choisie.

Faute de moyens pour calculer une position exacte, je pensais pouvoir compter sur le fameux « flair » marin qui sait déceler l'approche d'une terre à de multiples signes : algues flottantes, augmentation du nombre des poissons volants, différences à peine perceptibles dans le comportement de la mer dont la respiration habituelle peut se trouver troublée par des courants ; enfin la présence, dans le ciel, des goélettes blanches, petits oiseaux de mer qui ne s'éloignent pas à plus d'une quarantaine de milles de la côte, et dont un ami de Singapour, qui avait séjourné dans différentes îles de l'océan Indien, m'avait longuement parlé.

Mais aucun de ces signes ne s'était encore révélé. Peut-être mes sens n'étaient-ils pas assez affinés pour les intercepter. Et *Marie-Thérèse* poursuivait sa route, barre amarrée, au vent arrière depuis des semaines...

Mon estime, le 4 septembre à midi, nous plaçait à 500 ou 600 milles à l'est de Diego-Garcia, l'atoll le plus au sud des Chagos.

Mon premier objectif était de passer à une dizaine de milles au nord de cet atoll, avant de faire un cap Nord jusqu'à la latitude de Mahé de Seychelles, pour virer ensuite à l'angle droit et naviguer vers l'Ouest en direction des Seychelles. En débordant Diego-Garcia « sous son vent », l'alizé soufflant du Sud-Est dans l'hémisphère sud, je ne pourrais manquer de déceler une différence dans le comportement des vagues. Mais si l'estime me plaçait à 500 ou 600 milles dans l'est de Diego-Garcia, mon instinct me disait : « Ouvre l'œil ; il se peut que tu en sois beaucoup plus près... »

Il me le disait depuis trois jours.

Or, j'avais beau ouvrir l'œil, je n'avais perçu aucun indice : pas d'algues, pas plus de poissons, pas d'autres oiseaux de mer que les paille-en-queue et les pétrels qui m'accompagnaient depuis la sortie du détroit de Malacca.

Quant à la mer, elle avait toujours eu un comportement irrégulier dans cet alizé chargé de grains. Masque fermé, un peu grimaçant, que sait prendre la mer lorsqu'elle se refuse à parler...

Mais je ne suis pas vraiment inquiet ; pourtant cette voix intérieure insiste :

« Attention, mon petit, attention... ! »

Le soleil va bientôt se coucher. Coup d'œil circulaire, vers l'avant surtout : rien dans le ciel ; aucune goélette blanche. Puis je vais prendre mon repos habituel de la nuit : une heure de sommeil suivie d'un tour sur le pont et d'un coup d'œil à l'avant, sur l'horizon : rien. Ou plutôt, la mer éternelle avec son horizon estompé, mais visible lorsqu'une houle plus forte que ses sœurs prend *Marie-Thérèse* sur sa crête argentée par les rayons de la pleine lune, encore basse dans le ciel.

Sur le pont, la caresse de l'alizé est douce à mon corps dévêtu. Cet alizé a soufflé grand frais depuis cinq jours, sans trop de grains, emmenant avec lui, en même temps que mon bateau, de grandes touffes nuageuses séparées d'éclaircies étendues, au sein desquelles le chaud soleil brille dans la journée, les étoiles pendant la nuit.

Cet Infini de mer, de vent, de nuages, de soleil et d'étoiles demeureront notre bien quelques semaines encore, jusqu'à ce que l'ancre s'en aille crocher le corail d'une baie des îles Seychelles bordée de cocotiers.

La fraîcheur de la nuit se fait maintenant sentir. Coup d'œil sur le compas : le cap est bon ; je l'avais corrigé à midi, après le calcul de la latitude qui nous plaçait à quelques milles trop au sud de la ligne tracée sur la carte : ce courant sud, assez important, s'était manifesté depuis huit jours et ne pouvait avoir pour cause la déviation du courant équatorial par le grand banc des Chagos.

Instant d'hésitation : faut-il laisser la barre comme elle est, ou bien la pousser d'un centimètre sur bâbord, afin de modifier le cap de quelques degrés vers le Nord ?

Attention ! le mieux est l'ennemi du bien... Le réglage opéré à midi doit être correct. Et *Marie-Thérèse* poursuit sa route au vent arrière, grand-voile filée jusqu'aux haubans tribord, trinquette bordée plat dans l'axe du bateau.

Ce bateau est ma fierté car, d'après tous les récits que j'ai lus, seul le *Spray* de Slocum tenait son cap barre amarrée au vent arrière sous voilure de route, sans avoir besoin de trinquettes jumelles. *Marie-Thérèse* en fait autant depuis des semaines (l'artimon est amené, bien entendu). Coup de chance peut-être ? Cela ne m'empêche pas d'être fier de mon bateau.

La lune vient d'amorcer sa descente vers l'Ouest, lorsqu'un coup de gîte d'une extrême brutalité, me projette contre la cloison tribord de la cabine.

La seconde qui suit me trouve sur le pont, étreignant le mât d'artimon pour éviter d'être emporté par le mur liquide qui va balayer le bateau, de l'arrière à l'avant, avec toute la rage d'une lame montant à l'assaut de la côte...

*Marie-Thérèse* se couche encore, sous l'impact de cette vague qui la traîne par le travers sur le récif couvert d'un mètre d'eau, débordant d'une demi-encablure l'atoll de Diego-Garcia, en même temps qu'une fade odeur de corail broyé s'élève du fond, mêlée à celle des algues.

Une troisième lame, terrible de puissance, vient s'écraser de plein fouet sur la coque inclinée, dans un nuage d'eau pulvérisée qu'emporte l'alizé. Longue plainte du bois mordu par le corail sur lequel est traînée *Marie-Thérèse*. Ô mon bateau, ton agonie sera brève, dans cette mer blanche d'écume...

Encore quelques vagues furieuses ; puis l'espoir renaît : *Marie-Thérèse* a été poussée jusqu'à une vingtaine de mètres de la bordure de corail. La grosse houle océane y a perdu une partie de sa puissance après le premier déferlement sur l'accore du récif. La table corallienne est plus profonde d'une vingtaine de centimètres, et la coque semble souffrir un peu moins qu'au début...

Après une demi-heure de violents talonnages, *Marie-Thérèse* arrive presque à la plage, toujours couchée sur le côté, poussée par la houle. J'envoie alors les deux ancres par-dessus bord, afin que le bateau ne risque pas d'être entraîné par le fort courant de marée descendante. Courant Sud...

Sa pauvre coque a déjà subi des ébranlements mortels. Et cela continue... L'eau a rempli les fonds par les fissures du calfatage, alourdissant le bateau qui résiste par sa force d'inertie à celle des lames. Pour combien de temps encore ?

La lune est maintenant descendue d'une dizaine de degrés dans l'Ouest. Si la marée n'a pas encore commencé de baisser, elle le fera bientôt.

Craquements douloureux de toute la carène. Souffrance de la coque et souffrance de l'homme dont les entrailles se tordent à chaque cri du bordé jeté contre le corail impitoyable...

Le safran du gouvernail est brisé. Les chevilles de bois, qui remplacent les clous dans la plupart des bateaux asiatiques, ont pris du jeu. L'eau a maintenant envahi la cabine...

Et cette marée qui ne veut pas baisser ! Seigneur du Ciel et de la Mer, faites qu'elle descende vite ; alors, avec votre aide et celle des habitants de Diego-Garcia, je sauverai peut-être *Marie-Thérèse*...

Le niveau de l'eau est encore monté, à l'intérieur de la coque, et je jette hâtivement quelques effets dans une cantine métallique qui est ensuite portée, non sans peine, sous un fourré de la plage : ceci pour le cas où des pillards découvriraient *Marie-Thérèse* pendant que je serai à terre, cherchant de l'aide.

Deux autres voyages jusqu'à la plage où je cache une valise de linge, le sextant, le mince matelas cambodgien. Tout est trempé, mais cela n'a aucune importance.

La marée ne semble pas avoir commencé de descendre, et la coque se disloque déjà. À moins d'un miracle...

J'avais traversé la ceinture de cocotiers de l'atoll pour trouver le sentier qu'indiquait la carte. Puis j'étais parti vers le Sud, courant sous les rayons de la lune tamisés par la haute futaie des cocotiers.

La lune était à mi-ciel lorsque les toits couverts de palmes se découpèrent enfin dans la nuit claire, sur le bord du lagon serein, irréel de calme.

Tambourinage contre la première porte : bâillements... étirements à l'intérieur. Une vieille négresse finit par entr'ouvrir la porte pour me la claquer au nez avec un « Hay... ! » S'est-elle crue en présence d'un fantôme ? Il faut dire qu'avec ma barbe hirsute, mes cheveux en bataille, mon torse et mes pieds nus, et ma culotte de cuir marron...

La porte de la paillote suivante s'ouvre enfin sur un grand nègre que je traîne dans la cour de sable blanc inondée par les rayons de la lune. Il paraît complètement ivre et répond en monosyllabes, ou plutôt par des grognements, aux questions que je lui pose en anglais, italien, espagnol, vietnamien et malais ; pas en français : comment pourrait-il connaître le français ?

Deux nègres s'approchent, attirés par le bruit ou prévenus par la vieille que j'ai terrifiée quelques minutes plus tôt ; trois autres suivent. Ils ont de bonnes têtes, mais mon vocabulaire est épuisé et je ne connais pas leur dialecte.

Il existe fort heureusement un langage international : celui des gestes et des images. Je dessine alors un voilier sur le sable blanc de la cour, et un morceau de corail est placé devant avec un geste qui veut dire « Boum ! »

— Mo compends !

Je crois rêver... Est-ce possible ? Mais non, il s'agit d'une incroyable coïncidence !...

— Tu comprends ?

— Bien sû, mo compends. Ou bateau fine tape dans récif ?

Je n'avais pas rêvé : ces nègres parlaient français, ou du moins un langage dérivé du français.

— Où est la maison du Chef ?

— So la caze là-bas ! Vini avé nous ! Mais qui côté ou bateau ?

Je tends le bras dans la direction opposée, car... il vaut mieux être prudent et épargner à *Marie-Thérèse* la visite prématurée de ces braves gens qui sont peut-être un peu pillards à leurs moments perdus...

Nous sommes bientôt devant ce « grand la case ». Il s'agit d'une grande et belle maison ceinturée par une large véranda.

— Capitaine, capitaine ! appellent les noirs attroupés devant la clôture du jardin...

Rugissements à l'intérieur... Et le terrible capitaine Lasnier paraît enfin, armé d'une trique, prêt à mater la révolte, si c'est là ce que cherchent les noirs... Scrogneugneu !

Le premier ébahissement passé, je suis installé dans un bon fauteuil du salon, avec un cognac à la main, tendu par Mme Lasnier.

— Vous avez bien fait d'indiquer aux noirs la direction opposée...

Et maintenant, en route !...

Nous partons dans la jeep du Capitaine[1], à la recherche de *Marie-Thérèse* qui reste introuvable malgré le clair de lune.

— Ne vous inquiétez pas : la marée est presque basse et la mer ne bat plus sur la plage. Le jour poindra dans deux heures et nous reviendrons avec un camion et tous les bras du village, pour tirer votre voilier hors de portée de la mer. Ensuite nous aurons tout notre temps pour lui faire atteindre le bord du lagon et nous occuper alors des réparations... En attendant, considérez-vous comme

---

1. Le capitaine Lasnier est un ancien de la « Marine en bois ». Il a quitté, après la soixantaine, le grand voilier qu'il commandait, pour occuper le poste d'Administrateur de la compagnie mauricienne qui exploite le coprah de Diego-Garcia. Un homme brusque, tout d'une pièce, au cœur d'or.

notre hôte et n'ayez aucun souci quant au gîte et au couvert : vous logerez à la Maison des Visiteurs et prendrez vos repas chez moi.

— Mais croyez-vous, Capitaine, qu'il sera vraiment possible de faire passer ma lourde jonque à travers l'atoll... ?

— Bien sûr que oui ! Diego-Garcia compte plus de six cents habitants. Une centaine d'hommes exécuteront ce travail sans difficulté, avec l'aide d'un palan s'il le faut, pour les passages difficiles. Et si un cocotier se trouve sur le chemin... eh bien, on l'abattra ! Quant au problème des réparations, ne vous inquiétez pas, mon petit : j'ai trois bons charpentiers de marine qui n'ont pas l'habitude de dormir sur leur travail !

Cher capitaine Lasnier, jamais vous ne saurez de quel éclat la lune a brillé, après ces mots prononcés de votre voix bourrue d'où émanait tant de bonté simple et chaude.

Le point du jour nous trouva devant le lieu où gisait le bateau, au sec sur le corail. Un geste bref du vieux marin retint ceux qui, déjà, m'emboîtaient le pas vers la grève.

... *Marie-Thérèse* était morte. La pièce de quille avait disparu. Les varangues et le fond tout entier étaient pulvérisés. Le pont lui-même, soulevé par les coups de bélier de la mer s'engouffrant dans la coque disloquée, montrait une blessure béante...

Et moi, je pleurais, la joue contre cette belle étrave privée de vie, embaumant encore le sel, l'huile de bois et l'aventure.

Je pleurais mes souvenirs, mes livres, la perte de ce monde sans limites, fait de rêves et d'action, dans lequel je m'étais fondu si intégralement que je n'imaginais pas, alors, qu'il pût en exister un autre.

Mais, par-dessus tout, je pleurais mon bateau.

La marée suivante devait l'emmener sur l'océan sans récifs du Paradis des Voiliers. Douze heures après le naufrage, aucun vestige ne subsistait de *Marie-Thérèse :* pas de planches, pas une membrure, pas même un morceau de sa quille. Le courant Sud avait tout enlevé.

# 2
# L'île de l'amitié

Je ne m'étendrai pas sur mes six semaines passées à Diego-Garcia. Permettez-moi d'en conserver pour moi seul le souvenir...

La joie, l'insouciance et la paix que m'apporta ce séjour en fit l'une des plus précieuses périodes de ma vie, malgré la perte tellement récente de mon bateau.

Du reste, des mots ne sauraient exprimer que de façon très maladroite les sentiments que j'éprouve envers ces amis qui m'accueillirent sur leur atoll comme ils l'auraient fait pour un membre de leur propre famille. Et il faut avoir vécu parmi des Mauriciens et des Seychellois pour saisir le sens que prennent chez eux ces mots « famille » et « hospitalité », et comprendre à quel point il serait vain de prétendre les traduire en un langage européen[1].

Deux mois après le naufrage, la corvette anglaise *Loch-Glendhu*, de passage à Diego-Garcia, me déposait à l'île Maurice. Une page se tournait sur le passé, un chapitre nouveau commençait...

---

1. L'atoll de Diego-Garcia est géré par des familles mauriciennes et seychelloises.

J'allai immédiatement saluer le Consul de France et m'enquérir auprès de lui des perspectives de rapatriement, comme matelot sur un des navires des Messageries Maritimes. M. Hector Paturau, qui appartient à l'une des grandes familles mauriciennes, ne m'était pas totalement inconnu, avant ma visite. Mes amis de Diego-Garcia me l'avaient dépeint comme un homme d'action énergique, propriétaire d'une île à guano du canal de Mozambique ; très féru d'exploration et de chasse sous-marine. Après quelques minutes de conversation, je devais comprendre que ce Consul de France sobre en gestes, dynamique et d'une trempe rare, était aussi ce qu'on peut appeler très simplement « un chic type ». Il me dissuada tout d'abord de quitter Maurice avant de mieux connaître ce pays : « Croyez-moi, ne précipitez rien. Il sera toujours temps de partir quand vous en aurez envie...

— Oui mais... Comment puis-je espérer gagner ma vie sur cette île déjà surpeuplée... ?

— Ne vous tourmentez pas à ce sujet. Pour le moment, vous êtes à sec, n'est-ce pas ? Je vais donc m'occuper de votre dépannage, pour l'immédiat...

Le lendemain, Mme Labat, parente du Consul, m'offrait l'hospitalité de sa grande maison de Curepipe...

Issue de la vieille noblesse française, comme tant d'autres Mauriciens, raffinée, simple et belle, entourée de ses petits-enfants, cette grande dame fait songer à l'époque où la France avait le temps d'offrir un visage toujours paisible et souriant. Et ce visage, je l'ai vu fleurir partout sur cette terre ensoleillée, bénie des dieux, terre au climat royal, à la géographie toute de contrastes, d'où émane une douceur de vivre que je n'ai trouvée nulle part ailleurs.

*Là, tout n'est qu'ordre et beauté,*
*Luxe, calme, et volupté...*

Baudelaire a-t-il ressenti « L'Invitation au voyage » avant, ou après avoir connu l'île Maurice ? Après, certainement ! Et m'affirmerait-on avec preuves à l'appui que cela n'est pas vrai, je ne le croirais pas… !

Bientôt, je devais apprendre à mieux connaître les Mauriciens, leurs qualités de cœur, leur extrême gentillesse naturelle et cette sorte de laisser-aller charmant qui baigne la vie de l'île entière, et n'empêche pourtant pas les choses d'aller leur train, pour aboutir normalement, sans hâte, sans cette excitation trop souvent néfaste qui caractérise en général les pays « hyperactifs ».

On a souvent parlé du « miracle mauricien », parce que cette ancienne Île-de-France, devenue anglaise à la suite des guerres napoléoniennes, a conservé intacte la langue de ses aïeux. Mais a-t-on pensé que le miracle réside aussi dans l'étonnante adaptation de cette souche française aux conditions du sol qu'elle habite, et du climat sous lequel elle a fait pousser ses rameaux… ?

Très vite je me fis des amis. Beaucoup. Ce furent d'abord les Noël-M. d'Unienville et les Pierre de Sornay, parents des Labat et des Paturau.

M. d'Unienville, directeur du quotidien *Le Cernéen*, me conseilla de faire quelques conférences sur l'aventure qui m'avait conduit aux Chagos. Ce serait là un moyen rapide de me renflouer provisoirement, tout en faisant plaisir aux Mauriciens et en attendant que j'aie trouvé une occupation régulière. De son côté, M. Pierre de Sornay s'occuperait de faire publier le mince journal de bord que j'avais tenu dans l'océan Indien. La vente de cet opuscule, qui serait imprimé gratuitement grâce à la générosité d'un groupe d'amis, apporterait un coup d'épaule. Tout se passa pour le mieux, malgré ma gorge un peu serrée au début de chaque causerie… L'assistance était nombreuse et sympathisante.

Peu après, Émile Labat, le fils aîné de mon hôtesse, me prit en charge sur ces mots : « Curepipe n'est pas le genre d'endroit qui vous convient. C'est à dix milles de la mer... ! Venez donc plutôt vous installer au "campement"[1] que j'habite à Riambelle, sur la côte Sud... »

Le lendemain j'arrivais à « Port d'attache ». Quel joli nom pour une maison ! Et quelle jolie maison ! Les murs sont constitués par des blocs de corail brut posés les uns sur les autres, liés par un mortier de chaux. Le toit de chaume qui couvrait le campement à l'origine, a été remplacé par une terrasse plus résistante, à la suite d'un terrible cyclone qui avait ravagé l'île quelques années plutôt. C'est à « Port d'attache », ombragé par les badamiers séculaires qui l'entourent, que vit Émile, avec sa femme Amy, sa belle-sœur Denise et sa fille Marguerite-Blanche, adorable sauvageonne de douze ans, qui court nu-pieds sur les plages de la savane, se bat avec ses cousins, nage comme un poisson. Et c'est à « Port d'attache » que j'ai trouvé une seconde famille.

Il me fallait maintenant trouver du travail. Maurice est un pays essentiellement agricole. Quatre-vingt-dix pour cent de son activité sont centrés sur la culture de la canne à sucre, son usinage et l'exportation du sucre. Loin derrière, suivent les cultures vivrières, le thé, et enfin, la pêche en bordure des récifs, sur les bancs coralliens qui gisent au nord de l'île.

L'agriculture ne me tentait guère. Du reste, la surpopulation de l'île rendait l'embauche délicate dans une propriété sucrière. Par contre, le poisson abonde à l'accore des récifs, principalement sur les côtes de la savane, rarement visitées par les chasseurs sous-marins, la plupart des campements étant construits sur la partie sous-le-vent de l'île. Or certains poissons ne mordent pas à la ligne, de sorte qu'ils peuvent prospérer

1. À l'île Maurice, on nomme « campement » une maison de vacances. Cela va de la cabane en chaume à la somptueuse villa. Les Labat habitent leur campement en permanence.

paisiblement en nombre et en taille... Émile n'aimait pas beaucoup cette idée de chasse sous-marine : « – D'accord, c'est plein de beaux poissons... mais c'est également bourré de requins. Il n'y en a presque pas au nord de l'île, mais ici j'en ai pêché de très gros, aussi bien au large de la côte qu'en bordure des récifs. Vous feriez mieux de fabriquer du charbon de bois dans l'enceinte de ma chaufournerie[1] : le charbon se vend bien en ce moment ! »

Le lendemain, nous partions ensemble livrer de la chaux à une propriété sucrière[2]. Deux jours plus tard, une cuve de fer de trois mètres de hauteur sur deux de diamètre, arrivait dans la cour sur un camion : le Directeur de la propriété sucrière s'était intéressé à cette histoire de charbon de bois, et m'offrait cette « vieille cuve qui le gênait » parce qu'elle occupait trop de place dans le terrain vague derrière l'usine... ! Eh oui, il y a de bien chics types à l'île Maurice.

Me voilà donc devenu charbonnier. C'est simple comme bonjour : on bourre la cuve avec du bois, par le haut, puis on ajuste le couvercle. Ensuite on allume par le bas, en soufflant pour faire prendre. Réglage de la cheminée qu'on ouvre en grand le premier jour, un peu moins le second, très peu le troisième. Lorsque la fumée est devenue bleu pâle, on bouche l'orifice du bas et l'on attend sagement pendant deux jours que le charbon se soit refroidi. Il ne reste alors qu'à le mettre en sac et à recommencer l'opération.

---

1. Lorsqu'il ne s'occupe pas de ses lignes de pêche et de *Chimère*, le bateau sur lequel il va pêcher pour son plaisir, Émile fabrique de la chaux par un système personnel extrêmement ingénieux, qui consiste à rôtir du sable corallien à l'intérieur d'un cylindre horizontal tournant sur son axe. Le sable entre d'un côté, par une haute cheminée, et en sort par l'autre bout du cylindre, sous forme de chaux vive, par un mouvement continu.
2. La chaux est utilisée pour épurer le sucre, au cours de son usinage.

L'ennui, avec cette charmante occupation, c'est que le bois coûte assez cher, le charbon pas très... Ainsi les « petits bénéfices » ne dépassaient-ils pas des proportions modestes (pour employer un euphémisme). D'autre part, il est un peu fastidieux de rester assis sur son derrière, à regarder refroidir un four à charbon. Des esprits logiques murmureront peut-être qu'avec trois ou quatre fours en plus, j'aurais trouvé de quoi m'occuper à temps plein. Oui, mais... Zéro multiplié par trois ou par quatre, donne toujours zéro ! (Le coefficient zéro représentant « bénéfices ».) Et puis je ne voulais pas faire baisser encore le prix du charbon, en inondant la savane de ma camelote douteuse. À la suite de ces profondes méditations sur les lois immuables de l'offre et de la demande, je me rendis à Port-Louis, la capitale commerciale, et achetai en bonnes roupies sonnantes et trébuchantes, une arbalète « Champion » à quatre sandows, une flèche de rechange, un peson à ressort, et l'indispensable masque de plongée. Pas de palmes, par économie.

Puis un brave noir fut embauché pour souffler sur le feu (qui sait... le prix du charbon monterait peut-être, en même temps que baisserait celui du bois... ?) pendant que j'irais faire l'homme-poisson parmi les perroquets aux couleurs d'arc-en-ciel, qui abondent à l'accore des récifs grouillants de vie, parés des tons bleutés que prennent les fonds coralliens léchés par les rayons filtrés d'un soleil des Tropiques.

Ouaou... ! Ce qu'il pouvait y avoir comme poissons ! Une véritable fortune sous la mer... En trois jours le matériel était amorti. Un mois plus tard, je me « tâtais » pour savoir si, oui ou non, j'achèterais la 4 CV Renault d'occasion dont j'étais tombé amoureux... Pêche moyenne : 80 à 100 livres de poisson. Record : 145 livres en une matinée. Le prix de vente étant d'une roupie par livre, mon compte en banque s'arrondissait !

— Tenez ! Voici le journal...

Et la jolie petite infirmière qui m'avait conduit la veille en salle d'opération, me tend *Le Cernéen* du 23 janvier 1953, dont elle a encadré le texte suivant :

On sait que Bernard Moitessier, le navigateur solitaire qui nous est arrivé il y a quelques mois, après avoir fait naufrage aux Chagos, est un fervent des sports de la mer. Nageur remarquable, il pratique de façon peut-être un peu téméraire, la pêche sous-marine au fusil, avec des résultats étonnants.

Il chassait hier matin sur la côte de la savane, lorsqu'il tira une carpe qui se dégagea. L'odeur du sang attira un très petit requin que M. Moitessier tira également et atteignit.

Alors qu'il luttait pour ramener le jeune squale, il se sentit brusquement saisi par un pied. Se retournant, il s'aperçut qu'il était tenu par un énorme requin. Conservant tout son sang-froid, il frappa la tête du monstre avec la crosse de son fusil tout en essayant de remonter à la surface. Il finit par se dégager et, aidé par des pêcheurs, il put se hisser sur un bateau. Saignant abondamment, il fut immédiatement conduit à l'hôpital de Souillac où il reçut les premiers soins.

Il a été opéré hier après-midi à la clinique Ferrière, à Curepipe, par le docteur Dufourmentel. Il a le pied déchiqueté et les tendons sectionnés, mais on espère que l'accident n'aura pas de conséquence fâcheuse. Nous le prions d'accepter nos vœux bien cordiaux de prompt rétablissement.

Et voilà ! Ma peau de chien s'en est tirée une fois de plus. Avec quelques égratignures tout de même !

Merci, Gérard Dufourmentel. Mais j'ai eu chaud !

Voici maintenant, dans les détails, la relation de cette histoire.

Je chassais à quelques centaines de mètres du rivage, sur fond rocheux et par 8 à 12 mètres d'eau. De gros pâtés de coraux (repaires de bancs de carpes), surplombant de petites gorges sous-marines, tel était le décor. J'avais tiré environ 80 livres de poisson, des carpes de 5 à 6 livres principalement, que deux matelots indigènes plaçaient dans une pirogue. Avisant à ce moment un petit requin (1,20 m environ), attiré par l'odeur du sang et les mouvements désordonnés des poissons atteints par ma flèche, je décidai de l'allécher avec une carpe blessée, encore frémissante. Je décrochai donc ce poisson de ma flèche et le lâchai, me tenant à une courte distance. Le petit requin, bien que méfiant, se rapprocha suffisamment pour que je puisse le tirer et l'atteindre à deux mètres environ du bout de mon fusil, ce qui est déjà loin[1]. Frappé dans l'une de ses ouvertures branchiales, mais encore plein de vigueur, il eut tôt fait de m'entraîner vers le fond, car, pour des raisons de commodité et ne disposant pas d'un moulinet, la longueur de mon fil n'excédait pas deux mètres cinquante. Après seulement quelques secondes de lutte, je me trouvais « remorqué » à l'intérieur d'une de ces tranchées sous-marines surplombées de gros blocs coralliens, qu'on nomme « couline » à l'île Maurice. C'est alors que le fil déjà usé à son attache sur le coulisseau, se rompit, libérant le petit squale qui s'enfuit...

Je me trouvais à ce moment dans une position oblique, la tête vers le bas, tenant mon fusil des deux mains, les jambes battant l'eau pour freiner ce remorquage. Aussitôt que le requin se fut échappé, je saisis mon fusil de la main droite, par le milieu, ainsi qu'on le fait

---

1. Le fusil dont je me sers est le « Champion » à quatre sandows : robustesse, simplicité, coût modique et entretien presque nul. Lorsque le corps en duraluminium est devenu trop vieux, on peut le remplacer par un manche à balai, et le fusil continue de flotter. (C'est ce que j'ai dû faire beaucoup plus tard, à Sainte-Hélène.)

habituellement, et amorçai le redressement qui devait me conduire à la surface.

C'est alors qu'une vive douleur au pied droit, et la sensation que celui-ci était broyé par un étau, me firent perdre tout contrôle de la situation. Mais je n'avais pas lâché mon fusil et, par chance, retrouvai instantanément mon sang-froid : un requin de ma taille, peut-être un peu plus grand, me tenait par le pied, et, par un mouvement réflexe qui me sauva probablement du pire, je lui portai un violent coup de crosse sur la tête. Il me lâcha instantanément !

Je me trouvais alors par sept à huit mètres de profondeur et me hâtai de regagner la surface, le requin très excité tournant autour de moi, tandis que je lui faisais constamment face, prêt à riposter de mon mieux à une attaque éventuelle. Mais je dois dire que ses sentiments belliqueux diminuaient à mesure que je me rapprochais de la surface, d'où je pus parcourir sans ennui les dix à quinze mètres qui me séparaient encore de la pirogue.

Ceux qui ont lu *Mes chasses sous-marines*, de Hans Hass, se demanderont pourquoi je n'ai pas poussé un cri pour effrayer le requin. C'est parfois une bonne méthode que j'avais souvent employée avec des résultats très variables, mais je craignais de me trouver à court de souffle et conservais comme dernier atout ce fameux « cri sauveur ».

Si je me suis étendu sur ces détails, c'est afin de pouvoir tirer de ce qui précède quelques conclusions pratiques, lesquelles ne peuvent découler que de faits précis. Par ailleurs, j'apporte ici un document qui, pour être sérieux, ne doit omettre aucun détail capable d'apporter quelques lumières sur les réactions du requin, à une époque où la chasse sous-marine prend, sous les Tropiques, une extension croissante.

Une petite digression me paraît maintenant à propos, sur le comportement naturel des requins en présence d'un chasseur sous-marin : les « Gogglers » qui pratiquent dans les mers tropicales, ont pu remarquer que le requin, malgré sa réputation traditionnelle de « tube digestif ambulant », est un poisson relativement craintif devant le nageur qui semble se trouver dans son élément. Cette méfiance, je l'ai toujours constatée sur la côte d'Annam, dans l'archipel des Annambas, entre l'Indochine et Singapour, et enfin sur les côtes très poissonneuses de l'île Maurice où je comptai jusqu'à six requins évoluant gracieusement au-dessous de moi, mais conservant respectueusement leurs distances lorsque j'essayais de les approcher. En fait, je suis rarement parvenu à moins de 3 ou 4 mètres d'un requin, celui-ci semblant éprouver une crainte réelle pour le poisson bizarre que représente à ses yeux le « goggler » dont les mouvements souples et naturels semblent ceux d'un animal parfaitement adapté au milieu aquatique.

Je n'ai parlé jusqu'à présent que du requin « calme », c'est-à-dire de celui qu'on rencontre habituellement au début des parties de chasses sous-marines. Mais le tableau peut changer du tout au tout, au cours de cette chasse. Admettons par exemple qu'une carangue de 10 à 15 livres ait été atteinte par la flèche. C'est un poisson qui se défend farouchement et saigne beaucoup. Si un ou plusieurs requins se trouvent dans les parages, ils auront tôt fait d'apparaître, attirés par les vibrations émises par le poisson blessé. Néanmoins, la prise sera généralement ramenée sans incident jusqu'à l'embarcation. Mais au bout de quelques minutes de chasse, si les prises sont abondantes, le requin deviendra plus audacieux et arrachera fréquemment de la flèche le poisson harponné. Son audace ira alors crescendo et ne connaîtra bientôt plus de mesure. Le requin risque alors de devenir dangereux, si une proie qu'il considère comme sienne lui est disputée. C'est ainsi qu'un dimanche où nous pêchions à plusieurs dans une passe an sud de l'île Maurice, les requins étaient devenus si vindicatifs que pour ne pas perdre intégralement nos prises, nous nagions à toucher la pirogue, tiraillant sur un banc de carpes. Aussitôt qu'un poisson avait été atteint, nous passions le fusil à un camarade placé dans la pirogue, lequel remontait le poisson à toute vitesse tandis que tous les chasseurs qui se trouvaient dans l'eau grimpaient prestement dans l'embarcation. Quant à moi, je préférais alors m'éloigner rapidement de la pirogue, tandis qu'on tentait de sauver une de ces captures encore problématiques. J'opérais de la sorte pour ne pas perdre les requins de vue, car il peut se passer bien des choses entre le moment où l'on amorce un rétablissement, et celui où l'on se trouve en sécurité dans le fond de l'embarcation...

Or un requin qui s'était vu subtiliser de justesse une proie qu'il tenait presque, fit un brusque crochet et me vint droit dessus ! Je n'eus que le temps de pousser un cri et de donner une violente claque dans l'eau pour éviter peut-être un accident. Nous décidâmes alors de rentrer, cette partie de la côte n'offrant pas d'autres coins propices à la pêche.

Je voudrais aussi parler des réactions d'une bande de 30 à 40 requins que nous avons pu observer du navire de guerre britannique *Loch-Glendhu*, qui m'avait conduit à l'île Maurice après mon naufrage : nous traversions le grand banc de « Saya de Malha », à quelques centaines de milles à l'est de la pointe nord de Madagascar, lorsque le commandant décida de profiter de l'occasion pour faire faire à son équipage un entraînement de tir à la grenade anti-sous-marine. Le but de cet exercice était double : entraîner les hommes, et se procurer du poisson dont les bancs de l'océan Indien abondent. Si la récolte en poisson fut médiocre, du moins le spectacle des requins attirés par la détonation ne manqua pas d'intérêt. Et ce fut bientôt à qui tenterait d'en attraper un à l'hameçon. Joli spectacle que celui offert par cette trentaine de requins nageant indolemment autour du navire, avec une grâce merveilleuse...

Subitement le décor change : l'un d'eux s'est fait prendre à la ligne et l'on craint qu'il ne se décroche. Deux coups de fusil claquent ; le sang coule des blessures et se répand dans la mer fouettée par la queue du squale qui se débat. Malgré ces précautions, le requin mal ferré s'échappe, salué au dernier moment par une balle bien placée, juste sur le dessus de la tête. Maintenant la bande entière est excitée par le sang et nage plus vite, avec des crochets nerveux. Un deuxième se fait prendre mais ne s'échappera pas cette fois, criblé de quatre coups de carabine. Encore du sang... Trois autres mordent aux hameçons, alors qu'il a fallu un bon quart d'heure pour que le premier se décide à prendre l'appât...

J'arrête là ces souvenirs, et je vais tenter d'en tirer quelques conclusions pratiques, pas définitives certes, car mon expérience ne tient qu'à quelques observations.

De tout ce qui précède, il ressort un fait que j'ose affirmer : le requin se comporte de deux façons distinctes[1] : tant qu'il n'y a pas de sang dans l'eau, il reste calme, craintif, prudent, au point qu'il s'écartera si l'on tente de l'approcher. Mais s'il y a du sang dans l'eau, attention : l'audace du plus calme des requins ira crescendo. Alors, la prudence recommande d'aller chasser ailleurs. Il serait toujours raisonnable de ne pas rester dans un endroit où on aurait tiré beaucoup de poissons, car le requin, attiré par les vibrations émises par le poisson blessé pourrait tomber du premier coup dans un milieu trop excitant, même si le sang très dilué reste invisible.

Avant de clore cet exposé, voici quelques points qui méritent d'être soulignés : le capitaine Young, pêcheur

1. Quelques variétés mises à part (dont le requin-tigre), qui peuvent attaquer à vue, d'après de nombreux témoignages. Mais essayez donc de différencier un requin-tigre d'un requin mouton...

de requins professionnel, parle dans son ouvrage intitulé *Les Requins* d'une expérience selon laquelle il aurait teint un filet en trois couleurs : une partie en blanc, l'autre en bleu, la troisième en noir. Presque tous les requins pris s'étaient fait mailler dans la partie blanche, aucun dans la partie noire...

Henry de Monfreid a écrit dans *Les Secrets de la mer Rouge*, je crois, que les pêcheurs de perles somalis s'enduisent la paume des mains et la plante des pieds avec un produit noir, ayant remarqué que ce sont les parties du corps les plus claires qui intéressent les requins.

Cet auteur raconte également qu'un de ses matelots, se trouvant sur un rocher, n'osait pas regagner le bateau à la nage à cause des requins qui avaient fait leur apparition. Monfreid lui lança alors un cordage en lui recommandant de se « mettre en boule », les requins mordant généralement les parties effilées du corps, bras ou jambes. Quand le matelot fut prêt, tout le monde hala rapidement le cordage pour le ramener au bateau (il est évident qu'avec de la houle, un voilier de dix à quinze tonneaux ne pouvait se permettre d'accoster un rocher).

Ainsi, un « goggler » bien bronzé semblerait moins exposé à une attaque éventuelle. D'autre part il semble plus prudent d'utiliser les palmes en caoutchouc dans les eaux à requins ; outre l'aide qu'elles apportent, elles auront l'avantage, étant d'une couleur foncée, de ne pas trop tenter les requins. Et puis, si un requin mordait une palme, peut-être se contenterait-il de l'extrémité, sans toucher au pied... (on se souvient que je chassais sans palmes le jour de mon accident).

Il convient de noter que le requin mord beaucoup plus à la ligne durant la nuit que dans la journée. C'est également pendant la nuit qu'il pénètre le plus volontiers dans les passes et qu'il vient rôder en bordure de la côte. Les pêcheurs de l'île Maurice, et des îles Cargados

Carajos où je passai près d'un an par la suite, renoncent souvent à la pêche de nuit, car c'est à ce moment que les requins les gênent le plus en s'attaquant aux poissons pris à la ligne.

Le requin semble donc se nourrir principalement pendant la nuit. Pour ma part je n'ai *jamais* vu un requin attaquer un poisson au cours de mes plongées. Ni moi, ni aucun de mes amis de l'île Maurice, dont beaucoup sont des chasseurs sous-marins de tout premier ordre. (Je ne parle pas des poissons blessés par une flèche.) Or, si le requin ne mange pas dans la journée il doit le faire à un autre moment... et ce n'est pas moi qui m'amuserai à nager dans les mers tropicales pendant la nuit !

Une dernière remarque : à l'île Maurice, j'ai été attaqué par sept ou huit mètres de profondeur. Quelques mois plus tard, alors que nous chassions en groupe dans l'archipel des Cargados Carajos, j'ai été sur le point d'être attaqué tandis que je ramassais une flèche perdue par quatre ou cinq mètres de fond : un requin avait brusquement débouché de derrière un pâté de corail, et Christian Couacaud à qui j'avais demandé de veiller, n'eut pas le temps de le voir venir, tant les choses se déroulèrent rapidement. Ce jour-là j'ai frisé une catastrophe. Et ce requin ne mesurait pourtant pas plus d'un mètre cinquante !

Or, Cousteau raconte, dans *Le Monde du Silence*, à quel point ses camarades et lui-même avaient cru leur dernière heure venue, alors qu'ils tentaient de regagner leur bateau au large des îles du Cap-Vert, munis de l'appareil de plongée : aussitôt que leur groupe s'approchait de la surface pour faire signe au bateau, le cercle des requins se refermait sur eux... Quelques mètres plus bas, Cousteau et ses hommes se sentaient en sécurité relative.

Dans la partie que je connais de l'océan Indien, c'est le contraire : en surface je me sens en sécurité, au fond, beaucoup moins. Ainsi le comportement des requins peut varier d'une mer à l'autre, voire d'un lieu à un autre, dans la même mer, comme le font ressortir les nombreuses observations faites par Bernard Gorsky et ses trois compagnons.

Voici quelques règles que j'applique. Les autres penseront et feront ce qu'ils voudront :

1°) Le requin est un poisson timide et n'attaque pas pendant les heures claires de la journée, à l'exception peut-être, de quelques rares espèces. Il craint l'homme en général, et se laisse rarement approcher.

2°) Le plus craintif des requins pourra devenir enragé s'il y a du sang dans l'eau. Or, les poissons harponnés saignent presque toujours, et de plus, les vibrations émises par le poisson qui lutte au bout de la flèche attirent les requins presque à coup sûr. Dans ce cas, la prudence conseille d'aller chasser ailleurs.

3°) Le requin se laisse « bluffer » par une attitude agressive. Encore faut-il le voir. Alors, gare à l'eau trouble... Pour ma part, je me refuse à nager en eau trouble sous les Tropiques.

4°) Le requin se nourrit principalement la nuit. C'est aussi pendant la nuit qu'il s'approche le plus des plages, et pénètre dans des passes où on ne le trouve pas habituellement au cours de la journée. Gare aux bains nocturnes dans les eaux à requins, car non seulement on ne le verrait pas, mais pour corser les choses c'est pour lui l'heure du dîner...

5°) Le requin marque une prédilection pour les parties claires et effilées du corps : bras, jambes, mains, pieds. De nombreuses observations en font foi.

6°) Même si l'on a été mordu, la partie n'est pas perdue pour autant : il faut continuer à bluffer. Il n'y a du reste rien d'autre à faire. Si je n'avais pas simulé des gestes d'attaque, lorsque ce requin enragé me tournait autour, mon accident aurait peut-être pris une tournure beaucoup plus grave.

7°) Il est sage d'admettre, une fois pour toutes, que les requins n'ont pas forcément la même conduite d'un lieu à l'autre. Sur les côtes mauriciennes et dans les Cargados Carajos par exemple, les accidents sont presque inconnus. Sur les côtes de Madagascar, quelques centaines de milles plus loin, les requins se montreraient, paraît-il, beaucoup plus dangereux. D'autre part j'ai remarqué qu'à l'île Maurice et aux Cargados Carajos, le requin a tendance à devenir un peu trop curieux lorsqu'on se trouve dans le voisinage du fond. Cousteau note le contraire (au large de Dakar, si mes souvenirs sont bons).

8°) On raconte énormément d'histoires sur les requins. Les personnes qui n'ont jamais mis les pieds dans l'eau se montrent souvent les plus loquaces sur ce chapitre... À l'Ascension, où je passai par la suite, il est interdit de nager, car les requins y sont paraît-il féroces. Renseignements pris, aucun accident n'aurait été signalé dans cette île. J'y suis resté une semaine en me baignant chaque jour autour de mon bateau, sans voir un seul requin... ce qui, du reste, ne prouve rien. Par contre, je n'ai jamais chassé sur les côtes de la savane sans me trouver en présence d'au moins un requin.

Finie la chasse sous-marine ; pour un temps tout au moins, car mon pied enflé et douloureux ne me permettrait pas l'usage de palmes avant de nombreuses semaines. Finies également la danse, la course à pied, et les longues marches... Je boiterai pour le reste de mes jours. Mais cela valait mieux qu'un pied artificiel !

Et puis... tout s'arrangea comme par miracle : un mois après l'accident, je marchais normalement, je pouvais courir comme autrefois et chausser des palmes. Seule demeure une grande cicatrice en forme de demi-lune, sur le dessus de mon pied...

Gérard Dufourmentel avait fait un travail de premier ordre.

Et comme un miracle ne vient jamais seul, je fus engagé par la « Raphaël-Fishing » pour aller diriger son entreprise de pêche et d'exploitation de guano à Saint-Brandon.

Le groupe de Saint-Brandon (ou Cargados Carajos) émerge à 240 milles au nord-est de l'île Maurice. Il s'agit d'une dizaine d'îles coralliennes et de bancs de sable semés le long d'une ligne en forme de croissant, qui s'étire sur une vingtaine de milles à l'extrémité sud du grand banc Nazareth. Sable blanc, corail rugueux, buissons rabougris, tortues, oiseaux de mer par myriades, filaos et cocotiers qui avaient résisté aux cyclones, tel est le cadre qui m'entoura, pendant près d'un an de la vie passionnante que je menai en compagnie de mes hommes et de mes bateaux : une douzaine de voiliers de 7 à 10 mètres pour pêcher sur le banc très poissonneux, et une trentaine de pirogues étroites, rapides, ne calant presque pas d'eau, pour écumer le côté sous le vent de l'archipel.

Environ cent vingt pêcheurs noirs, et une trentaine de « terriens » pour exploiter le guano fossile, tel était l'effectif de Saint-Brandon. Pas de femmes, pas d'alcool, pas de cinéma. Et je n'ai jamais vu entreprise gérée avec autant de lucidité, ni de patrons aussi sympathiques que le sont Louis Couacaud et Wilfrid Larché, directeurs de la « Raphaël-Fishing » dont le siège social se trouve à l'île Maurice.

L'argent lui-même ne circulait pas à Saint-Brandon : les hommes achetaient ce qu'ils désiraient à la coopérative, et leur compte était débité. Le problème du vol était donc réglé sans policiers. Quant à la règle d'or de ne tolérer ni femmes, ni alcool dans l'archipel, elle évitait bien des ennuis et des surcharges inutiles. Les contractuels venaient y passer six à huit mois à travailler et à faire des économies, un point, c'est tout. Et cela marchait à merveille. Le contrat terminé, ils regagnaient Maurice ou Rodriguez par le bateau de la « Raphaël-Fishing » qui ramenait un nouveau contingent. Simple et efficace.

Ma mission avait deux objectifs : augmenter la production de poisson salé et diminuer le temps consacré chaque mois au chargement du guano. J'employai toute mon énergie à des tâches qui me passionnaient : réparation de la flottille de pêche ; balisage lumineux des passes, afin que les pêcheurs puissent rentrer après le coucher du soleil, lorsque la pêche était bonne ; installation de feux visibles à dix milles en mer ; organisation méthodique des chargements de guano qui purent être effectués beaucoup plus vite avec la moitié de l'effectif habituel, ceci afin de conserver le plus de monde possible pour la pêche...

Après dix mois, on pouvait considérer le plafond atteint... mais le poisson salé de la « Raphaël-Fishing » devenait d'une vente difficile. Les Chinois qui se jetaient sur les arrivages depuis des années, faisaient maintenant la « petite bouche » : des commerçants indiens de l'île Maurice commençaient à importer du poisson salé de leur pays d'origine, et les 250 000 Indiens de l'île Maurice consommaient ce poisson de préférence à celui de Saint-Brandon.

Ce séjour à Saint-Brandon m'avait renfloué pécuniairement. Et... mes vieux rêves, longtemps refoulés tout au fond de ma poitrine, vinrent alors flotter devant mes yeux perdus sur la ligne d'horizon...

Oui, c'était bien ça ! Je n'étais pas guéri du virus de la mer, malgré les solides raclées d'antan...

*Si tu peux rester, reste.*
*Pars, s'il le faut !*

Il le fallait...

Les pièces de quille, d'étrave et d'étambot furent achetées en bel acajou, puis les planches, que nous commençâmes à raboter, le charpentier Rousseti et moi, sous un badamier de la grande rivière Sud-Est, à quelques kilomètres de Port-Louis. C'était un lieu paisible et ombragé, à deux pas de l'eau, assez près de Port-Louis pour que les multiples démarches qui vont de pair avec la construction d'un bateau ne se trouvent pas gênées. Mon ami Francis Lahausse de la Louvière m'avait offert de partager sa garçonnière à Curepipe. Il me déposait chaque matin, et me ramenait le soir après nous avoir donné un coup de main. Jean Galea, propriétaire du terrain sur lequel je construisais *Marie-Thérèse II*, et du magnifique sloop *Liberty* mouillé tout près, venait aussi presque chaque jour vérifier l'éclosion de mon futur bateau. Excellent marin, très intelligent, très doué pour le bricolage de qualité, ses avis et son aide me furent précieux, ses visites infiniment agréables.

Dès le début une difficulté majeure se révéla : les pièces de bois courbe, destinées à constituer les membrures chantournées, étaient à peu près introuvables sur place. Mais l'île Maurice est une terre à miracles. Ou plutôt, une île peuplée de chics types : mes copains du New-Mauritius-Dock découvrirent trois belles pièces de jacquier sous un tas de décombres, et approchèrent le manager qui me les céda au prix d'achat... vieux de dix ans ; autrement dit, pour rien ! Marcel de Nanclas y ajoutait une magnifique souche de bois noir... aux mêmes conditions ! J'étais paré, côté membrures.

La construction commença par la pose de la longue quille droite, sur ses madriers parallèles. L'étrave et l'étambot furent alors ajustés, boulonnés et maintenus verticalement à l'aide de pieux plantés en terre et cloués sur les deux extrémités du futur bateau. Il restait à membrer pour obtenir la charpente. Ce fut fait « à l'Asiatique » : je dessinai la membrure centrale, grandeur nature, et la découpai (pardon, c'est Rousseti qui la découpa...). Puis nous l'essayâmes sur place : « – Écartez un tout petit peu, Rousseti... Non, c'est trop. Fermez un peu... Non. Pas comme ça, ce n'est pas un *Firecrest* que je veux ! Ah ! C'est parfait. Ne bougez plus, j'arrive ! » Et j'accourais, en bondissant par-dessus les buissons, pour clouer la barre transversale qui devait maintenir l'écartement désiré jusqu'à la fin de la construction. La varangue fut ensuite découpée et rivetée contre cette première membrure, et le tout boulonné sur la quille. Puis deux autres membrures, presque identiques (mais un peu plus fermées), furent tracées, découpées et rivetées contre leurs varangues respectives, puis boulonnées sur la quille, à soixante centimètres devant et derrière la membrure centrale.

Cet ensemble (trois membrures, quille, étrave, étambot) donnait déjà un vague aperçu de la forme du futur bateau. C'est alors que les lattes vinrent à la rescousse : de minces baguettes de bois furent clouées tous les vingt centimètres, par leur milieu, sur la membrure centrale, puis repliées sur l'étrave et l'étambot où elles furent maintenues à l'aide de petits clous. On y voyait plus clair maintenant.

Puis, avec des bouts de ficelle et des morceaux de bois, je passai le reste de la journée à modeler la forme définitive : les amarrages servaient à pincer les formes, tandis que les morceaux de bois étaient employés à écarter les lattes vers l'extérieur, aux emplacements qui demandaient à être renflés. Le pauvre Rousseti devenait dingue... Pas de lunch à midi, pas de petite sieste, pas même le rituel thé au lait que nous faisions habituellement bouillir dans une boîte de conserve vide, sur un foyer de copeaux. Quant à moi, je jubilais. Mon bateau prenait forme. Puis ce fut terminé, d'un seul jet, de huit heures du matin à quatre heures de l'après-midi. Dieu du Ciel et de la Mer, quel voilier splendide vous bercerez un jour !

Lorsque Francis Lahausse et Jean Galea vinrent me chercher en fin d'après-midi, j'étais assis sur une souche, avec le regard émerveillé d'une maman qui caresse des yeux son rejeton, huitième Merveille du Monde...

*Marie-Thérèse II* venait de naître.

Le reste des membrures fut tracé à l'aide d'une tringle en fer rond de 6 millimètres de diamètre, ployée à l'intérieur de la coque, à l'emplacement de chaque future membrure. Aussitôt tracée, chacune de ces membrures était découpée, vérifiée sur place, rivée à sa varangue et ajustée sur la quille. Nous progressions ainsi, membrure après membrure, de la partie centrale du bateau à sa partie arrière, puis quand cette section fut membrée, de la partie centrale à la partie avant. En agissant de la sorte, il était possible de rectifier les « petites surprises » inhérentes à une méthode aussi empirique, qui n'alla pas sans de nombreux tâtonnements et quelques crises de rage... Heureusement, Rousseti a bon caractère !

Trois mois après la pose de la quille, toute la membrure était en place et les huit serres purent être installées : quatre de chaque bord, énormes (10 cm/4 cm). Suivit la pose des barrots de pont, constitués chacun par deux planches rivées ensemble et posées sur champ après avoir été arrondies pour donner au pont une courbure aussi forte que possible. On s'étonnera peut-être de cette idée d'utiliser des planches à la place des bois courbes traditionnels, habituellement réservés aux barrots de pont. C'est parce que les bois courbes coûtent très cher à l'île Maurice (comme partout ailleurs) et que, de plus, ces pièces de choix sont rares. Mes barrots étaient d'une solidité à toute épreuve, car, seule leur partie supérieure avait une forme arquée, tandis que le dessous restait droit.

La charpente était maintenant terminée, et nous nous attaquâmes au bordage de la coque. Le pauvre Rousseti, dont l'expérience se limitait à la construction de pirogues et de petits bateaux de pêche étroits à faible tirant d'eau, commençait à perdre son latin (et à maigrir, ce qui était plus grave !) Car *Marie-Thérèse II*, avec ses 3 m 14 de largeur pour 8 m 36 de longueur totale, n'était pas facile à border...

Après deux mois d'efforts, c'était réglé, avec des improvisations à faire hurler un spécialiste !

Puis vint la pose des membrures ployées intercalaires, en goyavier. C'est un bois extrêmement solide, très souple, très dur, au grain serré qui se laisse ployer à froid, mais qu'aucun clou au monde ne pourrait pénétrer sans « avant trou ». Deux semaines de travail et on n'en parla plus.

Il fallait nous dépêcher, car mon compte en banque maigrissait encore plus vite que Rousseti. Deux autres semaines pour terminer le pont et le roof. Puis le gouvernail, énorme, avec ses ferrures en fer forgé de 12 mm d'épaisseur boulonnées sur la coque, les cadènes des haubans, la cadène d'étrave, la mâture, etc. J'étais presque à sec et n'aurais jamais pu arriver aussi loin sans l'aide inestimable de mes amis que je ne puis citer, car il y en eut tant... !

Puis il y eut un miracle : Louis Larcher, propriétaire de champs de canne et d'usine à sucre, me demanda un jour quel était le poids de ma quille...

« Je n'aurai que du lest intérieur. S'il est convenablement boulonné sur la carlingue, rien ne bougera en cas de chavirement (les exemples cités par Jean Merrien m'avaient confirmé qu'aucun petit voilier ne peut se prétendre « inchavirable ». On se redresse ou on ne se redresse pas, c'est tout).

— Et vous pensez que votre bateau se redresserait tout seul, sans l'aide d'un lest extérieur ?

— J'en suis à peu près certain, et du reste je n'ai pas le choix.

— À peu près certain… mais pas tout à fait, n'est-ce pas ? alors écoutez-moi sagement, et ne faites pas l'idiot : déposez dès demain à mon bureau un croquis à l'échelle, avec toutes les cotes, de la quille en fonte dont vous rêvez. Je vous en fais cadeau. Et si vous refusez, je vous botte le derrière ! »

Une semaine plus tard, la quille de 400 kilos arrivait sur un camion… et par ce geste royal, Louis Larcher me sauvait probablement la vie, comme on le verra plus tard.

Neuf mois après sa mise en chantier, *Marie-Thérèse II* prenait son premier bain et fut conduite en remorque dans le bassin tranquille du New-Mauritius-Dock, à Port-Louis où je la matai, la gréai avec l'aide du brave Caspierre, voilier du dock : en ketch aurique. La toile à voile et les cordages me furent cédés au prix de revient par mes anciens patrons de la « Raphaël-Fishing », Wilfrid Larché et Louis Couacaud.

Comment dessiner la voilure d'un bateau ? La plupart des personnes préfèrent laisser l'architecte se poser cette question. Et elles ont raison dans un sens. Pour ma part, voici comment le problème a été résolu pour le *Snark*, *Marie-Thérèse* et *Marie-Thérèse II* : un croquis du bateau est dessiné, à l'échelle autant que possible. Les voiles sont alors dessinées, en essayant de faire tomber le centre de voilure moyen (centre vélique) sur l'avant du centre de carène. Puis, les voiles taillées, cousues, ralinguées, on s'en va faire un petit tour d'essai. On s'aperçoit alors que le bateau est un peu trop ardent, ou un peu trop mou. C'est comme lorsqu'on joue à pile ou face : la pièce se tiendra rarement toute droite !

Si le bateau se révèle trop ardent, il suffit de rouler l'artimon sur son gui, jusqu'à ce que l'équilibre sous voile soit obtenu. De retour au mouillage, on pourra rectifier la voile. Au lieu de diminuer l'artimon, on peut aussi installer un bout-dehors avec un foc supplémentaire, ou bien allonger le bout-dehors existant pour pousser le foc un peu plus loin à l'extérieur.

Si le bateau s'est révélé trop mou, il faut alors augmenter la surface de l'artimon ou raccourcir le bout-dehors, s'il en existe un. Ou encore diminuer allégrement la surface de la trinquette.

Beaucoup de travail ? Oh, pas tellement. Et puis, c'est assez amusant ! D'autre part, si l'on veut faire dessiner par un architecte le bateau de ses rêves, il faut compter entre 150 000 et 300 000 francs (si je ne me trompe). Or *Marie-Thérèse II*, barre en main, m'était revenue au total à 500 000 francs. Il faut dire que sans mes amis mauriciens...

Toujours est-il que mes économies avaient maintenant fondu, ce qui me laissait en face de deux éventualités : trouver un emploi à l'île Maurice, ou partir immédiatement pour l'Afrique du Sud à la recherche d'un « job ». Mais j'étais équipé d'une façon par trop rudimentaire pour envisager de partir ainsi, presque sans provisions, sans rechanges, sans ancres ni chaînes de réserve, avec un seul jeu de voiles, un sextant et un chronomètre d'emprunt, etc. Évidemment, j'aurais atteint Durban ou Lourenzo-Marques, mais la question n'est pas seulement d'atteindre un port : il faut encore pouvoir y rester sans mourir de faim, au cas où l'embauche se révélerait difficile.

Quant à trouver un emploi à l'île Maurice, c'était possible, mais le problème n'en eut pas été vraiment résolu. En effet, seule une propriété sucrière aurait pu m'embaucher et, dans ce cas, il me faudrait aller vivre loin de mon bateau, sans pouvoir y travailler régulièrement (un bateau n'est jamais terminé).

Mais l'île Maurice est une terre à miracles. Je l'ai dit cent fois, et je le répète !

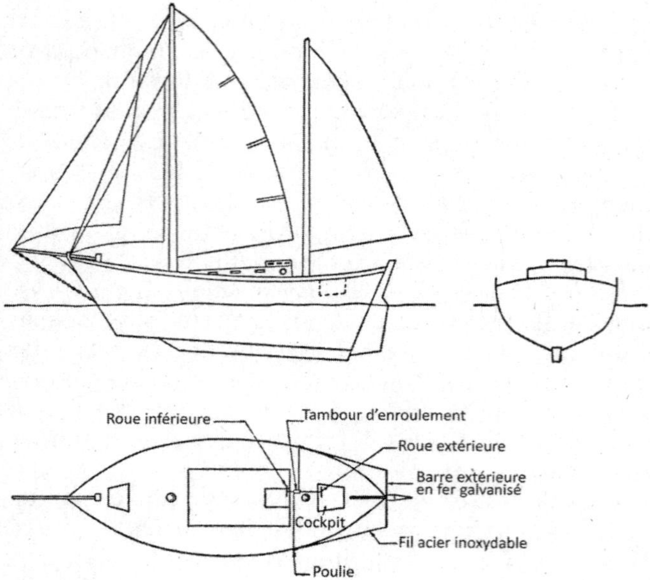


Fig. 1. – *Croquis approximatif de* Marie-Thérèse II. On notera les trois étais avant, dont deux sur l'étrave.

M. Calabreze, le Consul de France qui avait succédé à Hector Paturau, partait en congé pour la Métropole, emmenant avec lui sa fille Marcelle, alors secrétaire au Consulat. La place était donc libre, et Fernand Saugon, le nouveau Consul, m'engagea le jour de son arrivée à titre de secrétaire auxiliaire. Me voilà devenu « Monsieur le Chancelier », à deux pas de mon bateau que je pouvais habiter en permanence (pas pendant les heures de bureau, tout de même !).

Un an dans cet emploi fort intéressant, sous les ordres d'un homme extrêmement agréable qui fut pour moi un ami autant qu'un chef, me permit de compléter le trousseau de *Marie-Thérèse II*. Et mes amis furent admirables ! Sans eux, le bateau n'aurait jamais pu quitter l'île Maurice dans d'aussi bonnes conditions.

De fréquentes promenades autour de l'île, puis un voyage à La Réunion[1] en compagnie de Francis Lahausse, permirent des observations utiles sur le gréement : l'artimon aurique fut remplacé par une voile bermudienne plus maniable (d'autant plus volontiers que *Marie-Thérèse II* était trop ardente, et je ne voulais pas entendre parler d'un bout-dehors). Puis, aidé par mes amis du dock, j'entrepris l'installation de deux roues de gouvernail : l'une sur l'avant du cockpit, l'autre à l'intérieur de la cabine. Cette dernière s'avéra d'une grande utilité, par mauvais temps comme par beau temps.

Bardiaux arriva après une traversée record des îles Cocos à Rodriguez, et de Rodriguez à Maurice. Quant à moi, j'avais respectueusement remis mon tablier au Consul de France et terminais mes achats de vivres, que complétèrent les cadeaux des copains...

Je réservais les trois derniers jours que j'allai passer à Riambel. Adieu, chère famille adoptive. Souvent ma pensée viendra parmi vous, retrouver cette chaleur douce et précieuse qui rayonne de « Port d'attache ».

1. 28 heures pour l'aller, 38 heures pour le retour, et non pas 2 jours et 8 jours comme l'affirme Bardiaux.

# 3

# Entre l'île Maurice et Durban : 1 550 milles

C'est le cœur gros que je hissai les voiles, le 2 novembre 1955 pour cette première étape ; car on ne laisse pas sans chagrin, après trois ans de séjour, une île aussi privilégiée, où l'on compte tant de bons amis. Mais c'est le lot du navigateur. Le proverbe le dit bien : la main de son ami n'a pas le temps de se réchauffer dans la sienne. Et pourtant, dans le cas de l'île Maurice, je conserve encore en moi la chaleur de bien des mains amies.

Mais l'alizé s'établit et l'adaptation à cette vie de marin m'occupe bientôt tout entier. Il faut mettre un peu d'ordre à bord. C'est facile, il suffit de tout fourrer dans les grands placards qui occupent les deux côtés de la cabine. Ordre tout en surface, bien sûr, mais j'y vois plus clair…

Puis vient l'opération délicate du réglage de la barre, pour le vent arrière. Cela prend du temps et ne donne pas entière satisfaction, car je n'ai pas pu m'offrir de trinquettes jumelles. La grande voile est filée en grand sur bâbord tandis que la trinquette maintenue sur tribord avec un tangon (trop court, on n'a jamais le temps de tout faire avant le premier départ) équilibre tant bien que mal la pression du vent sur la grand-voile. L'artimon, bien entendu est amené, afin que le centre de poussée du vent se situe le plus possible vers l'avant du bateau.

Le résultat est à peu près correct par vent modéré (jusqu'à la force 4) car dans ce cas la mer n'est pas trop agitée. Mais le temps se maintient au beau pendant dix jours jusqu'à la pointe sud de Madagascar, à laquelle je donne un tour d'une centaine de milles : le temps est fréquemment bouché dans ces parages et je préfère garder mes distances.

Dans le canal de Mozambique, le temps se gâte immédiatement, vent fort du Sud-Est et mer souvent déferlante. Le bateau ne tient plus son cap barre amarrée. L'allure du vent arrière par cette grosse mer impose un qui-vive permanent. Les quarts deviennent longs et pénibles. Le courant du canal de Mozambique en est responsable, car il s'écoule presque contre le vent, hachant la mer et la faisant déferler.

Mes mains, ramollies par un long séjour à terre sont devenues douloureuses à cause des menues égratignures provoquées par le maniement des cordages, aggravées par l'action électrochimique au contact de la roue de gouvernail en laiton[1]. Les traites, dans la journée sont excellentes, mais il me faut prendre la cape pendant la nuit, car je ne suis pas increvable... et mes moyennes s'en ressentent. Rien ne me fait enrager plus que de ne pouvoir profiter pleinement d'un vent favorable. Il me faudra veiller à ce que les choses changent à partir de Durban.

Car enfin, naviguer c'est charmant, mais encore faut-il pouvoir en profiter pour se laisser un peu vivre...

1. Cette roue en laiton fut chromée par la suite, et mes mains n'eurent plus aucune raison de se plaindre, l'action électrochimique ne se produisant plus.

et avoir au moins le temps de lire, de rêver, de cuisiner ou de ne rien faire sans avoir l'œil rivé sur le compas.

Malgré tout, *Marie-Thérèse II*, bonne fille, consent à tenir son cap quelques minutes d'affilée, mais cela ne permet pas la détente complète que je connaîtrai à partir de Durban, et surtout de Capetown d'où je repartirai réellement « paré ». Mais revenons au canal de Mozambique.

Après trois jours de cette navigation un tantinet « humide », le mauvais temps fait place au calme plat. Il durera deux jours. Au début le roulis est épouvantable et je n'ose l'amortir en étarquant la grand-voile et en la bordant plat à cause du ragage important de la fourche sur le mât (pas de problème pour l'artimon bermudien) ; j'essaie alors un système qui s'avère excellent : l'ancre flottante est filée sur bâbord et solidement amarrée à la cadène la plus arrière du grand mât dont je resserre le ridoir pour que les tractions vers le bas ne puissent pas causer d'avaries à la ferrure. Puis je laisse tomber une gueuse de 20 kilos dans l'ancre flottante qui reste alors suspendue à 1 m 50 de profondeur, la grande ouverture dirigée vers le haut. L'effet est immédiat : le roulis diminue de moitié et je suis persuadé qu'avec une seconde ancre flottante installée de la même façon sur l'autre bord, le roulis aurait pu se trouver presque entièrement annihilé. Malheureusement, mon ancre flottante fabriquée à la diable avec un matériau de « récupération » me lâche pendant la nuit. Et ça roule... Pendant ce temps, le courant me déporte, inexorablement vers le Sud à la moyenne de 30 milles par jour...

Si le calme dure trop longtemps, je vais me trouver dépalé au Sud de la latitude de Durban, dans le courant des Aiguilles qui, lui, fait 50 à 100 milles par jour suivant l'époque et son humeur.

Mais le vent revient, toujours du Sud-Est, amenant avec lui la pluie et la grosse mer. Je maintiens pendant quelques jours un cap Nord-Ouest afin de rester bien

« en amont » de Durban. Les observations du soleil sont difficiles, parfois impossibles, et le point à l'estime remplace souvent le point astronomique. Mais je ne m'inquiète pas pour le moment, car il reste de l'eau à courir.

Enfin, le 24 novembre, après deux jours de ciel clair qui m'ont permis de tracer des points précis, la terre est en vue. Ma bonne montre Omega (merci, José Poncini) n'a varié que de quinze secondes. En prévision du courant, j'ai choisi d'atterrir sur le cap Sainte-Lucie, à 120 milles au nord de Durban. Trois jours plus tard, l'ancre tombait dans le port de Durban.

Que s'est-il passe entre temps ? L'expérience mérite d'être racontée en détail.

Le 24, disais-je, la terre était en vue. Le vent, depuis deux jours, soufflait assez frais du Nord-Est, avec baromètre en baisse, ce qui laissait prévoir un coup de vent du Sud-Ouest à la prochaine hausse barométrique. Je m'éloignai donc de la côte, et mes dispositions étaient prises au coucher du soleil pour tenir la cape sur l'artimon, barre sous le vent, comme je l'ai toujours fait. Vers 10 heures du soir, le baromètre commença à monter, tandis que le vent de Sud-Ouest s'établissait, atteignant en quelques minutes une force considérable pour diminuer au bout de quelques heures, jusqu'à la force de 7 ou 8 de l'échelle Beaufort, qu'il maintint toute la nuit, avec parfois de violentes rafales.

*Marie-Thérèse II* tenait admirablement la cape, oscillant entre 45° et 0° du vent, dans une mer devenue énorme sous l'effet de ce fort vent soufflant contre le courant. Au petit jour, le spectacle de cette mer était saisissant. Elle brisait partout, sauf sur le bateau protégé des vagues déferlantes par son remous de dérive.

Quant à moi, j'étais lové dans ma couverture, à dormir ou à lire en attendant paisiblement que les choses veuillent bien s'arranger. Je dois même avouer que je n'étais pas fâché de cet intermède qui me permettait de me reposer sans remords. En effet, il est difficile d'imaginer à quel point un bateau à la cape peut avoir des mouvements souples et amortis, quand un bout de voile donne au vent suffisamment de prise pour le faire dériver et l'appuyer sur un bord. Bien entendu, cela dépend du bateau : un bateau à fort tirant d'eau aura tendance à ne pas dériver assez. De ce fait il bénéficiera moins de la protection offerte par le remous et il lui arrivera de recevoir des paquets de mer à tout ébranler. Par contre, le bateau à faible tirant d'eau, dérivant plus vite (ce qui est parfois un désavantage au vent d'une côte, car, hélas, rien n'est parfait) sera mieux protégé par son remous qui s'étendra alors loin au vent. À mon avis, l'idéal du point de vue du confort à la mer, serait le bateau à tirant d'eau très modéré, mais disposant d'un lest extérieur suffisant pour le ramener à sa position normale une fois retourné quille en l'air par une vague déferlante.

*Marie-Thérèse II* n'était pas à proprement parler un bateau à faible tirant d'eau, car enfin, 1 m 50, c'est déjà respectable. Cependant, comme elle était assez peu lestée et chargée... (je m'étais embarqué avec 10 shillings en poche, soit environ 500 francs, ce qui donne une idée de la légèreté relative du matériel et des approvisionnements !) sa dérive provoquait un remous protecteur suffisant... jusqu'au moment où le vent, ayant molli jusqu'à la force 5, soit environ 25 km/heure, les choses se compliquèrent. Car si le vent avait diminué, la mer restait, elle, très vilaine, couverte de méchantes têtes déferlantes.

Vers midi, le 25 novembre, le vent avait donc considérablement molli, mais il n'était nullement question de remettre à la voile, contre cette mer dangereuse. Je me trouvais alors dans ma cabine, lorsque des chocs insolites venant du gouvernail me tirèrent de mon oisiveté, et je montai sur le pont pour resserrer les amarres de la barre qui, ayant séché, se trouvaient allongées. J'avais négligé, en montant, de refermer le panneau à glissières de la cabine et terminais à peine mon travail lorsque je vis arriver une vague gigantesque. Une de ces vagues solitaires qui viennent de très loin, frappent très fort et laissent derrière leur passage une impression de calme relatif, pour continuer leur route en frappant aveuglément, à intervalles irréguliers, et aller mourir dans un bouillonnement d'écume impressionnant sur une plage très, très loin.

*Marie-Thérèse II* lui faisait alors face et fut complètement recouverte d'un bon mètre d'eau. Je me souviens encore de cette image de mon bateau, dont seuls les mâts sortaient de cette mer écumante. Pas banal. Quant à moi, j'avais eu le temps de nouer mes deux bras au mât d'artimon, tandis que mon corps faisait du... ski nautique à la surface de ce torrent. Mais le choc fit reculer violemment le bateau qui se mit alors en travers tandis que la vague, continuant à déferler, le couchait à plat, puis un peu plus, et encore un tout petit peu plus. Pour ma part, je me retrouvai d'abord couché dans la voile d'artimon, puis balayé par-dessus bord par le torrent qui continuait d'écumer. *Marie-Thérèse II* devait alors avoir la quille à près de 45° au-dessus de l'horizontale mais se redressa heureusement très vite, pour conserver cependant une dizaine de degrés de gîte sur tribord, due au déplacement de la presque totalité de mon matériel, que je n'avais pas cru nécessaire d'arrimer méticuleusement. Encore heureux que mon lest intérieur, constitué par des bouts de rails et de vieilles chaînes, ait été solidement boulonné sur la carlingue, à fond de cale. Sans quoi, ç'eût été la catastrophe.

Je regagnai mon bord en hâte et remarquai tout de suite quelque chose d'anormal. Aïe ! le panneau de la cabine avait disparu ! il flottait à une vingtaine de mètres du bord. Plongeon, récupération de cette pièce maîtresse, opération malaisée dans une eau rendue légère par l'infinité de bulles d'air qui y sont incorporées. Le bateau se trouvait alors dans une nappe protectrice, formée d'une eau presque blanche de bulles d'air, où il serait parfaitement à l'abri pendant quelques minutes. En effet, aucune vague n'y déferla, cette nappe pétillante agissant comme le ferait une couche d'huile.

Les lattes en cuivre de la coulisse, bien que tordues, tenaient encore par les quelques vis des extrémités qui n'avaient pas été arrachées, et il ne me fut pas trop difficile de les remplacer rapidement, avec l'aide d'un marteau pour redresser les lattes tordues, et d'un tournevis pour remplacer les vis arrachées. Pas le temps d'enfoncer un bout d'allumette dans les anciens trous pour augmenter le serrage de mes vis à bois ! Je ferai ça par beau temps, ou à Durban... Replacer le panneau fut ma première et ma plus grande préoccupation, car je demeurais dans la hantise d'une seconde vague du même calibre qui eût pu nous achever.

Et tout cela parce que j'avais commis l'erreur de ne pas refermer la cabine en sortant. C'est la pression de l'eau entre le roof et le dessous du panneau qui l'avait soulevé puis arraché de ses guides. Bien fermé, cette pression n'aurait pu se produire qu'horizontalement, sur sa face avant, ce qui l'aurait mieux fermé, et le bateau n'aurait embarqué que quelques seaux d'eau... par les hublots, qui étaient eux aussi restés ouverts, sous le vent. Il faut tout de même respirer, n'est-ce pas ?

Ma seconde préoccupation fut la voile d'artimon. Encore heureux qu'elle ait résisté sans s'ouvrir en deux. Quant au mât d'artimon, il fallait qu'il fût solide pour n'avoir pas fait sauter les haubans sous la pression énorme qu'avait dû supporter la voile bordée à bloc ! Par chance, le taquet d'amarrage de l'écoute d'artimon, ou plutôt l'anneau en fer forgé de la grosseur du petit doigt qui tenait la poulie au pont, et que je n'avais pas cru nécessaire de souder, s'était ouvert, donnant du mou à l'écoute, et amortissant de ce fait les répercussions du chavirement sur le reste du gréement arrière. Je le rafistolai provisoirement avec du fil de fer puis j'allai à l'avant pour filer toute ma chaîne, l'aussière et l'ancre. L'étrave étant ainsi tenue par cette ancre flottante d'un genre nouveau mais extrêmement efficace demeura face à la lame. J'amarrai alors la barre au centre, pour que le bateau n'ait pas tendance à se mettre en travers si une autre vague déferlante venait à le faire reculer violemment ; (la barre de gouvernail en fer rond de 3 cm 1/2 de diamètre avait été tordue de 20 degrés par la pression du gouvernail au moment du recul) ! Tout étant paré sur le pont, je descendis mettre de l'ordre à l'intérieur.

Un désordre indescriptible régnait dans la cabine : tout baignait dans l'eau. Le plancher était grimpé sur les matelas, eux-mêmes plaqués contre la cloison. Les boîtes de conserve se promenaient partout et les caisses vides, la batterie de cuisine, une partie de l'outillage formaient un horrible fouillis. Quant aux matelas et couvertures, ainsi que la totalité de mon linge, n'en parlons pas : tout était trempé, et quand je dis « trempé », je ne veux pas dire simplement humide.

Dans le poste avant, c'était plus simple : tout le matériel ne faisait qu'une masse compacte plaquée contre le côté tribord : voiles de rechange (pas beaucoup), cordages, chaînes, pots de peinture, bidons, plancher, tout était parti à l'aventure !

Avant de m'atteler au travail du rangement et d'arrimage, je décidai de commencer par éliminer la ou les tonnes d'eau qui clapotaient à l'intérieur. N'osant laisser le panneau ouvert, je ne pus me servir du seau, plus rapide que la pompe chinoise. Cette pompe, constituée par un simple tube de cuivre traversant le pont devant le cockpit est une merveille de simplicité. Elle peut fonctionner éternellement sans s'enrayer, crachant l'eau, l'étoupe, les étiquettes des boîtes de conserve et même... un poisson volant que j'avais ramassé sur le pont la veille et qui avait mystérieusement disparu pendant la préparation de mon petit déjeuner au porridge ! Le voilà donc rendu à son élément et offert en pâture aux siens. Il me fallut quelques heures de travail monotone avant d'entendre avec soulagement le « pfit-pfit » signalant qu'il ne restait que de l'air dans la cale. « Si ça t'amuse, tu peux continuer, mon vieux », semblait me dire cette brave pompe, infatigable et toujours prête à l'action.

Entre temps, la mer s'était calmée. Quant au vent, sa force avait très nettement diminué. Le ciel lui-même n'était plus aussi couvert, et en tout cas il ne pleuvait plus. Encore quelques heures de travail, et le matériel serait remis à la place qu'il aurait dû conserver si... cette sacrée vague n'était pas venue le déranger. Il commençait à faire nuit lorsque l'ordre fut revenu à bord.

C'est alors que je commençai à sentir le froid car, selon l'habitude acquise sous les Tropiques, ma tenue de bord est... ultralégère, disons même inexistante. Tout mon linge étant trempé, j'enfilai un bon pull-over. Le premier contact de ce vêtement mouillé me fut désagréable, puis très vite, tout s'arrangea et je me réchauffai. La cuisine se fit ce soir-là à coups d'ouvre-boîte mais une bonne moque de café brûlant me consola, après ce dîner froid, de toutes les petites misères de la journée. Et puis, j'étais gonflé d'orgueil à la pensée que cette brave *Marie-Thérèse II* avait encaissé et étalé une vraie vague. Mais cela m'a également ouvert les yeux sur le danger que représente le lest intérieur à bord d'un voilier destiné à prendre le temps tel qu'il est, et à étaler n'importe quoi. Car enfin, si un léger jeu dans le serrage des boulons qui le fixent contre les fonds avait permis ce tout petit glissement du début qui, aidé par la force d'inertie de cet énorme poids avait permis au lest de continuer sa course à l'aventure ?... C'eût été la fin de *Marie-Thérèse II* et la mienne. Il me faudra donc trouver une solution absolument sûre. De plus, la disposition actuelle de ce lest composé de bouts de rails et de vieilles chaînes, ainsi que son système de fixation posent un problème de place qui n'est pas résolu : il m'a fallu en effet me contenter d'une cabine très rudimentaire, sans couloir central. La couchette en réalité occupe la totalité de la cabine, s'étendant d'un bord à l'autre avec, de chaque côté, les placards pour le linge, mes livres et le matériel léger. Cette disposition a surpris mes amis. Avouons qu'il y avait un peu de quoi... Mais nous réfléchirons à tout cela... dans le port de Durban.

Après une nuit passée dans ma couverture mouillée, à songer aux bienfaits de la vie sur le plancher des vaches où on peut, sans insolence vis-à-vis des forces de la nature, compter dormir à coup sûr dans un coin à peu près sec, je grimpe tout ankylosé sur le pont pour trouver une mer parfaitement calme, avec un vent presque inexistant. Cela n'empêche pas le bateau de rouler désagréablement, retenu seulement par sa voile d'artimon, trop petite pour freiner efficacement ce roulis.

Calme jusqu'à midi. La trinquette aide l'artimon à limiter le roulis, mais je préférerais un bon petit vent de Nord-Est, comme le prévoient les instructions nautiques, après les coups de Sud-Ouest.

À midi, une méridienne prise dans des conditions parfaites me situe à 70 milles au Sud de la position que j'occupais quand j'ai pris la cape 36 heures plus tôt. Je reste éberlué d'avoir fait 70 milles contre le vent, en 36 heures, alors que mon bateau dérivait dans la direction opposée. Pas étonnant, avec un tel courant, que la mer se soit mise dans cet état au cours du dernier coup de vent. Je me félicite alors d'avoir choisi un atterrissage tellement au nord de Durban. Il vaut mieux ne pas avoir à remonter ce courant.

Mais le vent se lève bientôt, tout doux, pour commencer, et du Nord-Est comme il se doit, c'est-à-dire de la bonne direction. Il soufflera grand frais à partir de quatre heures de l'après-midi et le pont commence à mouiller. C'est bon pour le bois : un bateau ne pourrit pas tant que la mer et les embruns le lavent et l'imprègnent de sel. C'est un peu-moins bon pour les haubans et les ferrures, surtout lorsque ces dernières n'ont pu être galvanisées...

Par contre, ce sont les séjours trop prolongés dans un port qui risquent d'amener la pourriture sur les œuvres mortes du voilier ; et les peuples de l'Asie savent ce qu'ils font en jetant des seaux d'eau de mer deux fois par jour sur le pont et le roof et en éclaboussant la partie extérieure de la coque à l'aide d'une pagaie ou d'un morceau de planche. Cette opération d'entretien au long cours a lieu d'abord le matin, tôt, pour laver le bois de la rosée nocturne et remplacer cette eau douce promotrice de pourriture, par de la bonne eau de mer qui, en s'évaporant, laissera dans les multiples fissures, son sel, vrai médicament du bois. On recommence le soir au coucher du soleil pour neutraliser autant qu'il se peut les effets nocifs de la rosée qui viendra encore pendant la nuit. Et c'est ainsi que, malgré les conditions climatiques pénibles pour les bateaux d'Asie, ceux-ci peuvent néanmoins vivre très vieux : À bon maître, bon serviteur.

Enfin, le 27 novembre, à onze heures du matin, nous doublons le brise-lames de Durban. Douane et immigration me cueillent au passage, une fois à l'intérieur du port. Aucun problème avec la douane. Pour ce qui est de l'immigration, nous en reparlerons...

# 4

# Un an d'escale à Durban charpentier de marine et spécialiste du calfatage sous-marin

Le secrétaire du Point Yacht-Club vient m'offrir l'hospitalité de son club, ainsi qu'un bon mouillage dans le bassin des yachts. Un homme charmant, accueillant, qui a son bateau, un magnifique 30 m$^2$, fin voilier taillé pour la course au plus près, ressemblant un peu au Dragon mais en plus grand. Le Yacht-Club en compte une dizaine, admirablement entretenus, cuivres astiqués, acier inoxydable à profusion, cordages en nylon, voiles en dacron...

Le gérant apaise l'officier d'immigration rendu furieux par le fait que je n'ai que 10 shillings à déclarer.

— Comment espérez-vous rester ici avec une somme aussi minime ?

— Mais en travaillant à terre.

Réponse innocente et maladroite qui plonge ce fonctionnaire dans une rage noire. Il parle avec volubilité à son subalterne dans une langue que je ne comprends pas, l'afrikander, d'origine hollandaise. Mais je devine parfaitement de quoi il s'agit : l'Afrique du Sud n'est pas le refuge de tous les vagabonds de la création, et si ce malappris de navigateur s'imagine qu'on le laissera débarquer pour travailler à terre et y rester quelques mois pour réunir la somme nécessaire aux innombrables modifications qu'il voudrait apporter à son bateau de malheur et quitter le pays plein aux as pour aller traîner sa peau ailleurs, eh bien ! mon petit, tu te fiches le doigt dans l'œil. Il n'est pas besoin de comprendre l'afrikander pour saisir le sens de cette agitation.

Moi, je fais l'idiot, affiche mon sourire le plus crétin, et dans mon anglais hésitant lui demande si j'ai fait quelque chose de contraire aux règlements du port. Nouvelle explosion de ce brave homme. Je suis un peu inquiet : s'il allait tomber raide d'une attaque d'apoplexie ? Puis il se calme un peu et me laisse alors exposer l'idée que j'ai eu le temps de mettre rapidement au point :

— Oh Monsieur, excusez-moi, je me suis très mal expliqué, mais vous comprenez, l'anglais n'est pas ma langue maternelle, aussi ne nous sommes-nous pas compris ! De l'argent ? Bien sûr, j'en ai !... Comment pourrais-je voyager sans argent ? (toujours mon air d'idiot mal réveillé). Je dois passer à la succursale de la Banque de l'Indochine et m'informer auprès du Directeur si le virement que j'ai demandé au siège de Paris est arrivé. Puis je parle de tout et de rien, pour l'empêcher de me poser de nouvelles questions auxquelles je ne pourrais probablement pas répondre sans mentir effrontément et me faire finalement pincer un jour ou l'autre.

Il est midi passé et l'officier d'immigration doit avoir faim car il commence à montrer des signes de fatigue. Les papiers sont signés, et il emporte avec lui le double d'une déclaration par laquelle je m'engage à respecter la loi appliquée aux touristes, leur interdisant tout travail rémunéré pendant leur séjour en territoire sud-africain... Enfin, le voilà parti et je reste seul avec le secrétaire du Yacht-Club. Pas pour longtemps, car une voix bien française se fait entendre :

— Ohé, du bateau !

C'est Joseph Merlot, un solide gaillard à la figure ouverte et sympathique. Il doit mesurer 1 m 80 et peser 90 kilos, tout en muscles. Les présentations ne durent pas longtemps et nous nous tutoyons au bout de cinq minutes (il est arrivé à la godille sur son youyou fabrication maison, aussi solide que lui-même). Joseph et sa famille, comprenant Madeleine, sa femme, et leur petite fille Brigitte qui a trois ans, deviendront bientôt de vrais amis. De ces amis chez qui on peut débarquer n'importe quand, sans prévenir, et sans déranger le moins du monde.

Ils ont quitté la France à deux sur leur beau cotre (*Korrigan*, mouillé dans le bassin du Yacht-Club), et sont arrivés à trois à Durban, Brigitte étant née pendant l'escale de Tobrouk, qu'ils ont quittée aussitôt que Brigitte a été capable de prendre la mer. Et il n'a pas fallu longtemps pour cela : Mer Rouge, Monbassa, Comores, Madagascar, Lourenzo-Marques et Durban. Ils sont ici depuis six mois et Joseph a trouvé un emploi dans une fabrique française de tuyaux en ciment. Gros travail, bon salaire et *Korrigan* s'améliore chaque mois, car un bateau, si beau soit-il, n'est jamais terminé.

Joseph m'emmène sur *Korrigan* quelques minutes plus tard. L'adorable petite Brigitte me présente Caroline, tortue du bord et mascotte de *Korrigan*. Caroline n'est pas encombrante, bien que sa taille ait quintuplé depuis qu'un Malgache l'a offerte toute petite à Brigitte pendant leur longue escale à Madagascar.

Mes nouveaux amis sont tout heureux de trouver un Français de leur espèce, c'est-à-dire un de ces animaux aquatiques ayant de l'eau salée dans les veines. Inutile de préciser que je partage cette joie ! Mais bientôt mes paupières s'alourdissent. Madeleine s'en aperçoit, s'inquiète, me demande si ça va toujours. Il faut dire qu'avec ma barbe d'un mois et mes cheveux en bataille, je ne pourrais prétendre poser pour une image du calme bien... nourri. Oui, c'est ça, je meurs de faim et n'y pensais pas jusqu'à maintenant. Madeleine et Joseph ont compris, « Fallait le dire plus tôt mon vieux !... et nous qui te posions des tas de questions et bavardions à perdre haleine ! On va arranger ça. » La poêle est mise sur le feu et bientôt une énorme omelette est placée devant moi. On a même mis la table, ce qui nécessite quelque remue-ménage et des commentaires peu flatteurs de la part de Madeleine à ce bon Joseph qui plaisante tout en s'évertuant à installer rapidement cette table qui ne veut pas prendre place à l'intérieur des cales placées sur le plancher de la cabine. Voilà qui me console de ma propre table : « Ah Madeleine, si vous la voyiez, vous en auriez le souffle coupé. » Je souris à cette idée, bien que mes idées ne soient plus très claires. Joseph me rassure : « Tu sais, Bernard, ici, c'est comme ça, on s'enguirlande souvent, Madeleine et moi ; mais ça ne va pas plus loin... »

Mon exemple donne faim à Joseph qui m'accompagne et nous vidons une bonne bouteille de ce vin d'Afrique du Sud que je trouve aujourd'hui particulièrement délectable. Ça va mieux maintenant et je regagne mon bord, le cœur réjoui par ce bon repas, le bon vin et l'accueil chaleureux de cette famille de navigateurs français. Avant de pénétrer dans ma cabine, je contemple avec joie et un tout petit peu d'orgueil les deux pavillons français flottant au haut des deux mâts, celui de *Korrigan* et celui de *Marie-Thérèse II*. Il devrait même y en avoir trois et je m'étonne que Bardiaux ne soit pas encore arrivé, alors qu'une lettre reçue de l'île Maurice m'annonce qu'il a quitté Port-Louis la semaine qui a suivi mon départ. Connaissant les qualités de *Quatre-Vents*, ce retard me surprend et m'inquiète : car nul en mer n'est tout à fait à l'abri d'un accident. C'est si facile de se faire couper en deux la nuit par un navire filant ses 15 ou 20 nœuds. Slocum, ce très grand, a bien disparu dans la mer des Antilles, alors que la saison des cyclones n'était pas commencée... Comment expliquer la volatilisation d'un tel marin ?

Je suis trop fatigué pour y penser davantage. Mes couvertures et les matelas sont restés au soleil toute la journée. Un vrai soleil, qui les a séchés et me donne l'espoir d'un repos réparateur. Je me raserai ce soir et me ferai couper les cheveux demain lundi. Je suis heureux comme un enfant et ne m'inquiète pas pour la suite de cette escale et les multiples difficultés qui m'attendent auprès de l'Immigration et pour trouver du travail (car mes 10 shillings ne me permettront pas d'aller loin...) Demain, on avisera.

### *À la recherche d'un job*

Le lendemain matin, je passe à bord de *Korrigan* avec mon youyou, car j'ai un youyou depuis hier. Il est pratiquement à moi, grâce à l'amabilité d'un yachtman qui a vendu son yacht (car il est souvent difficile de conserver à la fois son jardin, sa maison, sa femme et son bateau).

Grand bol de café dans la cabine de *Korrigan*, puis encore un autre bol. Sur *Korrigan*, tout le monde est debout à 5 heures du matin, car Joseph prend le train à 6 heures pour se rendre à son travail.

— Surtout, me dit-il, ne te tracasse pas pour l'interdiction de travail formulée par l'Immigration. Quand tu auras trouvé quelque chose, envoie-leur une demande de permis de séjour définitif avec une lettre de ton employeur certifiant qu'il est disposé à t'engager dans sa boîte. Le temps que les papiers reviennent, avec avis favorable ou non, tu seras déjà derrière l'horizon. Moi, vois-tu, ça fait six mois que j'attends et ça ne sent pas encore le brûlé. Inutile de te dire que ça fait également six mois que je travaille. » Brave Joseph, si tu savais de quel cœur léger je suis sorti de *Korrigan* ce lundi matin 30 novembre pour aller battre les pavés de Durban à la recherche d'un emploi (qui ne serait pas le premier et ne resterait pas le dernier...)

Les transports sont peu coûteux en Afrique du Sud. À peine 3 pence (c'est-à-dire entre 12 et 15 francs), pour aller presque n'importe où en bus. Le tout est de quitter le bord bien lesté afin de n'avoir pas à pénétrer dans un tea-room pour y prendre un repas. De cette façon, mes 10 shillings tiendront quelques jours et c'est bien le diable si je ne trouve pas d'embauche avant une semaine.

Des amis à qui j'en ai parlé hier, m'ont conseillé de tenter ma chance du côté de la plage réservée aux baigneurs et où, me disent-ils, on est à court de « life savors ». Le « life savor » est un monsieur en caleçon de bain, perché sur une petite tourelle en bois, qui attend tranquillement qu'un autre monsieur (à moins que ce ne soit une dame) se trouve en difficulté dans les rouleaux dont il aurait sous-estimé la force tout en surestimant la sienne.

Lorsque cela se produit (ce qui est rare mais non exceptionnel), plongeon du life savor qui va repêcher l'imprudent, le ramène sur la plage par la peau du cou et lui fait de la respiration artificielle si besoin est. Un travail parfait, en somme, pour un ancien champion du Sud-Vietnam du 100 mètres nage libre, également pêcheur sous-marin.

Pas tellement parfait... car pour prétendre se présenter à l'examen pratique dans les rouleaux de la mer de Durban, il faut être titulaire de la médaille de bronze des life savors.

Je contacte le « right man » qui m'envoie en ville acheter le petit manuel qui prépare à la médaille de bronze : « Vous verrez, c'est facile à assimiler, revenez quand vous le connaîtrez bien et ça se passera en famille car nous avons besoin de monde et vous avez une tête sympathique. »

Ça y est, c'est dans le sac !... Calma, calma... il ne faut pas vendre la peau de l'ours. Pour commencer, je m'aperçois que le bouquin n'est pas si simple que ça. La méthode de la respiration artificielle est bien expliquée, avec des croquis clairs et je fais un peu de pratique sur le dos de Joseph quand il revient du boulot. Ça lui fait un bon massage et il ne râle pas trop.

Puis viennent, dans l'ordre, une vingtaine de prises différentes pour saisir un homme sur le point de se noyer et le ramener à terre. Ça me paraît un peu beaucoup mais je suis plein de bonne volonté, car 60 livres sterling par mois alors qu'il m'en faut 10 pour vivre à bord de mon bateau, voilà qui me fera de belles économies en six mois. Je pense à l'officier de l'Immigration qui m'a accueilli et je ris déjà à la pensée de la tête qu'il ferait s'il savait...

Trois jours plus tard, je me présente au même right man, à la piscine qui se trouve en bordure de la plage, une belle piscine de 50 mètres, eau de mer, très propre et ensoleillée (quand le vent souffle du nord-est, bien sûr), « Ah, vous voilà, commencez par faire un cinquante mètres. » Je pars en crawl, pas trop vite pour ne pas le vexer, au cas où sa suffisance intérieure serait aussi forte que celle qu'il affiche extérieurement, car s'il voulait me rattraper à la course, il faudrait qu'il se lève plus tôt (il nageait quand je suis arrivé). Un autre cinquante mètres en dos crawlé, puis encore un cinquante mètres en brasse et le dernier en nage sur le dos sans me servir des bras.

— Ça pourra aller. Voyons pour le reste : voulez-vous me faire la prise n° 7 ?

— La prise n° 7 ? Pouvez-vous me dire dans quelles circonstances on doit la pratiquer ?

— Je veux simplement que vous me fassiez la prise n° 7. Allons, décidez-vous car je suis très occupé aujourd'hui.

Tout à fait entre nous, il m'est arrivé une fois de repêcher un camarade en difficulté, mais c'est plutôt une image de ce que veut cet abruti qui pourrait me faire choisir la prise adéquate.

— Revenez me voir quand vous connaîtrez bien vos prises sans hésitation et par leur numéro.

Je regagne mon bord écœuré.

Tapotement sur la coque : c'est un nouveau copain, car tout ce qui se promène dans un canot aime l'eau et les bateaux, donc est un copain.

Raymond Cruickshank : « Je trouve votre bateau *very nice*, mais je n'ai pas osé venir plus tôt par crainte de vous déranger. J'ai également un bateau, *Vagabond* amarré à la jetée du club. L'avez-vous aperçu ? »

Si j'ai aperçu *Vagabond* !... Un adorable petit sloop de 6 m 50 à la flottaison. Petit, mais réellement bien et qui doit marcher par toutes les brises et remonter comme un dieu !

Nous sommes déjà amis. Ray (c'est ainsi qu'on l'appelle) n'est pas un novice en fait de voile. Il a commencé par la pêche dans les eaux mal famées du Cap, puis est devenu charpentier de marine, ce qui est fort utile lorsque l'on veut construire son propre bateau.

Nous buvons du café, nous en buvons du reste tout le temps à bord de *Marie-Thérèse II*, que celle-ci se balance à l'ancre dans un port ou qu'elle vogue en mer pour essayer d'atteindre la ligne d'horizon. Ray, à qui j'ai parlé de ma carrière aléatoire de life savor, pousse les hauts cris : « Je connais cette bande de..., j'en ai moi-même fait partie, et crois-moi, j'ai vite compris. Mais il y a peut-être quelque chose de beaucoup mieux, dans la boîte où je travaille : ça ne te dirait rien d'être charpentier de marine ? »

— Ça me dirait beaucoup, mais je ne le suis pas...

— La question n'est pas de l'être ou de ne pas l'être. Il suffit de prétendre l'être, ce n'est pas difficile, n'est-ce pas ?

Son optimisme me gagne. Pourquoi pas charpentier de marine après tout ? Ce n'est pas aussi bien que directeur de banque mais c'est mieux que ramoneur et c'est surtout très utile pour un navigateur à la voile !

Nos plans sont faits sur-le-champ. Demain matin, Ray passera me prendre sur la jetée à 6 h 1/4 et me conduira au directeur du chantier naval Louw & Halvorsen, auquel il me présentera comme une nouvelle recrue : un charpentier de marine qui a construit son bateau de ses dix doigts en y ajoutant son crâne. Mes références ? Disparues pendant mon dernier naufrage aux Chagos, mais vous verrez bien à l'essai, n'est-ce pas ? Mes outils ? Ils sont à bord, je les amènerai demain. Ray, en effet, possède un important outillage, hérité de son père qui était également charpentier de marine. Il me prêtera tout ce dont j'aurai besoin... car l'outillage de *Marie-Thérèse II* est ultra réduit. Il comprend toutefois cet outil irremplaçable à mon avis, bien qu'assez mal vu dans un atelier digne de ce nom : la hachette. Elle sert à tout : d'abord pour hacher, comme son nom l'indique, ce qui est rarement utile à bord, mais aussi pour planter un clou, visser une vis (vous n'y aviez jamais pensé), tailler les crayons, arracher les clous, calfater (à ça non plus, vous n'y aviez pas pensé), et gratter la coque quand il s'y trouve des bernacles. Les Chinois parviennent même à raboter avec, mais je ne suis tout de même pas un maestro...

Le plus étonnant, c'est que tout se passe comme prévu, le lendemain, devant Mr Nixon, directeur de Louw & Halrorsen. Un homme charmant, d'ailleurs, jeune et dynamique, qui, heureux hasard, a besoin de beaucoup de monde pour lancer à Durban la succursale du plus gros chantier de construction et de réparation de bateaux en bois. d'Afrique du Sud, dont le siège se trouve à Capetown. Il ne perd pas son temps ni le mien : au boulot, et sur-le-champ !

Ray me couvre de son aile protectrice. Il a justement besoin de quelqu'un pour terminer une réparation sur un chalutier en rade. Si Mr Nixon « does not mind », le concours d'un charpentier qui est de plus un marin pourrait activer le travail. L'affaire est dans le sac et je file à la suite de mon mentor, en méditant sur cette chance éhontée qui ne m'a jamais lâché : cette fois-ci j'apprendrai un métier manuel des plus utiles tout en étant payé 60 livres sterling par mois, plus une vingtaine de livres d'overtime, ce qui portera mes rentrées mensuelles à 80 000 francs. Un pont d'or, pour qui vit avec 10 000 francs par mois (attention, nous sommes en Afrique du Sud, pas à Paris).

Mais, j'en « bave » et n'ai pas fini d'en « baver ». Ray commence par m'inculquer les principes élémentaires sans lesquels je ne ferai pas longtemps illusion : d'abord la manière de tenir un outil. C'est très important et il est impossible de bluffer là-dessus : on sait ou on ne sait pas tenir un outil. Le contremaître ne s'y trompera pas et c'est lui le patron, en fait. Pendant une semaine, notre petite équipe travaille ensemble et je fais de grands progrès, surtout, je dois l'avouer, lorsqu'il s'agit d'improviser.

Et lorsque je suis placé dans l'équipe principale, commandée par Peter, le contremaître, je ne fais pas figure de parfaite nullité. Du reste, mes camarades de travail, qui connaissent l'histoire mais n'en parlent pas, sont pleins de sympathie et de bonne volonté à mon égard. Ils m'aident considérablement dans ce louvoyage entre les récifs, réparant gentiment le travail que je n'ai pas convenablement effectué, m'expliquant ce qu'il fallait faire. De mon côté, je « bosse » avec ardeur, faisant de mon mieux pour progresser sur le chemin ardu de la maîtrise manuelle. Au bout d'un mois, je suis à peu près « dans le bain », ce qui ne veut pas dire que je navigue déjà en eau libre !...

Le travail ne manquait pas pour les entreprises spécialisées dans les réparations des bateaux de pêche et l'aménagement des « bardis ». L'Afrique du Sud, en effet, exporte sa récolte excédentaire de maïs, que les navires viennent chercher à Durban, principal port de chargement des grains pour l'Afrique du Sud.

Les bardis sont des aménagements en solides madriers, destinés à maintenir la cargaison de grain à sa place, empêchant celle-ci de se déplacer sur un bord dans un coup de temps. C'est probablement la cause principale du naufrage du *Pamir* dans l'Atlantique : les bardis cédant sous la pression du chargement, celui-ci se déplaçant sur un bord aurait donné à ce navire une gîte d'autant plus meurtrière que cette gîte était irréversible par le temps qu'il faisait.

L'installation de ces bardis représentait pour les équipes de Louw & Halvorsen un travail épuisant, de jour et de nuit, car ces navires à l'inverse des yachts, n'étaient pas entrés dans le port pour s'y prélasser au doux soleil de Durban. Mais pas du tout. Ils étaient toujours terriblement pressés !

Le rythme était à peu près le même pour chaque bateau chargeant du maïs : cinq équipes de deux ou trois charpentiers de marine européens, c'est-à-dire blancs, dévalaient l'échelle conduisant aux cinq cales du navire, ce qui faisait une équipe pour chaque cale. Deux aides noirs étaient au service de chaque blanc pour passer les outils, porter et tenir les madriers que le blanc mesurait et sciait à la longueur voulue, les maintenir dans la bonne position pour que le blanc puisse les fixer à l'aide de clous de 15 centimètres dans leurs positions respectives, etc. Car le noir, lui, n'est pas autorisé à se servir d'un outil, dans toute la province du Natal. C'est là un privilège du blanc et celui-ci est prêt à le défendre. Les lois sociales sont strictes à ce sujet.

Le travail des bardis prenait généralement une semaine, dont les deux derniers jours étaient presque toujours extrêmement durs à cause du manque de sommeil et de l'épuisement physique dans lequel nous nous trouvions tous. Repas hâtifs, composés de quelques sandwiches que nos estomacs ne pouvaient pas même digérer en paix, ce qui, vers les derniers jours, provoquait des douleurs gastriques génératrices de mauvaise humeur.

Les nerfs étaient alors tendus mais nous avions suffisamment à faire pour ne pas trop y penser, et puis, la paye correspondait au travail fourni, ce qui nous consolait et nous faisait oublier en quelques jours le cauchemar de la semaine précédente, quand, le navire parti, le travail des réparations courantes nous replongeait dans la routine... jusqu'au navire de grains suivant, dont nous finissions par souhaiter impatiemment la venue.

Argent, argent ! Que ne m'as-tu pas fait faire à Durban ! Mais les compensations étaient multiples : ma santé était bonne, mon moral excellent, mon compte en banque s'épaississait. Le soir, rentrant éreinté mais heureux, je regardais avec orgueil *Marie-Thérèse II* et passais en revue toutes les améliorations que je comptais y apporter. Je tenais essentiellement à adopter pour mon problème de lest intérieur une solution sûre, et je mûrissais de grands projets pour rendre ma cabine agréable et coquette ; la disposition du lest et son système de fixation m'avaient contraint à me contenter d'une cabine très rudimentaire, sans couloir central. Le seul endroit où l'on pouvait se tenir debout était un petit carré de 60 centimètres de côté sous le panneau d'entrée ; j'y avais placé la cuisine et la roue intérieure du gouvernail. La porte donnant sur le poste arrière se transformait en table, en pivotant autour de ses charnières ; un bout de ligne de pêche la maintenait en position horizontale. Cette installation bizarre obligeait les invités à lever les jambes pour laisser passer la table, avant de pouvoir poser les pieds sur le plancher de 60 $cm^2$. Il ne m'échappait pas qu'il me serait possible d'obtenir un confort infiniment supérieur, mais au prix d'un long travail.

De l'Immigration, pas de nouvelles. Mais pour prévenir les ennuis, je préparai ma demande de permis de séjour en bonne et due forme.

J'allai déposer mon dossier entre les mains du « right man », qui fut cette fois on ne peut plus courtois et même franchement favorable à mon projet de résidence définitive. Il ne doutait pas que le visa me serait accordé, bien que ma demande n'ait pas été transmise par le consulat d'Afrique du Sud de mon pays d'origine. En attendant, je gagnais du temps. C'était mon seul objectif. Le vent m'était favorable, et la vie belle.

Oui, c'était la bonne vie bien remplie par le travail et les copains. L'un d'eux devait bientôt devenir un véritable frère : Henry Wakelam, de père anglais, de mère russe, né lui-même à Shanghaï. Ses parents s'étaient établis en Afrique du Sud au moment de la guerre sino-japonaise. Henry était arrivé en Afrique du Sud à l'âge de sept ans et devait quitter ce pays en même temps que moi, en solitaire également, sur son cotre *Wanda*, de 6 m 50 à la flottaison, inspiré des plans du célèbre *Vertue* de l'architecte anglais Laurent Giles.

*Vagabond* de Raymond Cruickshank avait également été construit sur ce même plan. Mais ces deux bateaux, bien qu'issus du même dessin, ne se ressemblaient pas. Ray s'en était tenu au plan original, s'attachant à respecter les échantillonnages prévus pour ne rien alourdir. La cabine de *Vagabond* était spacieuse pour un bateau aussi petit.

Henry, par contre, avait tout construit plus solide, plus lourd, massif même, au détriment de la légèreté et du confort. Le roof était aussi petit que possible, le pont renforcé par des barrots énormes et la membrure pesait bien le double de ce qu'avait prévu l'architecte. Mais, en fait de solidité, on peut difficilement imaginer mieux dans un bateau en bois. Il l'avait construit entièrement seul, sous un arbre, réalisant des prouesses d'ingéniosité pour venir à bout de ce morceau. Ce n'est que pour le rivetage du bordé sur la membrure qu'il lui avait été nécessaire d'attraper de temps en temps un copain par la manche, de le traîner jusqu'à son bateau et lui mettre entre les mains une lourde masse pour maintenir la tête des clous en cuivre. Henry, avec force jurons et menaces, tapait de l'intérieur du bateau, rivetant jusqu'à l'épuisement de son camarade. À part cette opération de rivetage qui nécessite deux hommes, tout le reste avait été fait par Henry seul, avec l'aide de ses dix doigts et de son cerveau.

Car Henry avait un cerveau. Je n'ai pas encore rencontré un homme aussi astucieux pour effectuer un travail quel qu'il soit avec des moyens matériels presque inexistants. Il était le type même de la débrouillardise et de l'intelligence pratique. De l'amitié qui devait nous unir pendant plusieurs années, résulta, pour ma part, un véritable enrichissement.

Henry, outre ses qualités d'intelligence pratique peu communes, en possédait une autre aussi rare : un cœur d'or, et un altruisme capables de lui faire oublier tout pour aider un copain ou même n'importe quel inconnu en difficulté. Et il lui suffisait de quelques minutes pour résoudre un problème pratique qui eût demandé du temps et de nombreux tâtonnements à une personne moyennement douée. Je parlerai par la suite des petites et grandes trouvailles qu'il a mises au point sur *Wanda*, dont certaines sont de véritables chefs-d'œuvre de simplicité et de rendement, le tout accompli presque toujours avec les moyens du bord. Et quel travailleur acharné quand il s'était mis quelque chose en tête, qu'il s'agisse de son propre bateau ou d'un coup de main à donner à un ami.

### *Arrivée de Jean Gau sur* Atom

Un matin, alors que je me rends à terre pour mon travail, à la godille comme tous les jours, un nouveau bateau attire mon attention. Mes coups de godille se font plus rapides et je me dirige vers ce nouveau venu. Il n'y a pas à se tromper, celui-ci vient de loin. Ces petites impressions que l'on ressent à la vue d'un voilier nous disent souvent du premier coup d'œil s'il s'agit d'un plaisancier de la côte ou d'un oiseau du large. Et c'est bien d'un oiseau du large qu'il s'agit là.

Le nom du ketch est *Atom*. Le voilà donc ce beau voilier dont parlent les livres de Jean Merrien. Un léger pincement au cœur, pourtant : c'est le pavillon américain qui flotte sur le bateau de ce solitaire, resté très français malgré sa naturalisation américaine, comme je pourrai le constater par la suite.

Je pose doucement la main sur la lisse, évitant de toucher la coque avec mon youyou pour ne pas risquer de le réveiller. Il est en effet arrivé pendant la nuit et je doute qu'il soit frais comme une pâquerette ce matin. On m'a fait le coup plusieurs fois... Puis je frappe tout doucement sur la coque. C'est le signal bien connu, quelquefois trop connu, des navigateurs. Mes tapotements sont trop légers pour le réveiller s'il est encore endormi, mais il les entendrait s'il était déjà levé. Pas de réaction à l'intérieur ; je vais à terre pour prendre mon travail.

De retour au Yacht-Club, pas de Jean Gau à bord d'*Atom*. Son youyou qui était ce matin plié contre l'hiloire de la cabine n'y est pas non plus et mes yeux se portent immédiatement sur *Korrigan*. C'est bien ce que je pensais, il y est... Un troisième youyou est bientôt amarré à l'arrière de *Korrigan*, le mien. Une minute plus tard, il y en aura quatre : Henry, lui aussi, est rentré du travail. Et la conversation bat son plein, comme toujours lorsqu'un groupe de marins se trouve réuni. En mer, on n'a pas souvent l'occasion de discuter, mais au port, on se rattrape quelquefois !

Jean Gau a cinquante ans passés. Il a quitté la France assez jeune pour aller se fixer aux États-Unis qu'il quitta il y a environ quinze ans à bord de sa goélette *Onda* en direction de la France. Un naufrage total, sur un rocher de la côte du Portugal, mit fin à ses rêves de grands voyages en solitaire. Il retourna alors à ses fourneaux en Amérique où il est chef d'un grand hôtel et, à force de gratter le fond de ses casseroles, il put acheter et équiper *Atom*, sur lequel il devait fermer la boucle sans anicroche. Il est maintenant de nouveau à New York où il continue à gratter les casseroles du même hôtel pour en retirer de quoi finir calmement ses jours à Tahiti qui l'a séduit.

Mais Jean Gau est un sage et un grand prudent. Il a su tracer cette ligne de démarcation entre l'aventure et le côté sérieux de la vie, cet « avenir » que l'on ne peut jeter par-dessus l'épaule sans risquer de se trouver un jour en caleçon de bain sur une plage déserte, sans bateau... et sans argent. D'une telle situation, on se tire généralement assez bien lorsqu'on est jeune. Plus tard, cela peut être très dur. Jean Gau y a soigneusement réfléchi et a préparé l'avenir afin qu'un accident éventuel ne devienne pas pour lui une catastrophe, la cinquantaine passée.

Mais Jean Gau, en dehors de ses solides qualités de bon sens, possède un talent artistique extraordinaire qui nous rendit muets d'admiration lorsqu'il nous présenta ses peintures de la mer et des bateaux. Tout y était fidèlement représenté et, malgré cette perfection dans les détails, de l'ensemble de chacun de ses tableaux se dégage une impression de force et de vérité qui les classe, à mon avis, parmi les chefs-d'œuvre. J'espère qu'ils seront un jour présentés au public, car de telles manifestations de la beauté ne devraient pas rester cachées au fond d'un carton.

J'eus à ce sujet une longue conversation avec Jean pour tenter de lui faire comprendre qu'il ne lui était pas permis de faire courir à de telles œuvres les risques toujours présents des longues traversées. Jean avait en effet perdu l'*Onda* quinze ans auparavant, engloutissant du même coup de magnifiques tableaux. *Atom* avait été sur le point de se perdre sur un récif du détroit de Torrès, où une forte houle n'aurait laissé aucune chance de sauver le bateau. Peut-être eût-il pu sauver sa peau, et encore. Je me souviendrai longtemps de l'expression d'horreur qui se lisait sur son visage habituellement si calme lorsqu'il m'a raconté ce cauchemar. Cela se passait à l'entrée du détroit de Torrès. Le vent mollit brusquement. La grosse houle du Pacifique brisait avec violence sur les têtes de corail qui bordent l'entrée du détroit et... le courant y entraînait *Atom*. Mais il restait assez de brise pour manœuvrer et Jean était calme comme il l'est toujours. Puis brusquement, le vent tomba tout à fait, plus un souffle. Le courant, à l'endroit où se trouvait *Atom*, augmenta de vitesse, porta droit sur les coraux et brusquement Jean comprit que c'était le naufrage imminent car le fond était trop loin pour que l'ancre y crochât. C'était la fin. Les naufrages arrivent parfois de cette façon. En un éclair, on comprend brusquement que c'est la fin et quelques secondes plus tard, c'est effectivement fini, une page est tournée. Jean resta alors comme pétrifié, inconscient et impuissant. C'est curieux et c'est effrayant à quel point, brusquement, l'intelligence peut se paralyser, annihilant aussi, la volonté qui est comme ligotée, incapable de la moindre réaction. C'est peut-être là un mélange de peur, d'étonnement et d'acceptation devant la fatalité.

Mais le marin, quand ce genre de chose se produit, ne pense à rien. Et Jean ne pensa même pas à son moteur dont il avait oublié l'existence parce qu'il en avait huilé les cylindres avant le départ de Christmas-Island, dans le Pacifique, et dont il ne comptait pas se servir avant d'entrer à Durban... Jean ne sentait plus qu'une main de fer lui serrer les entrailles, la main du destin. Il descendit, titubant, dans la cabine. Il voulait une cigarette qu'il prit machinalement, comme dans un rêve. Le briquet ne fonctionnait pas ! la chaleur devait être grande, pour que l'essence se fût déjà évaporée... Essence ! Moteur ! Moteur ! Moteur ! Sauvé peut-être, s'il était encore temps. Déjà, il sentait le bateau soulevé par la houle qui s'amplifie en bordure des récifs, à cause du relèvement brutal du fond sous-marin.

Il se jeta sur le démarreur. Miracle ! Cette mécanique qui ne lui avait donné que des ennuis démarra du premier coup, sans tousser. Il l'avait échappé belle.

Et moi, je remercie le Dieu des marins. Car les tableaux de Jean Gau seront un jour admirés par le public. Ces peintures ont pourtant bien failli aller tenir compagnie aux oursins et aux étoiles de mer du détroit de Torrès...

### *Arrivée des* Quatre-Vents

Deux jours après l'entrée au port de Jean Gau, c'est Bardiaux qui apparaît sur *Les Quatre-Vents*. Voilà donc quatre voiliers français dans le bassin des yachts de Durban, et sur ces quatre, trois sont armés en solitaire. Pas banal. La presse durbanaise est ravie : les Français, lassés de l'instabilité gouvernementale de leur pays partent-ils donc en masse ? (N'oublions pas que nous sommes en décembre 1955.)

Bardiaux a fait une traversée sensationnelle de Maurice à Durban : douze jours je crois, ce qui est probablement inégalé, comme le sont du reste la plupart de ses traversées. Du vent, il en a eu ! Il a même, me dit-il, été projeté contre ses barrots de pont au large de La Réunion alors qu'il dormait dans sa couchette. La bosse s'est résorbée depuis, mais pas son souvenir ! Bardiaux, comme d'habitude, ne fait aucun projet fixe quant à la durée de son séjour dans un port. « Cela dépend des événements », dit-il, et sur ce point, nous sommes bien d'accord. Car pourquoi partir si l'on a envie de rester encore un peu, et pourquoi rester quand le besoin se fait sentir de changer de quartier ?

Son retard est dû à une douleur au genou qui l'a envoyé à l'hôpital quelques jours après mon départ de Maurice qu'il projetait de quitter une semaine plus tard. S'il était parti dans les délais prévus, il m'aurait dit « coucou ! » à mon arrivée à Durban : car *Les Quatre-Vents* est un bateau très rapide ! Et puis, Bardiaux n'aime pas prendre la cape, ça le retarde. Il me dit du reste très justement : « Plus tu restes longtemps en mer, plus tu as de chances d'attraper un coup de chien ! Alors, pas besoin de les attendre en mer si on peut les gagner de vitesse... » Quant à moi, je commence à rêver de mon prochain bateau : un bateau très rapide, remontant comme un dieu. Mais le premier enthousiasme passé, je me range à l'idée d'un juste milieu entre *Marie-Thérèse II*, assez lente et remontant quand le vent souffle de la bonne direction, et *Les Quatre-Vents*, qui semble se moquer de la direction du vent et bondit d'une crête à l'autre sans se soucier des bosses et des repas froids pour l'équipage.

Le repas du soir trouve les trois solitaires français réunis dans la cabine de *Korrigan*, devant la bonne soupe de Madeleine. Les quatre youyous se tiennent bien sages à l'arrière au bout de leurs amarres, ressemblant à quatre petits chiens qui attendraient gentiment le bon vouloir de leurs maîtres. Mais il faut bientôt venir mettre de l'ordre parmi eux car les voilà qui se battent : le vent de Sud-Ouest qui s'est levé est responsable de ces grincements de dents (avec le vent, la mer se lève aussi, même dans les ports quelquefois). Il s'ensuit un certain remue-ménage dans le cockpit de *Korrigan*, chacun voulant sauver sa chère progéniture : « Les enfants du corbeau me semblent les plus beaux », n'est-ce pas ? Les voilà bientôt apaisés ou tout au moins maîtrisés, prudemment amarrés à la queue leu leu.

Nous redescendons dans la cabine où Madeleine nous tend une serviette que nous nous passons l'un à l'autre car, dehors, le vent de Sud-Ouest qui fait maintenant rage, a amené la pluie.

Dans la cabine, c'est aussi la tempête : oh ! une tempête pas méchante mais un peu pointue, tout de même, sur un sujet qui passionne tous les marins du monde et sur lequel ils ne sont jamais tombés d'accord.

Sont à l'ordre du jour : la cape et l'ancre flottante. La tempête a éclaté tandis que Jean Gau me faisait raconter ma dernière traversée. J'en étais arrivé à la fameuse vague déferlante. « Et comment tenais-tu la cape à ce moment-là ? » demande Jean.

— Comme d'habitude, sur l'artimon avec la barre dessous en grand, et pour mon malheur sans ancre flottante...

Jean perd un peu de son calme habituel : « Un de ces jours, il va t'arriver malheur, mon petit (23 ans de différence d'âge et sa longue expérience de la mer autorisent ce ton paternel), car n'oublie pas que prendre la cape, c'est se mettre sous voilure réduite, en travers ou presque de la lame. En dérivant sur le côté, le bateau provoque un remous protecteur au vent, agissant comme le ferait une nappe d'huile ce qui empêche la vague de déferler. Toute autre méthode, avec ou sans ancre flottante, ne créera pas un remous suffisant pour protéger le bateau. Un bateau à sec de toile avec la barre sous le vent en grand, restera en travers de la lame et dérivera insuffisamment pour provoquer un remous étendu. Trop de marins à voile se contentent de tout baisser. Résultat : un jour ou l'autre, ils se feront rouler au risque de démâter, sans parler des dégâts sur le pont dus à l'impact de la vague contre l'hiloire de la cabine. Sans parler non plus du gouvernail dont la mèche peut casser net. Quant à celui ou à ceux qui se trouvent dans la cabine, ils peuvent en prendre un rude coup ou tout au moins quelques bosses sérieuses. » (Je pense dans mon for intérieur à l'aventure d'*Adios :* cabine enfoncée, mèche du gouvernail brisée ; et à *Marco Polo* qui, lui, prenait la cape à sec de toile, en travers de la lame, m'ont dit les trois membres de son équipage quand je les ai vus à l'île Maurice : le bout dehors a cassé net et c'est miracle qu'ils n'aient pas démâté, car le grand mât n'était étayé sur l'avant que par la draille de bout dehors, leur gréement ne comportant pas de draille d'étrave. Quant à mes camarades du *Marco Polo,* ils durent être hospitalisés à la suite des blessures qu'ils reçurent à l'intérieur de la cabine pendant cet accident.)

*La théorie de Jean Gau*

Voici, d'après ce que nous dit Jean Gau, la manière de capeyer qui lui paraissait la plus sûre : sur la trinquette étarquée à bloc aussi près que possible de l'axe du bateau, la barre étant poussée en grand sous le vent. Le bateau se tient alors par le travers de la mer sans faire route et dérive suffisamment pour être protégé. Si le vent diminue d'intensité et si la mer reste dangereuse, Jean Gau hisse éventuellement la voile d'artimon tout en laissant la barre dessous. Le bateau se tient alors un peu plus près du lit du vent, oscillant entre le vent de travers et le plus près. Il est suffisamment protégé par le remous de dérive.

Je lui pose alors une question qui me tient à cœur depuis mon accident au large de Durban : si une vague déferlante géante parvient à traverser ce remous protecteur et te retourne comme une crêpe, ne démâteras-tu pas, du grand mât tout au moins, avec la terrible pression d'eau sur ta trinquette (ça, c'est une petite pointe que j'envoie à Jean, dont le grand mât n'est étayé que par la draille de bout-dehors, le foc prenant l'extrémité du bout-dehors jusqu'au grand mât ; et j'ai l'impression que s'il en recevait une vraie de vraie dans ce grand foc, bout-dehors et grand mât partiraient comme un seul homme...) « Aucune vague n'a jamais traversé le remous d'*Onda* ni d'*Atom* à la cape », me répond Jean Gau, un tout petit peu vexé par ma remarque au sujet de l'étayage sur l'avant de son grand mât, et par mon entêtement à ne pas comprendre ce qui lui semble évident.

« Quant à l'ancre flottante, très peu pour moi, ajoute-t-il. Je l'ai utilisée pour la dernière fois sur *Onda* et j'ai bien cru que mes os allaient rejoindre la vase du fond de l'Atlantique. En effet, cette fichue ancre flottante, filée sur l'avant retenait tellement bien l'étrave face à la lame qu'elle donnait des chocs terribles sur la bitte d'amarrage, à tel point que je croyais à chaque instant que l'étrave allait se séparer du reste !... Et il fallait voir les vagues déferler sur le bateau qui, faisant face, n'était alors protégé par aucun remous. Finalement, j'ai pris mon couteau et zip ! un bon coup dans l'aussière pour me débarrasser de cette garce d'ancre flottante que je trouve extrêmement dangereuse. »

Dans mon for intérieur, je pense à ce que vient de dire Jean au sujet de l'ancre flottante qui maintenait si bien face à la vague, l'étrave d'*Onda*. J'avais remarqué une tendance nettement contraire sur mes deux derniers bateaux : ancre flottante ou rien du tout, cela se valait, à tel point que je fus heureux de constater l'efficacité d'une ancre ordinaire pendant au bout d'une quarantaine de mètres d'aussière. En effet, l'aussière prenant une orientation oblique due au poids de l'ancre d'une part et à la dérive du bateau d'autre part, offrait alors une surface de freinage considérable et agissait réellement d'une manière extrêmement satisfaisante. Autre bateau, autres méthodes !...

« Après m'être débarrassé de cette maudite ancre flottante, ajouta Jean Gau, j'ai hissé la trinquette, l'ai étarquée à bloc dans l'axe du bateau, avec la barre sous le vent en grand, et finies les émotions : plus rien ne déferlait sur *Onda* qui, pourtant, capeyait en travers de la lame, mais était alors protégée par son remous de dérive. Depuis cette expérience, je n'ai jamais plus emporté cet engin encombrant et inutile. Je prends la cape sur la trinquette ou sur la trinquette et l'artimon suivant la force du vent[1]. »

*Joseph Merlot : la cape sur un cotre*

Après cet exposé de Jean Gau, c'est Joseph Merlot qui est prié de nous faire part de sa théorie, basée sur son expérience (*Korrigan* est un cotre, avec trinquette endraillée sur l'étrave et foc sur le bout-dehors.)

— La cape, nous dit Joseph, j'ai dû la prendre deux fois en Méditerranée, puis sur la côte est d'Afrique, dans les parages de Mombassa, et enfin sur la côte de Mozambique. Dans ces deux derniers cas, le vent soufflait contre le courant de Mozambique qui était de l'ordre d'un nœud.

« J'ai toujours pris la cape sur la trinquette, à l'exception d'une fois, sur un foc renversé, hissé à la place de la grand-voile. Pas d'ennuis avec ces deux méthodes, mais je préfère cependant prendre la cape sur la trinquette car, alors, je continue à remonter le vent. J'ai même tracé quarante milles sur le bon cap en une nuit !

— Mais comment avais-tu fixé ta barre ? ai-je alors demandé, puisqu'un bateau à la cape doit plutôt dériver sur le côté ou vers l'arrière, et non pas faire de la route au plus près.

— La barre ? elle n'était pas amarrée, car je n'aime pas causer d'efforts supplémentaires sur le gouvernail quand la mer travaille dur. Elle flottait donc librement

1. Il faut en effet noter que l'état de la mer ne dépend pas toujours de la force du vent qui souffle : un vent à tout casser aura souvent pour conséquence heureuse de faire s'envoler en embruns les crêtes dangereuses. Mais quand ce vent diminue, alors, attention, ça déferlera, et comment !... surtout quand un courant contraire se met de la partie.

sans aucune amarre, à l'exception, parfois, d'un bout de chambre à air d'auto pour ne pas laisser le gouvernail trop libre, tout de même. Quant à la trinquette, quand je mets à la cape, je ne l'étarque pas le plus possible dans l'axe du bateau, mais tout simplement comme si je faisais du plus près...

— Et tu n'as jamais ramassé une bonne vague dans la trinquette en t'amusant à faire du plus près sous voilure réduite par des temps pareils ?

— Non, jamais... pas encore, du moins », répond Joseph.

Jean Gau secoue lentement la tête et murmure : « Pas sérieux ces choses-là, pas sérieux du tout. Toi aussi, tu te feras avoir un jour, mon vieux Joseph. »

Je pense aussi, à part moi, que Joseph se fera avoir un jour ou l'autre, s'il tombe nez à nez avec la vraie de vraie à qui il prendra la fantaisie de déferler au moment précis où elle arrivera sur le bateau. Car, pour être dangereuse, une vague doit remplir deux conditions : la première est d'être énorme ; la seconde est de déferler juste sur le bateau, ou quelques mètres avant. En effet, si elle déferle un peu après, pas de problème. Si elle le fait trop tôt, l'équipage sera quitte pour une bonne émotion et quelques embruns sur le pont, tout au plus une claque désagréable mais sans conséquences sérieuses.

Du reste, pendant assez longtemps, je n'ai pas cru possible qu'une vague vraiment sérieuse pût déferler juste sur un petit voilier, les probabilités de cet accident me paraissant trop minimes pour pouvoir être considérées ! Il y a en effet tant de place autour du bateau... alors pourquoi déferlerait-elle juste sur ce petit point dansant sur la mer ?... Un mathématicien pourrait peut-être se distraire par de savants calculs de probabilité à ce sujet... Cela ressemble un peu au problème des abordages en mer. Comment imaginer que deux points se promenant sur l'immensité des océans puissent se rencontrer un jour ? Surtout quand l'un de ces points est représenté par un petit voilier dont la course vagabonde dépend du grand Maître le Vent, et que l'autre point est un vapeur qui ne connaît d'autres dieux que l'horaire et la ligne droite. Et pourtant, les voiliers qui se sont fait aborder par ces navires d'acier sont nombreux ; Le Toumelin ne s'est-il pas fait aborder à l'aube, alors qu'il portait des feux bien visibles ?

Nos regards se tournent maintenant vers Bardiaux. Il n'y a en effet aucune hésitation chez nous tous : Bardiaux est le maître qui sûrement va ouvrir pour ses trois stagiaires les portes qui mènent à la lumière. Mais Bardiaux se moque de la cape ou de l'absence de cape. Car, il l'a prise rarement et ça ne l'a pas empêché de se faire retourner comme une crêpe. Le tout, pense-t-il, vient du bateau lui-même. C'est surtout du bateau que dépendra le résultat final, car cape ou pas cape, c'est un peu la même chose pour lui, avec cette très importante différence qu'à la cape, on dérive en général dans la mauvaise direction, tandis qu'en rentrant dans la plume sans faire de complexes, on continue malgré tout à faire de la route utile, ou tout au moins à ne pas en perdre. Cette théorie audacieuse est appuyée par un argument irrésistible : la réussite. Et puis, autant en finir le plus vite possible, sans attendre un mauvais coup en traînaillant au large. Quant à l'ancre flottante, celle-ci ne lui a pas donné grande satisfaction et il n'en a du reste plus à bord. Il trouve également cet engin encombrant à bord d'un petit voilier et préfère se servir de l'ancre ordinaire avec une bonne longueur de chaîne traînant en oblique.

Avant de clore ce chapitre qui intéresse bien des marins, que ceux-ci naviguent au large ou en vue des côtes, je vais faire à mon tour l'exposé de mes idées et de mon expérience à ce sujet. Parlons d'abord de l'ancre flottante :

Je n'ai jamais été satisfait de l'engin classique mis à la mode par le capitaine Voss. Il s'agit du cône ou de la pyramide en forte toile, dont l'ouverture de 80 à 90 centimètres est maintenue dans sa position ouverte par un croisillon ou par un cercle en bois ou en fer. Tous les plaisanciers en ont entendu parler ou la connaissent pour l'avoir à leur bord. C'est un engin encombrant, lourd, difficile à ramener à bord une fois le coup de temps passé.

D'autre part, l'efficacité de ce type d'ancre flottante est très douteuse, car son action de freinage est faible, insuffisante en général pour maintenir face à la lame l'étrave du voilier, dont le centre de dérive se trouve presque toujours assez loin sur l'arrière. Le voilier se mettra donc en travers dans presque tous les cas, lorsque cette ancre flottante aura été filée par l'avant. Pour qu'une ancre flottante de ce type puisse se montrer efficace, il lui faudrait une ouverture beaucoup plus grande, rendant sa présence à bord insupportable, et son maniement très pénible.

Personnellement, j'ai possédé successivement trois ancres flottantes classiques et je dois avouer, à ma grande honte, que je les ai toutes perdues pour une raison très simple : elles ne me donnaient aucune satisfaction et c'est presque avec plaisir que je les ai vues disparaître chaque fois, regrettant cependant la perte de l'aussière (que j'avais, bien entendu, omis de fourrer...).

Pourtant, une ancre flottante peut se montrer d'une grande utilité s'il est impératif de dériver le moins possible. Lorsque, par exemple, on se trouve au vent d'une côte. Filée par l'avant, avec le concours du bout de toile utilisée pour prendre la cape, celle-ci diminuera légèrement la dérive. Filée par l'arrière, sans voile de cape, elle diminuera la progression tout en maintenant l'arrière face à la lame, et sans obliger l'équipage à prendre son tour à la barre (bien que cela dépende encore du bateau).

Il existe cependant un type d'ancre flottante très peu connu, et qui, lui, répond tout à fait à sa raison d'être. Elle offre en effet une grande surface de freinage, sans avoir les inconvénients de poids, d'encombrement et de difficulté de maniement de l'ancre flottante, type Voss. Sa simplicité est extrême. En voici la description.

Un rectangle de forte toile de 1 m 20 par 1 m (pour un bateau d'environ 5 tonnes) est solidement ralingué. Chacun des grands côtés est transfilé sur un support cylindrique : celui du haut, en bois, de huit à dix centimètres de diamètre servira de flotteur ; celui du bas sera en tube galvanisé et fera fonction de lest afin que la toile se tienne verticalement dans la mer.

Quatre filins de cinq mètres manillés à chaque angle viennent se réunir à une cosse, d'où partira l'aussière reliant le système au bateau. On pourra naturellement utiliser, en double, deux filins de dix mètres pour éviter une épissure. L'important est que les quatre filins aient exactement la même longueur.

Avec ce type d'ancre flottante, qui peut être assez grande puisque pas encombrante (elle se roule comme un rideau !) et facile à hisser à bord après la fin du mauvais temps (il suffit d'attraper le support supérieur et de tirer à soi sans effort), le navigateur peut être assuré que son bateau fera face à la mer et dérivera très peu. La question ne se pose plus pour moi, c'est jusqu'à présent le type le plus parfait que je connaisse.

Parlons maintenant de la cape. Tout d'abord, je crois nécessaire de bien faire ressortir que, quelle que soit la façon de tenir la cape, aucun voilier de petit tonnage (je parle des yachts) n'est à l'abri d'un chavirement s'il est pris juste au mauvais moment par une vague déferlante réellement sérieuse. Je parle en ce moment de la cape à sec de toile ou sous voilure de cape, et sans ancre flottante. Les cas de navigateurs retournés par une vague géante sont trop nombreux pour que cela puisse se discuter. Je mentionnerai en passant Voss à bord de *Sea Queen*, Bardiaux à bord des *Quatre-Vents*, Vito Dumas à bord de *Legh II*, Tom Steel et Cruickshank à

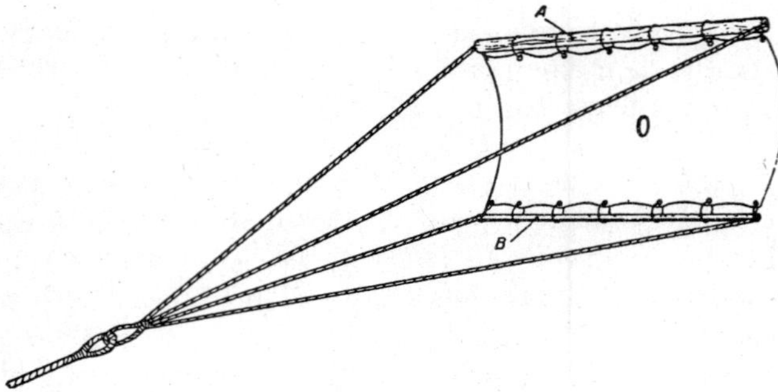


Fig. 2. – *Une ancre flottante efficace* et qui trouve aisément sa place à bord. Il est important que les quatre brins aient exactement la même longueur. A : support en bois, faisant flotteur ; B : tube de fer galvanisé formant lest.

bord d'*Adios*, Bernicot sur *Anahita*, plus récemment Henry Wakelam sur *Wanda*, mes amis néozélandais avec *Marco Polo*, moi-même sur *Marie-Thérèse II*, et j'en passe par oubli ou manque de renseignements, car ils sont nombreux.

Or, tous ces bateaux étaient à la cape quand cela s'est produit. À la cape à leur façon, et probablement de toutes les façons imaginables. Ce qui n'a pas empêché qu'ils se soient fait retourner...

Il est certain que le remous protecteur du bateau dérivant par le travers ou presque sous voilure de cape diminuera beaucoup les risques de « cap-size ». Mais, si une vague déferlante géante traverse malgré tout ce barrage, le bateau sera alors pris sur le côté, chaviré violemment et courra de grands risques de démâter et de casser du bois en plus de ses mâts. Que faire alors ? Ma réponse ne vaut que pour moi-même, car loin de moi l'idée de prétendre donner des conseils, quand les avis de marins beaucoup plus expérimentés sont partagés.

Au début du mauvais temps, je ferais ce que j'ai toujours fait avant mon accident au large de Durban. C'est-à-dire, la cape sous voile d'artimon, ou sur la grand-voile réduite en cas de gréement ne comportant qu'un seul mât. Barre dessous, évidemment. La cape prise de cette manière est très confortable : le bateau, légèrement incliné sur le bord sous le vent, ne roule presque pas. Si le tirant d'eau n'est pas important, le remous au vent le protégera parfaitement, au début, tout au moins. Et ce sera à bord une vie tranquille, sans remords pour le temps perdu puisque la prudence insiste pour que je prenne la cape en attendant que la mer retrouve son sourire.

Mais, si le mauvais temps se prolonge, une autre manœuvre me paraît prudente. Je vais sur l'avant (tout nu pour ne pas risquer de mouiller le peu de linge sec qui me reste...) et file l'ancre flottante. Pas celle de Voss, non ! l'autre, celle que je viens de décrire, *ou bien l'ancre ordinaire avec toute l'aussière.* Si je suis gréé en ketch ou en yawl, je laisse l'artimon, bien étarqué comme il se doit, mais je mets le gouvernail à zéro, c'est-à-dire dans l'axe du bateau, afin que l'impact d'une vague déferlante sur l'avant (faisant de ce fait reculer violemment le bateau), ne risque pas de casser la barre par la résistance de l'eau sur le gouvernail. Il est en effet facile de comprendre que si le bateau reculait brusquement avec le gouvernail amarré à 45°, la résistance de l'eau sur le safran pourrait être énorme et tendrait à causer une avarie peut-être grave : bris du safran, ou bris de la mèche, ou arrachage des ferrures de gouvernail, ou même – si les ferrures sont à toute épreuve – décollement de l'étambot ! Pourquoi pas ?... Sans parler de l'accident bénin mais très énervant du bris de la barre. D'autre part, cela est important, le bateau reculant violemment avec le gouvernail à 45° aura tendance à se mettre en travers et pourra se voir retourné par la même vague, comme cela m'est arrivé au large du cap Sainte-Lucie.

Si le bateau et le gréement sont solides, rien ne devrait se passer, d'autant que le roof est généralement très bas sur l'avant (c'est du moins comme cela que j'ai l'habitude de construire mon roof).

Il n'en demeure pas moins qu'avec l'ancre flottante sur l'avant, le gouvernail est mis à l'épreuve, qu'on le veuille ou non. Et, si le skipper craint pour son gouvernail, même amarré dans l'axe du bateau, il lui reste la ressource de tenir la cape avec l'ancre flottante filée à l'arrière. Le gouvernail alors ne souffrira plus du tout, puisqu'il ne fera que suivre le bateau (comme d'habitude) au cas où une vague déferlerait sur l'arrière. C'est la partie arrière de la cabine qui devra alors supporter le choc qui pourra être terrible dans certains cas, d'autant que la cabine d'un petit voilier est généralement proportionnellement assez haute et exposée, à l'arrière.

On peut également, dans ce cas, au lieu de l'ancre flottante placée à l'arrière, se servir de quelques aussières traînant de l'arrière du bateau. Elles agiront en tant que frein (pas autant qu'une ancre flottante) et surtout comme stabilisateur lorsqu'une vague déferlant sur l'arrière et poussant celui-ci tendra à mettre le bateau en travers. Pour ce qui est des aussières filées par l'arrière, j'ai remarqué, ayant quelquefois utilisé cette méthode à bord de mon bateau précédent, *Marie-Thérèse*, qu'une seule aussière dont les deux extrémités viennent s'amarrer à l'arrière, sur chaque bord (l'aussière forme alors une sorte de boucle) a pour effet de ratisser la mer sur l'arrière et semble provoquer assez loin dans le sillage du bateau un remous protecteur, malheureusement trop étroit pour être efficace.

Et si le mauvais temps se déclare, alors que l'on se trouve assez près de la côte et que le vent y porte, demandera-t-on ?

Je répondrai que j'aime en général passer très au large de la côte, un tour de 50 à 100 milles ne me paraissant pas exagéré lorsqu'il s'agit d'une côte où les coups de vent sont fréquents. Car, en général, un bateau est loin d'être malheureux quand il est à la cape, bien que cela paraisse paradoxal pour certains.

Mais, si l'on s'est laissé prendre trop près de la côte, eh bien, on fait alors ce que fait Bardiaux !... On met le nez dans la plume, au plus près. C'est pourquoi j'approuve pleinement le vieux dicton marin : « Trop fort n'a jamais manqué. »

*Atom* et *Les Quatre-Vents* restèrent un bon mois à Durban. Puis, ils hissèrent leurs voiles pour de nouveaux rivages : Jean Gau se rendit directement à Capetown en 21 jours car il rencontra pas mal de mauvais temps. Bardiaux emprunta le chemin des écoliers, s'arrêtant un peu partout entre Durban et Capetown où il devait rester longtemps alors que Jean Gau cinglait bientôt vers la France pour revoir sa mère. Puis *Atom* ramena le solitaire à New York qu'il quittera à nouveau pour aller finir paisiblement ses jours parmi ces îles du Pacifique qui l'ont séduit.

Avant le grand départ, Henry voulait faire un tour d'essai à Beira, à 700 milles au nord de Durban, et revenir à Durban pour décider de l'étape suivante.

L'appareillage de *Wanda*, en direction du Nord, eut lieu juste avant la venue d'un coup de Sud-Ouest. Pour remonter la côte d'Afrique, il n'y a pas le choix : il faut un vent du secteur Sud et celui-ci ne plaisante pas sur les côtes de Natal. Sa traversée, jusqu'à Lourenzo-Marques, à quelque 300 milles, reste pour Henry un souvenir mémorable, car, en s'éloignant trop de la côte, il se heurtait au fort courant contraire et à la grosse mer déferlante. Mais, en ne s'éloignant pas, c'était alors le manque de sommeil qui résultait de cette navigation au ras des rochers, à la barre jour et nuit, sous la pluie et les embruns. C'est là solution qu'il choisit.

Quant au travail chez Louw & Halvorsen, il allait son train. Mais ce train s'était singulièrement accéléré, au point que je suivais difficilement. Un changement de directeur en était la cause. Les conséquences, peut-être favorables à l'entreprise, se montraient beaucoup moins heureuses en ce qui me concernait. Pour tout dire, le nouveau patron m'avait « repéré », pour employer une expression sans équivoque et cela malgré tous les efforts de Peter qui avait, lui, compris depuis longtemps, mais était décidé de prendre sous son aile protectrice le Frenchman navigateur solitaire.

Il m'avait, en effet, un beau jour, tiré les vers du nez :

— Avec moi, pas la peine de bluffer. Qu'est-ce que tu fichais dans la vie avant d'amener tes grands pieds dans cette boîte ? Car c'est inutile de me raconter des histoires, j'ai vite compris que tu n'as pas souvent tripoté des outils avant de venir ici. Le patron, tu peux le bluffer si ça t'amuse. C'est du reste le mieux que tu aies à faire. Mais moi pas ! Alors ? La confession ? J'attends...

Il était en effet inutile de bluffer Peter. Cela m'avait du reste toujours gêné... mais il faut bien vivre, n'est-ce pas ? J'ajoutai alors, avec une réelle sincérité que je jugeais indispensable, dans la vie moderne, d'avoir un métier dans les mains, que le métier de charpentier de marine me serait probablement beaucoup plus utile que celui de mécanicien, puisque je n'aime pas les moteurs, et que le meilleur moyen d'apprendre un métier est de se mettre carrément dans le bain, sans faire de complexes (Peter commence à rire), surtout quand c'est dans une boîte sympathique, parmi des camarades encore plus sympathiques.

— Ça va, ça va, me répond Peter, tu peux t'arrêter de bavarder maintenant, mais si tu m'avais dit tout ça un peu plus tôt, je ne t'aurais pas confié certains travaux de charpenterie où le travail devait être fait vite et bien. Sais-tu que j'ai eu toutes les peines du monde à calmer un client hier ? Il a fallu que je me tape le travail le soir, en prétextant que tu ne bois jamais, mais que l'exception confirme la règle.

Cher Peter, si par erreur, saint Pierre t'envoie au paradis des marins, que le vent et la mer te soient toujours favorables et que les poissons volants couvrent à chaque aube nouvelle le pont de ton voilier !

Hélas ! le nouveau directeur, lui, m'avait à l'œil, car il est dangereux de croire que tous les patrons sont des idiots. À part le calfatage qui m'intéressait prodigieusement et où j'étais devenu très bon, quoique assez lent, et la construction des bardis, dans laquelle je me débrouillais raisonnablement, je restais à la traîne pour le reste…

Or, calfatage et bardis ne représentaient pas la totalité de l'activité de Louw & Halvorsen. C'est alors que le calfatage vint à mon secours sous la forme révolutionnaire du calfatage… sous-marin. Ô chance infernale !

Les choses se passèrent de la façon suivante : un beau jour, alors que cela sentait sérieusement le brûlé pour moi, un patron de pêche amena son bateau au chantier : grosse voie d'eau. Tous les chariots étaient occupés chez Louw & Halvorsen, et ne seraient pas libres avant trois jours. Ma chance voulut que les chariots des chantiers concurrents fussent également occupés.

J'avais déjà parlé à Peter de mes aptitudes à aveugler les voies d'eau de façon durable, de l'extérieur, en plongeant sous la coque. Il n'en croyait rien, mais s'en souvenait car il vint me retirer de l'équipe des bardis : « Mon petit Bernard (tout le monde s'appelle par son prénom dans les pays britanniques), si tu n'es pas aussi bluffeur que je le crains, c'est le moment de nous montrer quelque chose. » Et il m'expliqua la situation. Le directeur, lui, se contenta de hausser les épaules, mais après tout, ce serait une bonne occasion de se débarrasser de moi. « On verra bien jusqu'où va son bluff », devait-il penser.

Les marins indonésiens m'avaient appris à effectuer des réparations sous-marines, avec un mélange d'argile et de ciment, et j'avais appliqué cette technique avec succès sur mon bateau précédent qui, il faut bien l'avouer, n'était pas tout neuf. Ce mélange d'argile et de ciment m'avait donné de bons résultats, mais j'avais trouvé mieux pour calfater les voies d'eau entre deux bordés.

Chacun sait que l'opération de calfatage consiste à bourrer un cordon d'étoupe ou de coton entre toutes les parties de la coque où se trouvent jointes deux pièces de bois, notamment entre les bordés. Naturellement, ce cordon d'étoupe est introduit de l'extérieur. Lorsque le bateau est mis à l'eau, le joint se gonfle sous l'effet de l'humidité et vient alors boucher tous les interstices.

Il est important, on le voit, que le tassement soit régulier, assez serré, avec un cordon bien sec. Et moi qui prétendais effectuer cette opération sous l'eau !

La solution existait, en réalité très simple, mais que, comme toujours, j'allais chercher beaucoup trop loin ! La lumière vint un jour, pas trop aveuglante, puisqu'elle ne cachait presque aucun détail de ce qui était pour moi l'aboutissement d'un vieux rêve. Tout vient à temps, mais il était alors grand temps !

Je crois nécessaire de décrire minutieusement la façon dont je m'y suis pris pour effectuer cette opération que j'ai répétée cinq fois avec succès, sur des bateaux de pêche de Durban.

Le problème se décompose comme suit :

1°) Découvrir, de l'intérieur du bateau, l'origine de la voie d'eau ;

2°) La repérer de l'extérieur, en plongeant sous la coque ;

3°) La calfater sous l'eau, avec du coton sec.

La première opération est classique. Le seul moyen de cerner une voie d'eau est d'agir par éliminations successives : je pompe la cale, assèche les fonds à l'éponge, puis localise le petit courant d'eau : de l'avant, de la partie centrale ou de l'arrière. On peut en général avoir facilement accès à l'avant et à la partie centrale. À l'arrière, le problème est plus difficile : aucun courant d'eau n'aide à localiser l'origine du mal. De plus, la forme pincée de la coque rend assez inaccessible cette partie du bateau : il faudra, armé d'une bougie et de beaucoup de patience, se livrer à de multiples contorsions.

Seconde série d'éliminations : bâbord ou tribord, à moins que l'eau ne vienne de la râblure de quille, ce qui est ennuyeux.

Enfin, en suivant la membrure le long de laquelle coule l'eau, il sera en général possible de déterminer assez exactement l'origine de la voie. L'ouïe m'a souvent fait gagner du temps, car il m'est arrivé d'entendre couler le filet d'eau. Le toucher également, sur un bateau de pêche à Durban : la voie d'eau se trouvait à l'arrière, à la râblure de quille. En promenant doucement la main, j'ai senti le petit tourbillon révélateur.

La voie d'eau découverte, avec de la patience, beaucoup de patience, on en marque l'endroit, de l'intérieur. Souhaitons seulement que cette voie d'eau ne se situe pas à la râblure de quille, d'étrave ou d'étambot. Dans ce dernier cas surtout, elle serait difficile à maîtriser, à cause des efforts de torsion provoqués par le gouvernail. Le calfatage de la râblure d'étambot demande toujours beaucoup de soin et doit être soumis à des vérifications périodiques.

Il reste maintenant à retrouver, de l'extérieur du bateau, l'endroit de la voie d'eau ainsi localisé de l'intérieur. Armé d'une chignole, je perce un trou dans le bordé à une trentaine de centimètres de la voie d'eau. Dans ce trou, j'enfonce un clou en cuivre assez gros pour boucher le trou, assez long pour dépasser à l'extérieur du bordé. Mais avant d'enfoncer ce clou, je fais près de sa pointe quelques encoches à l'aide d'une pince coupante. On en verra plus loin la raison.

C'est ce clou qui situera, de l'extérieur, la région où se trouve la voie d'eau. Pourquoi en cuivre ? Parce que le clou devra rester jusqu'au prochain carénage et que le cuivre ne s'oxyde pas. Retirer immédiatement le clou pour le remplacer par une cheville en bois serait laisser le champ libre à un taret, car cette cheville ne pourrait être protégée par de la peinture sous-marine : autant laisser le clou en cuivre.

Tout est prêt, alors, pour l'opération du calfatage sous-marin. Je me mets à l'eau, muni du masque, d'un chiffon blanc et d'un canif. Le chiffon blanc sera embroché sur le clou, et maintenu par les encoches, afin de permettre le repérage immédiat du lieu de travail. Car il m'est arrivé de chercher bien longtemps ce maudit clou. Le chiffon blanc, bien visible, évite des pertes de temps, et de souffle. De même, une ceinture plombée diminuera les efforts nécessaires au plongeur pour se maintenir sous l'eau.

Le canif (ou le couteau inoxydable de la cuisine), permettra de déceler les zones suspectes dans le calfatage. Un bon coup d'œil fera gagner du temps, d'autant plus que les images, sous l'eau, vues à travers les lunettes, sont grossies d'un tiers. Dans une partie bien calfatée, la pointe du canif ne s'enfonce presque pas, mais dès que l'on atteint la partie défectueuse, la pointe s'enfonce sans effort : on marquera alors l'endroit exact avec un nouveau chiffon blanc, pour le retrouver sans hésitation lors de la prochaine plongée.

Si la zone suspecte est très étendue, il faudra chercher, chercher, plongeant et replongeant. Mais là, un « truc » m'a été enseigné par les pêcheurs vietnamiens. Ceux-ci ne calfatent pas réellement sous l'eau, mais savent aveugler provisoirement une voie d'eau avec du suif malaxé avec du pétrole (les petits poissons et les crevettes mangeraient le suif, mais ils ont le goût du pétrole en horreur). Ce « truc » consiste à frôler la coque avec la tête. La voie d'eau provoquant une aspiration, le plongeur sent ses cheveux se plaquer contre la coque. Oh ! très faiblement, mais enfin... cela peut se percevoir. Les pêcheurs vietnamiens badigeonnent alors copieusement la zone fautive en appuyant avec la main : ce sera bien le diable s'il ne pénètre pas un peu de suif à l'intérieur de la fente ! Ô Asie millénaire ! Et tout cela sans lunettes de plongée...

Pour nous, qui avons maintenant découvert la voie d'eau et qui l'avons marquée d'un chiffon, il ne reste plus qu'à calfater, avec du coton sec, et sous l'eau.

Du coton sec, sous l'eau ? Eh oui ! Et c'est très simple. Pour que le coton reste sec, il suffit de l'enrober de suif. Au bout d'un jour, le suif sera pénétré par l'eau, au moins à certains endroits. Alors, le coton s'humidifiera, gonflera, et serrera à bloc. Nous retrouvons donc le principe même du calfatage classique.

La mise en pratique de ce principe élémentaire n'est, évidemment, pas facile ! Il faut être un nageur moyen, pouvoir rester sous l'eau une trentaine de secondes à chaque plongée, et surtout... ESSAYER au lieu de prétendre d'emblée que la chose est impossible.

Mais là, je dois rappeler encore un petit « truc » du métier de calfateur. Un débutant aura tendance à ne calfater que la partie déficiente. Le résultat sera bien l'aveuglement de l'ancienne voie d'eau, mais aussi l'ouverture de deux nouvelles entrées, de chaque côté de la partie calfatée. En effet, en tassant du coton entre deux planches, on les écarte un peu. À l'endroit où le coton vient d'être tassé, l'eau ne passera plus. Mais, de chaque côté, les deux bordés ne seront plus au contact de l'ancien cordon d'étoupe devenu, avec le temps et le tassement, presque aussi rigide qu'une baguette de bois.

Pour éviter cet écueil, il faut imiter les professionnels et commencer le calfatage une quinzaine de centimètres avant la partie incriminée, en serrant très modérément au début pour atteindre le maximum de serrage sur les quelques centimètres de la voie d'eau et diminuer progressivement le serrage pour finir très mou, une quinzaine de centimètres plus loin, en « queue de rat ».

Les outils employés sont le fer à calfat et un marteau de deux kilos. À défaut de fer à calfat, un tournevis fera le travail, quoique un peu lentement. Mais un tournevis pourra se révéler très utile dans quelques cas particuliers : à un angle, par exemple à la jonction de la quille et de l'étambot ; ou pour les toutes petites voies d'eau, qui sont bien le domaine du calfatage sous-marin ; pour calfater une voie d'eau par un rivet ou un clou. Ces voies d'eau sont fréquentes sur les vieux bateaux, et extrêmement difficiles à localiser. C'est comme pour les dents : rien ne sert de soigner celle d'à côté… Et seul le tournevis permettra de bourrer du coton autour du clou ou du rivet malade. À cause d'un seul clou rouillé, un bateau peut faire une quantité d'eau alarmante en 24 heures.

J'étais maintenant devenu pour mon patron un ouvrier très utile. La saison de pêche battait son plein, les bateaux n'aimaient pas attendre que le slip soit libre à cause d'une méchante voie d'eau que le « French man » pouvait calfater en une matinée, quelques heures tout au plus avec de la chance, car entre temps, j'avais fabriqué un appareil de plongée d'une extrême simplicité, qui me permettait de respirer normalement une minute sous l'eau. Et lorsque la minute était passée, il suffisait de le remonter à la surface, de l'y laisser une seconde et de le redescendre, pour une nouvelle minute de travail.

La description de cet appareil rudimentaire, que n'importe quel plaisancier peut fabriquer en quelques heures avec les moyens du bord, sera faite ultérieurement, après sa mise au point, par Henry Wakelam et moi, au cours de notre escale à Sainte-Hélène. Il nous permettait alors de respirer sous l'eau aussi longtemps que nous le voulions grâce à un système de recharge qui fut réalisé à bord en un temps record. Un peu de patience, lecteur, nous ne sommes pas encore en rade de Sainte-Hélène...

Et le travail allait bon train, à tel point que je ne faisais strictement rien pour mon bateau. Les week-ends étaient seulement employés à récupérer mes forces pour la semaine de travail à venir. Encore fallait-il que ce week-end ne coïncidât pas avec le séjour au port d'un bateau venant y charger son maudit maïs... Dans ce cas, pas de repos dominical : à fond de cale comme les copains, jusqu'à ce que le travail soit terminé.

Mais, tout de même, ce genre d'existence ne devait pas durer éternellement : mon compte en banque s'épaississait de semaine en semaine et il n'avait jamais été question de m'implanter à Durban...

Ce fut le retour de *Wanda* qui brusqua les choses, car un matin, alors que je gagnais la jetée du club pour me rendre à mon travail, *Wanda* était là.

Et la matinée se passa paisiblement en compagnie d'Henry. Il avait, lui aussi, des tas de petites choses à mettre au point pour le prochain grand départ. Pourquoi pas ensemble ?... Oui, pourquoi pas ?

Le jour même, j'allais rendre mon tablier à Peter, « S'il y a un calfatage à faire, tu sais où me trouver : je ne quitterai pas souvent mon bord. »

— Quant à toi, si tes économies sont à sec avant la fin de tes travaux, tu sais également où me trouver !

La liste des travaux que je devais entreprendre était impressionnante. Car *Marie-Thérèse II* avait quitté l'île Maurice, tout juste en état de prendre la mer.

Je ne voudrais pas ennuyer le lecteur par le récit détaillé de tous les travaux effectués et qui me retinrent trois mois encore à Durban.

Le lest fut mon premier souci. L'ancien lest, des rails recouverts de vieilles chaînes, ne constituait pas une bonne solution, bien qu'en théorie (et même en pratique) il serait resté à sa place si le bateau avait dû faire le tour complet. Mais ce lest occupait beaucoup de la place utilisable.

Je le remplaçai par un lest en ciment, armé d'une tonne de vieux boulons, coulé à l'intérieur du bateau, sur toute la longueur de la cale. Prenant sous la carlingue et les premières serres du fond, il constituait un bloc solide absolument inamovible ; donc sécurité parfaite, quoi qu'il arrive à bord. C'est la solution qu'avait choisie Slocum et que m'avait aussi conseillée Bardiaux.

Outre sa sécurité absolue, cette méthode augmente considérablement la rigidité longitudinale de la coque, surtout lorsqu'on a armé le ciment de tringles en fer rond, suivant la technique employée dans la construction des poutres de béton.

Que le ciment fasse pourrir le bois, je ne puis le nier formellement car je ne possède pas sur cette question une expérience réelle. La seule chose que je puisse affirmer, c'est que nombre de bateaux de pêche en bois utilisent un lest de ciment. Mais il est alors prudent d'avoir une cale parfaitement propre avant d'y couler le ciment.

D'autre part, j'ai préféré ne couler mon ciment qu'une fois *Marie-Thérèse II* remise à l'eau, après nettoyage et peinture de la cale sur le slip. Je crois du reste avoir commis une erreur en passant ma cale à la peinture. Une bonne couche de coaltar eût mieux valu pour sa protection.

Pourquoi après que *Marie-Thérèse II* eût été remise à l'eau, et non pas lorsqu'elle était au sec sur son slip ?

Afin que son lest y soit coulé alors qu'elle reposait dans son élément habituel, et qu'elle n'y souffrait pas des très légères déformations qui auraient pu se produire hors de l'eau sur un chariot.

Et aussi parce que c'était beaucoup plus facile de savoir combien il fallait de béton pour la rendre heureuse : quand la flottaison semble suffisamment enfoncée, on arrête d'en couler. C'est simple, n'est-ce pas ? Mais il ne faut pas se montrer trop enthousiaste non plus, et couler trop de béton comme je l'ai fait à Durban, pour avoir à en retirer une partie à Capetown avec beaucoup de peine et de coups de marteau sur la main qui tient le burin...

Car s'il est indispensable qu'un bateau soit lesté de telle sorte qu'il puisse se remettre sur sa quille après avoir été éventuellement retourné par une vague déferlante, il ne faut pas non plus qu'il y ait beaucoup plus de lest que ne le nécessite sa sécurité. Un bateau trop durement lesté, lorsqu'il sera à la cape, ne dérivera pas assez pour créer le remous protecteur « au vent » et risquera d'encaisser de ce fait pas mal de méchantes crêtes si la mer est dangereuse.

D'autre part un bateau trop lourd frappé par une vague déferlante, résistera par la force à une force autrement plus dangereuse. Alors, gare à la casse !

Plus léger, il eût alors « donné » sous le choc, l'amortissant. En mer les choses se passent un peu comme dans la fable du *Chêne et le Roseau*. Et c'est pourquoi une mer qui détruira un navire de cinq cents à mille tonneaux, ou lui occasionnera de graves avaries, pourra se contenter de rouler un petit voilier sans rien casser de trop important. Si on larguait un tonneau étanche en plein centre d'un cyclone, ce tonneau ne serait pas détruit. Par contre on a vu des tempêtes déplacer des digues pesant des centaines de tonnes.

Après l'important travail du nouveau lest en ciment, vint celui de toutes mes ferrures de haubans. Envoyées en ville, elles revinrent trois jours plus tard, galvanisées. Je les reboulonnai à leur ancienne place avec des boulons également galvanisés, après avoir enduit les trous d'un mélange de céruse et de suif (un quart de céruse pour trois quarts de suif). J'en badigeonnai également la partie interne des ferrures qui s'applique contre la coque.

Avec cet heureux mélange de céruse et de suif (qui peut se faire à froid à la main, bien que certains le fassent à chaud au bain-marie), il est possible de prévenir la rouille avec un succès surprenant. Il colle sur le bois comme sur le fer, ne fond pas au soleil comme le ferait le suif seul, grâce à la céruse qui y est associée, et ne durcit pas complètement comme le fait la céruse isolée, grâce à l'action corrective du suif. En plus de ces avantages, la mer, même pendant une dure traversée, ne le lave pas.

Je devrais baisser le nez en disant que cette mixture céruse-suif ne se laisse pas balayer par la mer, car je n'avais pas pris la peine de la retirer du pourtour de mes ferrures après que le serrage des boulons en eût expulsé l'excédent. Je me disais qu'après tout, j'avais beaucoup à faire et que la mer du Cap saurait bien se charger à ma place de ce travail qui lui semblait tout indiqué...

Or, à mon arrivée à Capetown, après dix-sept jours de mer dont treize de mauvais temps, la mixture était toujours solide au poste. Un jour, je racontai la chose au capitaine en second d'un navire marchand norvégien en pensant lui apprendre quelque chose d'utile (!). Il me répondit en riant que je pouvais aller visiter ses haubans. Ceux-ci avaient été posés à la construction du bateau, seize ans plus tôt. Enduits chaque année de ce produit, ils paraissaient absolument neufs, ainsi que je le constatai en grattant un peu partout. Les haubans d'un navire ne sont pas aussi exposés à la mer et aux embruns que ceux d'un yacht, mais tout de même, seize ans, c'est joli pour des haubans qui avaient encore pour de nombreuses années à vivre à l'abri de leur couche protectrice et anticorrosive (la céruse passe en effet pour être un anticorrosif au même titre que le minium de plomb, ces deux corps ayant, je crois, des formules chimiques assez voisines).

Il est seulement regrettable qu'on ne puisse l'employer sur le haubanage d'un voilier sans le long travail qui consiste à l'isoler de l'extérieur en l'entourant d'une bande de toile, qui sera peinte ensuite. Sans cette précaution, pauvres voiles, qui viendraient porter contre les haubans graisseux ! Et, pauvre équipage, qui ne pourrait plus se tenir aux haubans sans transformer ensuite le pont et le roof en patinoire. Sans parler de l'intérieur qui serait bien vite maculé de taches !

Ce fut ensuite l'installation d'un bout-dehors. Je n'ai jamais aimé le bout-dehors. C'est dans les ports une source d'ennuis sans fin. Ce rondin qui dépasse l'étrave ne fait pas vraiment partie du bateau. Au cours des manœuvres à l'intérieur d'un port, il ressemble à un nez trop long qui a tendance à se cogner partout. Et les bateaux qui évoluent autour de vous montrent une prédilection pour cet appendice fragile, qu'ils semblent parfois ignorer jusqu'au moment où, crrrrr... des haubans viennent s'y accrocher, vous faisant bondir hors de la cabine avec l'impression qu'on est en train de vous arracher les tripes. C'est rarement grave, mais ça peut quelquefois le devenir. Notre pauvre *Snark* a vu son bout-dehors arraché avec... une partie de l'étrave. Évidemment, le *Snark* était pourri, entièrement pourri, mais tout de même...

Ces considérations m'avaient fait jurer que je n'aurais jamais de bout-dehors sur aucun de mes bateaux.

Avec *Marie-Thérèse*, pas de problèmes. Elle n'en avait pas besoin pour naviguer royalement, barre amarrée à toutes les allures, vent arrière inclus, sous voilure normale.

Mais la *Marie-Thérèse II* ne l'entendait pas de cette oreille. Pas de bout-dehors, pas de traversées tranquilles, semblait-elle dire !

Car le bout-dehors, s'il peut se montrer nuisible dans un port, se conduit d'une tout autre manière à la mer. Pour commencer il augmente la surface de voilure grâce à un foc supplémentaire. Ensuite il apporte, aux allures du travers et du grand largue, un équilibre bien supérieur, en amenant le centre de voilure sur l'avant, ce qui facilite, lorsque ce bout-dehors est suffisamment long, le réglage de la barre, car le bateau devient plus mou.

Or, contrairement à l'opinion commune, j'ai constaté qu'un bateau rendu artificiellement mou par l'adjonction d'une ou de plusieurs voiles sur l'avant, n'est pas plus dangereux qu'un navire ardent ou simplement bien équilibré.

Pour mieux m'expliquer, je vais présenter un exemple extrême : imaginons un voilier dont le bout-dehors serait tellement long et tellement chargé de focs que son centre de voilure, placé beaucoup trop en avant du centre de carène, ne lui permettrait plus de serrer le vent. Ce bateau serait tout à fait mou à la barre, c'est-à-dire nécessiterait beaucoup de barre sous le vent et ne remonterait pas du tout au plus près.

À l'allure du vent de travers, ce même bateau marcherait moins vite qu'un voilier équilibré, du fait de l'angle donné au gouvernail, qui agirait comme un frein.

À l'allure du grand largue, il marcherait déjà beaucoup mieux : tout d'abord grâce à son importante surface de voilure, ensuite parce qu'à cette allure portante, la barre, bien que restant sous le vent, pourrait conserver un angle moins grand, et le gouvernail, de ce fait, ne freinerait plus autant sur l'eau.

Mais pour ce qui est de la navigation du vent de travers au grand largue, un tel bateau ne demanderait personne à la barre, qui pourrait rester amarrée, après quelques tâtonnements, à un angle variable suivant la direction du vent. Car si le bateau, sous l'impulsion d'une vague, tendait à lofer, il serait ramené à son cap primitif par la pression du vent sur les voiles avant.

Au cas contraire où il aurait tendance à partir trop avec le vent, c'est-à-dire vers l'allure du vent arrière, l'angle du gouvernail le ramènerait alors dans la bonne direction, le vent agissant moins sur les focs lorsque le bateau part vent arrière. Donc pas de risque d'empannage au vent arrière.

Ainsi, sans aller jusqu'à ce cas extrême du voilier rendu beaucoup trop mou en augmentant d'une manière exagérée le nombre (donc la surface) des voiles avant, j'avais néanmoins décidé de rendre *Marie-Thérèse II* un peu molle en la parant d'un bout-dehors et d'un foc. Et je n'ai eu qu'à m'en féliciter par la suite au cours de la seconde étape, de Durban à Capetown.

Les résultats de cette traversée furent même tellement supérieurs à ceux de la première, de l'île Maurice à Durban, que j'allongeai encore un peu le bout-dehors une fois arrivé à Capetown. Et pour le coup *Marie-Thérèse II* devait marcher comme une reine, sans nécessiter autre chose que quelques tâtonnements pour tenir son cap, barre amarrée à toutes les allures, exceptée celle du vent arrière. Mais il y avait mieux encore à ce moment, et je parlerai en détail du gouvernail automatique de Marin Marie, qui peut permettre à n'importe quel voilier, aussi mal équilibré soit-il, de courir des semaines à la file sans que l'on ait à toucher à la barre (à condition que le vent ne change pas de direction bien entendu).

Mon bout-dehors fut donc installé, solide, pas trop long (1,20 m) et une trinquette de rechange fut hâtivement essayée pour servir de foc. Si hâtivement qu'elle devait se montrer par la suite assez inefficace...

Henry également avait eu maille à partir avec la navigation barre amarrée, au cours de son voyage d'essai précédent. Aussi s'occupera-t-il d'installer un bout-dehors sur *Wanda*, bien que son sloop n'eût pas été conçu pour recevoir cet appendice. Il en est souvent ainsi des bateaux dessinés par les architectes. Ceux-ci, dans le prospectus qu'ils font paraître, vantent les qualités de leur rejeton, qu'ils présenteront comme un voilier de grande croisière. Mais ils se garderont bien d'avouer que ledit voilier de grande croisière ne voudra bien faire de la route qu'avec un homme à la barre. Or, tout le monde n'aime pas rester vissé à la barre de son bateau pour la traversée d'un océan...

Nombreux sont les plaisanciers qui se refusent à modifier légèrement telle ou telle caractéristique d'un voilier sous prétexte que ce bateau a été conçu par un spécialiste.

Loin de moi l'idée de prétendre que les plans dessinés par un architecte expérimenté sont mauvais. Car j'aurais bien des choses à apprendre des architectes. Seulement ils ne peuvent être parfaits, parce que ces plans sont généralement destinés à un grand nombre d'amateurs qui ne font pas tous de leur bateau la même utilisation.

L'architecte de métier saura dessiner des lignes d'eau et une forme de coque satisfaisantes, voire presque parfaites pour un certain genre d'utilisation. Par contre, le propriétaire d'un bateau peut, sans hésitation, faire les retouches de détail qui lui permettront d'obtenir les résultats désirés, suivant l'utilisation qu'il veut faire de son bateau. Cela demande des tâtonnements, parfois de nombreux essais infructueux, des dépenses d'argent et de temps. Mais le résultat final est presque toujours un bateau mieux adapté à son propriétaire et au genre de navigation de ce dernier.

Combien en ai-je vu, de ces amoureux de la voile, construisant de très beaux bateaux destinés aux eaux tropicales en suivant minutieusement les données d'un plan conçu par un architecte installé en Europe. Or, le plan prévoyait une quille lestée au milieu seulement, laissant sur l'arrière une partie en bois dont le dessous serait à peu près impossible à peindre, le bateau une fois hâlé sur un chariot ou échoué à marée basse pour le carénage habituel et sa couche de peinture sous-marine. Résultat : les tarets, nombreux dans les eaux chaudes, auraient bientôt creusé leurs galeries dans la partie arrière de la quille.

Une bonne semelle en fer de deux à trois centimètres d'épaisseur, couvrant le dessous de la quille en bois aurait suffi pour éviter ces ennuis. Mais ce n'était pas indiqué sur le plan...

Henry ne pouvait être classé parmi la catégorie de ceux qui suivent aveuglément les directives de l'architecte. Il eut la sagesse de ne rien changer aux lignes d'eau de son bateau, car étant novice, il estimait que l'architecte en savait beaucoup plus que lui sur ce point. Par contre, il modifia la ligne du pont pour augmenter la hauteur sous barrots, et changea la forme du roof pour augmenter la solidité de l'ensemble. Travailleur acharné, doué, d'une imagination créatrice et fertile, il essaya ensuite mainte innovation de détail, construisant, détruisant pour recommencer la même chose avec, cependant, le tout petit apport supplémentaire qui fait toute la différence entre un résultat médiocre et une réussite.

Le bout-dehors qu'il fabriqua fait partie de ses réussites, tant par sa robustesse à la mer que par la sécurité qu'il présentait dans les ports. Composé d'un tuyau d'eau en fer galvanisé, offrant très peu de résistance aux vagues qui pourraient déferler dessus, grâce à son très faible diamètre (environ 5 cm) il pouvait être rentré à bord en quelques secondes...

Un croquis en dira plus long que des explications écrites. Mon regret fut d'avoir terminé mon bout-dehors classique avant qu'il ait commencé à s'occuper du sien.

L'expérience de la vie en solitaire qu'il avait acquise au cours de sa dernière traversée (qui était aussi la première) le fit s'intéresser à ma roue de gouvernail. Il avait également visité *Les Quatre-Vents* de Bardiaux et en construisit une toute petite, aussi simple et peu coûteuse que possible, à partir d'une vanne à eau en bronze qui traînait dans un débarras...

La suite de ma liste de travaux portait sur l'intérieur de ma cabine. C'était très simple : tout, sans exception, devait être changé.

Le grand nettoyage me prit un jour, après que tout l'équipement eût été disposé à l'avant et à l'arrière du bateau pour « faire de la place ». Puis la scie et la hachette (n'oublions pas la précieuse hachette) entrèrent en action, et le soir même, l'intérieur de ma cabine ressemblait à une chambre qu'une armée de cambrioleurs déguisés en déménageurs serait venue nettoyer.

Ensuite, il n'y avait pas le choix : il ne restait plus qu'à faire du neuf, oubliant ce qui existait avant, en tenant compte de l'expérience antérieure.

Trois semaines après, ma cabine était devenue une vraie petite chambre coquette, avec une couchette double, une autre sur le bord opposé, étroite mais suffisante, pouvant servir de siège, avec une petite table montée sur charnières pour ne pas encombrer, de beaux rayons pour mes 150 volumes, une armoire à l'entrée, pour les vêtements de ville dans les ports ou le ciré et les pulls, à la mer, une place spéciale pour le poste de radio que je m'étais offert, lampes à pétrole montées à la cardan, petits rideaux bleus avec de jolis dessins de voiles blanches, bref, une véritable chambre, petite certes, mais coquette, jolie et confortable.

Après la cabine, ce fut le poste avant qui reçut ma visite. Ce travail fut vite expédié ; simple et robuste, tout en bonnes tringles de bois, pour que l'aération se fasse librement. Ainsi mes voiles et cordages, enfin rangés sur deux étages et d'accès facile, pouvaient

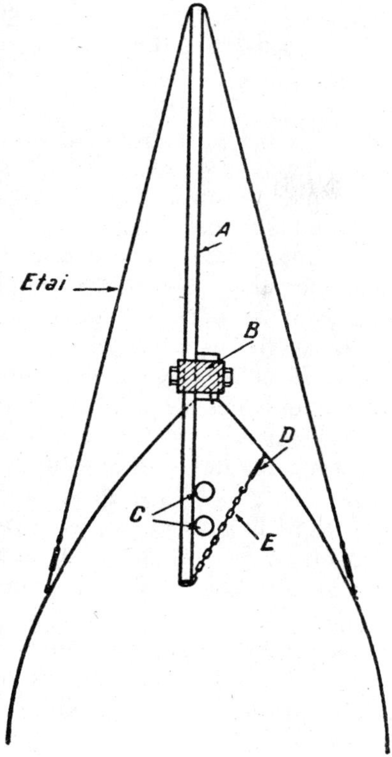


Fig. 3. – *Bout-dehors utilisé par Henry Wakelam sur* WANDA. Les avantages en sont multiples : il se rentre en quelques secondes (il suffit de larguer le crochet D, et le bout-dehors coulisse dans le collier B boulonné sur l'étrave) ; il est très solide ; son faible diamètre (5cm) offre peu de prise aux vagues déferlantes.

A : tuyau d'eau galvanisé B : collier métallique boulonné sur l'étrave ; C : bitte d'amarrage ; D : ridoir dont la tension interdit au bout-dehors de reculer ou de s'écarter vers babord ; E : chaîne.

maintenant éviter la moisissure. « Pas trop tôt », pensera le lecteur sérieux. Eh oui, mais on ne peut pas danser plus vite que la musique... surtout quand c'est moi qui danse.

Je passerai sur le reste des travaux qui n'offrent aucun intérêt spécial pour le lecteur. Il s'agit des menus et nombreux travaux qui sont le lot de tout plaisancier.

La nouvelle grand-voile bermudienne arriva enfin de chez le maître voilier. *Marie-Thérèse II* respirait le départ avec ses nouvelles robes qu'elle semblait brûler d'essayer. Mais pour ma part, bien que jetant souvent les yeux vers la sortie du port, je n'étais plus très pressé... Peter avait prévu juste : mon compte en banque était aussi plat que mes poches. L'incident du canal de Suez déviait des navires sur Durban, aussi repris-je le collier pendant quelques semaines auprès de mes anciens patrons et c'est alors seulement que l'unité bateau-skipper fut réellement parée : le bateau avec ses rechanges pour un an, le skipper avec 40 livres sterling d'économies pour faire le jeune homme à la prochaine escale.

Les provisions n'étaient pas lourdes, mais avec du riz, des grains secs et quelques boîtes de conserves, elles me permettraient de tenir assez longtemps pour trouver un emploi à Capetown.

Travailler encore ?... Eh oui, car les vacances de ce genre coûtent cher et ce n'est pas aux Antilles ni dans le Pacifique que je pouvais espérer trouver un emploi permettant de constituer de solides réserves. Autant les faire en Afrique du Sud où il y a du travail pour tous, et relativement bien payé si l'on considère qu'il me suffisait de 10 livres sterling par mois pour y vivre.

Nous avions longuement étudié le problème, Henry et moi, et en avions déduit que le plus raisonnable serait de ne quitter Capetown que chargés à bloc en rechanges et en provisions. L'idéal serait de pouvoir vivre deux ans sans avoir besoin d'acheter quoi que ce soit, qu'il s'agisse d'un cordage ou d'une boîte de conserves. Bien entendu, il nous faudrait un peu d'argent en réserve pour les légumes et fruits dont nous aurions besoin pendant les escales, mais pour ce qui était des vivres de fond, nous tenions à être approvisionnés pour longtemps. Et le plus curieux c'est que nous devions y parvenir, non sans peine, et non sans beaucoup de chance.

Entre temps arriva dans le port de Durban le ketch *Jeanne-Mathilde* de 12 mètres, construit à Singapour sur les plans de Rex King, un Anglais né aux Indes.

Rex ne naviguait pas en solitaire, mais il restait généralement seul à bord une fois entré dans un port, car son équipage de fortune le quittait chaque fois pour des motifs différents, dont le principal était probablement la longueur des escales de *Jeanne-Mathilde.* Car Rex aimait, comme moi, s'attarder aux escales, bien qu'il n'y travaillât pas à un emploi rémunéré. Il écrivait, faisait des films sur les pays où il séjournait, se laissait vivre entre temps et surtout travaillait beaucoup pour maintenir son gros bateau en état. Car un voilier de cette taille exige un travail d'entretien considérable, en comparaison d'un voilier de 8 à 9 mètres.

Rex avait quitté Singapour en compagnie de deux camarades, pour gagner l'Angleterre. À Penang, je crois, l'un des deux équipiers dut abandonner le voyage pour des raisons familiales. Et voilà qu'en plein océan Indien, l'autre équipier est pris d'une crise d'appendicite. Par bonheur *Jeanne-Mathilde* était équipée d'un poste émetteur, et Rex réussit à entrer en communication par radio avec un navire qui se trouvait à quelques centaines de milles. Ils mirent alors en panne en attendant le navire sauveteur dont ils aperçurent la fumée à l'horizon, le lendemain.

Étant donné la difficulté de calculer un point précis à quelques milles près à bord d'un petit voilier, Rex craignit de ne pas être découvert par le navire, malgré le temps splendide qui régnait à ce moment-là. Aussi lança-t-il une fusée parachute, qui lui éclata... à bout de bras, lui brûlant le visage et les cheveux. Le miracle c'est qu'il ne perdit pas la vue dans l'accident.

L'équipier fut embarqué à bord du navire où il put être opéré. Quant au pauvre Rex, défiguré et souffrant atrocement, il poursuivit seul sa route vers l'île Rodriguez où il dut attendre plusieurs mois la cicatrisation de ses brûlures. En voilà un qui a eu de la chance dans son malheur. Seule subsiste encore une légère pigmentation due à la poudre incrustée sous la peau de son visage.

À Rodriguez, il put embarquer deux ou trois équipiers, dont le médecin de l'île qui regagnait l'île Maurice après son séjour dans la petite île Rodriguez. Puis ce fut l'étape Maurice-Durban avec escale à la pointe sud de Madagascar, en compagnie de trois de mes amis mauriciens qui voulaient émigrer à Durban.

Rex s'occupait maintenant du recrutement de son prochain équipage, toujours bénévole bien entendu qui, en plus de ses bras devait embarquer ses propres provisions de bord, car Rex, comme la plupart de ceux qui naviguent au loin, ne pouvait nourrir plus que son propre estomac.

Peu après l'arrivée de *Jeanne-Mathilde*, les Merlot quittaient Durban pour Lourenzo-Marques ; mais pas à bord de *Korrigan*. La mort dans l'âme, ils avaient vendu leur bateau à Durban, celui-ci ne convenant plus aux voyages à trois... Brigitte, en effet, grandissait, et un bateau de neuf mètres, c'est un peu court pour servir de domicile à une famille.

C'est le cœur serré que j'assistai au départ de ces trois amis, Joseph, Madeleine et la petite Brigitte. Une lettre envoyée de Lourenzo-Marques m'annonçait qu'ils y avaient acheté une jeep avec laquelle ils traversèrent l'Afrique pour y choisir un coin où s'installer. Le terminus de leur randonnée sur les routes fut Abidjan... jusqu'au prochain bateau, plus spacieux que *Korrigan*, qui un jour sortira de l'œuf.

Puis ce fut l'arrivée de mes deux amis mauriciens : Maurice Sauzier et Michel Pitot, à bord de leur ketch *Ève*, construit comme *Marie-Thérèse II*, à l'île Maurice, au pifomètre, sans plan, et pourtant très rationnellement, avec des lignes tout à fait européennes et une quille de deux tonnes. C'est un des bateaux les plus solidement charpentés que j'aie eu l'occasion de voir, avec ses grosses membrures sciées rapprochées et ses membrures ployées intercalaires. Le tout rivé cuivre, boulons de quille en bronze, quille en plomb.

Les formes de ce voilier rappelaient celles de *Legh II* de Vito Dumas, et de l'*Alain-Gerbault*, mais en plus renflé de l'avant, ce qui peut être un défaut au plus près, mais une qualité pendant les longues traversées dans l'Alizé. Hélas, existes-tu, bateau parfait, remontant bien, rapide et confortable ?

*Ève* ne resta que quelques semaines dans le port et hissa à nouveau ses voiles pour Capetown. Mon ami Christian Dalais devait faire partie du voyage qui ne fut pas de tout repos car, étant à la cape deux jours après le départ, *Ève* fut couchée par une vague déferlante, mâts dans l'eau. L'un de mes trois amis projeté hors de sa couchette alla atterrir sur son camarade qui reposait sur la couchette opposée ! Puis un pétrolier passa à les frôler, pendant la nuit, alors qu'ils tenaient toujours la cape. Ce fut le moteur auxiliaire qui, partant au dernier moment, les sauva peut-être du pire.

De Capetown, qu'ils quittèrent deux semaines avant mon arrivée dans ce port, *Ève* reprit sa course à travers l'Atlantique sous trinquettes jumelles, et atteignit la Martinique, puis, je crois, la Floride.

Aux dernières nouvelles, *Ève* naviguait entre les îles Marquises et Tahiti, où Maurice Sauzier avait séjourné précédemment, pendant un tour du monde en trois étapes à bord de différents yachts, dont l'*Omoo* des Van de Wiele.

Enfin, arriva dans le port le grand ketch *Phœnix*, construit à Yokohama sur les plans de l'Américain Reynold.

Avec sa femme, ses deux enfants et trois jeunes étudiants japonais, il avait quitté le Japon en direction de Honolulu, dans les îles Hawaï, puis avait navigué parmi les îles du Pacifique, le détroit de Torrès, l'île Maurice, pour arriver à Durban.

Après le carénage et la couche de peinture sous-marine, qui furent réglés en un temps record, ils continuèrent sur Capetown, Sainte-Hélène, l'île de l'Ascension, les Antilles et New York.

Peu d'accidents furent à déplorer au cours de cette longue croisière, car *Phœnix*, construit par des Japonais, avec des échantillonnages extra-forts, des mâts courts, énormes, et un gréement à toute épreuve était solide comme un roc.

Au large de l'Amazone, Éole un peu déçu parvint cependant à mettre en lambeaux la trinquette et la grande voile, pendant un de ces grains que rien ne laisse prévoir, fréquents au large de l'Amazone. Et pourtant, ils s'étaient sortis sans casse d'un cyclone dans l'océan Indien, essuyé au large des îles Cocos.

Bardiaux m'avait plusieurs fois parlé de ce genre de leçons enseignées par l'expérience : des vrais coups durs, auxquels on s'attend, on sort généralement sans dégâts, parce que l'on a pris ses dispositions pour faire face au pire. Mais c'est dans les coups imprévus que la casse se produit le plus souvent. Et c'est pourquoi, me disait-il à Durban, je ne quitte plus un port avant d'être paré pour le pire, même s'il s'agit d'une petite étape facile. Car Bardiaux en a vu de trop dures dans sa vie de marin, pour n'être pas devenu un grand prudent. Il est seulement dommage que l'expérience des autres ne nous serve pas plus souvent. Mais c'est une loi presque inflexible, qu'il faille presque tout apprendre par soi-même et payer souvent cher cette expérience acquise avec beaucoup de peine.

Quant à moi, j'étais paré pour la prochaine étape.

Un dernier travail, qui se révéla d'une grande importance pour le confort et la tranquillité de mes traversées futures restait à terminer.

Il s'agissait de transformer la partie arrière de ma cabine (c'est-à-dire l'emplacement intérieur de celle-ci, où je pouvais me tenir debout) en poste de pilotage.

Pour obtenir ce résultat, je découpai une grande ouverture rectangulaire dans le panneau à coulisse, et la recouvris d'une plaque en plastique de 1 centimètre d'épaisseur et de 50 sur 70 de côté, du modèle utilisé dans l'aviation. Ainsi par mauvais temps, à la cape ou non, je pourrais fermer le panneau sans créer dans la cabine cette obscurité génératrice du moral bas. Car s'il est souvent démoralisant en mer de passer plusieurs jours sous un ciel bouché, avec de la pluie et des embruns qui vous obligent à fermer le capot de la cabine, le moral a chez moi une fâcheuse tendance à baisser encore lorsqu'il me faut rester enfermé dans une cabine sans lumière.

D'autre part, je pourrais maintenant surveiller la grand-voile et l'artimon à travers cette solide plaque transparente sans avoir besoin pour cela d'ouvrir le capot et de m'exposer aux intempéries.

Ce panneau transparent me permettrait donc de vivre plus agréablement en mer et dans les ports. Car il pleut aussi dans les ports, et cela oblige à tout fermer et à vivre dans la pénombre, ce qui est assez triste lorsque la pluie dure plusieurs jours et qu'on n'a pas envie de sortir.

Mais le fait de pouvoir surveiller la voilure n'était pas suffisant. Je voulais également pouvoir barrer de l'intérieur aussi bien que de l'extérieur. Il me fallait donc voir tout autour du bateau. À cet effet, je découpai à travers l'hiloire du panneau de la cabine, haut de 10 centimètres, et sur toute sa périphérie, une série de petites ouvertures allongées de 6 centimètres de hauteur sur 12 de longueur, que je recouvris de plexiglas vissé contre l'hiloire, et rendu parfaitement étanche sur les bords à l'aide de la précieuse mixture de suif et de céruse. Seules les deux fenêtres placées sur l'arrière de la cabine étaient plus grandes, augmentant ainsi l'éclairage par mauvais temps.

Ces petites fenêtres étanches se trouvaient donc à la hauteur de mes yeux, de sorte que je pouvais voir ce qui se passait dehors et sur la mer sans avoir besoin de me baisser, comme c'est le cas lorsqu'on regarde à travers un hublot, toujours placé trop bas.

Ainsi, en me tenant debout à l'arrière de ma cabine, la main sur la roue du gouvernail, placée contre la paroi arrière, je pouvais continuer à naviguer par mauvais temps, bien au sec, dans une position naturelle, sans courbatures, tout en surveillant les lames, et aussi, tout en cuisinant quand je le voulais puisque le Primus monté à la cardan était à portée de ma main.

Tout était maintenant paré à bord : drisses passées, poulies et manilles huilées, voiles rabantées, attendant impatiemment. Je retirai même mon ancre pour la laisser retomber ensuite au même endroit, afin d'éviter une de ces surprises de la dernière minute qui vous obligent à aller vous déshabiller dans la cabine pour aller vous mettre à l'eau et plonger afin de décrocher une ancre qui a fini par se trouver tellement bien dans la vase du port qu'elle ne veut plus la quitter.

Rex King était paré. *Wanda* aussi, mais le pauvre Henry ne l'était pas. Une opération des amygdales devait le retenir encore deux semaines à Durban. La poisse, car j'aurais aimé que nous quittions le port ensemble pour la prochaine étape jusqu'à Capetown.

Mais la fin de la bonne saison approchait et nous allions bientôt entrer dans une période plus dure. Et puis je ne me sentais plus aussi bien à Durban, car pendant un séjour trop prolongé dans un port, les bateaux ont tendance à pourrir. L'équipage aussi...

En route donc vers le vent et les embruns du large qui imprégneront de sel l'honnête coque de *Marie-Thérèse II* et laveront de ses souillures l'âme du capitaine. J'ai toujours eu le sentiment que les longues traversées se traduisaient chez moi par un nettoyage en profondeur de toutes les salissures amassées pendant un séjour à terre : aussitôt la côte perdue de vue, l'homme seul en face de son créateur ne peut rester étranger aux forces de la nature qui l'entourent. Bientôt il en fera lui-même partie, se simplifiant et se purifiant au contact de ces forces brutes qui l'environnent et l'absorbent.

Et c'est, je crois, ce besoin, non seulement de nouveauté, mais de propreté physique et morale, qui pousse le navigateur solitaire vers d'autres rivages, entre lesquels son corps et son esprit, libérés des attaches et des servitudes terrestres, peuvent retrouver leur essence et leur pureté au sein des éléments naturels dont les anciens avaient fait leurs dieux.

Vent, Soleil et Mer, Trinité du Dieu des marins.

# 5

# De Durban à Capetown : 17 jours de mer ; 13 jours de mauvais temps

*Marie-Thérèse II* déploya ses ailes au vent de Nord-Est au début de février. Il soufflait grand frais ce jour-là.

*Jeanne-Mathilde*, elle aussi, prenait le large le même jour, trois heures après mon appareillage.

Le clapot était dur dans le goulet qui sépare le port de la haute mer. Il fallut louvoyer serré pour quitter le chenal étroit qui faillit bien conserver *Marie-Thérèse II* sur ses rochers pointus, car, au dernier virement elle refusa de passer sur le bord opposé.

Il ne restait pas assez d'eau libre devant l'étrave pour tenter un second virement. Il fallait donc empanner, et c'est le moment que choisit une lampe électrique suspendue trop près de la roue intérieure pour aller bloquer celle-ci... Par bonheur, le courant portait vers l'extérieur et la coque ne fit que toucher un des gros rochers qui bordent le brise-lame.

Par bonheur également, mon camarade Peter Gibson était venu assister au départ, et son courage évita de plus graves dégâts à *Marie-Thérèse II*, car il n'hésita pas, malgré le risque de se faire gravement blesser, à bondir sur le rocher, dans l'eau jusqu'à mi-corps, pour m'aider à pousser le lourd bateau hors de danger. Le courant sortant fit le reste et nous fûmes bientôt en sécurité, au large !

Ce que je ressentis pendant les quelques secondes que dura ce talonnement sur les rochers, les marins le savent par expérience, ou tout au moins peuvent l'imaginer sans effort : chaque heurt de ma coque sur la pierre se répercutait dans mes entrailles et dans mon cœur qui semblait serré dans un étau. Et cette première journée de mer fut gâchée par cette sorte de mauvais goût qui reste dans la bouche et que je connaissais déjà trop.

Dehors, la mer, sans être mauvaise, était pourtant un peu dure, bien que le courant et le vent fussent de la même direction, poussant ensemble vers le Cap, ce qui m'était favorable à tous points de vue, d'abord pour la vitesse, ensuite pour la mer... qui aurait pu être plus belle.

Aussitôt éloigné de la côte j'amenai la voilure, puis, équipé des lunettes sous-marines, me mis à l'eau pour vérifier les dégâts : égratignures sans importance pour l'étanchéité et la solidité de *Marie-Thérèse II*.

Mais ne sachant quand il me serait possible de caréner à nouveau, d'autant plus que la peinture sous-marine protectrice avait été appliquée une semaine plus tôt, il était important d'isoler des tarets les quelques centimètres carrés de coque mis à nu par la pierre. Car je comptais séjourner longtemps à Capetown, qui, malgré ses eaux froides, n'en laissait pas moins peser la menace des vers marins, présents dans presque toutes les eaux du globe, en plus ou moins grande quantité.

Je remontai donc à bord pour préparer le mélange argile-ciment (moitié argile, moitié ciment, suivant la technique qui m'avait été enseignée par les Indonésiens) et l'appliquai soigneusement sur toutes les surfaces mises à nu, après y avoir planté à moitié bon nombre de petites pointes en cuivre de 1 cm de long, dont les têtes et la partie restée à l'extérieur de la coque maintiendraient en place le mélange protecteur. Une fois durci, les coquillages pourraient s'y accrocher, mais au moins les vers marins amateurs de bois nu s'y casseraient les dents s'il leur prenait la fantaisie d'essayer d'y pénétrer. Mais ma mixture soigneusement préparée et appliquée avec de grandes précautions s'avéra trop lente à durcir et il n'en restait plus après quelques jours de mer, comme je le constatai en profitant d'une matinée de calme plat pour plonger et vérifier. La friction de l'eau due à la vitesse du bateau l'avait balayée avant qu'elle ait eu le temps de durcir. Il lui faut en effet une douzaine d'heures pour devenir suffisamment résistante.

En mer cela n'avait pas d'importance, la vitesse du bateau empêchant les larves et les coquillages de s'accrocher. C'est une fois arrivé au port, où le bateau séjournerait en eau calme, que le danger existerait. Et en eau calme, ce mélange d'argile et de ciment a le temps de durcir sans être balayé.

Du reste, grâce aux avis d'Henry Wakelam, il m'a été possible à Capetown de mettre au point une composition qui durcit en moins de dix minutes et permet d'effectuer sous l'eau, et en pleine mer, un travail solide et durable, même s'il s'agit d'une très grosse voie d'eau, provoquée par exemple par une collision avec un tronc d'arbre flottant ou un rocher.

Ce produit magique possède la composition suivante :

— Une partie de ciment ordinaire employé dans la construction habituelle.

— Une partie de plâtre (on en trouve chez tous les pharmaciens).

— Un soupçon d'argile.

Voici quelle était ma « recette de cuisine » : d'abord mélanger les deux parties égales de ciment et de plâtre à sec. C'est ce mélange plâtre-ciment qui représente la base du produit définitif : le ciment parce qu'il devient très dur au séchage aussi bien à l'air que sous l'eau, et le plâtre parce qu'il durcit très vite (en 5 ou 6 minutes).

Mais si l'on se contentait de délayer cette poudre dans de l'eau, la pâte obtenue ne se laisserait pas poser sans s'effriter presque aussitôt.

Pour y remédier, l'eau doit contenir un liant. L'argile est parfaite à cet effet. Il suffit de délayer un peu d'argile dans un demi-verre d'eau (deux cuillerées à soupe par tasse de poudre). On laissera alors décanter pendant une demi-minute pour que le sable et les particules solides contenues dans l'argile tombent au fond du verre. Quelques particules végétales pourront également flotter à la surface et on les retirera.

L'opération suivante consiste à verser l'eau argileuse dans le récipient contenant la poudre, tout en mélangeant vite, en surveillant la consistance de la pâte qui ne doit pas devenir trop fluide, la consistance idéale devant être celle de la pâte à modeler.

Si par erreur on a versé trop d'eau et si la pâte est devenue trop fluide, ce qui arrive très souvent au début, il suffit d'ajouter un peu de plâtre que l'on mélange vite au produit. La proportion plâtre-ciment ne sera pas alors exactement égale, mais c'est sans importance, les chiffres donnés étant approximatifs à 10 % près.

La pâte une fois obtenue, le temps presse car elle durcira vite. En prendre alors une poignée que l'on conservera dans le creux de la main pour qu'elle ne s'effrite pas pendant le trajet sous l'eau jusqu'à la partie à réparer.

L'appliquer alors sans frotter (ce qui l'effriterait) en pressant assez fort, avec la main en forme de cuillère de sorte que la pâte, une fois appliquée, ait la forme d'une carapace de tortue en miniature, un peu aplatie. On lissera alors soigneusement les bords, sans appuyer, l'index ne faisant qu'effleurer la pâte.

Si ce travail a été effectué pour aveugler une voie d'eau, aucune préparation préliminaire n'est à prendre : en pénétrant à l'intérieur du trou ou de la jointure en cause, la pâte agira comme un pivot et coincera bien. Mais s'il s'agit de protéger une partie de la coque dont la peinture a été endommagée, laissant une surface de bois à nu, il sera alors prudent d'y planter auparavant quelques broquettes en cuivre (ou en fer galvanisé à défaut de cuivre) qui serviront alors d'armature et empêcheront la carapace protectrice de retomber.

En dehors des avaries sérieuses, très rares, il est fréquent que la chaîne d'ancre, par exemple, vienne frotter contre la partie immergée de la pièce d'étrave, ou bien ce sera un coup d'aviron maladroit donné au passage par un youyou venu vous rendre visite dans un port. Et c'est alors que ce mélange plâtre, ciment et argile se révélera précieux, car il permettra d'éviter de remettre immédiatement le bateau au sec pour effectuer les retouches de peinture (quand il n'y a pas de marées, il faut un chantier équipé de chariots de halage. Cela coûte cher en temps et en argent). La coque pourra ainsi rester à l'abri des tarets jusqu'au carénage périodique.

Deux jours durant, le temps fut dur pour mon pauvre estomac. Le moral déjà bas à la suite de cet accident ridicule dont j'avais honte, n'eut pas l'occasion de remonter. J'avais en outre commis la négligence de ne pas faire un bon repas avant de quitter Durban, à cause de l'affairement de la journée. Or, c'est l'estomac bien lesté (mais pas trop) que j'aime prendre la mer. Un peu comme pour un bateau. Malade et pâle je rendis bientôt le petit déjeuner... par le panneau de ma cabine. Trop déprimé pour laver le pont, puis l'estomac vide, je continuai de vomir, par intermittence. Ceux qui ont subi le mal de mer sans rien dans le ventre savent combien c'est désagréable !

À la tombée du jour, je commençai à m'inquiéter ; jamais, jusqu'alors, je n'avais souffert d'un mal de mer aussi prolongé... Il persista encore près de deux jours au cours desquels aucun aliment ne consentit à vouloir rester où je l'avais mis.

Le plus curieux, c'est que mes forces physiques n'en furent aucunement diminuées. À la fin cela m'amusait presque et j'essayais même de tenir un compte de mes spasmes abdominaux. Vingt et un... vingt-deux... vingt-trois... Voyons, si j'allais arriver à trente !

*Marie-Thérèse II*, par contre, était heureuse, très heureuse. Bien que trop lourdement lestée, elle menait un train d'enfer, au grand largue, avec un vent qui forcissait. Il forcit même jusqu'à la limite de sécurité, malgré la surface un peu trop modérée de la voilure, mais c'est tellement agréable de tailler de la route et de sentir un bateau vivre pleinement. Au plus près, les chocs violents font gémir le bateau mené trop durement, tandis qu'aux allures du largue et du vent arrière, à condition toutefois qu'il ne se produise pas de rafales subites, mon bateau, avec ses mâts courts solidement haubanés, semble heureux de vivre et réclamerait presque encore un peu plus de vent.

Cap vers le large, pour atteindre une ligne située bien en dehors de la route des navires, je fis ensuite une route parallèle à la côte, à une trentaine de milles de celle-ci. À cette distance, j'aurais moins de courant, ce qui était dommage, mais au moins je pourrais dormir tranquille, ou tout au moins ne pas m'inquiéter des navires.

Ceux qui se rendent dans l'Atlantique passent en principe à une dizaine de milles de la côte, plus près même, suivant la ligne des fonds de deux cents mètres où le courant atteint sa vitesse maximum. Les autres (qui remontent la côte d'Afrique) passent le plus près possible de la côte, le courant y étant nul ou presque. Certains caboteurs connaissant bien les conditions locales utilisent même les contre-courants favorables qu'ils trouvent très près de la terre. Tellement près, parfois, que lorsque le bateau entre au dock pour le carénage annuel, l'armateur remarque avec étonnement quelques bosses sur la carène...

En restant au large, je voulais aussi pouvoir prendre la cape sans être hanté par la proximité de la terre pour le cas où un de ces coups de vent de Sud-Est, assez fréquents à la hauteur de Port-Elisabeth, me serait tombé dessus sans préavis.

Mais le ciel était clair, et le vent de Nord-Est soufflait à pleins poumons. La mer était devenue plus régulière et *Marie-Thérèse II* naviguait barre amarrée (ou plutôt roue amarrée), sous grand-voile et artimon d'un bord, trinquette sur tangon de l'autre, au maximum de sa vitesse de six nœuds.

Au troisième jour de cette navigation merveilleuse, mon estomac consentit enfin à rester tranquille. Je le lestai très prudemment par devoir, car je n'avais pas réellement faim et mes forces physiques ne semblaient pas avoir diminué, malgré la tenue d'Adam que j'ai coutume d'adopter à la mer, et qui aurait dû favoriser la perte des calories.

À midi de ce troisième jour de mer, un point établi dans de bonnes conditions me situe à 40 milles au sud-est de Port-Elisabeth.

Trois jours pour abattre la moitié du chemin !... Il faut dire que le courant favorable y est pour quelque chose. La moitié du chemin, oui, en milles, mais pas en temps ; ce serait tout de même trop facile... Pourtant le baromètre est très sage. Le vent et la mer le sont également devenus, un peu trop même, car les voiles sont sur le point de battre et il me faut resserrer les retenues du tangon de trinquette. Je remplace cette dernière par le plus grand foc de la soute à voile, mon foc de gênes. Celui-ci, grâce à sa grande surface, prend merveilleusement la légère brise, et *Marie-Thérèse II* glisse maintenant à deux nœuds sur une mer presque d'huile.

Ah !... Si cela pouvait durer jusqu'à... Non ! N'allons, pas courroucer les divinités du cap de Bonne-Espérance en leur demandant l'impossible. Celles de la côte du Natal ont déjà montré assez de bienveillance pour les blanches voiles de *Marie-Thérèse II.* Mais ce sera bientôt du grand Maître le vent d'Ouest que je dépendrai. Car c'est lui qui règne sur toute la côte Sud de l'Afrique, tyran à l'humeur changeante, presque toujours renfrogné, dont les colères sont redoutées de tout ce qui flotte sur son domaine.

Pourtant ce domaine du puissant vent d'Ouest est, par intermittence, envahi par les troupes d'un autre seigneur : le vent d'Est, ou plutôt du Sud-Est, qui aime y prendre de temps à autre un petit week-end, surtout pendant les mois d'été.

Le vent de Sud-Est est beaucoup plus redoutable que le grand Maître d'Ouest, car lorsqu'il souffle c'est souvent en tempête, et il porte vers une côte sans aucun abri. Malheur au bateau qui y serait jeté après avoir été pris par surprise trop près de la terre par le Black-south-Easter, qui, lui, ne pardonnerait pas à l'imprudent.

Par contre, lorsque le Seigneur de l'Ouest devient furieux, le voilier peut trouver un refuge dans nombre d'anfractuosités de la côte, espacées de cinquante ou soixante milles. Mais il arrive souvent qu'une houle énorme, venant du Sud-Est vienne alors en chasser le réfugié, pour l'envoyer prendre la cape dans le fief tumultueux du grand vent d'Ouest...

Dans la nuit calme, *Marie-Thérèse II* faisait doucement de la route, pas pressée, pas bousculée. Une navigation comme dans les rêves, parfaitement paisible, sans aucun souci des navires ni de la côte, trop éloignée pour qu'on y pensât. La température, elle aussi, était venue ajouter au charme de cette nuit de mer, toute constellée d'étoiles, un peu pâles pourtant, à cause du léger tapis de brume qui s'était déployé sur la mer, mais pourtant bien présentes. La lune, à son dernier quartier, se montra quelques heures avant le jour, et semblait être venue bénir *Marie-Thérèse II* et la préparer à la dure épreuve qui l'attendait. Car il n'y aurait plus de beau temps, pour le reste du parcours.

Au matin, le vent était revenu, instable, du Sud-Ouest. Un bord vers la terre me permit de distinguer, avant le coucher du soleil, les montagnes de Port-Elisabeth. Le baromètre avait baissé et je pris mes dispositions pour étaler un coup éventuel du Sud-Ouest ou de l'Ouest. Mais la nuit s'écoula sans ennuis, bien que sur le qui-vive, car le temps peut changer avec une rapidité déconcertante dans ces parages, avec des rafales venant de toutes les directions, obligeant à prendre la cape à sec de toile ou sur voilure extrêmement réduite.

Le ciel était toujours très clair le lendemain, et après quelques risées, dont l'une me coucha presque à plat, le Seigneur de l'Ouest prenait possession de son domaine : force 6 à 7 pendant cinq jours d'une pénible navigation au plus près, dans une mer devenue très forte, mais par bonheur assez régulière car le vent soufflait sans varier, de la même direction : l'Ouest, rien que l'Ouest.

En restant très au large, j'y rencontrerais une mer plus forte, brisant probablement partout, car à l'extérieur du grand banc des Aiguilles, le courant portant à l'Ouest, c'est-à-dire contre le vent, coule dans toute sa puissance, atteignant 4 nœuds à l'accore sud du banc.

Sur le banc lui-même (fonds de moins de deux cents mètres), les instructions nautiques précisent que la mer est beaucoup moins dure par vent d'Ouest, donc plus facile à remonter. Mais il y avait le danger des navires, qui, quelle que soit leur destination, est ou ouest, longent la côte d'assez près, afin d'éviter la route inutile. Le plus sage serait donc de tirer un bord vers la côte pendant les heures de jour, puis un autre m'en éloignant, pendant la nuit. Je couperais ainsi cette ligne deux fois en vingt-quatre heures : une fois pendant les heures claires, une autre fois au début de la nuit. Il faudrait veiller, mais le passage du cap n'étant pas une sinécure, il fallait se soumettre à toutes les règles de la prudence.

Les heures de jour, je les passai presque toutes à la roue, à l'intérieur de la cabine, pour faire le plus possible de route utile, car même si un voilier navigue presque toujours bien au plus près barre amarrée, il naviguera mieux avec un homme à la barre, qui saura exploiter les moindres variations de la brise, et jouer à cache-cache avec les vagues pour éviter les coups de frein et conserver au bateau toute sa vitesse.

Après cinq jours de cette navigation au plus près, dans une mer trop forte pour pouvoir être remontée en beauté par *Marie-Thérèse II*, à cause de ses formes pleines, je me trouvais seulement à une centaine de milles à l'ouest de Port-Elisabeth... soit vingt milles de moyenne journalière !

Je me félicitais toutefois d'avoir modifié mon gréement en bermudien, bien supérieur au gréement aurique pour remonter dans le vent. Où serais-je exactement avec ma voilure d'autrefois ? Certainement plus près de Port-Elisabeth. Peut-être même dans ce port, attendant que le vent d'Ouest veuille bien mollir, ce qui ne lui arrive pas tous les jours sur cette partie de la côte, pour franchir le cap des Aiguilles. Après, malgré les tempêtes tout aussi redoutables qui assaillent le cap de Bonne-Espérance, le régime des vents serait plus favorable, et la côte orientée vers le nord-ouest, ne m'obligerait pas à louvoyer autant par vent d'Ouest.

Mais pour le moment, le cap des Aiguilles n'est pas encore doublé, loin de là, et il faut continuer à tirer bord sur bord en espérant que l'équipage tiendra aussi bien que son bateau. Car je suis fourbu, et commence à souffrir du manque de sommeil. Mes yeux rougis par la veille et le vent, sous les paupières lourdes, ont de la peine à rester ouverts pendant les longues heures de barre, que je passe à l'intérieur. Lorsque je suis fatigué de la position debout, je vais barrer quelques minutes assis sur le bord du cockpit, mais le pont étant continuellement balayé par la mer et les embruns, je n'insiste pas trop longtemps…

Je redescends alors dans la cabine, ferme le panneau à glissières, bloque la roue pendant quelques minutes pour préparer une tasse de café chaud (l'opération du bloquage et du débloquage se fait en une seconde), puis je reprends la barre, de l'intérieur, en surveillant la mer par les petites fenêtres disposées tout autour de l'hiloire du panneau de la cabine, bien au sec, et au chaud près de la cuisine. Car quel qu'ait pu être le temps, il m'a toujours été possible et même facile de faire la cuisine. Cela dépend des bateaux. Sur certains bateaux très rapides au plus près, la cuisine peut devenir une tâche impossible. Mais il est assez remarquable de constater que sur presque tous les petits voiliers qui ont effectué de grandes traversées, l'opération « tambouille » ne posait pas de problèmes sérieux, même par des temps très durs.

Au cours de ces longues périodes de veille, il semble que l'organisme réagisse par une adaptation à des conditions nouvelles, plutôt que par un appel à la volonté.

Au bout de quelques heures de barre, le cerveau s'engourdit. Les sens entrent alors en action, tout seuls.

L'ouïe est, je crois, le sens le plus précieux du marin, tellement précieux que bien souvent, alors que je tenais la roue, le buste à moitié sorti de la cabine pour mieux voir à travers les embruns, j'ai retiré le capuchon de mon ciré afin de ne pas être gêné par les faux bruits du vent sifflant sur la tranche du capuchon... Tant pis pour l'eau froide qui s'infiltre le long du cou et descend sur les. épaules et la poitrine. Il faut entendre avant tout, surtout la nuit, par nuit noire, lorsque la vue doit se mettre au repos, ou plutôt en veilleuse.

L'oreille, alors, prend le relais : elle note tous les bruits de l'eau sur la coque, les murmures, les crissements de la membrure, le chuintement du vent glissant sur les voiles et sur les haubans, le tapotement des drisses contre le mât. Tous ces bruits, qui font partie du bateau, sont notés, enregistrés, traduits en impressions. Pendant ce temps, le corps reste au repos. Le cerveau aussi. Brusquement, celui-ci est réveillé. C'est que l'ouïe a perçu un son anormal, ne figurant pas dans la gamme que l'intelligence lui avait indiquée avant de se mettre au repos.

Et avant même de réveiller le cerveau, de venir déranger le repos précieux de ce grand Maître, elle a su donner directement à la main du marin endormi, l'ordre de presser le commutateur électrique qui éclaire le compas inversé placé au-dessus de la tête, dans la ligne du regard qui déjà a noté le cap, différent de quelques degrés, tandis que le toucher a noté une variation dans les mouvements ou la vitesse.

Le cerveau, maintenant éveillé, frais, reposé grâce à la vigilance constante de l'ouïe, du toucher et de la vue, pourra conduire le marin dans sa nouvelle tâche : virement de bord pour profiter d'une variation de la brise, réduction de la voilure, réglage du gouvernail et des écoutes ou, tout simplement, fermeture du hublot sous le vent.

Et lorsque l'ouïe fatiguée, se met à son tour en veilleuse, c'est le toucher qui prendra le quart : toucher du vent, des embruns et de la pluie sur la joue ou sur la nuque, qui fera part des moindres variations du cap. Pas aussi précis que la vue et l'ouïe, le toucher est un sens de complément, souvent précieux, toujours utile.

C'est alors seulement que le marin est tout à fait en paix, car le travail se fait automatiquement, en une fraction de seconde. C'est la période de réflexe qui permettra à l'organisme fatigué de tenir au-delà des limites habituelles du mouvement réfléchi.

Ainsi, c'est la veille à la barre pendant la journée, et la veille sans tenir la barre pendant la nuit, car à ce moment je bloque la roue et le bateau continue sa route au plus près (ou à n'importe quelle autre allure désirée depuis que le bout-dehors et la grande trinquette ont été installés).

Ce n'est pas exactement une veille, pourtant. C'est plutôt une demi-veille, passée en grande partie dans la couchette (mouillée, car à l'intérieur tout est maintenant humide, moite, collant). Les yeux clos, le cerveau engourdi, mais l'oreille aux aguets. Je crois réellement que l'oreille ne dort jamais chez le marin à la mer, surtout chez le solitaire.

Pendant la nuit, pas de barre après neuf heures ; c'est la tambouille d'abord, puis le café, par moques énormes et la cigarette (pas la première de la journée ni la dernière). Car cette fois-ci, finie la bêtise de prendre la mer sans tabac, comme je l'ai fait plusieurs fois. Pas d'alcool, d'accord. L'alcool ne m'a jamais attiré et j'ai assez de vices pour ne pas y ajouter celui-là. Le café remplace pour moi l'alcool. C'est moins nocif, meilleur marché et... on peut en consommer beaucoup sans rouler sous la couchette !

Quant au tabac, il fera probablement toujours partie de l'équipement indispensable de mon bord, présent ou à venir, et je lui dois de la reconnaissance pour ce qu'il m'a parfois permis d'endurer.

Toutefois, je lui ai mis une petite bride, afin qu'il n'exagère pas trop : en l'emportant sous forme de tabac tout court. Pas de cigarettes toutes roulées à mon bord. Ce serait trop facile de plonger deux doigts dans une boîte et d'en tirer une cigarette. Non, il faut les rouler soi-même. C'est meilleur marché, et surtout on fume beaucoup moins, car rouler une cigarette avec des doigts mouillés ne se fait pas en une seconde ou deux !

Il existe bien des petits appareils pour confectionner les cigarettes et j'en avais emporté un avec moi. Une vraie distraction pour occuper les heures de veille ou les journées peu chargées...

La pipe du marin existait également à bord. C'était un souvenir de Jean Gau, qui m'avait fait cadeau de deux pipes de sa collection.

— Mais pourquoi veux-tu m'en donner deux, Jean, une seule me suffira.

— Mon petit vieux, crois-en ma vieille expérience. Tu comprendras vite qu'à la mer, une pipe ça se boulotte par le bout que tu tiens dans le bec.

En effet je devais constater avec surprise que ma pipe disparaissait peu à peu par le petit bout.

La pipe était réservée pour la veillée nocturne, quand veille il y avait, car elle me tenait chaud aux mains et... au nez. C'est agréable de se frotter le bout du nez avec un fourneau de pipe !

Et puis une bonne pipe dure longtemps et aide à égrener les heures ; sans s'éteindre sous les embruns, et sans se déchirer sous les doigts humides comme le ferait une cigarette.

Jusqu'à ce jour les renseignements météorologiques captés la nuit par mon petit poste de radio restaient bons, bien que mentionnant des vents d'Ouest forts entre le cap des Aiguilles et Port-Elisabeth. Par contre, les vents seraient du Sud-Ouest entre le cap des Aiguilles et Capetown.

Mais cette nuit, la radio lançait un « Gale Warning » en donnant lentement les coordonnées du secteur à l'intérieur duquel il était attendu. Et ma gorge s'est un peu serrée, car je naviguais dans ce périmètre.

Malgré toute la confiance que j'éprouvais pour mon bateau, je ne pouvais m'empêcher d'être très inquiet, car... cette confiance était mitigée : solide, oui, il l'était et l'avait prouvé. Il était même trop solide, si l'on peut s'exprimer ainsi. Je pense à l'expression anglaise : « Solid as a rock », désignant un bateau qui gîte peu. C'était bien le cas de *Marie-Thérèse II* depuis que j'avais coulé dans ses fonds du ciment mélangé de vieux boulons : elle ne gîtait plus assez, était devenue beaucoup trop lourde et dure aux rappels. À la cape, elle ne dérivait plus assez et encaisserait de terribles coups de mer, si celle-ci se mettait à devenir réellement méchante, comme le laissait prévoir la radio, qui avait répété deux fois, lentement, les mots « strong gale » : fort coup de vent d'Ouest.

Tenir la cape avec un bateau trop lourd ?... Il y aurait peut-être de la casse à bord. J'avais déjà vu ce que peut donner la mer sur un bateau plus souple, comme l'était *Marie-Thérèse II* avant d'atteindre Durban.

Allons, ne courons pas au-devant des histoires ! Le phare qui marque l'entrée de Krom Bay, trente mille plus à l'Est, est visible de loin, et je possède des cartes détaillées de toute la côte (pour le passage du cap, j'ai tout de même consenti à me munir de cartes, achetées à Durban, et je m'en félicite aujourd'hui).

À mon étonnement, le baromètre n'a pas baissé comme le laisserait attendre le « Gale Warning » annoncé. Peut-être se sont-ils trompés... mais je me dis alors que les cartes météorologiques sont établies grâce aux renseignements communiqués par radio par les navires en mer. Or, ces navires pullulent autour du cap, et il est très probable que les services météorologiques d'Afrique du Sud sont convenablement renseignés et peuvent de ce fait tracer leurs cartes avec précision.

J'écoute donc la prudence (ma fatigue aussi) et mets le cap sur Krom Bay. *Marie-Thérèse II* vole littéralement vers ce refuge et deux heures plus tard le balai du phare est visible. Le baromètre est toujours stable et mes doutes me reprennent. Je commence à regretter ma décision. Faire vent arrière un chemin que j'ai eu tant de mal à gagner dans l'autre sens ! Et les instructions nautiques qui parlent d'un vent d'Ouest violent qui a duré soixante-douze jours, sans arrêt, il y a quelques années...

Et, naturellement, le vent mollit aux petites heures du matin... Je suis maintenant à deux milles du phare qui depuis longtemps a quitté la ligne d'horizon.

Un bateau de pêche d'une vingtaine de tonnes sort de la baie, au moteur, se dirige vers moi. Puis, un autre, et je suis maintenant persuadé qu'il n'y aura pas plus de coup de vent que de serpent de mer. Car, enfin, ces pêcheurs connaissent la région et sont habitués à interpréter les signes du Tyran de l'Ouest !

Le premier bateau, intéressé par *Marie-Thérèse II*, passe très près et ralentit. Pour la circonstance, j'ai enfilé un short mais reste bien entendu torse nu sous le bon soleil et le vent devenu maintenant très faible, tout juste suffisant pour pousser un peu *Marie-Thérèse II.*

Par acquit de conscience, je communique à l'équipage l'avis de coup de vent entendu à la radio. N'ayant pas bien compris, ils font un cercle et repassent plus près (un peu trop près même, je n'aime pas ça) et me font répéter. Cette fois, ils ont entendu, se regardent, haussent les épaules, disent merci et poursuivent leur route vers l'Ouest.

Pour ma part, je vais tranquillement mouiller à l'endroit indiqué sur la carte, un peu plus près de la terre même, dans les fonds de quatre brasses où je laisse tomber ma petite ancre C.Q.R. de 12 kilos avec la chaîne de 6 millimètres que j'utilise habituellement pour les mouillages provisoires et sans danger. Son faible poids et son peu d'encombrement me plaisent, car je ne possède pas de guindeau et réserve ma grosse chaîne lourde pour les cas sérieux.

Quant au « Gale Warning », je l'ai totalement oublié, ayant déjà pardonné à la météo, grâce à laquelle je puis maintenant me prélasser au soleil, dans un mouillage calme, où il me serait possible de rester.., disons trois jours pour tout faire sécher et récupérer mon arriéré de sommeil !

Mais quel dommage que je n'aie pas eu le temps de construire mon youyou avant de quitter Durban ! La terre semble si accueillante !

« Pas le temps de construire ton youyou ?... demande la voix de ma conscience en ricanant. Combien de temps es-tu donc resté à Durban ? Plus d'un an, n'est-ce pas ? Et combien de temps y as-tu travaillé dans ce chantier naval ? Dix mois. C'est bien ça ? Alors, le compte n'y est pas. D'accord ? Car tu as bien eu trois mois pour préparer, améliorer ton bateau. Au cours de ces trois mois tu aurais pu retailler convenablement cette espèce de torchon que tu as le toupet d'appeler un foc. Avec un foc convenable, peut-être serions-nous aujourd'hui plus près du cap des Aiguilles. Et ce youyou, tu n'avais pas le temps de le construire ? Henry n'a mis qu'une semaine à fabriquer le sien. Admettons qu'il t'ait fallu dix à douze jours au plus pour faire le tien, d'autant plus qu'Henry t'avait proposé de t'aider. Alors, grand fainéant ? Tu n'as vraiment pas eu le temps ? »

Je baisse le nez.

Je devais pourtant m'offrir une petite victoire sur cette conscience intransigeante. Car si j'avais possédé le youyou pliant auquel j'avais pensé après avoir vu ceux d'Henry et de Bardiaux, je n'aurais pas manqué de me rendre aussitôt sur la belle plage de sable qui brillait au soleil, à un quart de mille. Et ce dinghy aurait certainement été perdu, car, pour le retour à bord, c'eût été une sérieuse affaire, avec le vent de 70 à 80 nœuds qui se leva en deux minutes. Il souffla avec la violence d'un ouragan, dans un ciel limpide, tandis que les embruns volaient, voilant le bas de la plage. Au bout de dix minutes, ce havre si calme, si sûr, était devenu un enfer, avec une mer très courte, nerveuse, me faisant craindre de perdre ma petite chaîne et mon ancre C.Q.R. : une ancre de toute beauté, qui avait tenu toute seule les pires coups de Sud-Ouest ramassés dans le port de Durban ; s'enfonçant dans la vase du port, à mesure que la traction augmentait, elle n'avait jamais chassé, si ce n'est des quelques mètres qui devaient lui permettre de mordre dans le fond qu'elle prétendait ne plus quitter.

Aujourd'hui aussi, elle refuse obstinément de chasser malgré ce vent et la mer qu'il soulève, malgré les chocs violents qui lui sont transmis par la chaîne. Bien qu'ayant filé toute l'aussière, j'ai bientôt le sentiment que la chaîne ne tiendra pas longtemps.

Deux autres ancres du type classique à jas, sont vite empennelées sur la même chaîne, énorme, celle-là. Ce système ne m'a jamais lâché, et je le trouve très supérieur à l'affourchage sur deux ancres qui finissent presque toujours par chasser l'une après l'autre à cause des embardées du bateau, qui, en fait, tire alternativement sur une chaîne seulement, faisant chasser l'ancre, puis sur l'autre... faisant chasser l'autre ancre, et ainsi de suite.

L'opération est terminée à temps, car la petite chaîne casse près de l'aussière. Si j'avais possédé plus d'aussière à bord, cette ancre merveilleuse et ma bonne chaîne, si commode par les temps légers, eussent pu être sauvées en filant une longueur suffisante pour que l'autre mouillage puisse crocher.

C'est à ce moment que je pensai à la méthode d'Henry : la manille qu'il utilise pour unir l'ancre et la chaîne est toujours d'une section légèrement inférieure à la chaîne. En agissant de la sorte, il est assuré, au cas où l'ancre ne pourrait plus être ramenée à bord (pour s'être enrochée, par exemple), de sauver au moins la totalité de la chaîne, puisque si quelque chose doit casser, ce sera la manille, plus faible que le reste de la chaîne.

Perdre une ancre n'est pas amusant. Mais si la chaîne a pu être sauvée, cela console un peu. Avec un peu d'astuce et de travail, il est possible de fabriquer une ancre, avec l'aide d'un fourneau de forge, à terre, ou bien grâce à un ami qui possède un poste de soudure à l'arc. Mais essayez donc de fabriquer une chaîne !...

Je songeais au guindeau que j'aurais aimé pouvoir installer sur le pont. Il m'eût permis d'embraquer ma petite chaîne à temps pour mouiller ensuite l'autre grosse chaîne. Mais on ne peut pas tout avoir à bord. Du moins, pas au début, à moins de rester très longtemps à terre pour se préparer minutieusement (au risque de ne jamais partir).

« Plus d'un an à Durban, et pas de guindeau ?... Henry t'avait pourtant indiqué un moyen assez simple pour t'en fabriquer un, puisque tu avais des amis spécialisés dans la soudure à l'arc... »

« Toi, Conscience, silence ! Pas le temps de discuter pour le moment ! »

Car ce n'est réellement pas le moment : il y a du travail sur le pont, où mon aussière est en train de se couper, après avoir usé son fourrage. La force du vent, devenue énorme, ne me permet pas d'embraquer à la main les quelques mètres situés entre la partie de l'aussière usée et le mât, autour duquel je l'ai amarrée.

Un toron est déjà presque entièrement coupé, car les choses se passent quelquefois vite, et je me vois déjà, prenant le large, après avoir perdu toutes mes ancres, mes chaînes et une aussière neuve...

Deux minutes plus tard, grâce au palan de l'écoute de grand-voile, démonté à toute vitesse, et que je suis allé frapper sur l'aussière de mouillage, je parvenais à ramener les quelques mètres nécessaires. Cette fois, le fourrage est solidement confectionné, à l'aide du tuyau de caoutchouc renforcé qui prolongeait ma pompe de cale. Il m'a fallu le couper dans le sens de la longueur afin d'en enrober l'aussière à la partie frottant sur l'avant du bateau !... Et je rêve aux cordages en nylon utilisés par Bardiaux. Mais le nylon est tellement coûteux...

La nuit se passe plus calmement, car le vent a diminué ; les rafales s'espacent, durent moins longtemps. La mer, se formant à partir de la plage, est devenue presque calme.

Le lendemain, le baromètre est bien remonté, et à midi le vent est devenu maniable. En route donc !... Non, pas si vite. Attendons que la mer se calme un peu dehors. D'autant plus que je suis très occupé aujourd'hui à tout faire sécher dans la cabine dont j'ai retiré la literie et le linge moite qui va prendre l'air sur le pont. (Ces coups d'Ouest ont au moins l'avantage de ne pas obscurcir le ciel, qui reste limpide avec une atmosphère très sèche.)

Pendant ce travail utile, les casseroles mijotent sur le réchaud, et c'est un vrai festin que j'aurai ce soir. Menu : riz, lentilles, curry de corned beef. La quantité y est... et même la qualité ! Une bonne bouteille de vin sud-africain pour terminer la fête, et au dodo !

Est-ce l'ouïe qui, vers minuit, est venue souffler au cerveau qu'il serait sage d'aller faire un tour sur le pont ? Car le bruit de la mer brisant sur la côte est nettement distinct maintenant : houle du Sud-Est, annonciatrice du South-Easter...

Le baromètre recommence à faire des siennes et je crois prudent... de me montrer prudent. Le vent est devenu très faible, de l'Ouest. Tant pis, mieux vaut quitter ce coin tranquille pour le moment mais qui pourrait devenir un enfer si le vent de Sud-Est se déclare brusquement, comme je le crains.

La chaîne est lourde à ramener, avec deux ancres à la queue leu leu. Il faut m'y prendre en plusieurs fois, pour souffler un peu. Vers une heure du matin, *Marie-Thérèse II* quitte son refuge, où elle aurait aimé dormir en paix jusqu'à l'aube et glisse, paresseusement, vers la pleine mer, au plus près bon plein, comme à regret, dans un léger souffle d'Ouest qui subsiste du dernier coup de vent.

Le baromètre continue à se conduire d'une manière bizarre, mais le message radiophonique destiné aux navires naviguant autour des côtes d'Afrique du Sud ne mentionnait rien de particulier, hier soir : vents variables faibles entre le cap des Aiguilles et Port-Elisabeth. C'est bien ça. Seulement, il y a eu cette houle anormale du Sud-Est pendant la nuit.

Vers midi, un vent léger souffle de l'Est. Grand-voile filée jusqu'aux haubans et grande trinquette sur l'autre bord, supportée par le tangon, permettent à *Marie-Thérèse II* de tracer un semblant de sillage…

En fin d'après-midi, le Black South Easter souffle à pleins poumons, dans un ciel d'encre, tandis que *Marie-Thérèse II* file un os entre les dents, dévalant à grand fracas d'écume la mer qui forcit, brisant déjà anormalement si l'on considère que le courant, aussi léger soit-il, court dans le même sens que le vent, ce qui devrait calmer la mer. Mais peut-être la calme-t-il effectivement un tout petit peu…

Aussitôt que la mer commence à déferler, je rentre le tangon qui déborde le foc au vent arrière, et borde la trinquette dans l'axe du bateau, au pied du grand mât. *Marie-Thérèse II* ira ainsi moins vite (oh ! pas pour longtemps, car le vent continue de forcir), mais au moins j'éviterai ainsi au tangon les risques de casse.

Il faut maintenant tenir la barre en permanence. Bien à l'abri dans ma cabine, cela ne pose pas de problème, même au cas où la mer déferlerait sur l'arrière pour balayer le pont.

Car mon poste de pilotage, avec vue circulaire sur la mer, se révèle d'une extrême utilité. Il peut pleuvoir, geler et venter dehors, cela ne me dérange aucunement pour barrer. D'autre part, tenant la roue des deux mains face à l'arrière, je suis placé naturellement dans une position idéale pour diriger mon bateau au vent arrière, voyant nettement la mer venant de l'arrière par mes fenêtres vitrées. Capot de cabine fermé, il fait bon à l'intérieur, à l'abri du vent et de la pluie, avec, près de moi, le réchaud ronflant sous la cafetière, tout étant paré sur le pont pour que je n'aie pas... à m'y montrer.

Bien que naviguant en principe hors de la route habituelle des navires, la sagesse me conseille de conserver à l'extérieur un bon feu de route. J'avais acheté à Durban une excellente lampe à pression à verre Pyrex, résistant à la pluie et aux embruns malgré la forte température du gaz de pétrole brûlant à l'intérieur du manchon. Je vais donc l'accrocher le plus haut possible sur les haubans du grand mât, du côté opposé à la grand-voile. Cet éclairage puissant (250 bougies, je crois) me mettrait à l'abri d'un abordage éventuel, au cas où des navires passeraient au large de leur route habituelle, à cause du coup de vent.

La grand-voile et le foc sont maintenant puissamment éclairés et se verraient du côté qui masque la lampe. Quant au côté non masqué, il est illuminé, y compris la mer, et surtout la pente des vagues orientée de mon côté, que je peux voir clairement à travers mes petites fenêtres arrière, grâce à la réflexion de la lumière sur l'écume.

Après quelques minutes, je parviens à estimer leur hauteur, à manœuvrer pour leur présenter l'arrière, bien dans l'axe, et à reprendre ensuite le cap légèrement Sud-Ouest afin de rester à distance du cap des Aiguilles que je préfère doubler à plus d'une vingtaine de milles au large.

Que cette lampe à pression puisse me servir de feu de route, j'y avais pensé. Qu'elle puisse être utilisée pour attirer les poissons volants sur mon pont, une fois atteinte la zone des vents alizés, la lecture de Monfreid me l'avait enseigné. Elle devait peut-être me servir à pêcher au sabre sur les récifs d'une île du Pacifique, pendant la nuit, comme je l'avais fait à Diego-Garcia. Elle ne m'avait pas encore servi pour travailler de nuit sur mon pont aux escales, comme le faisait parfois Henry, mais cela encore était pensable, même en ce qui me concerne... Mais utiliser cette lampe de 250 bougies pour barrer au vent arrière par gros temps, presque aussi bien qu'en plein jour, ça, alors, je n'y avais jamais pensé !

Le vent a maintenant atteint sa force maximum, et *Marie-Thérèse II* tient son cap sans broncher, n'en déviant que pour laisser passer une vague déferlante, et le reprenant aussitôt après. Les yeux me picotent un peu car il est près de minuit.

Sans ce poste de pilotage parfait, il est certain que j'aurais déjà pris la cape sur l'artimon et l'ancre flottante ou plutôt sur l'ancre habituelle, toute la chaîne et l'aussière dehors, afin de faire tête à la mer.

Mais au chaud, et, surtout, en sécurité dans la cabine, je n'en vois pas encore la nécessité, bien qu'ayant été coiffé une fois par une vague déferlante un peu avant minuit. Malgré le bruit de tonnerre, *Marie-Thérèse II* n'avait pas dévié.

Cet incident me permit de vérifier une constatation que j'avais déjà faite dans le canal de Mozambique : par grosse mer de l'arrière, il est préférable, avec *Marie-Thérèse II* du moins, de lâcher la barre au moment où une forte vague sur le point de déferler passe sous l'arrière. Voici pourquoi :

Au moment où la vague atteint le bateau, elle le pousse en avant avec une grande force. Si le bateau se trouve bien dans l'axe de la vague, pas de problème, sauf peut-être en cas de vague déferlante très sérieuse. Mais si le bateau fait, avec la direction de la vague, un angle même réduit, il aura tendance à se mettre en travers, sous l'action de deux forces : d'une part, la poussée de la vague en biais sur l'arrière, d'autre part, la résistance de l'avant à cette poussée, se soldant par une accentuation du mouvement déjà amorcé. Si la vague n'est pas trop forte, et surtout s'il ne lui prend pas la fantaisie de déferler juste à ce moment, il ne se passera sans doute rien de bien méchant, tout au plus risquera-t-on de friser l'empannage. En poursuivant son chemin, la vague passera sous l'avant du bateau et tendra à remettre celui-ci dans la bonne direction.

Ensuite, il suffit de remettre rapidement l'arrière du bateau face à la vague suivante.

Mais ce dont je m'étais rendu compte, c'est que, si le bateau n'était pas revenu dans l'axe au moment précis où la vague le rattrapait, la meilleure solution était tout simplement de lâcher la barre. En effet, si on tient fermement la barre du côté qui, logiquement, devrait faire agir le gouvernail, la vague, qui va plus vite que le bateau, appuiera sur le safran du gouvernail et accentuera l'embardée que l'on cherchait à corriger, augmentant ainsi le risque de se mettre en travers et d'empanner.

C'est dans le canal de Mozambique, ai-je dit, que j'avais fait cette remarque. Tenant alors la roue, j'avais constaté à quel point elle résistait. Je m'étais ensuite amusé, par mer maniable de l'arrière, à répéter l'expérience : toujours cette même pression sur le safran du gouvernail, au moment où la vague atteignait l'arrière, faisant beaucoup dévier celui-ci dans le sens opposé. Par contre, en lâchant la roue juste au moment où la pression se manifestait, je constatai que la déviation n'augmentait presque pas, car le gouvernail, libéré, subissait la mer au lieu de lui résister, et passait d'un bord à l'autre, sans efforts, avant de se remettre de lui-même dans l'axe du bateau...

Filant nos six nœuds vers le cap des Aiguilles par cette mer de l'arrière, devenue très forte et déferlante, je pus estimer les qualités de *Marie-Thérèse II*, qui semble avoir été conçue pour tailler sa route par grosse mer de l'arrière. J'en arrive à... m'endormir à la barre (mais comme les lapins, à toutes petites doses !).

L'arrière n'est jamais dévié par les grosses crêtes déferlantes qui l'assaillent à intervalles irréguliers ; elles arrivaient parfois par séries de deux, trois ou quatre, ou bien isolément, mues par un de ces codes de la nature resté indéchiffrable pour l'homme, et même pour les animaux que l'on pourrait croire les mieux doués pour tout connaître des secrets de la mer.

Combien de fois me suis-je amusé à observer les crabes cherchant fébrilement un bout de nourriture arraché au sable par le passage de la vague, pour remonter encore plus vite avant l'arrivée de la prochaine houle distributrice de pitance. Ils se tiennent alors en dehors de la ligne habituellement battue par la mer, pour y attendre le retrait de la vague. Mais il arrive assez souvent qu'ils calculent mal leur coup et se retrouvent tout honteux, à se débattre dans l'écume d'une vague plus forte que les autres. Ils n'avaient pas prévu celle-là !...

Sur les côtes, toutefois, l'homme a pu codifier certaines règles. Ceux qui traversent les barres comptent une, deux, trois, et hop là ! on y va, les pagaies donnant leur plein régime. Mais quelquefois, une quatrième vague, plus forte que les autres apparaît quand la pirogue est à moitié engagée sur la barre... Le compte n'y était pas ! Ou bien, on compte une, deux, et l'on attend la troisième qui ne viendra que beaucoup plus tard, avec deux ou trois compagnes du même calibre !

Mais *Marie-Thérèse II* semble connaître un peu le secret des vagues, car elle se conduit magnifiquement, ne se laissant pas dévier de plus de quelques degrés, et encore...

Ma petite théorie élaborée dans le canal de Mozambique est maintenant mise en pratique.

Lorsqu'une méchante crête moutonneuse brise juste derrière le gouvernail, je lâche celui-ci, laissant la roue tourner d'un côté, puis de l'autre, pendant deux secondes ou trois, avant de la reprendre en main. Même lorsque l'arrière fait parfaitement face à la vague, le gouvernail a ce mouvement de va-et-vient, d'un bord à l'autre, et je le laisse faire, car *Marie-Thérèse II*, à ce moment, semble savoir beaucoup mieux que moi ce qu'il convient de faire ou de ne pas faire.

La crête déferlante se partage alors, de part et d'autre de l'étambot norvégien qui ne lui offre qu'une prise minime, poursuit sa course vers l'avant tandis que le bateau file pendant une fraction de seconde aussi vite que la crête qui le pousse, le soutient et le guide par le maître bau.

Une seconde fois, au cours de la nuit, une vague déferle rageusement sur l'arrière, balayant le pont de bout en bout, et je songe un instant à prendre la cape...

Après tout, puisque *Marie-Thérèse II* remonte médiocrement (pour m'exprimer poliment), elle se rachète probablement par des qualités inhabituelles au vent arrière. Et puis le cap des Aiguilles est tout proche, et si ce temps veut bien ne pas mollir trop tôt, je le doublerai avant l'aube. Une fois passé le cap des Aiguilles, il pourra venter de n'importe quelle direction, cela n'aura plus grande importance, car la route sera alors Ouest-Nord-Ouest, et False Bay, juste avant le cap de Bonne-Espérance, offrira éventuellement un abri sûr en cas de coup dur.

De la route, donc, puisque rien n'a lâché jusqu'à présent ! Avec un gréement bermudien, sans cette dangereuse vergue que j'avais toujours eue sur mes différents bateaux, pas de problème par mauvais temps : une seule drisse à manœuvrer, pas de vergue se balançant au roulis, moins de risques en cas d'empannage, et beaucoup moins d'émotions pour l'équipage !

Que je me sois si longtemps tenu au gréement aurique m'étonne un peu, aujourd'hui. Il m'a fallu... quatre bateaux pour en arriver au bermudien, que je ne lâcherai certainement plus.

On a souvent parlé de la supériorité de la voilure aurique pour les allures portantes. Dans un sens, c'est vrai, car une voilure aurique pourra être parfaitement établie au vent de travers ou au grand largue, grâce à l'utilisation d'une écoute prenant sur l'extrémité de la vergue. Aux mêmes allures, une voile bermudienne sera un peu trop bordée, près du gui, et pas assez sur la chute arrière, plus haut, qui tendra à faseyer et prendra mal le vent. Pour éviter ce flottement de la partie supérieure de la chute, il faut border un peu plus le gui, et la voile est alors trop bordée pour un rendement maximum. C'est là, je pense, son seul désavantage sur la voile aurique. Mais quelle simplicité de manœuvre, en revanche !

Et si la voilure bermudienne se montre moins efficace que la voilure aurique pour les allures du travers et du grand largue, je lui trouve par contre un avantage certain pour les longues traversées dans l'Alizé, grâce au mât plus haut qui permettra d'établir des trinquettes jumelles d'une plus grande surface. Nous en reparlerons par la suite.

Mes yeux me font mal maintenant. C'est la fatigue, la tension perpétuelle provoquée par l'allure du vent arrière, où chaque vague doit être prise bien de l'arrière. Encore est-il heureux que l'abri du poste de pilotage me soustraie à l'effet du vent et du froid ; pas très vif, ce dernier, mais humide et pénétrant. Mais il me faut trouver une idée pour perfectionner le dispositif de manœuvre de l'intérieur : jusqu'à présent il m'est nécessaire de séjourner sur le pont exposé aux embruns pour manier les écoutes dont les taquets d'amarrage sont disposés autour du cockpit, comme sur la plupart des voiliers. Cela augmente la fatigue. On va me croire très paresseux... mais c'est tout de même ce vilain défaut qui est à la base du progrès, n'est-ce pas ? S'il n'y avait pas eu de paresseux, nous marcherions uniquement à pied, n'ayant pas pensé à la bicyclette ni à l'automobile, et les bateaux seraient propulsés à la pagaie !

Or, c'est en évitant au maximum toute fatigue inutile que j'aime naviguer, que ce soit seul ou à plusieurs, n'en déplaise aux courageux. Monter sur le pont autrement que pour mon plaisir représente, à mes yeux tout au moins, un geste inutile qui me fait perdre des calories et courir des risques superflus.

Reste donc à mettre au point le système d'écoutes. J'y réfléchirai... au mouillage !

Le balai du phare des Aiguilles est laissé petit à petit sur tribord. Une heure plus tard son relèvement est de quelques degrés de plus vers l'arrière du travers. Doublé ! Ma poitrine se gonfle de joie.

Mais deux minutes après, il faut déchanter. Le vent a beaucoup diminué, ce qui ne laisse rien présager de bon. Car dans ces parages, lorsque le vent n'est plus de l'Est, autrement dit portant, il est presque obligatoirement de l'Ouest, dans le nez...

La danse va-t-elle recommencer ? Ô Neptune, ô Éole, quand cesserez-vous ces plaisanteries absurdes ? Est-ce le spectacle d'un solitaire se débattant dans la nuit noire avec pour seul repère le balai hésitant d'un phare presque hors de sa vue, dont vous voulez vous réjouir ? Car un coup d'œil sur le baromètre m'a fait comprendre ce qui m'attend : un coup de vent d'Ouest ! Vais-je refaire, à la cape, le trajet qui m'a amené jusqu'ici et voir le petit éclat du phare repasser doucement à l'Est, impuissant à m'aider ?

Une demi-heure plus tard, *Marie-Thérèse II* se traîne à peine. Le baromètre a toujours sa mauvaise figure, mais le ciel s'est un peu éclairci, laissant paraître quelques étoiles réconfortantes, tandis que la mer est devenue plus calme et ne déferle plus. Le loch marque cent trente-cinq milles depuis hier midi. Une jolie moyenne pour mon bateau. Mais c'est du passé...

Il fait presque jour lorsque le vent tourne, dans un souffle glacé. Et je n'ai que le temps de tout affaler, juste avant un second souffle, terrible de puissance, qui fait trembler la coque en lui donnant une trentaine de degrés de gîte, à sec de toile.

Une pluie drue et froide, crépitant douloureusement sur ma peau nue, vole horizontalement pendant que je livre combat à la grand-voile pour la ferler avant que la vraie danse ne commence.

Puis l'ancre passe par-dessus bord avec toute la chaîne et l'aussière que j'allongeai encore avec un deuxième cordage afin d'obtenir un meilleur freinage sur l'avant et d'obliger celui-ci à rester face à la lame. Pas question de hisser l'artimon. Il serait mis en pièces, au début du moins. Il faut d'abord laisser passer la première colère de l'Atlantique Sud...

N'ayant plus rien à faire sur le pont où tout est paré, je regagne l'abri chaud et... humide de la cabine, rongé d'inquiétude, car si un tel vent doit durer, la mer se déchaînera contre cette pauvre *Marie-Thérèse II* qui encaissera des coups terribles, à cause de son poids exagéré. Mais pour le moment, elle fait bien face au vent, même sans voile d'artimon, et c'est l'essentiel. Le gouvernail amarré dans l'axe du bateau souffrira un peu moins, mais je ne me sens pas réellement tranquille pour lui. Et je me félicite aujourd'hui d'en avoir diminué la surface avant de quitter Durban.

Le plus fort du coup de vent ne dura qu'une dizaine de minutes, au cours desquelles le bateau tout entier était secoué, pendant les rafales qui se succédaient entre de courtes périodes de calme presque complet. Puis le vent se maintint pendant quarante-huit heures à une force qui ne me permettait pas de songer à hisser à nouveau mes voiles, d'autant plus que la mer déferlait sauvagement, tandis que *Marie-Thérèse II* se faisait toute petite dans le creux des vagues...

Quant à moi, j'écoutais tout simplement la musique, sans souci, attendant que cela voulût bien passer. Encore heureux que la grosse pile de mon poste de radio ne m'ait pas encore lâché. Cela devait arriver bien entendu, deux jours plus tard, par suite de la sensibilité de ces piles à l'humidité... La prochaine fois, je l'enfermerai dans un sac en plastique, recouvert d'un autre sac, et même d'un troisième, avec un petit sachet de produit déshydratant !

Enfin il fut possible de hisser à nouveau les voiles. Oh ! pas toutes, juste l'artimon et la trinquette, au début, puis la grand-voile et le foc, après quelques heures écoulées sans incident.

Le vent était encore fort, mais la mer beaucoup plus maniable. Et comme prévu, j'avais repassé le cap des Aiguilles dans l'autre sens, à sec de toile ! Le baromètre étant stable, je m'en approchai au plus près jusqu'à sept ou huit milles avant de tirer un bord au large, profitant des moindres variations de la brise pour gagner quelques degrés dans le vent.

Vers dix heures du soir, le balai du phare était visible par mon travers, et aux petites heures du matin le cap des Aiguilles était entier par le travers de l'arrière, tandis que le vent passait au Sud-Ouest, devenant alors plus favorable, en me permettant de faire un plus près bon plein beaucoup plus rapide, toutes voiles dehors, tandis que nous foncions vers le cap de Bonne-Espérance et le joli port qui se trouve derrière,

Capetown, où nous arrivâmes deux jours plus tard. Ouf !…

Mais quelle drôle d'idée que de vouloir naviguer, alors qu'il n'existe pas de meilleur nid pour un bateau, et pour son capitaine, qu'un port abrité comme l'est, par exemple, le bassin du Royal-Cape-Yacht-Club !…

# 6

# Neuf mois d'escale à Capetown

Pendant les mois d'été, Capetown est l'un des plus jolis sites que je connaisse. Le ciel y est alors presque toujours bleu, sans un nuage, l'air agréable à respirer, sec et embaumant la verdure, car Capetown est une ville verte en comparaison de Durban. On y trouve des pelouses, des parcs, des arbres.

La ville est ancienne dans ses faubourgs, moderne au centre, avec pourtant, çà et là, de vieilles bâtisses et des monuments qui viennent droit du cœur des premiers immigrés. Oui, c'est bien l'impression que je rapportai de ma première promenade dans la ville, mains dans les poches, nez au vent. Capetown semblait sortir d'un cœur, ou plutôt de la multitude des cœurs de ces premiers immigrants hollandais, contrastant avec Durban, aux buildings modernes géométriques, étagés le long d'artères droites, larges, tracées au cordeau et au goniomètre. Durban, ramassée sur elle-même, ville créée par l'intelligence pratique, pour des besoins précis. Capetown, étalée en longueur, le long d'un des plus jolis littoraux qu'on puisse voir, vraie Côte d'Azur, en plus grandiose, de l'Atlantique Sud.

Visite au Consul de France, dont le bureau se trouve au septième étage d'un building coquet. M. Cansou est un homme charmant, jeune, et de plus, un marin. Nous sympathisons au premier contact, et parlons bateaux, voyages, pays. Il connaît l'Amérique du Sud pour y avoir fait plusieurs séjours et me donne ses impressions sur cette partie de l'Amérique qui m'a toujours attiré...

La conversation tombe bientôt sur le présent, « Ah, vous cherchez du travail ? Il se trouve justement au prochain étage de ce building, une société française qui pourrait vous intéresser : faïencerie ».

Je prends note, décidé à y aller voir... Mais pas tout de suite ! Les vacances ne sont tout de même pas déjà terminées. Accordons-nous encore une semaine ou deux, le temps de dépenser les quarante livres sterling que nous avons en poche. Mais c'est pour *Marie-Thérèse II* qu'elles doivent d'abord être utilisées.

Retour au club, en fin d'après-midi. C'est plein, car dans les pays britanniques, les gens ont compris que le travail c'est excellent pour la santé, mais qu'il ne faut pas exagérer au point de le poursuivre jusqu'après le coucher du soleil. Ici on quitte le bureau vers 4 heures, parfois 4 h 30, et chacun s'en va vaquer à ses occupations personnelles.

Dans ce club, on parle, pense et agit en marin. L'un de mes nouveaux amis m'apprend l'accident de Rex King, démâté au large d'East London, où il se trouve actuellement, terminant ses réparations. Son équipage l'a abandonné, l'un de ses membres souffrant du mal de mer, et l'autre ne voulant quitter le premier, dont il est, paraît-il, le tuteur.

Il me dit aussi avoir reçu des nouvelles d'Henry par un ami de Port-Elisabeth. *Wanda* aurait été roulée par une vague déferlant dans un coup de Sud-Ouest après avoir quitté East London où il avait fait escale. Pas de dommages, paraît-il (j'ai hâte d'entendre Henry me raconter ça). Et *Wanda* aurait quitté Port-Elisabeth tout récemment, à destination de Capetown.

Les petits verres se succèdent, le whisky n'étant pas cher en Afrique du Sud, et je commence à voir la vie en rose... Après tout, c'est un peu permis, aujourd'hui ?

Un autre copain (il n'y a que des copains dans ce club sympathique) me donne une adresse où je pourrai me procurer une ancre CQ.R. du tonnerre : « Fonce dès demain, c'est une occasion unique, tu l'auras pour une bouchée de pain, si elle y est encore. »

Je pars sans demander mon reste, malgré les copains qui veulent me faire prendre « the last one », ayant déjà pris trop souvent ce dernier verre dans la soirée.

Un copain me prête son youyou. Tu peux le garder pendant un mois, car je pars en vacances. D'ici là, tu auras construit le tien. Du reste il y en a des tas sous le hangar, qui vont être abandonnés. Vois le secrétaire à ce sujet, il t'en prêtera sûrement un, que tu pourrais retaper provisoirement... ! »

Je regagne mon bord, heureux et débordant de tendresse pour tous ces braves amis, si gentils à l'égard de leur nouveau coreligionnaire de passage. Et cette gentillesse n'a jamais varié, ne s'est jamais démentie, malgré les longs mois passés parmi eux après ce premier contact, si fraternel. On peut parler, en ce qui concerne Capetown, d'une réelle confraternité entre les marins sédentaires et les oiseaux de passage. La seule différence entre ces deux espèces est que l'une est sans attaches tandis que l'autre ne l'est pas...

Cette nuit, je dors enfin tout à fait, sans roulis, sans mouvements, sans le moindre bruit. Paix d'un port tranquille où le bateau et son skipper peuvent reposer sans remords, pour se réveiller lorsque bon leur semblera.

Mais j'ai sagement remonté la sonnerie de mon réveille-matin, car pas de blagues, n'est-ce pas ? Cette ancre, il me la faut, et *Marie-Thérèse II* ne me pardonnerait pas de me lever trop tard pour aller lui acheter ce précieux bijou... Mais ensuite, je retournerai dans ma couchette et y resterai à flemmarder pendant... 24 heures. D'accord, *Marie-Thérèse II ?* Ah ! si les bateaux pouvaient parler, elle me répondrait probablement que ça ne serait pas la première fois... ni la dernière.

Le lendemain, j'allai jeter un coup d'œil sur cette ancre. Elle m'attendait et l'affaire fut réglée, pour la modique somme de 5 livres sterling. Pour une somme également minime, j'achetai en plus vingt brasses de belle chaîne galvanisée de huit millimètres, de qualité supérieure. Paré, côté mouillage.

Pour le coup, je n'avais plus sommeil et décidai d'en finir avec les questions de paperasserie. Visite à la Capitainerie du port, à la Douane et à l'Immigration. Je n'y rencontrai que des sourires, des paroles gentilles, très peu de papiers à remplir et ma tournée s'opéra vite, sans atermoiements : « Mes papiers sont en règle, les vôtres aussi, et on se sépare amis ! »

Je profitai des jours suivants pour tout nettoyer, laver et aérer à l'intérieur de la cabine. Les voiles furent séchées, rangées dans le poste avant et le service de port commença : baquets d'eau de mer sur le pont et le roof, eau de mer tous les matins sur les œuvres vives de la coque pour éviter la pourriture, toujours redoutable au cours des séjours prolongés dans un port.

Quant à moi, je me laissais vivre paisiblement, en attendant Henry, dont le retard commençait à m'inquiéter, malgré moi (il me dit, par la suite, que lui aussi se sentait rempli d'inquiétude à mon sujet, pendant mon passage du cap !).

Cette semaine-là, je passai le week-end loin de Capetown et de mon bateau, chez mes nouveaux amis français, Étienne Droulez et sa femme. Ils habitent Worcester, à une centaine de kilomètres de Capetown. La petite ville est bâtie à proximité d'un grand lac où je comprendrai, pour la première fois, l'amour éprouvé par tant de régatiers pour les petits bateaux.

Jusqu'alors, les petits bateaux à dérive que l'on voit évoluer si gracieusement dans les baies ou les ports abrités, ne me semblaient pas mériter la ferveur excessive de leurs propriétaires. Je ne pouvais m'empêcher de regarder un peu ceux-ci comme des... chasseurs de casquettes.

Oui, jusqu'au jour où je me retrouvai, muscles et nerfs bandés, sur un Flying-Dutchman filant ses dix à douze nœuds à la surface du lac de Worcester. Si je dis : « à la surface », c'est un peu par habitude, car il y avait presque autant d'eau sur le bateau que sous lui.

Juste ciel ! Ce n'était pas un chasseur de casquettes, le camarade d'Étienne Droulez qui m'avait offert une place de coéquipier, à condition que je me montre sage, obéissant, et pas endormi ! Car sur ces petits voiliers rapides et impétueux, tous les sens ne sont pas de trop pour gagner la course, surtout quand le vent montre un tant soit peu les dents. Prendre des ris ? Jamais de la vie ! Bien que cela soit controversé par certains as de petits bateaux de régate, c'est toute la voilure au vent que ça vaut la peine d'être barré !

Quant aux équipiers, ce ne sont pas de simples passagers. Ils représentent le lest mobile, très mobile même, sans parler de la rapidité et du coup d'œil qu'ils doivent déployer pour manœuvrer plus vite que ceux du bateau d'à côté.

Il m'était arrivé plusieurs fois d'assister, d'un peu loin, aux réunions bruyantes qui suivent les régates en baie, écoutant d'une oreille amusée, les lèvres abaissées par un sourire en coin, les discussions passionnées sur le trajet parcouru, la bouée qu'on avait passée de justesse, sans tirer le bord fatal supplémentaire, l'écoute de foc d'où dépendait la victoire, et que l'équipier maladroit avait laissée échapper de ses mains, gâchant tout.

Ô chasseurs de casquettes, quand cesserez-vous de prendre vos mouille-culs pour des bateaux et de parler de la mer quand vous vous cantonnez à vos baies bien abritées ?... pensais-je alors...

Mais depuis cette sortie d'une heure, j'ai compris !... J'ai d'abord compris qu'il ne s'agit pas de mouille-culs, mais de merveilleux petits pur-sang, racés, nerveux, rapides, obéissant au petit doigt mais vous jetant à la patouille en l'espace d'un battement des paupières, à la moindre erreur. Un voilier de plusieurs tonneaux, ça pardonne souvent. Les petits, eux, ne pardonnent presque jamais !

Une soirée paisible parmi mes nouveaux amis Droulez et leur adorable petite Nicole de quatre ans suffit pour me transformer à nouveau, en terrien, à l'aise sur le plancher des vaches, loin de tout projet de départ en mer. Et le lendemain, nous nous trouvions, Étienne et moi, après une grasse matinée, raquette en main devant une table de ping-pong. Constatation amusante : après être resté des années sans avoir touché à une raquette de ping-pong, je me retrouve le même joueur, ni meilleur ni pire.

Promenade en auto l'après-midi, puis retour à Capetown le lendemain. Montagnes de pierres et vignobles dans les vallées. Et ces montagnes pierreuses peuvent dégager un charme certain, bien que pour ma part je préfère les abords verdoyants de Capetown et son littoral qui fait concurrence à notre Côte d'Azur, en plus sauvage et moins peuplé.

*Marie-Thérèse II* repose comme je l'ai laissée. Si je l'avais bâchée elle ressemblerait à un bébé dormant sous une couverture... Les bateaux du club ne sont pas bâchés, mais souvent recouverts de filets. C'est pour que les oiseaux de mer ne viennent pas faire de leurs ponts une demeure permanente. Presque tous les mâts sont prolongés par une pointe métallique : ce n'est pas un paratonnerre, mais un para-cormorans...

Un matin, tandis que je prenais mon petit déjeuner sur la table de la cuisine, qui donne juste sous le panneau de la cabine, une petite chose blanche, oh non ! une grosse chose blanche fait splash sur la table à un centimètre de mon assiette de porridge : un gros cormoran noir était fort occupé à se lisser les plumes, en haut du mât d'artimon...

Un bon coup de lance-pierre l'en déloge mais il ne tombera pas dans la marmite à pression. Pas aujourd'hui du moins, car ces bestioles sont tellement robustes qu'une simple pierre ne les émeut pas beaucoup. J'aurais dû me servir d'un vieil écrou comme projectile. Ce sera pour la prochaine fois !

Henry arrive une dizaine de jours après mon entrée au port. Il a bel et bien été chaviré par une vague déferlante, à la cape, avant d'arriver à East London, mais il n'y a pas eu de casse à bord, à l'exception du gui de trinquette. Il faut dire que pour casser quelque chose sur *Wanda*, il faudrait se lever tôt et frapper fort, d'autant plus que ce bateau très gîtard a tendance à subir la vague au lieu de lui résister, opposant la souplesse à la force.

Mais après avoir quitté Port-Elisabeth, voulant passer au large, hors de vue des terres pour éviter les risques d'un coup de vent éventuel portant en côte, il s'était aperçu que son compas ne lui donnait que des indications complètement divagantes, avec des variations dépassant quatre-vingt-dix degrés. Ce fait auquel il ne pouvait rien comprendre, le gêna énormément au cours de sa dernière étape.

Ce n'est que beaucoup plus tard, juste avant de quitter Cape-town, que la lumière se fit : un gros boulon était venu s'installer tout près du compas pendant le chavirement. C'est en démontant ce compas pour prendre les mesures du caisson à l'abri duquel il se trouvait placé, qu'Henry découvrit le coupable. Il faisait ce travail dans le but d'acheter un nouveau compas.

Henry, tout comme moi, avait besoin de travailler avant d'espérer poursuivre le voyage et aller voir ce qui se passait de l'autre côté de la mare aux harengs.

Nous formons maintenant une équipe solide, et parlons sérieusement, après le dîner, des plans d'avenir.

Henry a son idée : « Je reste deux ans à Capetown, amasse un bon pécule, et, en route ! » Je me mets à hurler : « Deux ans dans le même patelin, mais mon vieux tu y pourriras, et ton bateau avec. Et puis deux ans, c'est long. D'ici là, il peut très bien se déclarer une guerre qui nous coincerait et nous enverrait avec un béret et un joli pompon rouge sur un croiseur ou un convoyeur, et pourquoi pas même dans un sous-marin, dans l'Atlantique Nord. Mieux vaudrait alors être militaire dans le Pacifique, il y ferait en tout cas moins froid. Pas vrai ?

— Oui, mais le fric ? On va en baver, sans fric dans les Touamotou.

— C'est vrai, mais on pourrait travailler six ou huit mois à Capetown, faire un plein complet de provisions pour deux ans, embarquer notre peinture sous-marine et toutes les rechanges pour un temps considérable et partir ensuite, même avec très peu d'argent. Ce sera bien le diable si nous ne trouvons pas un job au Venezuela ou dans un des États d'Amérique centrale, où nous pourrons nous renflouer avant de cingler pour le Pacifique et y chercher le coin idéal.

« Du reste, il ne sera peut-être pas nécessaire d'aller jusqu'au Pacifique pour trouver le coin idéal : prends une carte générale de l'Atlantique et regarde ; tu as les Antilles, où nous trouverions peut-être le coin rêvé. Tout près, c'est le Venezuela, ou l'Amérique du Nord où l'on pourrait aller travailler quand les finances seraient basses. Un peu plus loin, l'Angleterre pour toi, la France pour moi, qui seraient également des points de ralliement possibles, avec les vents d'Ouest, au Nord, pour le voyage aller et l'Alizé de Nord-Est, plus près de l'Équateur, pour le retour aux Antilles. »

Tout compte fait, ce serait peut-être la solution...

Cet entretien se prolonge bien avant dans la nuit, et nous discutons d'une autre possibilité, pour l'avenir : une caméra pourrait nous permettre de prendre des films intéressants qui, projetés pendant les escales au cours de réunions de yachtmen, nous permettraient peut-être de vivre, modestement il est vrai, mais d'une façon intéressante et agréable. Il est, je crois, dommage que cette dernière idée jetée en l'air n'ait pas alors retenu un peu plus notre attention, car je comprends maintenant avec le recul, que la solution de ce que nous cherchions ensemble s'y trouvait probablement, plus sûrement que dans ce rêve quasi impossible des Antilles.

Henry était maintenant acquis à l'idée première : faire le plein des provisions et des rechanges à Capetown, et poursuivre sur les Antilles, dans six à huit mois.

Emporter pour deux ans de vivres à bord d'un petit bateau peut paraître une utopie. Mais nous ne pensions pas au pain et aux oignons, bien entendu. Il s'agissait des vivres de base, tels que le riz, la viande, le poisson et les légumes en boîtes, le lait en boîtes, le café, le porridge, tous produits qui peuvent se conserver très longtemps si l'on en prend soin.

Pour ce qui est des produits en boîtes métalliques, aucune difficulté. Mais le riz, en particulier, pose un problème assez délicat, en ce qui concerne sa conservation. Il moisit à l'humidité et les charançons s'en repaissent volontiers.

Au cours de mes voyages précédents, j'avais toujours adopté le système chinois de préservation : un gros morceau de charbon de bois pour absorber l'humidité, et des couches successives de cendre de bois contre les charançons. Mais la cendre est gênante, car il faut beaucoup laver le riz pour l'en débarrasser, avant la cuisson.

Bardiaux m'avait parlé, à l'île Maurice, d'un produit chimique qu'il utilisait pour préserver son riz des charançons.

Il versait ce liquide dans un tube de verre, ou dans un petit flacon débouché qu'il laissait cinq ou dix minutes à l'intérieur des boîtes fermées, contenant son riz. Le liquide très volatil dégageait des vapeurs qui détruisaient les charançons ou les œufs éventuels et il ne restait plus qu'à retirer le flacon et à fermer soigneusement la boîte.

Henry avait utilisé le même produit (j'ai oublié son nom, mais un pharmacien ou... un boulanger peuvent probablement dire de quoi il s'agit) en en versant directement une cuillerée à café dans ses bidons de lentilles et de riz. « Tu peux y aller carrément, me disait-il, cela fait six mois que je tape dans ce stock et n'en ai pas été indisposé. »

Ainsi, le produit chimique contre les charançons, plus un bon morceau de charbon de bois bien sec contre l'humidité, et le problème de la conservation du riz serait réglé. Pour ma part, j'avais consommé après deux ans un riz embarqué sur le *Snark* pendant huit mois, puis sur *Marie-Thérèse* pendant six mois, conservé à la chinoise (cendre et charbon de bois). Il n'avait pas changé (peut-être une très vague odeur de cendre, en arrière-goût...) et cela dans des touques en fer-blanc de vingt litres, hermétiquement fermées, mais non soudées.

Quant aux autres produits de base : huile de cuisine, boîtes de conserves, porridge en boîtes métalliques, lait sucré condensé et lait en poudre, sucre..., leur conservation est presque éternelle quand on a pris la précaution de passer un chiffon gras sur les deux parties circulaires de la boîte ou mieux de les tremper dans de la cire à bougie fondante.

J'avais, pour ma part, utilisé après 18 mois des boîtes de sardines à l'huile et d'autres conserves de légumes qui avaient connu deux bains complets… sans avoir été préalablement protégées par un corps gras ni de la cire.

Mais il était temps de chercher du travail. Mon argent de poche avait rapidement fondu ; celui d'Henry n'avait pas eu besoin de fondre : c'était fait depuis son escale de Port-Elisabeth.

Pour Henry, ce fut vite réglé : le lendemain de son arrivée, des coups de klaxon me tirent de ma cabine. C'est un monsieur qui fait des gestes, sur la jetée, et voudrait me parler. Il avait lu l'entrefilet relatant la dernière traversée de *Marie-Thérèse II.* Cet article mentionnait mes activités de charpentier de marine à Durban pendant cette escale.

— Je suis le propriétaire d'un petit atelier de menuiserie et il vient de m'arriver une commande intéressante : un client voudrait me confier la construction d'un bateau à moteur en contreplaqué, mais je n'y connais rien. Cela vous intéresserait-il de vous y mettre, puisque vous êtes charpentier de marine (je souris intérieurement en pensant à la tête que ferait le brave Peter s'il assistait à la scène), et que vous cherchez du travail. C'est du moins ce que disait le journal.

Encore charpentier de marine ? Je pense à la recommandation de Peter lorsque j'allai lui serrer la main avait de quitter Durban :

— Mon vieux Bernard, tu comptes t'arrêter pour travailler à Capetown ? Permets-moi une petite mise au point : ici à Durban il n'existe pratiquement pas de charpentiers de marine « tout faits ». Nous avons été obligés de prendre n'importe qui et d'essayer d'en faire des charpentiers de marine. Mais à Capetown, ça traîne les rues, les charpentiers de marine. Pas question pour toi de tenter ta chance dans un chantier naval, tu n'y ferais pas deux jours. Cherche plutôt autre chose !

Peter avait raison. Mes quelques visites sur le port m'avaient ouvert les yeux : à Capetown, les charpentiers de marine savent travailler, vite, bien, avec précision. Or, il existe un monde entre le bricoleur capable de construire lui-même son bateau, en y mettant le temps, et l'ouvrier spécialisé qui permet à un chantier de lutter contre la concurrence en maintenant les prix au niveau le plus bas possible grâce à la vitesse et à la précision de son travail...

D'autre part, refaire le même genre de boulot ne me disait rien. Je sais calfater, assez lentement, il est vrai, mais bien. J'avais également appris beaucoup de choses utiles concernant la construction et les réparations de bateaux en bois, pendant mon séjour à Durban. Cela me suffisait, car un des traits de mon caractère a toujours été d'éviter la spécialisation, pour lui préférer une maîtrise suffisante dans des activités aussi diverses que possible.

Aussi, cette perspective de reprendre le collier dans le même type d'emploi ne me souriait guère. Mieux valait chercher autre chose, quitte à prendre le risque de jouer au héron de la fable...

Mais Henry, lui, serait sûrement intéressé. Quelques petits graviers lancés sur son pont firent sortir sa tête barbue.

— Il y a un boulot pour toi. Viens voir ton nouveau patron.

L'affaire fut aussitôt conclue et Henry devait commencer le lendemain, le chantier se trouvant à une quinzaine de minutes de la ville par chemin de fer.

Quant à moi, il était temps de m'y mettre aussi, et j'allai voir M. Pierre Cholet, directeur de Brackenware Ltd., dont m'avait parlé le Consul de France.

Ce polytechnicien amoureux de la voile, qui avait possédé plusieurs bateaux, me reçut avec la plus grande bienveillance. Je lui exposai honnêtement mon intention de rester à Capetown de six à huit mois, afin de m'équiper convenablement pour le prochain parcours.

— Du travail ? Oui, il y en aurait éventuellement. Mécanicien d'entretien, cela vous irait-il ? Il faudrait en plus être un peu charpentier afin de pouvoir combler un vide possible, car dans mon entreprise, tout le personnel préposé à l'entretien de l'usine travaille dur, de ses mains, qu'il s'agisse du chef d'atelier ou du dernier aide noir.

Et s'il est disposé à m'embaucher, il faudra que je sache en mettre un coup, comme tout le monde.

Mais son offre est trop honnête, trop pleine de gentillesse compréhensive pour que j'ose bluffer. Je lui avoue n'avoir jamais été mécanicien, n'avoir jamais bricolé dans un moteur, que cette masse de fer animée de mouvements précis, prévus, calculés dans leurs moindres détails ne m'a jamais attiré...

— Ce n'est pas de cela qu'il s'agit. Les moteurs que nous utilisons sont électriques. Une seule personne, dans l'usine, est autorisée à y porter les mains ! Le reste, c'est de la grosse mécanique, simple à comprendre et à réparer. Les noirs eux-mêmes, venus tout droit de leur campagne, deviennent des aides utiles et efficaces. En très peu de temps, vous comprendrez le fonctionnement de ces machines et serez capable de seconder le chef du service d'entretien, qui est français comme la plupart du personnel responsable.

Pour le coup, c'est conclu. Car en plus de toutes les choses fort utiles que j'apprendrai, je pense à cet atelier, avec ses machines-outils, son matériel complet et les possibilités qu'il m'offrira de faire un peu de « bricolage personnel » pendant les heures de repas ou les week-ends, ce à quoi on m'autorisera probablement si je fais preuve de bonne volonté dans mon travail. J'avais tapé dans le mille une fois de plus...

Le soir nous retrouva réunis, Henry et moi, dans la cabine de *Wanda*. Il était enchanté de la bonne nouvelle ; de son côté, son nouveau travail l'intéressait mais ne durerait pas au-delà de trois mois au plus : il s'agissait d'un bateau facile à construire, du type « à bouchain vif », avec des membrures angulaires, bordé en contreplaqué, d'un travail simple et rapide.

— N'importe quel menuisier aurait pu exécuter ce plan, et je me demande pourquoi on est venu me chercher, me dit-il. Dans tous les cas, ce sera une affaire de trois mois, peut-être même de deux. D'ici là, il faudra trouver autre chose. Quant à toi, ajoute-t-il, essaie de ne pas te faire flanquer à la porte de ta boîte, car les emplois ne courent pas les rues, à Capetown, d'après les tuyaux récoltés auprès de mes camarades d'atelier.

Il n'est aucunement question de cela, car mon travail, que je commence le lendemain, me passionne tout de suite. De plus, l'adaptation pourra être rapide grâce aux notions d'ajustage que j'ai acquises en Indochine à l'âge de seize ans, lorsque mon père me colla pendant quelques mois dans une école pratique d'industrie, avec ce commentaire de sagesse : « Puisque tu ne veux pas travailler avec ta tête (je venais une fois de plus de me faire mettre à la porte d'une école...) eh bien ! va tâter un peu des métiers manuels. Ça te fera peut-être réfléchir, et te rendra probablement un peu sérieux la prochaine fois. »

En effet, cela m'avait fait réfléchir, tout en m'étant fort utile par la suite, car sans avoir jamais été particulièrement attiré par le bricolage, je m'étais un peu formé dans le domaine des menus travaux.

Mon chef, Dubois, devint tout de suite un camarade et un ami. Il s'intéressait à ce que je faisais et... essayais de faire. La soudure m'attirait particulièrement et en quelques semaines je me débrouillais d'une manière suffisante pour qu'il me confiât des travaux de plus en plus sérieux.

À part la soudure à l'autogène et à l'arc électrique qu'il me fallait apprendre très sérieusement, mon travail d'aide-mécanicien d'entretien était relativement simple, à la portée tout au moins d'un bricoleur daignant réfléchir avant de passer à l'action. Et puis, Dubois veillait à tout, connaissait sur le bout des doigts chaque pièce de cette usine qu'il avait montée depuis sa construction avec le reste des cadres, tous envoyés par l'usine mère de la Métropole, triés sur le volet, et qui furent tous de chics copains, pleins de bonne volonté pour m'aider à assimiler le plus vite possible les principales notions de mon nouveau métier.

Le mois suivant, Dubois partait pour quatre mois de congé à la Métropole, et ce fut à M. Barlé, le chef électricien, qu'incomba la responsabilité de l'équipe d'entretien.

Barlé était de loin notre aîné à tous. Yougoslave, il avait quitté son pays après la guerre et était venu s'installer en Afrique du Sud, après avoir passé plusieurs années en France.

Ayant remarqué mon penchant pour la soudure, Barlé me prit en main, sérieusement, comme savent le faire certains professeurs. Puisque la soudure m'intéressait, et qu'il la connaissait très bien, il s'était mis en tête de me l'apprendre à fond. C'est en grande partie à cet ami que je dois la connaissance de ces mille et une petites astuces du métier de bricoleur sur métal, tellement précieuses à l'homme qui doit pouvoir se débrouiller seul, à bon marché, en fabriquant lui-même ce dont il a besoin, ou en effectuant ses propres réparations.

En un mot, j'avais trouvé le job idéal. Un ennui pourtant : l'usine était loin de Capetown. Il fallait me réveiller tôt, préparer vite mon petit déjeuner, sauter dans le youyou et attraper le train qui me conduisait au travail en quarante minutes. Le retour se faisait assez tard et il n'était plus question alors de travailler à bord pendant la semaine. L'entretien du bateau fut donc réservé aux week-ends, et c'est grâce à la gentillesse de mes patrons qu'il me fut permis de mettre les bouchées doubles, car l'accès de l'atelier m'était accordé les samedis et dimanches.

Ma première occupation fut de me fabriquer une annexe démontable. Elle fut terminée en… deux jours, sans plan, en suivant le même système de travail que celui adopté pour la construction de *Marie-Thérèse II*.

Une pièce de bois carrée de 2 mètres de longueur sur cinq centimètres de côté fut placée par terre, dans l'atelier désert. Puis à chacune des extrémités, deux autres pièces de même section y furent jointes, à l'aide d'équerres en bois et de petits boulons en laiton. C'étaient l'étrave et l'étambot. L'angle qu'ils faisaient avec la quille fut donné à vue de nez et pouvait avoir à peu près quarante-cinq degrés pour l'étrave, trente-cinq pour l'étambot.

Le membre du milieu fut ensuite tracé, coupé, assemblé et boulonné sur la quille. L'étrave et l'étambot furent alors réunis par quatre petites lattes, de chaque côté, lesquelles, avec la membrure, la quille, l'étrave et l'étambot, devaient former la charpente de la coque. Deux autres membrures purent alors être tracées, coupées et ajustées, en me basant sur les lignes de coque indiquées par les lattes vissées sur la membrure centrale et les deux extrémités du dinghy. (Type « à bouchain vif ».)

Le tout fut alors démonté, transformé en un paquet pas trop encombrant que je ramenai au club par le train du soir. En douze heures de travail, j'avais terminé la charpente qu'il ne restait plus qu'à recouvrir de toile.

L'ancienne voile d'artimon aurique fut utilisée à cet effet et le travail complet terminé le dimanche soir ! Henry secouait la tête :

— Tu n'as pas l'impression d'y être allé un peu vite ?

— Euh, oui, un peu... mais puisque ça flotte, c'est l'essentiel.

— Ça flotte, d'accord, mais ça flotte sur le côté, quand il n'y a personne dans ton engin à la gomme !

C'était parfaitement vrai : j'avais taillé le membre du milieu trop en V, et mon youyou était tellement léger (10 kg, je pouvais le tenir d'un seul bras tendu, comme un vélo) qu'il flottait effectivement sur le côté lorsque aucun poids ne venait l'enfoncer... Par contre, une fois dedans, je pouvais pagayer debout tant il était stable et il portait aisément deux personnes avec du clapot, trois dans le port par calme plat. Il me fallait une demi-heure pour le démonter ou pour le remonter, ce qui est un peu long, mais alors, son extrême légèreté me permettait de le porter sans effort. Mais il fallait l'amarrer soigneusement, une fois à terre, ou sur le pont, car un vent modéré suffisait à le déplacer, et il se serait envolé dans une rafale !

Autre inconvénient : ce youyou était de construction trop légère pour pouvoir être utilisé sans quelques risques, le jour où j'aurais besoin d'aller mouiller une ancre loin du bateau. Dans ce cas, je pourrais y placer l'ancre et sa chaîne, reliée au bateau par un long cordage, puis renverser le dinghy à la distance désirée, à condition de faire vite et bien, pour ne pas le voir aller se poser sur le fond, avec la chaîne dedans !

Henry se tordait de rire à cette idée : « Au fond, tu n'as mis que deux jours pour fabriquer cette histoire-là, et si tu le perds, ce ne sera pas une grosse perte, « bloody french man ».

Une semaine plus tard, Henry commençait la construction de son youyou, pour remplacer celui qu'il possédait depuis le lancement de *Wanda*, et qui était devenu un peu trop ancien, surtout après avoir dérivé contre la jetée où il était resté une nuit entière à danser sur les rochers couverts de coquillages pointus. La moitié du fond en toile y était restée.

Le nouveau youyou d'Henry serait pliant comme l'ancien, constitué d'un fond en toile cloué sur une quille, et tendu par deux parois de contreplaqué très mince pour pouvoir épouser la forme voulue, au montage, et se replier bien à plat pour être posé sur le pont, ou placé tant bien que mal à l'intérieur pendant les traversées.

Large et stable, il pouvait être mis en service en trente secondes, porter trois personnes par temps calme et surtout, se révéler utile pour les opérations de mouillage s'il était nécessaire de porter une ancre au loin : son large arrière en contreplaqué permettait de filer une chaîne d'ancre sans risquer de faire le tour. Avec une dérive pivotante, placée sur un bord à la mode hollandaise, il remontait correctement dans le vent, pour une aussi petite embarcation.

Quant à moi, j'en étais maintenant à la fabrication de mes réservoirs à eau en tôle galvanisée, dans l'atelier de l'usine. Cela me permit une constatation : n'importe qui peut arriver à faire des choses qu'il croyait réservées strictement à des spécialistes…

Et lorsque je pense que je m'étais informé auprès d'un spécialiste du prix que me coûteraient deux réservoirs à eau et un pour le pétrole, avec un robinet pour ce dernier…

L'homme de l'art m'avait demandé de repasser le lendemain, car il lui fallait un certain délai pour calculer le prix de la tôle, le temps qu'il passerait à ce travail, la quantité d'étain nécessaire pour la soudure, etc. Enfin, le coup classique du magicien qui a déniché un pigeon à plumer.

Le lendemain, le magicien me dit son prix : cinquante livres sterling pour mes trois réservoirs, robinet compris. Dans sa, générosité, il souderait gratuitement quelques cornières aux emplacements prévus pour visser mes tanks sur les membrures.

Cinquante livres sterling… soixante-dix mille francs.

À Durban, on m'avait demandé soixante-cinq livres ! J'étais sur le point de passer commande. Mais je voulais d'abord consulter un copain, Henry bien entendu, pour ce qui concernait l'échantillonnage des tôles à utiliser.

Ce fut orageux, mais bref ; Henry se mit à hurler lorsque je lui parlai de faire fabriquer ces réservoirs par un spécialiste :

— Un spécialiste ? mais nous sommes tous des spécialistes pour des travaux aussi simples. Si tu peux faire une boîte en carton avec des ciseaux et de la colle, rien ne t'empêche de faire toi-même ces réservoirs. Comme pour la boîte en carton il faut découper, plier et coller, avec de la soudure à l'étain, en l'occurrence.

« Du reste nous allons le faire tout de suite : regarde ! Tu vois comme c'est simple : tu prends tes mesures, tu traces sur la tôle avec une pointe sèche, ou mieux avec un vulgaire crayon ; tu coupes ce qui dépasse, tu plies (il te faut un étau, bien sûr), puis tu maintiens l'ensemble par trois ou quatre rivets. » La boîte en carton prenait forme…

« Il ne te reste plus qu'à tracer et à découper les deux fonds : pour cela tu poses ta boîte, debout sur la tôle qui te reste, et tu traces en passant la main par l'ouverture (le petit côté du parallélépipède). C'est simple, n'est-ce pas ? Tu refais alors la même opération pour l'autre fond, et tu découpes ensuite tes deux rectangles à deux centimètres du coup de crayon pour le pliage. Quelques rivets pour maintenir le tout, puis un coup de lampe à braser et quelques bâtons d'étain, le tour sera joué. »

La boîte en carton est maintenant terminée. C'est simple en effet. « Et songe, ajoute Henry, que ce travail fait par toi-même sera autrement plus solide que celui de ton spécialiste qui rognera sur les bâtons de soudure parce que ça coûte cher. Il en mettra le strict minimum, sans penser aux mouvements du bateau qui projetteront l'eau contre les parois et finiront tôt ou tard par faire éclater la soudure.

« Pour ce qui est de la soudure à l'étain, tu n'en as jamais fait dans la boîte où tu travailles ? Alors, je t'aiderai pour le premier réservoir, ce sera préférable, au début. Tu verras comme c'est facile avec une lampe à braser, une bouteille d'acide neutralisé pour le décapage, et des bâtons de soudure. Pas besoin de fer à souder, je déteste cet engin conçu pour les petits travaux et que trop de spécialistes emploient parce qu'il permet d'économiser de l'étain au détriment de la solidité du travail.

« Lorsque tu auras terminé, tu t'apercevras de deux choses importantes : premièrement, tu auras appris à fabriquer toi-même un réservoir en tôle. Deuxièmement, le tout t'aura coûté une dizaine de livres sterling au lieu des cinquante que te demande ce charognard. Sans parler de la qualité bien supérieure de ton travail, sans plaisanterie de ma part. »

Trois jours après, je recevais ma tôle galvanisée, commandée par M. Cholet au prix usine : deux livres et demie pour deux grandes feuilles. En une journée de samedi, le premier réservoir était terminé, mais pas soudé. Le lendemain dimanche, je fabriquai les deux autres, travaillant seul dans l'atelier de Brackenware. Je les emmenai par le train, à Capetown d'où je les portai au club, où ils furent placés à côté de celui qui avait été fait la veille... Jusqu'à maintenant, cela m'avait coûté 3 000 francs. Il ne restait plus qu'à souder à l'étain, qui a sur la soudure autogène l'avantage de ne pas détruire la couche protectrice de zinc de la tôle galvanisée. De plus l'étain ne rouille pas.

L'opération fut liquidée pendant la journée du samedi suivant. Henry, armé de sa lampe à braser et d'un bâton d'étain à souder, me montrait comment il fallait s'y prendre. Le secret réside dans l'utilisation de l'acide neutralisé, et Henry s'y entendait parfaitement.

Je continuai après lui, et tout fut terminé avant la nuit, vérifications et retouches incluses. Toujours grâce à Henry, la vérification des fuites fut rapide. Comment s'assurer que les joints d'un réservoir à eau sont étanches ? En remplissant le réservoir avec de l'eau et en regardant d'où elle fuit, n'est-ce pas ?

C'est bien ce que je m'apprêtais à faire. Mais Henry me révéla une méthode beaucoup plus simple et infiniment plus rapide : badigeonner d'eau savonneuse tous les joints soudés, puis demander à un curieux de souffler dans le trou de remplissage du tank. Les défauts de soudure (il y en a presque toujours) sont alors révélés par des bulles de savon formées par l'air s'échappant des petits interstices invisibles... On opère alors la retouche sans avoir besoin de vider un réservoir de toute son eau. Il est rare que tout ne soit pas terminé après deux ou trois vérifications.

Pas de robinets sur mes tanks à eau. Je préférais pomper, par l'ouverture supérieure, la quantité d'eau nécessaire pour une semaine. Cette eau était alors directement transvasée dans un petit réservoir de 20 litres muni d'un robinet pour mes besoins journaliers. Coût total de mes trois réservoirs, robinet inclus pour le petit tank à pétrole de cinquante litres : six livres sterling... Les deux autres réservoirs à eau contenaient chacun quatre-vingt-dix litres, ce qui, avec les quatre jerrycans de vingt litres chacun utilisés pendant le voyage Durban-Le Cap, amènerait ma réserve d'eau à deux cent soixante litres.

À raison de deux litres et demi par jour, cela permettait de tenir la mer pendant une centaine de jours, ce que j'estime tout à fait suffisant, car, en cas de besoin, on peut presque toujours récupérer de l'eau de pluie, au cours d'une longue traversée. À bord de *Marie-Thérèse*, j'en avais récolté cent quarante litres pendant une seule averse à l'aide d'une grosse casserole !

Rex King avait adopté un meilleur système à bord de *Jeanne-Mathilde,* en vissant, de chaque côté du toit de la cabine, une baguette de bois haute d'environ trois centimètres, qui canalisait l'eau de pluie et l'envoyait directement dans un seau placé sur le pont. Le seau une fois plein était vidé dans le réservoir et remis à sa place, sous la gouttière dispensatrice d'eau de pluie. Grâce à quoi, Rex King n'avait jamais été obligé de déplacer son bateau dans un port pour faire le plein de ses réservoirs, et cela depuis qu'il avait quitté Singapour !

Tout plaisancier qui a dû se plier à cette opération énervante qu'est la « corvée d'eau », comprendra l'avantage de la méthode de Rex King : pas de lourd bateau à déplacer au dernier moment, pas de bidons à trimbaler dans le youyou en un va-et-vient lent et quelquefois pénible, surtout quand le bateau est ancré à un quart de mille de la plage et que la plus proche fontaine se trouve à un demi-mille à l'intérieur des terres...

Aussi, après l'exemple de Rex King, nous décidâmes d'en faire autant, Henry et moi : l'eau de pluie serait captée sur le toit de la cabine grâce à un cadre étanche inspiré du système employé par Rex King. Mais ensuite, elle passerait dans des tuyaux et serait directement dirigée vers les tanks, sans qu'il soit besoin de personne pour porter les seaux.

En une semaine de travail « à temps perdu », l'installation était terminée à bord de *Wanda* et de *Marie-Thérèse II.* Encore une amélioration. Mais il n'était pas question d'en profiter à Capetown, à cause de la couche de suie due à l'usine électrique de la ville et aux baleiniers amarrés dans le port. C'est incroyable ce qu'un baleinier peut dégager de fumée, lorsqu'il règle son moteur... et quand il y en a une dizaine qui s'amusent à faire la même chose, « au vent » de votre mouillage, c'est à désespérer d'avoir un jour un bateau propre. Avec un petit crachin en plus, le bateau entier dégouline de suie noire et visqueuse qui finit par s'incruster dans la peinture du pont si on ne le lave pas au plus vite à la brosse, car cette horrible suie ne se détache pas avec seulement quelques seaux d'eau jetés sur le pont et la cabine.

Henry était devenu chômeur, après avoir terminé le bateau en contreplaqué qui avait nécessité sa présence. Pas chômeur pour longtemps, bien qu'à un moment l'horizon lui ait paru sombre. Pendant deux semaines il « bricola » sur des yachts du club, pour le compte de propriétaires trop occupés pour s'y mettre pendant les jours de semaine : changement de quelques membrures sur l'un, remplacement de rivets sur un autre, fabrication d'un gui, puis d'un bout-dehors pour un troisième. Il faisait des prix d'ami et du travail solide, consciencieux.

Puis il trouva un emploi plus stable, mais peu payé, de secrétaire dans un bureau administratif, où il devait rester jusqu'au départ. Celui-ci approchait, mais lentement. Nous ne voulions partir qu'une fois réellement parés, et c'est effrayant ce que cela peut impliquer de temps et de menues dépenses qui, s'ajoutant les unes aux autres, dévorent régulièrement un compte en banque qui refuse de prendre du poids !

Tous nos besoins étaient minutieusement discutés avant de commencer les achats, afin de chercher ensemble des solutions... bon marché. Une de nos grosses mises de fonds, en dehors des réserves de vivres, serait représentée par les cordages qui commençaient à nous faire défaut. Et s'il est souvent possible de jouer à l'équilibriste en ce qui concerne les drisses et les écoutes, il faut tout de même les remplacer par du neuf, un jour ou l'autre, avant d'avoir un ennui trop sérieux.

Mais, une fois de plus, la chance devait nous sourire : Henry avait découvert dans... une poubelle du club, des bouts de ficelle d'une apparence inhabituelle, sales, infects même. Et cependant, un détail devait attirer son attention : les extrémités brillaient. Du nylon !

Il y en avait tout un petit paquet, qu'Henry récupéra, car son imagination fertile avait déjà transformé cet amas de ficelles dégoûtantes en jolis petits bouts de cordelettes de la grosseur d'un crayon, que nous pourrions utiliser pour ferler nos voiles sur le gui, et dans une multitude d'occasions où l'on a besoin en mer, de ces menus cordages qui s'usent toujours avec une rapidité déconcertante.

De retour au club, ce soir-là, je trouvai un petit mot d'Henry sur le tableau réservé au courrier : « Viens dîner à bord, il y a du nouveau. » Je pensais que le nouveau serait un pingouin invité, lui aussi, à prendre part au festin. Henry l'avait repéré depuis quelques jours, sur le plan incliné servant à monter les yachts du club. Ce brave pingouin venait y dormir la nuit (d'un seul œil, bien sûr, sans quoi nous l'aurions mangé hier, au curry...).

Mais la cabine de *Wanda* dégageait simplement une bonne odeur de riz et de lentilles, comme d'habitude, et Henry y était occupé à tordre des brins de ficelle brillante à l'aide de sa chignole à main.

— À quoi joues-tu ? Pas encore attrapé ce pingouin ?

— Laisse-le s'endormir encore un peu plus. Il était sur le plan incliné après le coucher du soleil et nous essaierons de l'avoir plus tard... en le cernant. Tiens, regarde...

Et il me tend un petit cordon en nylon d'un mètre cinquante de longueur, parfait, lisse, comme neuf. Henry continue son travail et compte les tours qu'il donne : vingt-cinq, vingt-six, vingt-sept, etc. jusqu'à trente.

Il décroche ensuite de sa chignole le brin tordu, le maintient bien tendu entre deux clous, et recommence l'opération avec un autre brin, en comptant les tours. Quand il a terminé de tordre trois brins, il les accroche ensemble au bout de sa chignole et les tord en sens inverse, obtenant une cordelette de la grosseur d'un petit crayon.

— Du nylon, me dit-il. Tu juges l'importance de cette trouvaille ? Tous ces menus cordages qui s'usaient si vite et finissaient par nous coûter cher... Le nylon est autrement plus résistant à l'usure et ne pourrit pas comme les cordages en manille ou en coton : il faudra savoir d'où vient ce petit tas de déchets ramassés dans la poubelle. Lorsque nous en aurons trouvé la maman, il sera temps de lui faire un brin de cour...

Car chacun de ces brins (qui semble faire partie d'un des torons d'un assez gros cordage) est composé d'une enveloppe en nylon, abîmée, sale, comme brûlée par endroits à cause des frictions subies, mais entourant d'autres brins qui, eux, sont intacts, lisses, brillants, parfaitement conservés à l'intérieur de leur gaine protectrice.

C'est eux qu'Henry a triés et transformés en cordelettes. Nous sommes emballés, et le dîner refroidit lentement. On s'en fout !

— Dis donc, Henry, laisse-moi essayer quelque chose, veux-tu ?

Je prends trois cordelettes faites par Henry, les accroche ensemble au clou et les tords l'une après l'autre, à l'aide de la chignole, dont le foret a été remplacé par un clou en forme de crochet. Puis les trois cordelettes sont tordues dans l'autre sens, pour former un bout de drisse ou d'écoute, au choix, long d'un mètre vingt...

Dans notre excitation, nous oublions pingouin et dîner. Il reste du monde au bar du club, allons-y et tâchons de savoir d'où provient ce nylon.

Je passe d'abord prendre à mon bord le lance-pierre pour le pingouin. Au club, les derniers clients du bar sont rentrés chez eux. Restent les deux barmen qui, comme nous (coïncidence amusante), s'appellent Henry et Bernard. Deux braves gars, qui ont toujours fait ce qu'ils ont pu pour nous donner des tuyaux intéressants.

— Voulez-vous prendre un drink avec nous ? » Ils acceptent avec plaisir et nous parlons quelques minutes de la pluie et du beau temps, « À propos, connaissez-vous ça ? » Ils se passent, l'un à l'autre, le morceau de ficelle sale que nous leur avons mis sous le nez.

— Non, qu'est-ce que c'est ?

— Nous l'avons ramassé dans un coin du hangar (nous n'osons pas avouer qu'il nous arrive de soulever le couvercle de la poubelle !) ; on dirait du nylon ; tenez, regardez.

Et Henry (le marin) détord le brin entre ses doigts pour leur montrer la partie intérieure, brillante et lisse.

— Ah oui ! s'écrie Henry (le barman), je me souviens maintenant. C'est un fragment de toron provenant d'une ligne en nylon utilisée par les baleiniers. Ils en usent des quantités incroyables à chaque campagne. Ces lignes sont grosses comme le poignet.

Notre respiration s'accélère, le pouls aussi… Bernard (le barman) a subitement compris :

— Écoutez, vous deux, pourquoi n'iriez-vous pas faire un tour à bord de ces baleiniers avant leur départ pour la prochaine campagne ? Peut-être pourriez-vous leur « acheter » (le ton y est…) quelques vieux cordages. Un de mes copains, qui participait autrefois à ces campagnes dans le grand Sud me disait avoir fabriqué un filet avec les brins encore intacts d'un de ces vieux cordages en nylon. J'ignore comment il s'y est pris pour extirper les brins utilisables de l'amas de fibres usées et brûlées, mais vous trouverez sûrement la combine.

Nous filons sans demander notre reste. Les baleiniers dorment, l'arrière à quai, et demain nous irons voir ce qui se passe à bord de ces bateaux chargés de trésors fabuleux ; de vieilles lignes en nylon, grosses comme le poignet, inutilisables et probablement encombrantes pour eux mais... pas pour nous. Espérons tout de même que l'équipage de ces baleiniers n'a pas pour dada la confection de filets en nylon... Du coup le pingouin est oublié. Il dormira paisiblement, pour sa dernière nuit, car demain, couic !

Le lendemain, il faut aller à l'usine, comme d'habitude. Je vais demander à Barlé de m'accorder la journée suivante, que j'aimerais consacrer à nos baleiniers. Henry, de son côté, s'arrangera pour se libérer le même jour. À nous deux, nous parviendrons peut-être plus facilement à les « séduire ».

Barlé est de mauvais poil aujourd'hui... panne après panne. C'est bien ma veine ! Juste quand il le fallait de bonne humeur. Je me rends aussi utile que possible, m'efforce de ne jamais me mettre dans ses jambes (c'est ce dont il a le plus horreur...) et tout se termine inespérément bien. L'usine tourne à plein régime, la glaise sort des malaxeurs avec la plasticité voulue, enfin tout est arrangé avant la fin de l'après-midi. Je n'y suis pas pour grand-chose, mais Barlé a retrouvé sa bonne humeur et moi la mienne. Il faut dire que j'avais poussé la bonne volonté jusqu'à abandonner, ce jour-là, mes petites expériences de mélange argile, plâtre et ciment, commencées depuis trois jours afin de trouver la proportion idéale.

Le premier jour, cela avait beaucoup intéressé Barlé de savoir qu'il était possible de coller ce truc-là sous la coque d'un bateau. Le deuxième jour, cela l'intéressait moins. Le troisième jour, mes petites disparitions subreptices commençaient à lui taper sur les nerfs.

Mais je tenais le bon bout et commençais à approcher de la bonne formule. Encore deux ou trois essais échelonnés au cours de la semaine suivante, et j'aurais trouvé la proportion (le bassin choisi pour mes expériences se trouvait dans la cour).

La permission est accordée pour le lendemain. Je perdrai le salaire de cette journée, mais j'espère bien que ce sera compensé par du nylon à « bon marché ».

L'opération nylon fut commencée le matin, poursuivie pendant toute la journée et terminée le soir, qui nous trouva dans la cabine de *Marie-Thérèse II*, marmite à pression sur le réchaud, partageant, les yeux brillants, les trésors que nous devions à la générosité de nos nouveaux amis, les pêcheurs de baleines. Braves gens, ils croyaient nous faire simplement plaisir… Mais nous aurions aimé leur dire à quel point notre cœur débordait de gratitude, en réalité.

Nous avions un peu honte, Henry et moi, pour toute la mise en scène que nous avions soigneusement élaborée, la nuit précédente. Pour commencer, il fallait attaquer chaque baleinier à deux, car, d'après notre raisonnement, si un vieux bout de nylon pouvait traîner sur leur pont, c'est que le maître d'équipage n'avait pas encore flanqué tous les rebuts par-dessus bord, et trouverait sûrement un autre bout pour le second yachtman…

Et s'il lui fallait chercher un peu pour trouver quelque chose à offrir à l'un de nous, c'est qu'il s'agissait d'un brave homme. Alors il chercherait encore un peu et découvrirait peut-être une autre petite longueur pour le copain.

Ce froid calcul se révéla pourtant très « psychologique » et doubla presque le succès de notre opération. C'était là une victoire sur Henry qui voulait nous voir partir en chasse, séparément, et partager ensuite le butin.

Mais Henry avait, lui aussi, marqué un point sur moi, imposant que je veuille bien fermer le plus possible ma grande… bouche et le laisser parler, d'un ton détaché, de l'utilité que présenteraient pour nous quelques vieux bouts de nylon pour remplacer nos aussières pourries qui risquaient de nous jouer un mauvais tour pendant un de ces coups de vent qui venaient souvent faire du port leur domaine. On avait assez souvent enregistré des rafales de soixante-dix nœuds et davantage. Et des bateaux, après avoir cassé leur mouillage, avaient été récemment très endommagés sur les jetées du bassin de yachts.

— Tu as bien compris, bloody Frenchman ; ces cordages, dans l'esprit de nos bienfaiteurs éventuels, sont uniquement destinés à être utilisés tels quels, à titre d'aussières de quai, un point c'est tout. Si nous ouvrons la bouche sur la fabrication de cordages neufs, ils voudront peut-être en faire autant, au prix que valent les drisses en nylon. Imagine l'équipage prenant vent de l'utilisation prévue par nous. Ils se mettraient tous à en faire et viendraient nous les vendre... Et aussi, motus au club, jusqu'au départ de Capetown. On leur en parlera quelques jours avant de lever l'ancre, pour le cas où nous n'aurions pas fini le gâteau.

Henry était un sage, car le gâteau ne fut jamais tout à fait fini. Les baleiniers venaient, par équipes de deux à quatre, passer quelques jours au port, pendant les week-ends de préférence, avant de repartir pour une ou deux semaines en mer. Il fallut bientôt tenir une petite comptabilité de leurs mouvements, en notant le numéro de ceux qui avaient eu l'honneur de recevoir notre visite car il ne fallait pas exagérer, tout de même...

Pendant plusieurs semaines, nos soirées furent occupées, jusqu'à une heure tardive, à détoroner notre butin, puis à récupérer soigneusement les brins intérieurs intacts, qui constituaient le tiers d'un cordage complet.

Henry rentrait plus tôt que moi de son travail. Il faisait alors la cuisine et nous dînions ensemble dans la cabine de *Wanda* Puis nos deux youyous prenaient ensemble le chemin de *Marie-Thérèse II* et le travail commençait, à l'intérieur de ma cabine.

Les brins intacts du milieu étaient réunis en pelotes et mis à part, tandis que les brins extérieurs du toron étaient à leur tour triés : beaucoup d'entre eux, bien qu'usés à certains endroits restaient utilisables dans leur ensemble. On coupait alors la partie abîmée et on faisait un nœud pour joindre les deux bouts.

Quant aux brins trop abîmés, nous les passions par-dessus bord, les envoyant rejoindre les trésors et les ordures enfoncés dans la vase du port.

Puis venait le travail proprement dit de la confection des cordages. Outil principal : chignole à main avec, à la place du foret, un clou tordu en forme de hameçon. Outils secondaires : un marteau, de gros clous galvanisés, des petits bouts de nylon inutilisés de dix centimètres de longueur.

Voici comment s'effectuait le travail.

Nous nous rendions la nuit dans le hangar du club, et plantions chacun un gros clou à une extrémité de la pièce, dans la porte en bois (il fallait bien que les clous entrent dans du bois, n'est-ce pas ? Nous n'aurions pas pu les planter dans le mur en ciment).

Ces deux gros clous, plantés le plus loin possible l'un de l'autre (sur la même porte) sont alors recourbés à la pince et au marteau, en forme de crochet, et neuf brins de nylon sont solidement amarrés à chaque clou, puis étendus sur le plancher, sur toute la longueur de la salle. On coupe ensuite les bouts qui dépassent de façon que les brins aient tous la même longueur.

Une boucle est ensuite faite à chacune des neuf extrémités. Henry de son côté a fait la même chose, et nous sommes prêts à commencer le travail proprement dit : non, pas encore, car il y a une petite précaution à prendre, à moins qu'un copain soit là pour nous aider (mais nous préférons travailler la nuit, incognito, lorsque le club est vide).

La précaution en question consiste à planter quelques clous en ligne sur une lourde table qui traîne dans la salle. Il faudra même la rendre plus lourde en y posant toute une collection d'objets hétéroclites après l'avoir placée au milieu de la salle, aux trois-quarts de la longueur des brins.

Tout est paré, maintenant, et chacun de nous va confectionner une drisse avec les neuf brins de même longueur, solidement amarrés aux deux clous plantés à l'extrémité de la pièce.

Si nous travaillons à deux, c'est, d'abord, parce que c'est plus amusant, et ensuite pour pouvoir nous donner mutuellement un coup de main en cas de difficulté.

Nous accrochons un des neuf brins au bout de la chignole, tirons un peu pour le tendre (pas trop, mais assez, tout de même) et actionnons la manivelle en comptant les tours. Le premier brin sera tendu au maximum, c'est-à-dire jusqu'au moment où la première « coque » se manifestera. Quelques fortes tractions, de temps en temps, permettront de donner davantage de coups de manivelle.

Quand c'est fait, il faut décrocher prudemment le brin ainsi tordu, en le maintenant le plus tendu possible, et le raccrocher par sa boucle, à l'un des clous qui ont été plantés dans la table. Le brin a perdu environ un cinquième de sa longueur pendant la torsion.

Pour le premier brin, il faudra presque toujours l'aide du camarade qui travaille à côté et qui poussera la lourde table de façon que le clou où viendra s'accrocher le brin soit placé à la bonne distance, laissant celui-ci très tendu.

Puis deux autres brins sont tordus, du même nombre de tours, dans le même sens et accrochés au même clou. Nous avons donc trois brins tordus de la même manière et qui constitueront le premier toron du cordage. Pour obtenir ce toron (il y a en général quatre ou trois torons dans un cordage, jamais deux) on reprend les trois brins précédemment tordus, tous ensemble cette fois, dans le crochet de la chignole et on les tord dans l'autre sens, ce qui donnera alors une cordelette constituée de trois brins, ayant la grosseur d'un crayon.

On répète la même opération qu'au début pour les six brins restants, les tordant l'un après l'autre dans un sens, avec le même nombre de tours que les trois premiers, et on en fait deux autres cordelettes en les tordant à nouveau trois par trois dans le sens contraire. Ces trois cordelettes ainsi préparées formeront ensuite le cordage définitif après avoir été tordues une fois de plus, séparément, dans un sens, puis réunies toutes les trois, accrochées à la chignole et tordues dans l'autre sens. Mais avant d'opérer la torsion finale, qui permettra d'obtenir le cordage définitif, on prendra soin de maintenir les trois torons bien ensemble par des petits amarrages, sur toute la longueur, tous les quarante ou cinquante centimètres. De cette façon, le cordage subira sa dernière torsion sans que l'un des torons vienne chevaucher les autres en diminuant la qualité du travail et aussi la solidité du cordage.

Le cordage est alors terminé, il ne reste qu'à faire fondre les deux extrémités avec une allumette et les rouler rapidement entre les mains pour empêcher la drisse de se décorder par la suite. C'est un truc que tous les utilisateurs de cordages en nylon connaissent et qui évite la ligature des extrémités, obligatoire avec les cordages en fibres végétales.

Ces cordages ne nous coûtèrent donc rien, si ce n'est une somme de travail considérable. Nous avions décidé d'y travailler uniquement pendant la nuit et c'était alors une nuit blanche, de dix heures du soir à cinq heures du matin, dans le hangar du club qui restait ouvert la nuit (Bernard, le barman, nous facilitait les choses).

Six nuits complètes, échelonnées sur un mois et demi, eurent raison du problème « cordages neufs et rechanges ». Et si nous n'avions pas toujours les yeux en face des trous en allant prendre notre travail, le matin, cela n'arrivait heureusement pas tous les jours...

Pendant ce temps, les menus et gros perfectionnements s'activaient à bord des deux bateaux. Henry ne disposant pas de machines-outils dans son bureau gouvernemental, je profitais de mon atelier pour exécuter ses bricolages en même temps que les miens, pendant les heures de repas ou en fin d'après-midi, dans l'atelier désert.

Il y en avait une foule à effectuer : petits travaux de soudure, trous à percer, pièces à forger, etc. Je fabriquai ainsi deux colliers de mât où viendraient pivoter nos tangons de trinquettes jumelles, les ferrures de ces trinquettes, formées par un anneau découpé à la scie à métaux, dans un tuyau d'eau en fer galvanisé ayant le diamètre des tangons, puis de quatre maillons de chaîne galvanisée soudés dessus, où viendraient se maniller poulies et écoutes. La ferrure du côté mât était constituée simplement d'un boulon mortaisé à la scie à métaux, sur lequel venait s'ajuster un autre boulon, découpé en tenon, avec un rivet pour servir de charnière, le tout soudé sur un collier en fer.

Puis ce furent des petites manches à air, que nous voulions placer sur le pont, aux deux extrémités du bateau pour éviter, sous les Tropiques, la pourriture due à la stagnation de l'air chaud et humide dans les parties toujours fermées du bateau. J'achetai pour cela quelques joints courbes pour tuyaux d'eau galvanisés et les soudai chacun sur une plaque de tôle galvanisée percée d'un gros trou au centre, pour le passage de l'air, et d'un petit trou à chaque coin pour la fixer sur le pont à l'aide de vis à bois. Ces manches à air en miniature (le trou faisait 4 centimètres de diamètre) étaient de plus orientables, et d'une solidité à toute épreuve.

L'arceau d'écoute de ma grand-voile fut ensuite démonté et remplacé par un autre, neuf, sur lequel j'avais soudé huit taquets d'écoutes, constitués par de petites tiges de fer dont les extrémités avaient été légèrement recourbées et arrondies à la meule émeri et à la lime.

Le robinet d'eau de mer pour la cabine fut découvert sur un tas de débris, dans un coin de la cour de l'usine : la manette en était cassée. Coup de brasure et le robinet est à moi... meilleur que si je l'avais acheté en ville, car la manette aura exactement la longueur nécessaire pour ne rien gêner à l'endroit de la cabine où il sera installé. Une petite plaque en cuivre est brasée dessus pour servir de socle, puis un bout de tuyau en cuivre est lui aussi brasé sur une petite plaque carrée en cuivre, percée d'un trou : c'est la prise d'eau, qui sera placée sous la ligne de flottaison, contre la coque. Un tuyau de caoutchouc fort le joindra au robinet et je pourrai laver ma vaisselle dans la cabine et économiser de l'eau douce puisqu'il ne sera plus nécessaire d'aller sur le pont avec un seau pour chercher de l'eau de mer pour le riz. (Il est économique et logique d'ajouter à l'eau douce un peu d'eau de mer pour y cuire son riz, au lieu d'utiliser pour cela de l'eau douce et d'y ajouter du sel...)

Le même système est fabriqué pour la vidange automatique de mon cockpit : deux petits tuyaux en cuivre brasés sur une rondelle du même métal, et qui amèneront l'eau de mer ou l'eau de pluie hors du bateau, par deux tuyaux en caoutchouc débouchant chacun sur un côté de la coque, au-dessus de la ligne de flottaison.

Tous ces menus travaux, et j'en passe, ne nous coûtaient presque rien, alors que les mêmes pièces, achetées chez le shipchandler du coin, nous auraient fait dépenser jusqu'à notre dernier penny...

Nos trinquettes jumelles et leurs tangons n'étaient pas encore commencés. Cela ne traîna pas, non plus. Il nous fallait de forts madriers de quatre mètres cinquante de long, pour nos tangons. Or, après les coups de vent du Nord-Ouest, il flottait toujours du bois dans le port. Nous allions le récupérer à bord de nos youyous, choisissant les planches et les madriers qui pourraient nous être utiles un jour ou l'autre, et que nous rangions soigneusement sous l'établi du club, en inscrivant dessus, à la craie, le nom de notre bateau.

Les trinquettes jumelles s'inspirèrent directement du système utilisé par les Van de Wiele à bord de leur beau ketch *Omoo*.

J'avais déjà constaté à quel point *Marie-Thérèse II* tenait bien son cap, vent arrière, ou presque, sur grand-voile filée d'un bord, équilibrée, sur l'autre bord, par la seule trinquette pourtant un peu petite, établie sur un tangon. Le tangon pivotait sur le mât, et lorsqu'il n'était pas en service, était rabattu sur l'avant, formant une main courante pratique entre le mât et l'étrave, sans gêner la trinquette de route ni son écoute qui passaient juste au-dessus.

Les nouveaux tangons des trinquettes jumelles, plus longs, s'articulaient sur le mât et, lorsqu'ils n'étaient pas en service, reposaient sur l'extrémité du bout-dehors, dans deux arceaux métalliques, sans gêner la manœuvre des voiles d'avant.

Mais s'il fallait diminuer la surface de ces trinquettes par vent frais, par exemple ? La prise des ris sur les trinquettes représentait, sur *Omoo*, un sérieux travail.

Une idée d'Henry Wakelam permit de résoudre ce problème et de traverser, chacun de notre côté, les 5 500 milles d'océan Atlantique, de Capetown aux Antilles, à une moyenne quotidienne de plus de 100 milles. Et ceci, en toute sécurité, avec quatre voiles, au lieu des deux trinquettes habituellement utilisées pour les longues traites au vent portant dans les alizés.

Voici le système inventé par Henry, et qui s'est révélé très pratique : deux trinquettes de surface modérée, qui n'auront pas besoin d'être arisées par vent fort, sont hissées en tête de mât et maintenues chacune par son tangon qui pivote sur le grand mât. Le point d'amure de ces trinquettes est relié au pont par un cordage d'un mètre à un mètre trente qui vient se fixer sur un piton placé sur le pont, environ un mètre en avant du mât. Chaque trinquette comporte son bout d'amarrage. Il y a donc deux pitons, espacés d'environ cinquante centimètres et placés environ un mètre sur l'avant du mât.

La bordure de ces trinquettes s'établit donc à environ un mètre au-dessus du pont, laissant un espace libre qui sera utilisé pour envoyer deux autres voiles, de forme trapézoïdale, fixées chacune par quatre points d'amure : aux deux extrémités du tangon, sur le pont, et sur le point d'écoute, à l'angle extérieur. Si le système paraît un peu compliqué à décrire, il est simple en fait, et rappelons qu'il n'est utilisé que par vent faible ou modéré (Figure p. 400).

Si la force du vent augmente, il suffit d'amener les deux voiles inférieures. L'opération me prenait une demi-minute : il me suffisait de filer en grand les écoutes des voiles inférieures, puis d'aller près du mât larguer la drisse conduisant à la poulie installée en bout de tangon, et de tirer les voiles à moi. Aucun problème.

Si l'état de la mer l'exige, on peut alors abaisser les trinquettes d'une hauteur correspondant à la longueur du cordage qui les relie au pont, et les amurer directement sur le pont.

Une belle pièce sans nœuds fut ensuite sélectionnée en remplacement de mon bout-dehors, que je trouvais trop court. Une journée de samedi à l'herminette et au rabot, et c'est paré. Le lendemain le bout-dehors est installé à la place de l'ancien, avec une nouvelle sous-barbe, et des étais, sur le côté, en chaîne galvanisée. Henry est venu me donner un coup de main pour finir plus tôt et nous nous attaquons aux tangons de nos trinquettes jumelles après le repas composé de riz (bien entendu) et d'un cormoran descendu sur le bateau voisin, d'un coup de lance-pierre. Mais cette fois les projectiles sont de grosses boules d'acier extirpées d'un vieux roulement à billes. J'en ai récupéré tout un sachet et nous mangeons plus de viande qu'au début. Avant-hier, c'était du pingouin au curry, aujourd'hui du cormoran (toujours au curry, bien sûr). Le principal, c'est de ne pas se faire surprendre par un policier, car les oiseaux de mer sont protégés dans ce pays riche en or et en diamants, auxquels ils ajoutent une autre richesse : le guano frais.

Mais le lance-pierre est une arme d'élite dans les ports : arme silencieuse, à peu près invisible, et beaucoup plus puissante et meurtrière qu'une carabine à air comprimé, beaucoup plus précise, aussi, en ce qui me concerne, lorsqu'il faut s'en servir dans un youyou qui remue.

Plusieurs cormorans tirés par Henry du pont de *Wanda*, avec sa carabine à air comprimé, s'étaient contentés de secouer leur plumage, véritable carapace, avant de s'envoler. Mais touchés de plein fouet par une des lourdes billes d'acier envoyées par mon lance-pierre, leur carrière se terminait en général dans la marmite à pression...

Au début, cette chair noire dégoûtait un peu Joyce. Mais elle s'y accoutuma bien vite et en redemandait, à condition que je me charge de dépouiller et de vider ce gibier économique et, ma foi, très comestible (avec beaucoup d'épices et de poudre de curry...).

Car pendant les week-ends, pas de cuisine pour Henry ni pour moi. C'était à Joyce et à Mary que revenait cette occupation. Le menu n'en était pas forcément beaucoup plus varié, mais il faut admettre que cela avait meilleur goût, en général. Joyce, à bord de *Marie-Thérèse II*, et Mary, à bord de *Wanda*...

Pendant ces week-ends, elles se réunissaient en général dans la cabine de *Marie-Thérèse II*, bavardant, tricotant et cuisinant, tandis que Henry et moi-même vaquions à nos petits travaux, l'un aidant l'autre, sur le pont ou à l'établi du club, qui disposait d'un précieux étau.

À l'heure du déjeuner, Joyce donnait quelques coups de corne de brume et nous arrivions tous les deux dans nos dinghys. Le charme et la gentillesse de ces deux amies faisaient de nos deux bateaux, un lieu de rendez-vous pour nos camarades du club : restait à déjeuner ou à dîner qui se trouvait sur place à ce moment, car les marmites à pression étaient toujours pleines de riz fumant et de cormoran au curry. Il y avait aussi des lentilles quand je n'avais pas oublié de les mettre à tremper la veille…

Et quand il n'y avait pas de cormoran dans la marmite, Joyce veillait à réparer cette lacune ; elle ouvrait l'œil et me prévenait bientôt : « Eh ! Bernard, look here ! un cormoran vient de se poser sur un des bateaux du club. Tu le vois ? Quatrième bateau sur tribord. »

Coup d'œil circulaire. Pas de flic dans les parages. Le lance-pierre est jeté dans le fond du dinghy avec le sachet de billes d'acier, et en route. Très décontracté, comme le ferait un simple promeneur, je pagaye tranquillement de manière à passer à une vingtaine de mètres au vent du gibier. Les coups de pagaie se font alors très lents et je profite du moment où il se lisse les plumes de son long bec pour poser la pagaie en travers du dinghy et ramasser le lance-pierre. Pendant ce temps, le youyou dérive lentement vers lui. Il a fini, pour un moment, sa petite toilette, lève la tête et me regarde. Moi, j'ai l'air de dormir et ne bouge pas, paupières mi-closes. Et surtout je ne le regarde pas, mais le surveille du coin de l'œil. S'il manifeste son inquiétude en levant la queue pour… se soulager d'un chose blanche qui le gêne, il faudra tirer vite car dans une demi-seconde il se sera envolé. Mais non, le voilà qui reprend sa toilette, et vlan ! C'est moi qui la terminerai… Pas à tous les coups, bien sûr, mais assez souvent pour que la marmite à pression reste généralement pleine, à la grande satisfaction de notre petite communauté flottante qui s'est augmentée de Rex King, arrivé récemment après un voyage qui n'a pas été sans incidents.

Pendant les soirées de week-end, c'était repos et nous avions les amis à bord : Mary, Henry, Rex, Jack, ce petit démon de Wilf, gosse de quinze ans vivant littéralement au ras de l'eau lorsqu'il n'était pas en classe ou… en consigne. La petite bonbonne de « Mardi-Gras », ce vin blanc d'Afrique du Sud, bon marché mais délicieux, était débouchée et les gobelets faisaient le va-et-vient tandis que la vaisselle sale traînait sur le pont après le festin de cormoran au riz et au curry.

Puis, quand le bonhomme au sable avait frappé à la porte, je chassais mes hôtes en leur jouant quelques airs d'accordéon !… Au deuxième, ils avaient généralement disparu et les youyous partaient dans la nuit, vers le club ou les voiliers au mouillage.

Rentrant un soir de l'usine, je trouve un mot du Consul de France : « Cocktail au Consulat en l'honneur de *La Gazelle*. Voulez-vous vous joindre à nous ? » C'est gentil et cela lui ressemble bien à ce cher Consul. J'ai bien envie d'y aller faire un tour en sortant de l'usine après-demain.

La petite réception est d'une franche cordialité et mes nouveaux camarades me demandent de venir dîner à la fortune du pot, au carré, tout à l'heure, « Nous pourrons y aller ensemble, après le cocktail. D'accord ? Et puis, si vous avez besoin de quelques cartes qui vous manquent, nous pourrions peut-être les découvrir dans un coin… »

Celui qui m'a dit ça, a certainement navigué sur un voilier avant d'entrer à l'École Navale !

— Des cartes ? Mais bien entendu, j'en manque. Laissez-moi tout de même rentrer à mon bord pour prendre du papier calque, pour celles que vous ne posséderez pas en double et que je pourrais alors décalquer…

— Il y a du papier calque à bord de *La Gazelle*, inutile de gaspiller le vôtre. On vous emmène !

Soirée charmante passée en compagnie de ces officiers sympathiques. On me donne les cartes qui me manquent, on me donne même du papier calque pour celles qui pourraient me manquer par la suite ! Et la soirée se termine dans la cabine de *Marie-Thérèse II*, où il reste du « Mardi-Gras », avec deux de mes nouveaux amis qui aiment et comprennent la voile. Le lendemain à l'atelier, Dubois remarquera que je n'ai pas les yeux en face des trous.

— Encore un baleinier ?

— Non, *La Gazelle*.

— Ah ? et alors ?

— Des chics types !

Les travaux du bord étaient maintenant presque terminés à l'exception d'un dernier et gros perfectionnement : mon lest intérieur, trop important, devait être diminué du tiers.

La simple pensée de ce que cela représenterait comme travail me faisait régulièrement remettre cette tâche importante à plus tard. Et puis, il me faudrait au moins une semaine, en travaillant de huit à dix heures par jour, pour en venir à bout. Un petit essai, simplement, « pour voir », m'avait éclairé à ce sujet...

D'autre part, un tel travail ne pouvait être fait à temps perdu, comme mes petits travaux précédents : une fois commencé, il faudrait m'y mettre sérieusement et en finir dans les plus brefs délais, car ma cabine serait alors à peu près invivable, avec les débris de ciment et de fer voltigeant dans tous les coins, et la poussière.

Sur ces entrefaites, M. Cholet, le grand patron, vient un jour m'apporter une revue nautique anglaise : « Connaissez-vous ça ? » et il me montre un article décrivant l'utilisation, par un yacht anglais, du gouvernail automatique inventé, mis au point et utilisé par Marin Marie lors de sa traversée de l'Atlantique sur *Arielle*.

Grâce à ce système ingénieux, Marin Marie avait navigué de New York au Havre sans toucher à la barre, ou presque. C'est quelquefois possible avec un voilier bien équilibré, impensable avec un bateau à moteur, à moins d'installer un compas gyroscopique, beaucoup trop coûteux pour un petit bateau. Or, *Arielle* était une pinasse à moteur.

Le gouvernail principal d'*Arielle* était amarré à un angle correspondant à un cap approximatif. C'est un autre gouvernail, tout petit, qui corrigeait le cap, grâce à une girouette pivotant sur un axe.

J'ignore combien de temps il fallut à Marin Marie pour trouver cette astuce d'une extrême ingéniosité. Il est fort dommage que l'ouvrage relatant les traversées de Marin Marie à bord d'*Arielle* et à bord de son voilier *Winibelle* n'ait pas été publié dans notre langue.

De multiples grandes traversées ont été effectuées avec des équipages réduits ou en solitaire. L'équipage devait parfois rester à la barre, huit, douze, dix-huit heures par jour ! Combien de ces traversées ont été pénibles si elles ne voulaient pas être trop lentes, ou très lentes si elles ne voulaient pas être trop pénibles (tout en le restant, hélas !).

Pourtant la solution était là, à portée de la main : le gouvernail automatique de Marin Marie !

Bien sûr, il existe des trucs de métier pour faire marcher un bateau qui refuse de tenir son cap barre amarrée, tels que l'installation d'un système de rappel sur la barre, à l'aide de l'écoute de trinquette. Le voilier tient alors un cap général correct, mais navigue un peu en zigzags et perd de la route. D'autre part, le réglage de la voile qui est reliée à la barre empêche que cette voile prenne parfaitement le vent : il en résulte une perte de vitesse supplémentaire.

Avec ce système de petit gouvernail correctif actionné par une girouette, toutes les voiles servent uniquement à propulser, le bateau et donnent leur meilleur

B

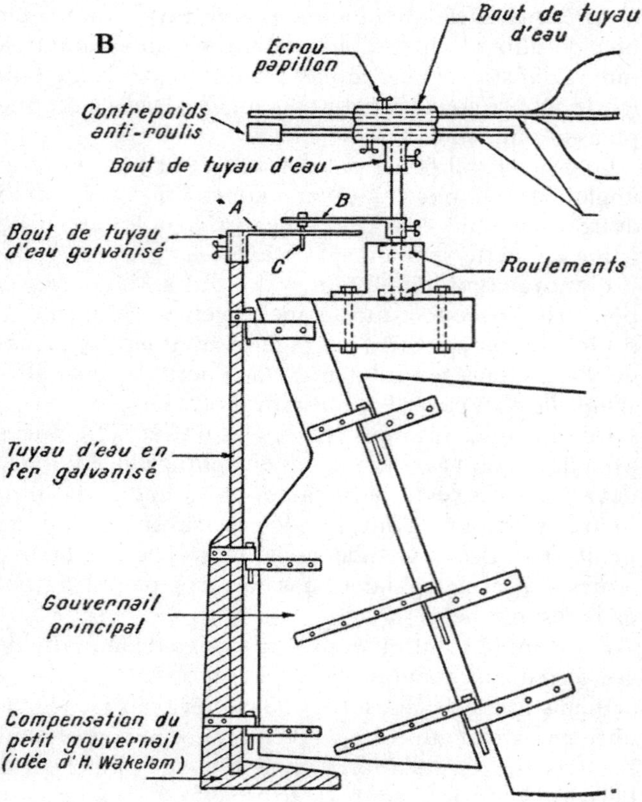
Bout de tuyau
d'eau
Ecrou
papillon
Contrepoids
anti-roulis
Bout de tuyau d'eau
A
B
Bout de tuyau
d'eau galvanisé
C
Roulements
Tuyau d'eau en
fer galvanisé
Gouvernail
principal
Compensation du
petit gouvernail
(idée d'H. Wakelam)

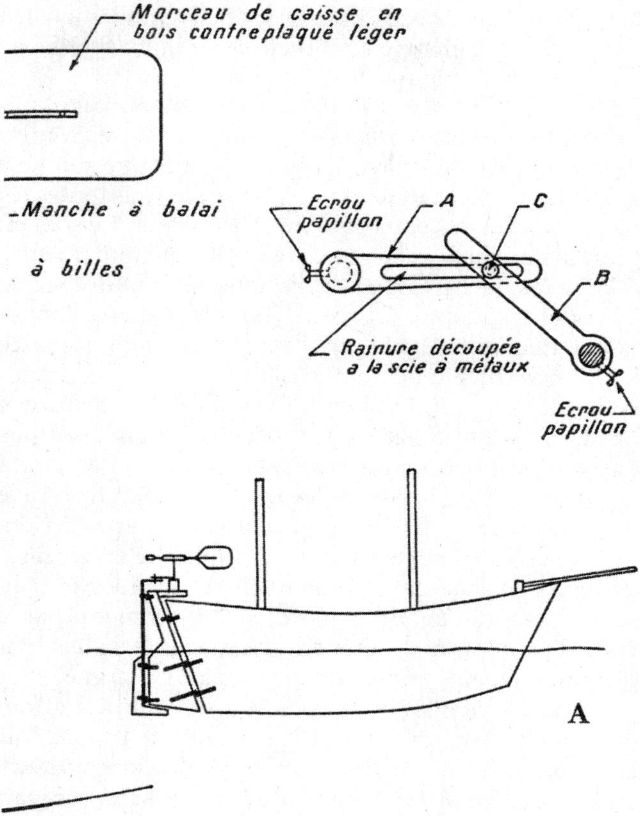


Fig. 4. *Gouvernail automatique* inspiré du principe de Marin-Marie :

A – vue générale. B – détails de montage, et matériaux utilisés pour effectuer cette installation « avec les moyens du bord »

rendement. Le bateau ira plus vite, sans personne à la barre. L'équipage, solitaire ou non, pourra lire, écouter la radio, cuisiner ou dormir sur ses deux oreilles jusqu'à ce que la brise change de direction, ce qui n'arrive pas toutes les demi-heures dans les alizés.

Mon ancienne *Marie-Thérèse*, perdue aux Chagos, faisait partie de cette catégorie de voiliers heureux, merveilleusement équilibrés sous voiles, quel que soit leur angle de gîte, et marchant barre amarrée sous toutes les allures. De tels bateaux sont rares, très rares. Ce sont en général des bateaux larges, assez plats, qui gîtent peu.

Pour *Marie-Thérèse II*, le foc supplémentaire sur le bout-dehors, depuis Durban, s'était révélé excellent et mon bateau tenait son cap très correctement, à toutes les allures, même au vent arrière avec alors la grand-voile filée en grand et la grande trinquette sur l'autre bord, maintenue par un tangon. Mais ce n'était pas encore la perfection, car, au vent de travers et au grand largue, la voile d'artimon devait être un peu trop filée pour diminuer la pression du vent sur la partie arrière du bateau, d'où perte de vitesse et marche en zigzags, au cours de laquelle la grand-voile et les focs et trinquettes, légèrement déventés à certains moments par la voile d'artimon ne donnaient que par intervalles leur plein rendement, principalement au grand largue.

L'article et le plan prêtés par M. Cholet furent minutieusement discutés le soir même à bord de *Wanda*. Car pour tout ce qui était des réalisations pratiques, Henry était le maître. Avec une rapidité incroyable, il savait assimiler un plan compliqué (pour notre bourse), le digérer entièrement, et sortir de son crâne un projet deux fois plus simple dans sa réalisation et infiniment plus économique, s'adaptant aux « moyens du bord ».

Le petit gouvernail correcteur, dessiné sur le plan, fut tout d'abord modifié : Henry voulait prolonger le safran sur l'avant de la mèche, à sa partie inférieure, ce qui

« balancerait » alors ce gouvernail et autoriserait de ce fait une girouette plus petite, moins encombrante. Cette idée devait se révéler excellente à l'usage, et nos gouvernails automatiques furent tellement bien balancés qu'un effort minime de la girouette suffisait à les actionner.

Le safran et le porte-pivot de la girouette pourraient être fabriqués avec de vieux tuyaux d'eau galvanisés. Il s'en trouvait un peu partout sur un vieux tas de débris, dans un coin de la cour du club. Les ferrures de gouvernail seraient fabriquées avec des bandes de fer non galvanisées que nous avions sous la main, qui seraient soudées à l'atelier, chacune entourant une petite longueur de tuyau d'eau galvanisé. Des boulons, s'enfonçant à force dans ces bouts de tuyaux, côté mèche, constitueraient les pièces mâles de ces ferrures.

La jonction mobile et réglable réunissant la girouette à l'axe, serait, elle aussi, fabriquée avec de petits bouts de tuyaux d'eau soudés. Les écrous papillon pour le serrage seraient remplacés par de simples écrous, avec, soudée sur la tête, une petite tige métallique permettant de les serrer et desserrer sans qu'il fût besoin d'une clé à molette.

La partie mobile, entre la barre de la girouette et celle du petit gouvernail, serait tout aussi facile à exécuter, toujours avec des bouts de tuyaux d'eau. Restait la girouette elle-même. Elle pourrait être faite d'un manche à balai fendu à la scie sur la moitié de sa longueur, et d'une plaque de contreplaqué faisant partie d'une des nombreuses caisses vides qui encombraient le club.

Il ne restait plus qu'à nous y mettre et cela ne devait pas traîner. Les ferrures de gouvernail qui devaient être placées sur l'arrière du safran de notre gouvernail principal furent mesurées sous l'eau, en plongée, faites le soir à l'atelier et vissées sous l'eau le lendemain après-midi.

Puis les intervalles séparant ces ferrures furent très soigneusement mesurés, et le lendemain je pris le train avec deux longueurs de tuyau d'eau, sur lesquels je soudai les autres ferrures à tenon. Le retour au club se fit par le dernier train, mais nos deux mèches de gouvernail étaient terminées. C'est Henry qui fabriquerait les deux safrans le lendemain, sur l'établi du club. Notre provision de planches récupérées dans l'eau du port nous fournirait le bois nécessaire (Figure 4).

Pendant ce temps, je resterai travailler le soir à l'atelier de l'usine, sur les deux pivots des axes de girouettes. Ce fut plus délicat que le reste, mais Dubois me donna un bon coup de main, et, deux jours plus tard, Henry avait son support, moi le mien. Dubois, enthousiasmé par cette idée de gouvernail automatique, m'avait procuré quatre vieux roulements à billes afin de limiter les frictions, et les supports furent soudés chacun sur une plaque percée à ses quatre coins, qui viendrait se boulonner sur la barre du gouvernail principal.

Le tout fut installé à bord un samedi matin. Le temps était magnifique, et les multiples plongeons qui s'imposaient pour placer sous l'eau les vis des ferrures, ne furent pas trop désagréables. Entre les plongeons, Joyce préparait du café brûlant !

Le lendemain, après les dernières retouches, nous partions tous faire un tour en mer sur *Wanda*. Le système fonctionnait à la perfection et nous étions rayonnants de joie, Henry surtout. Les voiles restaient gonflées, et la girouette faisait son travail, actionnant le petit gouvernail correctif à la moindre variation du cap. Grandes claques sur les épaules. Alors, mon vieux, finis les quarts à la barre ! Ça fonctionnait à toutes les allures, pour *Wanda*. Donc le système devait être applicable à n'importe quel voilier !... Merci Marin Marie et merci Pierre Cholet.

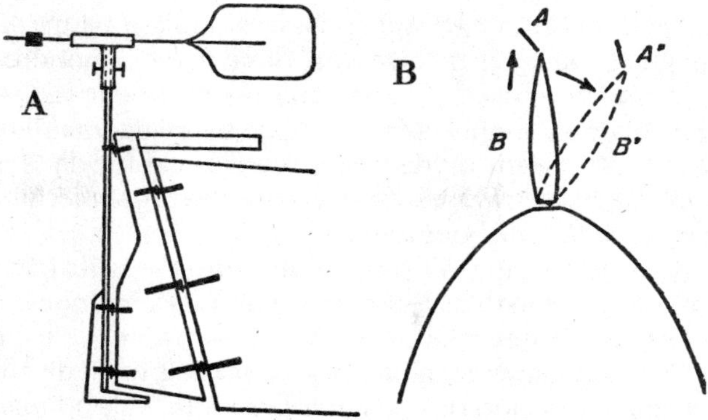


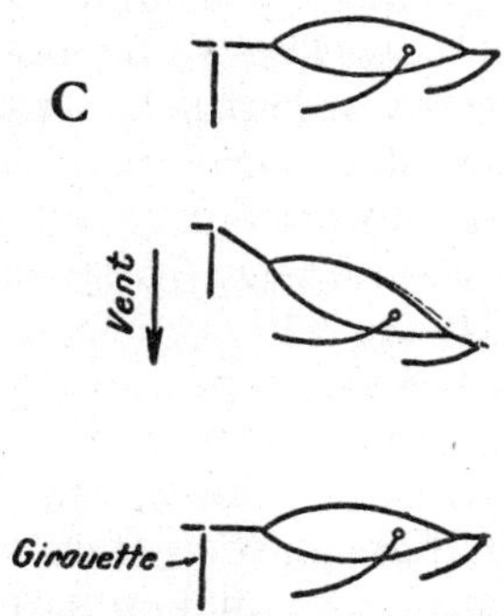


Fig. 5. – *Gouvernail automatique* d'un principe totalement différent de celui de Marin Marie. Sur celui que nous avons utilisé (fig. 4), le gouvernail principal était amarré. Ici, la barre est laissée libre. Le petit gouvernail agit en effet directement sur le gouvernail principal. Ce système, dont j'ignore l'inventeur, est d'une grande simplicité de construction, puisqu'il ne comporte pas de roulements à bille, ni de pièces articulées. Il présente toutefois un inconvénient. Si le vent varie de quelques degrés, il sera nécessaire de sortir sur le pont pour effectuer un nouveau réglage. Avec le système Marin Marie, si l'on est équipé d'une roue intérieure, il sera possible, sans quitter la cabine, d'agir sur l'amarrage de cette roue et de corriger le cap.

A : Vue générale.

B : Principe de fonctionnement : si le petit gouvernail A n'est plus dans l'axe du gouvernail principal B, la pression des filets d'eau sur A repousse le safran du gouvernail principal qui corrigera le cap.

C : De haut en bas : le bateau navigue au vent de travers ; le bateau a perdu son cap, mais le petit gouvernail a conservé sa position par rapport au vent et agit sur le gouvernail principal ; grâce à l'action du gouvernail principal, le bateau a repris son cap.

La date du départ approchait. Nous étions presque parés, à quelques détails près. Il me restait à coudre un foc neuf pour décorer mon nouveau bout-dehors. Ce fut fait en une semaine, à raison d'une heure de travail tous les soirs en rentrant de l'usine, dans la cabine de *Marie-Thérèse II*. Le week-end suivant, il se pavanait fièrement sur sa draille de bout-dehors.

Il était temps d'abandonner mon emploi et de m'occuper d'extirper au burin et au marteau mon excédent de lest intérieur : dix jours de travail et ce fut terminé. Mes pauvres mains en avaient pris un rude coup, et cela me permit de constater la solidité et la souplesse des os du métacarpe...

*Marie-Thérèse II* s'était considérablement allégée et Henry ne la plaisantait plus comme autrefois en la traitant de « cormoran ship », le bateau cormoran, parce que ces oiseaux nagent avec le dos (ou le pont, comme vous voudrez...) au ras de l'eau.

Parés ? Alors en route ! Ah non, pas si vite.

Les vivres ne sont pas encore embarqués, ni même achetés, à l'exception du riz, en petits sacs de cinq livres, que nous avons placés chacun dans un sac en matière plastique fermé hermétiquement en tordant la partie formant l'orifice et en l'amarrant avec des bandes de caoutchouc. Ils seraient ainsi complètement à l'abri de l'humidité et une injection de produit chimique « anti-charançons », administrée à chacun de ces sachets à l'aide d'une seringue les préserverait des insectes.

Tout compte fait, nous préférions ce système d'emmagasinage de notre riz, par petits sacs individuels qui s'élimineraient au fur et à mesure de notre consommation. Mis en touques fermées, ces touques, une fois vidées, deviendraient encombrantes, à moins que nous eussions prévu des réservoirs spéciaux épousant la forme de la coque. C'eût été la meilleure solution, mais on ne peut pas tout avoir sans beaucoup de temps et, dans l'ensemble, nous ne pouvions nous plaindre.

Mais le reste était encore chez le marchand. Ou plutôt, chez le fabricant, car il m'était venu une idée que le crâne obtus d'Henry commençait à partager (car il arrivait qu'Henry se montrât un peu long à comprendre).

Nous achèterions chez le fabricant, parce que cela nous coûterait moins cher, pour peu qu'il consente à nous facturer ses conserves au prix de gros. Et il y avait même mieux.

En raisonnant un peu, il était logique de penser qu'au cours de la fabrication ou des manipulations consécutives à celle-ci, de nombreuses boîtes de conserves subissaient des avaries apparentes, mais sans rien perdre de leurs qualités intrinsèques. Certains lots pouvaient, par exemple, avoir été trop cuits, sans que le produit soit pour cela devenu médicalement impropre à la consommation. Des caisses, au cours des manipulations, depuis l'usine jusqu'au magasin du grossiste, pouvaient avoir subi des accidents, endommageant les boîtes qui ne pouvaient alors être vendues aux prix habituels, etc.

Ceci bien compris, le simple bon sens portait à penser que ces produits extérieurement défectueux, mais parfaitement consommables, ne seraient pas jetés aux ordures sous un prétexte aussi futile. Diable ! Il existe dans le monde des millions de personnes sous-alimentées !...

Si nous continuons ce raisonnement, nos boîtes défectueuses aboutissent certainement à des restaurants bon marché, à des prix défiant toute concurrence : « Qu'en penses-tu, Henry ? Si les restaurants s'offrent des boîtes de conserves à des prix avantageux, pourquoi pas nous ? »

Henry est sceptique. Moi pas. Il ne s'agit que de quelques lettres à écrire. En route pour O.K. Bazar.

O.K. Bazar est le magasin où tout Capetown va acheter ce dont il a besoin. On y trouve de tout. Dans le rayon alimentaire, chacun se sert, dépose ses achats dans un panier à roulettes et paye en sortant.

Mais, cette fois-ci, ce n'est pas en clients que nous y arrivons, carnet et crayon à la main. Je lis, sur les étiquettes, les noms et adresses des fabricants. Henry note sous ma dictée. Une matinée entière est consacrée à ce petit jeu, et 72 adresses de fabricants différents sont couchées sur le papier. Toutes les usines de produits alimentaires d'Afrique du Sud y sont passées.

De retour à nos bords respectifs, nous préparons séparément une lettre individuelle qui pourrait être ainsi résumée :

Cher Monsieur,

C'est un navigateur solitaire qui vous écrit, en espérant s'approvisionner à meilleur compte à votre usine que chez l'épicier du coin. Voici pourquoi :

Je présume que des accidents, rares, certes, mais non exceptionnels, causent à vos boîtes de conserves des avaries extérieures qui en diminuent la valeur marchande, sans rien enlever à la qualité du produit lui-même.

Ces boîtes, qui seraient déplacées sur un étalage, sont, je le présume, achetées à bas prix par des hôtels et des restaurants.

Auriez-vous la gentillesse de me faire bénéficier des conditions que vous accordez à ces établissements ? Cela me permettrait de mieux m'équiper.

Soixante-douze lettres furent dactylographiées par Mary et par Joyce, la moitié du lot fut signée par Henry, l'autre par moi, et le tout fut posté... C'était du travail en série !

Une dizaine de réponses gentilles nous arrivèrent bientôt :

Non, nous ne possédons pas de boîtes abîmées en stock. Elles ont toutes été liquidées récemment. Mais pour vous être agréables, nous sommes prêts à vous fournir nos conserves au prix usine.

Ça, c'est gentil : quarante pour cent meilleur marché que les prix de détail.

Puis, un peu plus tard, d'autres petits papiers arrivèrent à notre adresse. C'étaient des avis de la gare, nous informant qu'un colis y attendait notre bon vouloir... Et nous nous y rendîmes souvent, une dizaine de fois pour le moins, afin de retirer de la consigne de précieux colis, venus des quatre coins de l'Afrique du Sud, avec des compliments et les meilleurs vœux de réussite de braves directeurs d'usines.

D'autres fois, une camionnette de livraison déposait directement dans le hall du club quelques caisses de vivres avec, toujours, un petit mot d'encouragement : bonne chance pour votre prochaine traversée, meilleurs vœux !...

Bonne chance à vous aussi, braves hommes qui nous avez tant aidés en nous permettant de quitter Capetown bien équipés et avec un peu d'argent de poche pour faire le jeune homme aux Antilles. Que le vent vous soit à tous favorable, et la mer clémente !

Mes soirées se passaient maintenant à écrire les lettres de remerciements, dans lesquelles j'insérais quantités de timbres pour les enfants de ces âmes généreuses. Et peut-être la joie de ces gosses a-t-elle pu faire comprendre mieux aux parents la joie et la reconnaissance de ces deux marins solitaires qu'ils avaient si bien aidés.

Avec notre énorme provision de riz, les conserves reçues gratuitement ou achetées à bon compte, nous étions parés pour plus d'un an. Pour deux ans même, en ce qui concernait le porridge que nous avions reçu à titre d'encouragement de la fabrique Tiger Oats.

On a beaucoup médit de l'humanité. En réalité elle est bien meilleure qu'on ne le pense communément. Et pourtant... Je devais bientôt pécher afin de ne pas trop ressembler à un ange du paradis égaré dans le port de Capetown... L'homme, hélas, restera toujours un homme !

Ce péché eut lieu à propos d'une histoire de biscuits de chiens. Il s'agit d'un produit extrêmement bon marché, que les chiens semblent adorer, et que nous trouvions, ma foi, parfaitement comestible, Henry et moi.

Henry en consommait régulièrement au petit déjeuner. Moi pas. Cependant, à force de m'entendre traiter de bourgeois délicat et gâté, je finis par convenir qu'il était peut-être temps de réviser mon opinion sur les biscuits de chiens qui n'avaient pas tué Henry. Et si Henry avait tenu le coup depuis Durban sans en mourir, je pourrais en faire autant.

Je prends donc ma plus belle plume et écris la lettre qui suit au Directeur de l'honorable fabrique de ces biscuits méconnus, lettre parfaitement mensongère, évidemment (que celui qui n'a jamais péché me jette la première pierre) :

Cher Monsieur,

Cette lettre vous surprendra probablement. Voici ce qui l'a motivée :

Je suis un navigateur solitaire français, récemment arrivé à Capetown, d'où je compte partir dans deux semaines pour les Antilles.

Au cours de mon escale à Durban, je suis allé acheter des biscuits dans une boutique. La serveuse a dû comprendre qu'il s'agissait de nourrir mon chien et m'a remis un gros paquet de biscuits de votre marque. Le prix en était de beaucoup inférieur à ce que j'attendais et je quittai Durban deux jours plus tard pour la traversée suivante qui devait m'amener à Capetown.

Ce n'est qu'au cours de cette traversée que je compris ma méprise. N'aimant pas le gaspillage, et n'ayant pas les moyens de le pratiquer, je goûtai un de vos biscuits et le trouvai... délicieux.

Je dois même vous dire que les jaunes me semblent d'un goût plus flatteur que les rouges, et de digestion plus facile.

Étant donné que ces biscuits me conviennent parfaitement, et qu'ils ont en outre la qualité de ne pas coûter trop cher, voudriez-vous m'aider en m'en cédant une vingtaine de kilos au prix d'usine ?...

Votre aide, en la circonstance, me permettrait de partir mieux équipé en cordages de rechange, et je vous en serais reconnaissant.

Bien à vous.

Ô Satan, pourquoi ai-je écouté ta voix chantante lorsque tu me murmurais à l'oreille : « Vas-y, mon vieux, ne te dégonfle pas ! Quand le grand patron trouvera cette lettre sur son bureau, il se tordra de rire et t'enverra immédiatement quarante kilos de sa camelote. Songe donc, tu pourras t'en empiffrer pendant des mois avec Henry, et ne me dis pas que tu en ressentiras le moindre remords ! »

Joyce, qui avait dactylographié l'honorable lettre, n'avait pu s'empêcher de la faire circuler dans son bureau. On en avait ri aux larmes, chef de service compris. « Sacré Frenchman, d'ici que le fabricant lui offre en plus sa fille en mariage, il n'y a pas loin... »

La réponse arriva deux jours plus tard : c'était net et sec comme un coup de trique !

Monsieur,

En réponse à votre lettre, je dois préciser que les biscuits fabriqués pour les chiens par notre usine, ne sont pas destinés à la consommation humaine, mais strictement à celle des chiens.

En conséquence, je décline toute responsabilité au cas où lesdits biscuits seraient employés pour autre chose que cette indication précise.

Vlan ! Un point c'est tout. Je ne l'avais pas volé !

Ainsi, le grand patron ne s'était pas amusé en lisant ma lettre. Maintenant, c'était Rex qui se tordait de rire sur le plancher de la cabine de *Marie-Thérèse II*. Moi je riais, un peu jaune il est vrai, Henry aussi, qui était dans le coup. Quant à Joyce, elle était outrée :

— Il aurait tout de même pu te souhaiter bonne chance et bon vent pour la prochaine traversée, ça ne lui aurait pas brûlé la bouche !

Enfin, tant pis, nous mangerions autre chose que des biscuits de chiens... En attendant, j'avais attrapé une bonne tape sur mon vilain nez, et cela m'apprendrait à ne pas abuser de la bonne volonté de cette humanité dont on a trop médit !

Nos provisions étaient embarquées et nous étions maintenant prêts à partir. En réalité, un bateau n'est jamais tout à fait prêt à lever l'ancre, bien qu'en fait il puisse presque toujours partir si cela lui fait plaisir.

Encore quelques visites aux baleiniers dont les noms n'avaient pas été précédés de la petite croix qui voulait dire « visité ». Encore quelques longueurs de ce merveilleux nylon gros comme le poignet. De ce côté, nous étions parés pour dix ans ! Au fur et à mesure de l'usure, il n'y aurait qu'à détoroner un de ces gros cordages pour le transformer en drisses et en écoutes.

La prochaine fois, c'est à l'ombre des cocotiers que nous fabriquerons nos cordages en nylon. Pas vrai Henry ?... Quelque part dans la mer des Antilles ou dans le Pacifique !

Il ne reste plus qu'à remplir nos réservoirs à eau. Henry qui a un moteur emmène *Wanda* contre la jetée du club. Quant à moi, toutes ces opérations de port ne m'enchantent pas et je résous la question de l'eau potable à ma façon.

Un copain me prête son annexe en polyester, et je m'en vais la nettoyer à fond, à la brosse et au savon en poudre. Rinçage et nouveau rinçage au jet.

Puis je remets le canot à la mer, et y laisse couler l'eau douce à l'aide d'un tuyau branché sur le robinet de la jetée. Lorsque ce réservoir flottant est plein, je le remorque avec mon youyou, l'amarre par les deux extrémités à couple de *Marie-Thérèse II* et remplis à l'aide d'un seau, un bidon de vingt litres placé sur le dessus de la cabine.

Siphonnage avec un tuyau en matière plastique et l'eau douce va remplir un à un tous mes réservoirs, tandis que je maintiens le niveau de l'eau constant à l'intérieur du bidon d'alimentation pour ne pas laisser le siphon se désamorcer.

Les membres du club sont un peu suffoqués par cette innovation un tantinet révolutionnaire, mais ils doivent bientôt admettre que c'est loin d'être idiot. Il existe bien des bateaux citernes qui viennent alimenter les navires en eau douce, dans les ports où il n'est pas possible de se mettre à quai. C'est pratique courante à Singapour et à Ceylan. Alors, pourquoi pas de « dinghy citerne », pour les yachts, afin d'éviter toutes ces manœuvres assommantes ?

Et dans une baie calme, je préférerais remplir d'eau douce un dinghy préalablement nettoyé que de trimbaler des bidons encombrants dans ledit dinghy. Avec ce système, mes tanks sont pleins d'un seul coup, en un voyage. Il en eût fallu huit pour obtenir ce résultat avec mes deux bidons de vingt litres.

Henry hoche la tête… « Bloody Frenchman ! »

— Mais puisque je te dis que j'ai nettoyé ce dinghy correctement ! Tu m'as bien vu, n'est-ce pas ? Alors, qu'as-tu à râler ?

— Nettoyé ? Nettoyé ? avec tous les cormorans qui voltigent au-dessus du club, ce n'est pas en dix minutes que tu aurais pu nettoyer proprement ce dinghy !

— Ça va, ça va. Toi tu bouffes bien des biscuits de chiens, alors ne rouspète pas.

Tout est paré, archiparé. Il est temps de hisser une fois encore nos voiles pour de nouveaux horizons. L'appareillage de *Wanda* a lieu le lendemain. Celui de *Marie-Thérèse II* un jour plus tard. Destination ? Ligne d'horizon d'abord. Ensuite, si l'on veut des précisions, ce sera les Antilles, à cinq mille cinq cents milles, de l'autre côté de la mare aux harengs. Rendez-vous à Trinidad, la plus grande île de la partie Sud des Antilles. Escales ? Non, pas d'escales ; route directe !

Vraiment ? Pas d'escales ? Pourquoi vouloir faire cette longue traversée d'une seule traite ? Je n'en sais rien. Peut-être pour me retrouver plus uni à mon bateau que je ne l'ai jamais été au cours de ces deux longues escales en Afrique du Sud. Pour d'autres raisons aussi, peut-être... Mais c'est ainsi ; j'aimerais laisser tomber mon ancre à Trinidad, dans ces Antilles ensoleillées, et l'y laisser tomber pour la première fois depuis Capetown. Pour avoir le temps de me laver, peut-être...

Et pourtant... « Monsieur Bernard ! téléphone pour vous ! » C'est Henry le barman qui m'appelle de la jetée du club. Je vais voir. « Ça, par exemple ! Mais de quel diable de coin me téléphones-tu, Henry ?... » La voix d'Henry est nette, claire, toute proche au bout du fil...

— Je suis à Robben Island. J'étais presque encalminé devant l'île à dix heures et je suis entré dans ce petit port. Dépêche-toi, mon vieux Bernard, on pourrait y attendre ensemble que le vent du Sud-Est se lève et alors, nous partirions de cette île. (Henry est parti ce matin, à l'aube, et l'île Robben se trouve juste à la sortie de Capetown, à sept milles au large du port.)

— D'accord, Henry, mais je ne peux pas quitter Capetown avant demain matin. Cette dernière soirée sera pour Joyce. Je lève l'ancre demain, sans faute.

— O.K., répond la voix d'Henry à l'autre bout du fil. Mais si le vent se lève d'ici là, moi je file. Et puis, dis donc, pas d'histoire de traversée directe. Tu n'as pas idée de la paix qui règne sur cette petite île Robben. Ce doit être la même chose à Sainte-Hélène et ce serait trop idiot de passer devant sans s'y arrêter. Le premier arrivé à Sainte-Hélène attend l'autre ! O.K. ?

— D'accord pour Sainte-Hélène, après tout. Et j'espère que tu seras encore à Robben Island quand j'y arriverai demain matin !

Bye bye ! Joyce ; bye bye ! Mary ; good bye, chers amis de Capetown et d'Afrique du Sud. Il est l'heure d'étendre mes voiles blanches à la petite brise du Sud-Est qui me dit que le temps est venu de partir une fois encore vers cette ligne d'horizon que mon bateau n'atteindra jamais. Mais derrière cet horizon se trouvent d'autres terres, d'autres amis que je voudrais aussi connaître un peu avant d'avoir à les quitter. Destinée du marin, toujours insatisfait, qui croit que ce qu'il cherche se trouve toujours plus loin, sur l'autre rive...

Pourtant, cette fois-ci, ce n'est pas le cœur léger que j'ai senti mon ancre se décrocher du fond de ce port où le souvenir de tant d'amis voulait me garder. Il y avait Joyce, surtout, Joyce qui n'attendait qu'un mot pour déposer son sac à bord et partir, elle aussi, vers ces rivages nouveaux.

Mais ce mot, je n'ai pas osé le prononcer. J'ai eu peur. Plus tard, peut-être, pas maintenant. Je réfléchirai, seul en mer, dans la paix et la sécurité de ces grandes forces de la nature, le soleil, le vent et la mer. Peut-être alors, la réponse à cette question viendra-t-elle d'elle-même, comme une évidence. Ou bien, ces divinités resteront-elles muettes, mon bateau aussi, et il faudra alors y répondre moi-même, au risque de rompre un équilibre mystérieux.

Bye bye, South Africa, and God bless you !...

# 7

# Capetown – Sainte-Hélène : 1 740 milles

Départ le 21 novembre 1957 au petit jour. Les bateaux dorment dans le bassin des yachts et la brise de Sud-Est ne se lèvera qu'à partir de huit ou neuf heures, comme d'habitude à cette période de l'année, lorsque le temps est beau.

C'est à la godille que je quitterai ce gentil refuge qui m'a abrité si longtemps. Rex King est venu me donner un coup de remorque avec son youyou. Je godille à l'arrière de *Marie-Thérèse II*, armé du précieux aviron courbe inspiré de ceux que j'ai utilisés en Asie, tandis que Rex me remorque par l'avant.

Joyce est venue me souhaiter bon vent, mer calme et traversée paisible. Sa silhouette se dessinera longtemps sur la jetée, déserte à cette heure matinale. Puis elle ira prendre son travail au bureau, comme elle le fait chaque matin. Bye bye, Joyce ! Et que les divinités de la mer veillent sur toi, en attendant qu'elles aient répondu à ma question...

Rex a largué l'amarre qui le retenait à l'étrave de *Marie-Thérèse II*. La brise s'est levée tout doux, tout doux et mon bateau trace un sillage léger, à peine visible, vers la sortie du port. Mais la brise de Sud-Est restera faible et je pénètre quelques heures plus tard dans le petit port de l'île Robben. *Wanda* n'y est plus. Henry l'a quitté dans la nuit, profitant du vent favorable qui soufflait alors. Et il doit probablement se balancer sur la houle en jurant, car il a horreur du roulis. Tant pis, on se verra à Sainte-Hélène, si les divinités qui se plaisent parfois à jouer avec nos destins, le permettent.

Pour ma part, j'attendrai la brise de Sud-Est à l'intérieur de ce port minuscule et tranquille. J'ai envie de rester un jour à l'ancre, de tout mettre en ordre sans avoir à me soucier du cap et des menues occupations des premiers jours de mer. Et puis, c'est si calme, si tranquille ici ! Cela me permettra de mettre un peu d'ordre dans mes idées et à l'intérieur de la cabine. Les trinquettes jumelles sont soigneusement ferlées sur leurs tangons respectifs, et pourront être envoyées en une minute. Et en attendant, elles peuvent rester ferlées sur les tangons sans gêner les voiles de route habituelles.

La cuisine sera bonne ce soir. Riz, curry de corned beef, lentilles. Il en restera pour deux jours...

Le Suet s'est levé pendant la nuit pour mollir aux petites heures du matin.

Vent ou non, il est temps de partir. De toutes façons, il en est resté suffisamment. En route, et route vers le large, sans attendre un de ces violents coups de Nord-Ouest qui font souvent rage sur cette partie de la côte. Il y a aussi les courants, pas toujours réguliers, et les vents parfois changeants. Henry Pidgeon a connu ça : deux jours après avoir quitté Capetown, il se retrouvait sur une plage, à une centaine de milles plus au nord, et c'est miracle qu'il ait pu sauver son bateau, échoué pendant près d'une semaine sur cette côte mal famée.

Le vent, très léger, avait changé pendant la nuit, conduisant *Islander* barre amarrée sur la seule petite plage de sable qui existât dans ces parages, tandis que Pidgeon dormait dans sa couchette. Mais Éole fut très gentil, en voulant bien fermer sa grande g... pendant une semaine. Cela ne lui arrive pas souvent, aux abords du Cap !...

Du large, donc ! car le Père Éole ne prend pas souvent les choses du bon côté, dans ces parages. Il soufflera du reste gentiment, les premiers jours, sans trop agiter la mer ni mon estomac déshabitué de la vie du large.

Durant le premier jour de mer, les divinités me gâtent : pingouins, cormorans et fous me font une escorte royale. C'est incroyable à quel point la mer peut grouiller de vie, en été, autour du Cap. Bancs de sardines, bancs de maquereaux, oiseaux de mer nagent et plongent à la recherche de leur pitance.

Les fous m'amusent et m'intéressent plus que tous les autres. Volant haut, ils plongent sur les bancs de sardines en poussant de véritables cris de joie, ailes repliées contre le corps, ressemblant à une volée de fusées anti-chars lancées par un avion. Par moments, c'est un véritable bombardement de ces oiseaux splendides, blancs et noirs, tombant du ciel par bandes vociférantes de quarante à cinquante individus affamés.

Les cormorans sont plus calmes. Du reste, ils me paraissent muets, car je n'ai jamais entendu un cormoran proférer le moindre son. Les pingouins, par contre, sont plus intéressants, bien qu'ils ne fassent pas de sauts périlleux ni de bombardements spectaculaires. Ils nagent par bandes compactes, la plupart du temps sous l'eau, ne sortant la tête, presque tous ensemble, que pour prononcer une sorte de « On » timide, en me regardant de leur gros œil rond. C'est à se tordre.

Beaucoup de phoques, aussi. Ils se laissent vivre, le ventre au soleil, palmes repliées sur la poitrine, les narines perçant tout juste la surface. On dirait de gros bébés dormant paisiblement. Ils se laissent approcher jusqu'à quelques mètres, puis, sortant de leur torpeur, lèvent la tête et plongent, affolés, dans un bref bouillonnement d'écume. « Ne vous inquiétez donc pas comme ça, le bateau est plein de conserves. De toute façon, je ne vois pas très bien par quel bout il faudrait vous prendre pour déposer vos 150 ou 200 kilos de viande sur le pont de *Marie-Thérèse II !* »

Et puis, aujourd'hui, je suis heureux, repu, émerveillé. Je vis intensément et je laisse vivre les autres. Même ces cormorans stupides qui font du rase-mottes au-dessus du pont et trouvent le moment opportun pour y lâcher quelque chose de blanc ! Ils savent viser, ceux-là... aussi bien que moi avec mon lance-pierre !

Au coucher du soleil, mes compagnons aquatiques rentrent chez eux, à Dossen Island, l'île aux phoques je suppose, tandis que *Marie-Thérès II* poursuit seule sa course vers le large à trois nœuds toutes voiles dehors, le gouvernail automatique de Marin Marie faisant merveille. Car pour une merveille, c'en est une ! Quelques secondes suffisent à le régler pour le cap désiré : il n'y a qu'un écrou papillon à desserrer pour orienter la girouette. Puis on le resserre : la manœuvre est terminée.

Qu'il est doux de se laisser vivre paisiblement, de pouvoir lire, écrire, cuisiner, écouter la musique, ou, tout simplement, rêver sous les étoiles en regardant s'allonger derrière son bateau le sillage phosphorescent dessiné par ce petit gouvernail miraculeux qui travaille sans broncher ni bouder, vingt-quatre heures par jour, qu'il fasse beau ou mauvais, que le vent vienne de l'avant, du travers ou de l'arrière !

Navigation au grand largue pendant deux jours, vent de Sud-Ouest, force 2 à 3. Temps splendide, mer calme, sillage de 3 à 4 nœuds. Mais plus un poisson ni un oiseau, à part de grands albatros, aux ailes en lame de sabre, et ces éternels pétrels, minuscules oiseaux de mer ressemblant à des hirondelles, qu'on trouve dans presque toutes les mers, chaudes ou froides.

La routine du bord a repris : porridge et café au lait pour le petit déjeuner, point vers le milieu de la journée, par une hauteur méridienne à midi pour la latitude, et deux hauteurs égales un peu avant et un peu après midi pour la longitude.

Ce dernier calcul de longitude est un peu assommant ; il n'est possible que si le soleil reste visible pendant près d'une heure dans le milieu de la journée. On est retenu longtemps sur le pont, alors que l'on préférerait déjeuner tranquillement dans la cabine.

Je me servais à ce moment du manuel de S. de Neufville intitulé *La Navigation sans logarithmes*, qui présente un avantage sur les éphémérides nautiques et les tables de navigation habituellement utilisées sur les navires de guerre et de commerce : tout y est, pour une période de dix ans, éphémérides et tables, de sorte qu'il n'est pas besoin d'acheter tous les ans de nouvelles éphémérides qui coûtent cher et que l'on risque de recevoir avec retard, si l'on se trouve dans un coin perdu.

D'autre part, ce manuel de S. de Neufville n'est pas encombrant ! Mais il présente un petit défaut... je ne parvenais pas à comprendre comment l'auteur se débrouillait pour calculer une droite avec l'aide des abaques dont il vantait tant la simplicité.

Bardiaux à qui j'avais montré ce bouquin, à Durban, s'était écrié :

— Ah ! tu l'as à bord ? Moi aussi ! Si tu le veux, je t'en fais cadeau. Tu es arrivé à piger ce système d'abaques ?

— Non, pas encore. En attendant que ça vienne, je me contente du calcul de longitude par deux hauteurs égales, l'une avant midi, l'autre après. C'est extrêmement simple et bien expliqué. Et puis, inutile d'acheter de nouvelles éphémérides chaque année.

— Et si le soleil est allé se coucher après ta première hauteur et si tu ne le trouves plus à l'heure du rendez-vous ?

— Eh bien, dans ce cas, c'est manqué ; mais ça n'arrive pas souvent car je prends quatre ou cinq hauteurs avant midi (en notant l'heure du chronomètre pour chacune), et j'attends le soleil à sa descente pour chacune de ces hauteurs. C'est bien le diable si je n'en attrape pas une ou deux sur les cinq, lorsque le ciel est couvert.

Bardiaux hoche la tête :

— Par temps maniable, tu t'en sors, mais par mauvais temps, ce ne doit pas être amusant de passer une heure sur ton pont à jouer à « m'as-tu vu » avec le soleil pendant que ton bateau essaye de te jeter à la patouille !... La méthode dont je me sers est d'une simplicité enfantine. Tu n'as pas entendu parler des tables de Dieumegard ? Essaie de te les faire expédier. Elles tiennent deux fois moins de place que le bouquin de Neufville et tu comprendras du premier coup comment on peut tracer une droite de hauteur sans même s'en apercevoir, tellement c'est facile !... Un seul ennui : il te faudra de nouvelles éphémérides nautiques chaque année.

Dans ce cas, pas question de changer de méthode. Le système de Neufville, qui permet de conserver pendant dix ans le même manuel, me paraît plus compatible avec les problèmes d'un vagabond des mers tropicales. Pour ce qui était des mystérieuses abaques, je finirais un jour ou l'autre par trouver un officier de marine français qui aurait la gentillesse de m'en expliquer le maniement, à moins que mon crâne plein d'os ne finisse par piger tout seul ! En attendant, c'était pour moi de l'hébreu.

Par la suite, le mystère de ces abaques fut gentiment élucidé, à Sainte-Hélène, où des officiers du *Lagrandière* s'occupèrent sérieusement à me l'éclaircir. Ils en profitèrent pour m'apprendre le maniement des tables si simples de Dieumegard. Bardiaux avait raison. En fait de simplicité, il est difficile de trouver mieux... en dehors des abaques de Neufville qui vous donnent d'un seul coup la droite de hauteur et l'azimut sans qu'il soit nécessaire de faire un second calcul pour obtenir ce dernier.

Au lecteur qui possède un bateau et que cette méthode de Neufville intéresse, je ne peux donner qu'un petit conseil : procurez-vous cet opuscule, et je puis vous garantir que les problèmes de latitude ne présenteront pas la moindre difficulté. Le calcul de la longitude par la méthode des hauteurs égales avant et après midi n'en présente aucune, lui non plus. En vingt minutes vous aurez compris et serez capable de refaire ce calcul simple sans vous torturer les méninges.

Mais lorsque vous vous attaquerez au calcul d'une droite de hauteur avec l'aide des abaques, de deux choses l'une.

Ou bien vous vous demanderez comment j'ai pu trouver la chose difficile, et dans ce cas, bravos et félicitations.

Ou bien vous vous demanderez comment M. de Neufville peut trouver cela facile. Le mieux, dans ce cas, c'est de partir avec les tables sous le bras, d'aller voir un officier de marine et de lui demander gentiment s'il voudrait bien vous expliquer ce casse-tête chinois...

Les officiers de marine étant, dans l'ensemble, de chic types, celui-ci sera sûrement content de vous dépanner : « Mais oui, bien sûr, montrez-moi ça. » L'affaire de quelques minutes, pensera ce brave garçon, à part lui.

Vous pourrez alors vous repaître à l'aise du spectacle donné par un jongleur de logarithmes transpirant sur un problème tellement facile qu'il ira en chercher la solution beaucoup plus loin. Il décrétera, après une demi-heure, qu'il doit exister une erreur quelque part dans ces fichues tables. Car il se sera probablement embrouillé dans les termes « Angle au pôle » et « Colatitude » qu'il a appris d'une autre manière. Il voudra peut-être vous ajouter ou retrancher 180° ou 12 heures quelque part.

Et il est fort possible qu'après une heure, vous quittiez ce charmant garçon, muni de plusieurs feuilles où il aura gribouillé des calculs, à sa manière, à peu près incompréhensibles pour le *vulgum pecus* dont nous faisons partie. C'est aussi avec une bonne migraine que vous descendrez la passerelle du navire sauveteur.

Je ne plaisante pas ; la chose m'est arrivée à deux reprises, la première fois à Durban, l'autre à Capetown. Et Dieu sait que ce n'est pas la bonne volonté qui faisait défaut à mes deux professeurs de rencontre, ni à moi-même ! Mais, après tout, peut-être suis-je un peu obtus sur les bords…

*Marie-Thérèse II* s'est maintenant suffisamment éloignée de la côte. Le vent, assez faible depuis le départ, passe au Sud-Sud-Est et souffle plus fort. Changement d'amures de la grande voile et de l'artimon tandis que la trinquette bâbord est envoyée. L'autre est amenée, ferlée sur son tangon, et *Marie-Thérèse II* fonce à cinq nœuds de moyenne, couvrant 240 milles en 48 heures, sans rouler ni tanguer, se débrouillant seule, de jour comme de nuit. Le ciel est d'une clarté étonnante, toutes les étoiles visibles, jusqu'à très bas sur l'horizon ; la mer est phosphorescente. Pas un nuage. Une vraie navigation de rêve, sans ennuis, sans quarts à la barre. Ah ! Si ça pouvait être toujours comme ça !

En attendant, rien à faire, sinon ce qui me plaît : lire, écouter la musique, surtout le soir quand la réception est la meilleure sur ondes courtes, cuisiner (j'aime moins ce passe-temps).

À mon grand étonnement, je me surprends à nettoyer mes haubans à la brosse métallique, puis à les graisser soigneusement et à les enrubanner avec des bandes de toile jusqu'à deux mètres au-dessus du pont pour les préserver des embruns. Décidément, le moral est bon !

Ce soir, la radio du Cap annonce une violente tempête au large de Bonne-Espérance. J'en suis loin, maintenant, et la brise se contentera de mollir un peu pendant la nuit pour reprendre, fraîche, le lendemain. Mais le ciel commence à se couvrir de nuages hauts, cirrus et alto cumulus.

Harry Pidgeon (je suis en train de lire le récit de sa traversée) s'était étonné du ciel perpétuellement couvert, entre Capetown et Sainte-Hélène, au point qu'il avait choisi un atterrissage en latitude, plus sûr, mais qui l'avait obligé à perdre une journée ou deux pour aller se placer bien à l'Est de Sainte-Hélène avant de changer de cap et de faire de l'Ouest, directement sur cette île.

Les services météorologiques de Capetown m'avaient, eux aussi, parlé du temps couvert qui règne sur cette partie de l'Atlantique, d'une manière presque permanente, avec cependant des vents presque toujours maniables et réguliers. Une vraie navigation pour jeunes filles, m'avait-on dit, mais le soleil, vous risquez de ne pas le voir très souvent.

Avec la méthode de calculs de longitude par deux hauteurs égales avant et après le passage du soleil à la méridienne, cela risquait de rendre mes points assez difficiles à calculer sans trop d'erreurs. Pour le moment, cela passait encore, en prenant 4 ou 5 hauteurs avant midi et le même nombre après. Ma brave montre plate Oméga ne variait pas, et du reste, les tops de la B. B. C., très distincts, m'auraient permis de naviguer au réveille-matin !...

Du fait de ce manque de soleil, la mer est devenue grise, comme morte. Quand retrouverai-je mes petits poissons pilotes, infatigables voyageurs des mers tropicales ? Ici, entre Capetown et Sainte-Hélène, rien, pas un chat en mer, et encore moins de poissons.

Seuls, quelques albatros au gros corps lourd soutenu par leurs longues ailes étroites, volent au ras de la mer, disparaissant de ma vue dans les creux, pour reparaître ailleurs, là où on ne s'attendait pas à les voir.

Ces oiseaux des mers froides me semblent déplacés dans ce secteur déjà tropical d'après sa position géographique, mais encore un peu froid et pas ensoleillé du tout.

Les pétrels sont là, comme toujours sur les océans, familiers sans excès, mais gentils et gracieux, volant très près du bateau en rasant la crête des vagues d'où ils tirent je ne sais quelle nourriture. Car je ne les vois jamais y plonger leur bec. En revanche, ils y trempent une patte de temps à autre et semblent alors s'aider de leur minuscule palme pour donner une petite poussée, avant un virage à angle droit.

Où dorment mes amis les pétrels ? Sûrement pas à Sainte-Hélène ni sur la côte d'Afrique, puisque je les distingue encore dans le crépuscule, zigzaguant inlassablement au ras de la mer.

Dormiraient-ils sur *Marie-Thérèse II ?* Hélas non. Cela m'aurait tant fait de plaisir, de pouvoir les y inviter et de les apprivoiser complètement. Pourquoi pas ? À bord de *Marie-Thérèse,* dans l'océan Indien, j'étais bien devenu l'ami d'un margouilla, ce minuscule lézard des pays chauds à qui ses pattes, munies de ventouses, permettent de marcher sur les murs lisses et les plafonds. Cet animal (un peu idiot entre nous) devait souffrir d'amnésie : il allait se noyer régulièrement dans la boîte de lait condensé que je laissais ouverte afin qu'il puisse se servir comme un grand, ce qui m'obligeait à le repêcher, à le laver à l'eau douce pour dissoudre le sucre, puis à le sécher soigneusement avec du coton (pas avec le chiffon dégoûtant de la cuisine !).

Le plus curieux, c'est qu'il faisait bon ménage avec un grillon fantôme, doué d'une jolie voix, mais que je n'ai jamais pu trouver pour lui offrir du lait condensé. Et craignant de le voir un jour mourir de faim, je laissais toujours quelques grains de riz dans un couvercle de boîte à cigarettes. J'ignore si mon grillon prospérait, mais les cancrelats et les grosses blattes ailées prenaient du poids... Bonnes cibles pour ma sarbacane. La chasse était ouverte en permanence à bord de *Marie-Thérèse II* au cours de sa longue traversée dans l'océan Indien. Et des gens s'imaginent qu'il n'y a pas de distractions pour un solitaire !... Songez donc : chasse à la sarbacane dans la jungle des casseroles et de la vaisselle, réanimation et bain de bébé lézard sur lequel il faut souffler pour le réchauffer, comptabilité de mes petits poissons pilotes pour m'assurer chaque matin qu'aucun d'eux ne s'était perdu pendant la nuit dans le ventre d'un requin braconnier.

Il y en avait quatre devant le bateau, protégés par la vague d'étrave des incursions des dorades voraces. Jamais ils ne quittaient cette vague d'étrave, sauf, par instants, pour se lancer voracement sur de minuscules poissons volants, pas plus gros qu'une allumette, et qui n'avaient pas encore appris à voler. Ils se jetaient en l'air, à cinquante ou soixante centimètres devant l'étrave, retombaient sur le dos quelquefois et ressautaient désespérément. Comme des flèches mes pilotes leur tombaient dessus et zip ! ils étaient déjà retournés dans la vague d'étrave, parés pour la prochaine attaque éclair.

Les dorades, elles aussi, étaient au nombre de mes amis. Pour deux raisons : d'abord parce que ces poissons sont peut-être les plus beaux qu'on puisse espérer voir du pont d'un bateau, avec leur long corps aux reflets bleu-vert et or unissant puissance, souplesse, rapidité d'attaque, et beauté de coloris.

L'autre raison, c'est que la dorade se mange aussi bien en friture qu'au curry ! Et puis, il y a de quoi se nourrir pendant plusieurs jours avec un seul de ces poissons : un mètre de long en moyenne.

Mais ces beaux poissons éprouvaient à mon égard une amitié mitigée : incontestablement mon bateau les intéressait. Moi, beaucoup moins depuis que deux d'entre elles avaient appris à connaître le harpon du bord. Avec leurs petites cicatrices blanches sur le côté, elles nageaient toujours à distance respectueuse du bord. Les autres étaient, elles aussi, devenues méfiantes, sauf parfois juste avant le coucher du soleil ou à l'aube, instants pendant lesquels elles venaient quelquefois tout près du bord.

Puis, plus de dorades pendant quelques jours... M'avaient-elles déserté à jamais ? Non, et c'est là un mystère. Comment pouvaient-elles retrouver *Marie-Thérèse II* après plusieurs jours d'absence ? Car c'étaient bien les mêmes que je revoyais, reconnaissables à leurs cicatrices !

Mais ici, dans cette partie de l'océan Atlantique, la mer est vide complètement. De plus, elle semble morte avec sa couleur grise qu'elle conservera jusqu'à Sainte-Hélène pendant les dix-huit jours que durera cette traversée. Et je retournerai à mes vieux amis qui, eux, sont dans la cabine : tous ces objets familiers, venus l'un après l'autre décorer ce monde en miniature dans lequel je vis depuis quelques années : mes livres soigneusement rangés par ordre de préférence sur leurs rayons faits sur mesure, avec beaucoup d'amour, puis décorés suivant mon humeur ; les rideaux bleus ornés de voiles blanches, qui font le tour de la cabine, comme une procession de bateaux symboliques naviguant ensemble, poussés par un même vent ; la sculpture en bois reproduisant la carte d'Afrique, apportée par Wilf la veille du départ de Capetown. Toutes choses familières et amies, de ce royaume flottant, libre, épris de soleil et de rivages nouveaux. Royaume libre ? Hum ! pas d'exagérations, j'y reviendrai par la suite... Mais, en mer, oui, c'est la liberté, une liberté complète, immense comme l'océan sur lequel navigue *Marie-Thérèse II*, aussi belle et paisible que ce monde étoilé que je contemple la nuit.

La mer, pourtant, n'est pas aussi morte que ces premiers jours de navigation me le laissaient penser... Comme endormie, la plupart du temps, elle se réveille brusquement vers quatre ou cinq heures de l'après-midi, semblant respirer plus vite et secouant le bateau qui roule alors d'une façon déplaisante.

Cela dure quelques minutes, un quart d'heure tout au plus, puis la mer retrouve sa respiration paisible, retombe dans son sommeil calme.

La vie à bord est devenue pour le moins... bourgeoise. Nous avons quitté Capetown depuis sept jours : jours sans histoires, comme réglés à l'avance par une agence de voyages. L'alizé du Sud-Est s'est établi, comme prévu par la « Pilot Chart », peu après le départ, et il souffle gentiment, régulièrement, suivant ce rythme lent que sait prendre la nature. Sur les continents, il y a quatre saisons par an. Deux seulement dans les pays équatoriaux ou ceux qui sont régis par les moussons.

Ici, entre Capetown et Sainte-Hélène, je trouve deux saisons, toutes les vingt-quatre heures, pour l'alizé : il souffle plus fort un peu avant le coucher du soleil et *Marie-Thérèse II* fonce dans la nuit, déroulant derrière elle sa chevelure semée d'étoiles. Puis le vent mollit vers neuf ou dix heures du matin. À une heure de l'après-midi il en subsiste juste assez pour marcher à deux ou trois nœuds. Et, petit à petit, l'alizé, après avoir repris son élan, augmente de force et souffle jusqu'à l'aube, tandis que le loch se met à tourner plus vite. Il aura marqué 640 milles pour les sept premiers jours, soit 91 milles de moyenne journalière.

La semaine suivante, 743 milles viendront s'ajouter, soit 108 milles de moyenne journalière pendant la deuxième semaine. Bravo, *Marie-Thérèse II*, tu commences à y prendre goût. Mais l'hélice du loch a été avalée par un gros poisson, requin ou barracuda, probablement.

Le moral étant particulièrement haut, je décide d'en fabriquer une autre ! Un morceau de trente centimètres de long est coupé dans une planche, effilé aux deux extrémités, et deux ailettes en laiton mince y sont vissées, à un angle que j'estime au pifomètre. Ce joujou est fixé sur la ligne du loch et... bravo, ça tourne, comme un vrai loch.

Évidemment, le réglage n'y est pas, et il n'est pas question de tenter cette opération qui serait déjà délicate avec un autre loch témoin. Mais il suffit de comparer les indications données par cette nouvelle hélice, avec les points calculés à midi sur plusieurs jours, et le tour est joué : 93 milles indiqués par le loch correspondent à 112 milles de route vraie. Bien sûr, il y a un tout petit peu de courant favorable, mais si peu que je n'en tiens pas compte. Jusqu'à la perte de l'hélice, les points calculés ne donnaient qu'une différence de trois milles avec les indications du loch. Alors pas besoin de couper les cheveux en quatre !

Les points deviennent de plus en plus difficiles à déterminer. Le ciel, presque toujours couvert de nuages hauts, laisse tout juste deviner le soleil qu'il faut trouver au sextant, sans les verres colorés. Sept à huit hauteurs avant midi me permettent de le rattraper deux ou trois fois seulement après l'heure de la méridienne. Cela nécessite plus d'une heure et demie de présence sur le pont !

De retour dans la cabine, pour le petit calcul de ma position, mon œil droit (celui qui vise le soleil à travers la lunette du sextant) ne distingue plus le vert du gris. Puis, au bout d'une heure, le sens des couleurs redevient normal !... Mais cela m'inquiète un peu et il est grand temps que le soleil se montre franchement, ou alors, ce sera tant pis pour Sainte-Hélène. Mieux vaut manquer une escale que de se détraquer la vue !

Par mesure de prudence, je note chaque jour le temps nécessaire pour que mon œil retrouve le sens des couleurs. Jusqu'à présent, il revient à la normale en moins d'une heure et ce délai ne varie pas. La mécanique ne s'use donc pas pour le moment. Mais attention, il ne faut pas faire l'idiot avec ces choses-là !...

Encore ce stupide albatros que je vois tous les jours depuis Capetown. Il commence à me porter sur les nerfs. C'est probablement lui qui amène ces nuages et ce temps maussade. Dans les mers froides, autour du Cap, les albatros font partie du décor et on regretterait de ne pas les y trouver, en compagnie des phoques et des pingouins. Mais en pleine zone tropicale, à quelques centaines de milles de Sainte-Hélène !

Sainte-Hélène est maintenant toute proche : 160 milles à courir et j'y serai, à condition que je puisse faire un point précis demain à midi. Sinon, je mettrai le bateau en panne pour la nuit, naviguant seulement le jour, afin d'éviter un atterrissage un peu brutal...

Le lendemain 10 décembre, le soleil est au rendez-vous. Une belle éclaircie permet de prendre trois bonnes hauteurs et le calcul est fait, sans bavures : il ne reste que 60 milles à couvrir avant de laisser tomber mon ancre dans la rade de Sainte-Hélène !... Et l'arrivée aura lieu cette nuit même, comme de bien entendu : Singapour, Chagos, Durban, Capetown, et maintenant Sainte-Hélène ! C'est toujours la même histoire : tous mes atterrissages, heureux ou malheureux, se sont faits de nuit !

Et, cette fois, il n'y a pas à s'y tromper. Le vent, qui était devenu un peu mou ces deux derniers jours se met à souffler grand frais et *Marie-Thérèse II* repart à fond de train. « Pour une fois, tu pourrais modérer ta bonne volonté, brave Éole, cela me permettrait de dormir tranquille ce soir et d'arriver demain bien détendu vers dix ou onze heures. Ou bien, tu aurais pu souffler plus gentiment ces deux derniers jours et je serais arrivé cet après-midi ; c'eût été mieux !... »

Mais le moment est mal choisi pour me plaindre : lorsqu'on a connu dix-sept jours de beau temps, sans le moindre ennui, sans prendre de ris, sans une seule heure de calme plat, et sans avoir touché la barre, on devrait remercier les divinités de la mer au lieu de ronchonner parce qu'on va arriver la nuit et qu'on n'aura pas eu son compte de sommeil, le dernier jour seulement !...

Ce merci, je le dirai ce soir, avant le coucher du soleil. Car quoi que je veuille, un atterrissage impeccable reste pour moi une sorte de mystère, quelque chose d'irréel. Cette petite tache bleu foncé, sortant peu à peu de l'horizon, à l'endroit précis où on l'attendait, sans oser trop y croire, et qui, petit à petit se dessine, devient une île...

C'est idiot, je le sais, mais je n'y puis rien. Pour moi, cela tiendra toujours un peu du miracle : voir une île émerger après plusieurs semaines de mer, là où une heure plus tôt on ne voyait que de l'eau, des vagues, des nuages, et la ligne d'horizon, intacte, éternelle. Chaque fois, j'éprouve le même mélange d'étonnement, d'amour et d'orgueil, à la naissance de cette terre nouvelle qui me semble avoir été créée pour moi, par moi.

Et juste avant le coucher du soleil, alors que le doute me rongeait déjà, Sainte-Hélène est sortie doucement de la mer...

La nuit se passe en panne, à une dizaine de milles au vent de Sainte-Hélène, dans l'attente du jour. Au matin, les pirogues de pêche sont visibles, juste derrière un promontoire qui limite la baie de Jamestown. La petite église dont parlent les instructions nautiques apparaît à son tour. Je prends mes jumelles et... reconnais un mât que j'ai déjà vu quelque part ! Henry est arrivé avant moi. Personne sur le pont de *Wanda*, mais le youyou est amarré à l'arrière. Mon cœur se gonfle de joie... bien que, entre nous, j'eusse préféré voir *Wanda* entrer au port quelques heures plus tard.

La corne de brume entre en action et la tête d'Henry sort un instant du panneau de sa cabine pour disparaître aussitôt. Trois coups de feu claquent... Il faut qu'Henry soit réellement heureux que nous soyons réunis pour gâcher trois cartouches de colt 45 ! Il saute alors dans son youyou, godille comme un forcené, monte à bord et nous allons ensemble choisir un mouillage, le plus près possible de la côte, près de *Wanda*, où les rafales qui descendent la vallée se font moins sentir que plus au large. L'ancre tombe à sept heures du matin.

— Dix-sept jours et douze heures pour *Wanda*. » Et toi, combien ?

— Dix-huit jours, exactement.

— Dis donc, tu as trouvé, toi aussi, ce ciel nuageux jusqu'à Sainte-Hélène ? Je pensais que tu avais laissé tomber cette escale. C'est bien ce qui a failli m'arriver. Si je n'avais pas accroché le soleil d'une manière impeccable, le dernier jour, je laissais tomber.

— Même histoire de mon côté. Du reste, je me suis demandé plusieurs fois si tu n'avais pas continué tranquillement vers l'île de l'Ascension, avec ce temps bouché et la difficulté de faire le point.

— Heureusement que tu es arrivé à trouver l'île ! Les gars sont au poil dans ce patelin. À propos, tu as déjeuné ? Viens donc à bord. Maquereau frit et « Mardi Gras » ! Ça ne te dit rien pour le petit déjeuner ? Il n'y a qu'à jeter la ligne, du bord, pour se gaver de maquereaux. Je t'emmène dans mon dinghy. Et tout à l'heure, je te donnerai un coup de main pour monter cette « chose » que tu as le cran d'appeler un youyou ! Et tu verras, les gars ici sont épatants.

— Et les nanas ?

— Plenty !...

# 8

# À Sainte-Hélène

Vue de la mer, Sainte-Hélène présente l'aspect d'une forteresse énorme, massive, hostile, avec ses falaises tombant à pic dans la mer, ses éboulis rocheux bordant des vallées étroites, dans lesquelles le vent s'engouffre, augmente de vitesse et semble avoir arraché de la pierre tout ce qui aurait pu tenter d'y prendre racine.

Au fond des vallées, un peu de verdure. Oh ! très peu, et, vue de la mer, Sainte-Hélène ressemble bien au rocher aride, témoin de la fin de Napoléon que décrivent nos livres d'histoire.

Mais, quittée la grandeur sévère de ce littoral, le voyageur s'émerveille du paysage qui l'environne : verdure, parfums et coloris.

Certes, Napoléon était un reclus. N'importe quel homme est un reclus à partir de l'instant où des frontières l'entourent, qu'il ne lui est pas permis de franchir.

Mais il y a tout de même un monde entre la manière dont était traité un prisonnier il y a deux siècles, et le sort qui lui serait réservé aujourd'hui.

Le climat ici est doux, infiniment. Et d'une salubrité qui se reflète sur les visages et sur le caractère des habitants, sur leurs mœurs, empreintes de gentillesse bienveillante pour tout ce qui respire, humain ou animal.

Je ne suis pas encore allé dans le Pacifique, dans cet archipel des Touamotou. J'aurais aimé pouvoir faire une comparaison. Et si j'ignore pour le moment sur quelle terre je laisserai un jour mes os, souvent, depuis l'escale de Sainte-Hélène, j'ai songé à cette île calme, belle et bonne, à ses habitants que j'espère retrouver un jour.

Sidi Young fut notre premier ami. Contremaître du wharf, il avait vécu toute sa vie au bord de l'eau et rencontré tous nos prédécesseurs de passage, depuis Gerbault et Pidgeon ; ce dernier, deux fois.

Né à Sainte-Hélène, n'ayant jamais quitté son île, sinon quelques jours à bord des bateaux de pêche, Sidi représentait pour Henry et pour moi l'essence même de Sainte-Hélène, son explication.

Conteur étonnant, il savait faire revivre pour nous ces navigateurs qu'il avait connus et qu'il avait aimés, tout d'une pièce. Surtout les solitaires. Avec tact, simplicité et profondeur.

Dans une colonie ordinaire, un Anglais aurait employé le terme de « Native » à l'égard de Sidi. Pas ici, où l'Anglais dit « Saint-Hélénien » lorsqu'il parle de ceux qui, comme Sidi et ses compatriotes, sont nés à Sainte-Hélène.

Dès les premiers jours, Sidi et les autres nous adoptèrent. Nous faisions partie de leur grande famille, sans demi-mesures. Rare et précieux cadeau d'un petit peuple qui vous dit : « Vous êtes ici chez vous », et qui le pense.

Un peu comme à l'île Maurice. Mais Sainte-Hélène et l'île Maurice ne peuvent se comparer. Toutes deux sont belles. Toutes deux sont bénies des dieux. Mais l'une est un bouquet de roses, l'autre un simple œillet. Et je les chéris l'une autant que l'autre. Mais elles restent différentes.

Nous étions tombés dans un petit paradis...

— Restons ici, pour y passer les fêtes de Noël et quelques semaines en plus. Et puis la *Jeanne-d'Arc* est attendue, après le nouvel an, ainsi que le *La Grandière.* Ce sera, pour Henry, l'occasion de faire la connaissance de la Marine de guerre française, et pour moi, celle de me retrouver pendant quelques jours dans cette ambiance saine des midships et de leurs cadres, ambiance qui m'avait laissé un si bon souvenir au cours du passage de la *Jeanne* et du *La Grandière* à l'île Maurice, quelques années plus tôt.

Mais il y avait un petit nuage, concernant *Marie-Thérèse II :* à sa dernière mise au sec sur le slip de Capetown, quelques jours avant le départ, une petite tache humide, sur la coque qui avait séché pendant une journée, attira mon attention... c'était anormal sur un bateau neuf.

Prudemment, je gratte un peu avec la pointe d'un tournevis. Le bois s'effrite ! Fébrilement, je gratte quelques centimètres plus loin : même résultat. Le bois est mou, comme pourri, juste contre la membrure.

Bizarre, très énervant, un peu déprimant aussi, mais pas réellement grave, car sur la gauche et sur la droite, le bordé est sain. Il suffira de découper la partie malade et de la rénover avec une rustine. Deux heures de travail suffiront, calfatage compris, pour remplacer ces quelques centimètres carrés de bordé par du bois sain.

Bizarre, tout de même, ces quelques centimètres carrés qui semblent avoir pourri. Et cette pourriture a gagné le bois, en face de la membrure, pour s'arrêter seulement au bordé qui lui a fait suite, juste à la virure. Est-ce que, par hasard... ? mais non, ce n'est pas possible, le Bon Dieu ne m'aurait pas fait ce coup-là !

La pointe du tournevis se pose sur le bordé suivant, appuie un peu et... pénètre comme dans du carton !

Mon sang se glace et peut-être ai-je connu à ce moment ce que ressentirait un père à qui le médecin de famille apprend, sans ambages, que son fils a attrapé la lèpre. Car mon bateau est une partie de moi-même. Je l'ai créé avec tout ce que je possédais d'intelligence, de cœur et d'énergie. Je l'ai vu naître, grandir, se transformer et embellir comme un enfant qui devient homme.

Et brusquement j'apprends que cet enfant a la lèpre. Par ma faute, bien sûr. Ce travail trop rapide, sous le badamier de l'île Maurice, ces planches que je suis allé acheter chez le margoulin du coin parce que je ne voulais pas patienter jusqu'à l'arrivée d'un lot de planches meilleures, attendues un mois plus tard, et que je n'aurais pas payées plus cher dans l'entrepôt d'un ami mauricien.

Attendre un mois, c'est long, quand on est chômeur ! quand on a admis au départ qu'avec le capital limité qu'on est parvenu à réunir, il faut désormais se livrer à une course impitoyable contre la montre !

Il y avait aussi tant de notions élémentaires que j'ignorais, lorsque j'avais commencé la construction de *Marie-Thérèse II.* Entre autres, l'importance d'un bon badigeonnage des bois et des membrures à la créosote, ou avec un produit similaire, pour éviter la pourriture. Du simple pétrole eût suffi ; encore aurait-il fallu le savoir ! Tout cela, je l'avais appris par la suite à Durban, à Capetown, au contact d'ouvriers, au contact d'Henry et de bien d'autres. Et il me reste encore bien des choses à apprendre.

Pourtant, avant de commencer ce travail, j'avais demandé à mon père de m'envoyer un livre dont j'avais entendu parler, traitant de la construction des bateaux en bois. Pour moi, cet ouvrage était demeuré incompréhensible. Pour moi et pour un ami compétent de l'île Maurice à qui je l'avais fait lire, et qui me l'avait rendu avec ce commentaire : « Ce livre est inutilisable. À croire que l'auteur a cherché à rendre la construction navale tellement obscure que l'amateur, au lieu de s'aventurer à construire lui-même son bateau, préférera passer la commande dans un chantier. »

Certes, les bons ouvrages sur la construction des bateaux en bois sont très rares ; je parle d'ouvrages destinés au « non spécialiste ». Et quand je dis « construction », je ne parle pas seulement de la manière dont doit être monté un bateau, mais de tout ce qu'englobe cette construction. La préservation du bois en fait partie ; c'est même une des choses les plus importantes de la construction. Henry n'avait, lui non plus, rien trouvé parmi les livres parus en Angleterre.

Un ouvrage très complet existe toutefois. Il a été édité en Amérique et traite à fond de tout ce qu'il est nécessaire qu'on sache à ce sujet : préservation du bois, modes de construction, calfatage, etc. Je l'ai lu, beaucoup plus tard.

Dommage qu'il n'ait pas été traduit dans notre langue. Et dommage aussi que je n'en aie pas entendu parler à l'île Maurice. Il en est du reste souvent ainsi : on commence par commettre l'erreur, on la paye. Puis on entend parler de ce qui aurait pu vous éviter bien des ennuis.

Maintenant que j'ai vidé mon cœur, revenons à Capetown, trois jours avant le départ, au moment où une vérification complète me révélait quatre bordés atteints, tous les quatre en face de la même membrure. Grave, très grave. J'en étais comme assommé, vidé de toute énergie, car, à n'en pas douter, cette membrure était la cause du mal ; il s'agissait même d'une varangue, ce n'en était que plus inquiétant. Remplacer une membrure est loin d'être gai. Mais changer une varangue devient une tout autre affaire. Surtout avec les moyens financiers dont je disposais.

Le travail, bien sûr, je le ferais moi-même. Encore fallait-il posséder le bois, sans parler du temps, très long, que durerait le séjour du bateau hors de l'eau pendant cette réparation. Il faudrait retirer les mâts pour pouvoir enlever la carlingue boulonnée sur les varangues, après avoir cassé et retiré tout le lest intérieur en béton. Puis, tout remettre en place après avoir changé la mauvaise varangue. Et enfin, remplacer les quatre bordés : deux mois de travail, pour le moins. Dans tous les cas, plus d'argent que je n'en possédais.

Conseil de guerre avec Henry : deux médecins se concertant devant un cas désespéré. Il est finalement décidé que le travail se fera aux Antilles et que Henry me donnera un coup de main. Le moral va un peu mieux maintenant.

Ensemble nous opérons le pansement d'urgence, précédé d'un premier travail qui nous dira de quoi il en retourne exactement : toutes les parties pourries des bordés sont retirées le long de la varangue, et celle-ci apparaît... parfaitement saine ! C'est une cale en bois placée entre la varangue et le bordé qui a pourri, contaminant les quatre bordés. Mais la charpente est intacte, et seuls les bordés devront être remplacés. Plus tard, dans les Antilles, sous les cocotiers !

Soulagement de l'homme qui croyait qu'on allait l'amputer d'un membre et qui apprend qu'il ne s'agit que d'un bobo à soigner. Tiens, j'ai connu ça, à propos de mon pied droit !

La réparation provisoire est alors effectuée, avec du bon bois, copieusement badigeonné de créosote. Calfatage, puis *Marie-Thérèse II* retourne dans son élément, bien décidée à le quitter aussitôt atteintes les Antilles !

Mais, dès l'arrivée à Sainte-Hélène, quelque chose avait attiré mon attention : une grue placée sur la jetée.

Sidi, interrogé, m'apprit que cette grue servait à retirer de l'eau les deux gros bateaux de pêche mouillés dans la rade : deux fois le poids de *Marie-Thérèse II* ! On les dépose simplement sur la jetée, puis, la couche de peinture sous-marine une fois appliquée, ils sont remis à l'eau. À condition que la mer soit belle. Car parfois de gros rouleaux viennent visiter Sainte-Hélène, et il faut alors attendre.

L'affaire fut décidée après un nouveau conseil de guerre. J'allai rendre visite au responsable des opérations de port et lui expliquai de quoi il s'agissait : mettre au sec *Marie-Thérèse II*, avec l'aide de la grue et la laisser deux ou trois semaines sur le wharf où je remplacerais les bordés défectueux. D'accord. Prix ? Mille francs pour sortir le bateau de l'eau et l'y remettre quand le travail serait terminé, plus quinze francs pour chaque jour passé à terre. Autrement dit : un cadeau !

Le bois existe chez un dépositaire du Gouvernement. Du bon bois d'Afrique, à un prix incroyablement bas. Quelque chose de l'ordre de cinq à six mille francs pour la totalité de ce dont j'aurai besoin. C'est donné. Et le travail sera un plaisir dans un tel pays.

— Dans une semaine exactement, vous serez sur la jetée, car il y a trois petits bateaux de pêche qui ont besoin de réparations urgentes. Mais cela ira vite, m'assure Sidi.

Henry est heureux d'apprendre la bonne nouvelle, la fin toute proche de ce qui, pour moi, était un gros souci. « On s'y mettra à deux, sur ton sacré bachot, et tu verras que ça ne traînera pas. »

Une des particularités d'Henry est qu'il ne peut rester inactif, une fois entrevue la perspective d'un travail quel qu'il soit.

— Allons tout de suite à terre pour trier le bois, dans le magasin du Gouvernement, propose Henry.

— Et les mesures ? Attendons au moins que le bateau soit au sec et qu'on y voie clair !

— Et si quelqu'un d'autre a besoin de bois et nous fauche toutes les bonnes planches ?

Cette idée est raisonnable, et nous nous rendons sur place pour trier une dizaine de planches qu'on nous réserve gentiment, « Nous n'aurons pas besoin de tout ce lot, mais sait-on jamais ? »

Le magasinier comprend, acquiesce : « Ne vous inquiétez pas. Il y a de l'excellent bois bien sec dans un coin, du magasin. Je l'avais mis de côté pour le bateau de mon oncle, mais je lui parlerai de vous et il vous le cédera, n'étant pas pressé de commencer ses travaux. »

La question bois réglée, nous bavardons de choses et d'autres. Puis la conversation tombe sur la pêche sous-marine.

— Du poisson ? Mais bien sûr qu'il y en a. Oh, pas de très gros, pas dans la baie, du moins ; mais vous en trouverez en quantité sur l'épave du pétrolier, par quelques brasses de profondeur sur la gauche de votre mouillage. Chose curieuse, il y en a davantage sur l'arrière de cette épave. Des perroquets principalement.

Tiens, ça nous changerait du maquereau que nous ingurgitons à doses massives depuis quelques jours : il en existe des bandes compactes en pleine baie et jusqu'autour de nos mouillages.

Pour le moment c'est simple : Henry m'appelle à l'heure du petit déjeuner, et je vais le rejoindre sur *Wanda*. Le Primus est alors allumé, l'huile versée dans la poêle et Henry me passe les maquereaux l'un après l'autre, à quelques secondes d'intervalle. Il suffit d'envoyer la ligne pour en ramener un. Le nettoyage m'est réservé, car cela a toujours un peu dégoûté Henry de tripoter le poisson. Moi pas.

— Combien peux-tu en avaler ? deux ? trois ?

J'indique le chiffre et quand le compte y est, à la poêle. Inutile d'en prendre davantage, en pensant au déjeuner de midi. Un de plus, seulement, pour la boette et nous recommencerons l'opération à midi et le soir. Mais ce sera sympathique de varier un peu le menu avec du perroquet (celui qui nage, pas celui qui vole !).

— Et cette épave ? rien d'intéressant là-dedans, à part les perroquets ?

— Il s'y trouvait quelques caisses de whisky, mais elles ont été découvertes trop tard. L'eau de mer a tout détérioré. Imbuvables. Reste l'hélice en bronze. Malheureusement Sainte-Hélène ne dispose d'aucun appareil de plongée. Du reste comment pourrait-on la séparer de son arbre, sans couper celui-ci au chalumeau ? Pas outillés pour ce genre de travail dans notre île. Dommage, au prix du bronze... !

Nous nous regardons, Henry et moi et pensons à la même chose : cet appareil de plongée que j'avais essayé à l'île Maurice, amélioré à Durban en le rendant plus maniable. Henry s'y était intéressé et nous avions souvent parlé ensemble de sa mise au point définitive.

Le système, à Durban, se composait d'un récipient servant de poumon artificiel : une touque de vingt litres est ouverte, à l'ouvre-boîte. Puis quelques poids, représentant au moins vingt kilos, sont amarrés autour de l'ouverture pratiquée au fond. Ces poids permettront à la touque de s'enfoncer dans l'eau, ouverture en bas, emmenant une réserve d'air comme une cloche à plongeur. Un cordage sert à régler la profondeur d'immersion de ce « poumon artificiel ».

Un tuyau en matière plastique pénètre dans la touque par l'ouverture du bas et remonte à l'intérieur du récipient jusqu'à ce que son extrémité vienne presque toucher le fond supérieur, c'est-à-dire le sommet du volume d'air emprisonné. À l'autre extrémité du tuyau est adapté l'embout buccal d'une pipette de chasseur sous-marin : cet engin barbare, mais facile à réaliser, me permettait à Durban de rester une minute à deux mètres de profondeur en respirant normalement les vingt litres d'air contenus dans la touque[1].

1. À l'île Maurice, je m'étais servi d'un fût métallique de deux cents litres qui permettait de respirer vingt minutes sous l'eau. Mais c'était beaucoup trop encombrant.

Le problème était maintenant de recharger ce réservoir.

Henry s'était orienté vers l'idée d'une pompe à air et son génie mécanique lui avait fait imaginer différentes solutions. Avec de l'argent, il n'y aurait pas eu de problème : Henry aurait tout simplement dessiné une pompe, pratique, efficace, peu encombrante. Un ouvrier tourneur l'aurait ensuite fabriquée. Même sans argent, il aurait pu fabriquer lui-même une pompe : le cylindre devait être représenté par une bouteille coupée en deux, sur le goulot de laquelle serait venu s'adapter le tuyau conduisant l'air à la réserve sous-marine. Mais il aurait fallu beaucoup de temps, compte tenu surtout des multiples tâtonnements nécessaires.

Pour ma part, mon imagination s'était orientée vers une idée tout à fait différente de celle de la pompe classique, sur laquelle s'était buté Henry.

Qu'on veuille transporter de l'eau ou de l'air, plusieurs moyens existent. L'un d'eux consiste à chasser ce corps, liquide ou gazeux, à travers un tuyau, à l'aide d'une pompe refoulante. L'autre moyen, eh bien ! il est bête comme chou et vieux comme le monde : on peut se servir d'un... seau, tout simplement. Surtout quand il faut se débrouiller avec les moyens du bord. Un seau, ça se trouve. Une pompe, il faut l'acheter ou la fabriquer.

Et Henry finit par se rallier à mon idée : la recharge du « poumon artificiel » se ferait à l'aide d'une autre touque renversée qui transporterait de l'air sous l'eau, selon le principe de la cloche à plongeur.

La façon la plus simple, en théorie, était qu'un homme envoyât régulièrement la deuxième touque sous l'eau, à côté du poumon artificiel et un peu plus bas que celui-ci. Le plongeur n'aurait alors qu'à retourner le second récipient, juste au-dessous de l'ouverture du poumon artificiel. L'air s'en échapperait et viendrait le remplir.

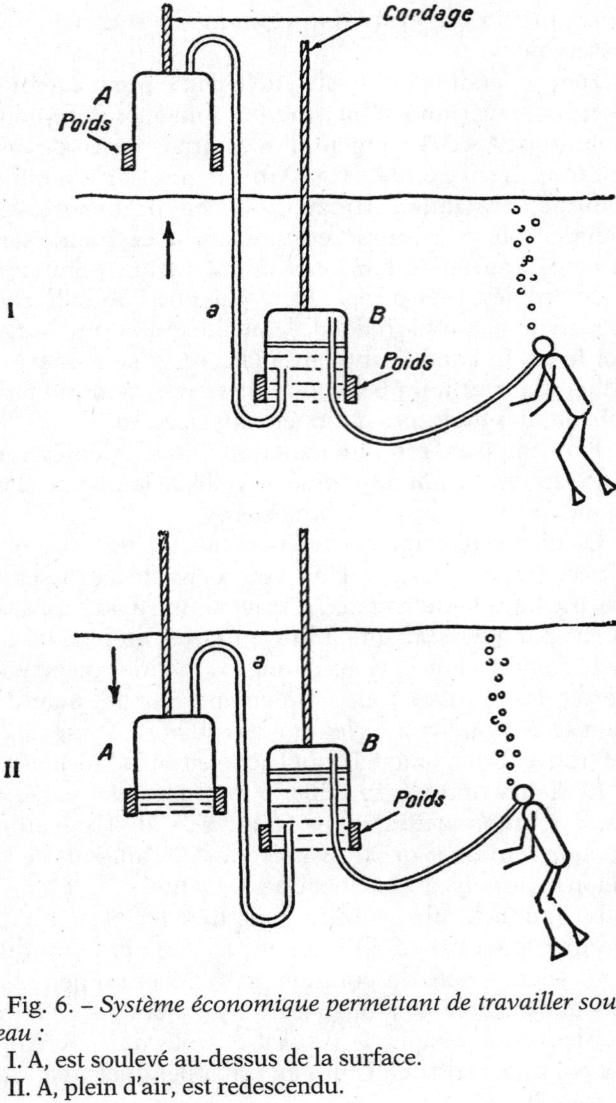


Fig. 6. – *Système économique permettant de travailler sous l'eau :*
I. A, est soulevé au-dessus de la surface.
II. A, plein d'air, est redescendu.

III

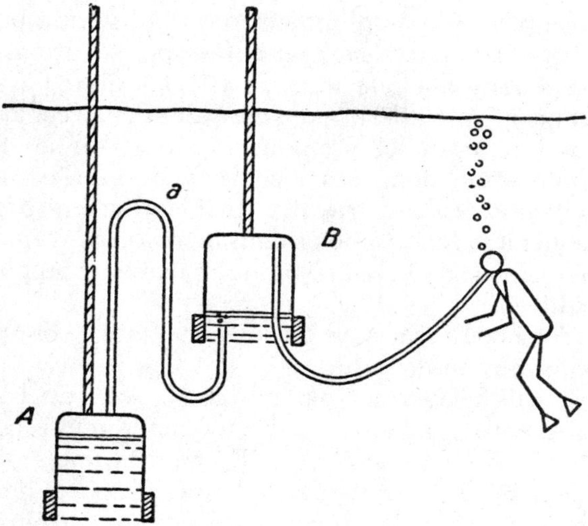


IV

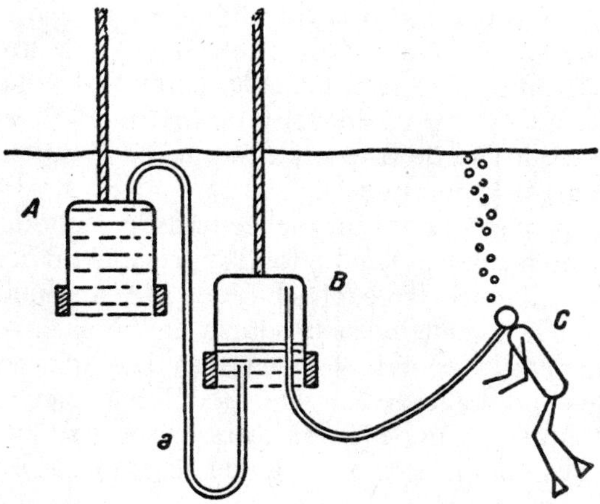


III. L'air de A s'écoule dans B. Le coude inférieur du tuyau *a* doit se trouver au-dessus du récipient A.

IV. B a maintenant reçu une provision d'air, A est remonté pour revenir au premier temps.

En pratique, le plongeur, qui était là non pour se tourner les pouces en regardant les poissons, mais pour travailler à quelque chose d'utile, eût alors passé son temps à cette opération nécessaire de la recharge du poumon artificiel que nous voulions voir se réaliser automatiquement, avec le seul concours de l'homme de pont préposé à ce travail ; ainsi le plongeur pourrait vaquer à ses occupations, dans un rayon n'excédant pas la longueur du tuyau respiratoire le reliant au poumon artificiel.

Voici comment nous devions atteindre ce but par les seuls moyens du bord.

Il nous fallait avant tout un second tuyau : des bouts de différentes longueurs furent réquisitionnés à bord de *Wanda* et de *Marie-Thérèse II,* joints en une seule longueur à l'aide des raccords coupés dans des bouts de tubes en cuivre (les tringles à rideaux sont extrêmement utiles à bord d'un voilier... ou on en ramasse quelquefois dans les poubelles du Yacht-Club de Capetown).

Une longueur d'environ quatre mètres de tuyau souple ayant été obtenue, l'une des extrémités fut amarrée juste à l'ouverture du poumon artificiel. C'est par ce tuyau que l'air de la seconde touque passerait pour aller recharger le poumon.

L'autre extrémité fut placée dans la seconde touque servant à envoyer l'air au fond ; et celle-ci fut descendue à l'aide d'un cordage, plus bas que le poumon artificiel.

Et... le miracle ne se produisit pas : l'air envoyé sous l'eau dans la seconde touque refusa de quitter gentiment celle-ci pour aller recharger le poumon artificiel... !

Premier pépin de l'imbécile qui se croyait un génie et qui avait oublié une petite loi de physique, apprise à dix ou douze ans.

Henry est enchanté et me le laisse bien voir : « Toi et ton système à la noix ! » Mais il comprendra tout de suite pourquoi le dispositif a flanché : « Imbéciles que nous sommes ! Évidemment, cela ne pouvait fonctionner de cette manière, sans quoi il n'aurait pas été nécessaire qu'un cornichon se lève plus tôt que les autres pour découvrir les lois du siphon. »

C'est maintenant Henry qui dirige les opérations : « Le tuyau doit partir du sommet de la touque, par l'extérieur. De cette façon, l'écoulement, dans le sens du poumon artificiel, se produira aussitôt que la touque apportant l'air aura atteint un niveau inférieur. Compris, tête de piaf ? Du reste, ton idée d'amener l'air dans le poumon à l'aide d'une autre cloche à plongeur n'est pas tellement idiote, après tout. Heureusement que j'étais là pour les détails, you, « Bloody French Bastard. »

— Ça va, ça va, j'aurais bien pigé tout seul, you, « Bloody English Tramp ! ».

Quand nous nous traitons mutuellement de French Bastard et de English Tramp, en faisant précéder ces mots du qualificatif « Bloody », c'est que nous commençons à tenir le bon bout.

Un raccord est fabriqué à l'aide d'une plaque de cuivre percée d'un trou central sur laquelle nous soudons un bout de tuyau de cuivre (vivent les tringles à rideau !) en utilisant la lampe à braser et une baguette d'étain. Un trou est percé à chaque coin de cette plaque et le raccord est boulonné sur le fond supérieur de la touque contre une rondelle découpée dans un morceau de chambre à air d'auto, pour l'étanchéité.

Cette fois, le dispositif fonctionne « sans bavures » et je descends pour ma première plongée, à un mètre cinquante de profondeur, tandis qu'Henry manœuvre la touque d'approvisionnement d'air.

Il y a toujours quelque chose qui tient du merveilleux, pour l'homme qui respire sous l'eau, dans la contemplation de ce milieu sous-marin, tranquille et volupteux, que Cousteau a fort bien nommé « *Le Monde du Silence* »...

Et je restais suspendu, comme hypnotisé par le spectacle de mon bateau reposant dans ce milieu irréel, devant ses lignes, puissantes et gracieuses à la fois.

Une bonne gorgée d'eau me rappelle à la surface :

— Quelque chose de détraqué, Henry ?

— Dis donc, sacré Frenchman, il y a dix minutes que je transpire sur le pont. Si on renversait les rôles ?

— Bien sûr, bien sûr, fallait me prévenir avant !

Je sens que je vais me régaler : car je doute fort qu'Henry qui sait faire tant de choses, s'en tire honorablement dans ce domaine. En ai-je vu des camarades, à l'île Maurice, boire de bonnes tasses en voulant jouer au poisson, avec ce système-là. Car il ne faut surtout pas s'imaginer que cet appareil très simple est d'un usage vraiment facile. Avec un peu de pratique, oui. Mais au début... !

Je rappelle à Henry les règles essentielles :

— Tu descends en même temps que le poumon artificiel, et une fois arrivé à destination, tu ne te déplaces que sur un plan horizontal. Bien compris ? Si tu as le malheur de monter un peu, même très peu, la pression de l'air envoyé par le poumon artificiel sera supérieure à celle de l'eau sur ta cage thoracique. L'air t'arrivera alors dans la bouche sous pression, tu perdras la tête et je te verrai remonter en tenant le tuyau dans la main et en jurant par tous les saints qu'il faut être complètement cinglé, pour s'amuser avec un truc pareil !

« Et si tu descends plus bas que la couche d'air contenue dans le poumon artificiel, tu auras du mal à respirer, car la pression de l'eau sur ta cage thoracique sera supérieure à celle de l'air de la cloche.

« Dans ce cas, remonte un peu, mais très doucement, pour ne pas risquer de dépasser le plan du poumon artificiel, ce qui t'enverrait presque immédiatement à la surface. Encore une dernière recommandation : vérifie que...

— Ça va, garde ta salive, je me débrouillerai bien tout seul, contente-toi d'envoyer l'air sans te mettre à roupiller.

Henry commence à plonger, tandis que je file doucement le bout frappé sur le poumon artificiel. Pas pour longtemps : il est déjà revenu en surface, toussant, crachant et jurant.

— Tu as rencontré un os, Henry ? Je voulais te dire de souffler dans le tuyau avant de plonger pour ne pas risquer d'avaler quelques litres de flotte qui auraient pu s'y trouver...

Il me regarde d'un œil noir et souffle dans le tuyau pour en chasser l'eau.

Deuxième plongée. Quatre secondes cette fois. Il y a du progrès ! Henry ne jure plus, il en a un peu marre.

— Dis donc, Bernard, crois-tu vraiment que le *vulgum pecus* peut se servir de cet engin sans avoir été préalablement champion de natation, quelque part en Asie ?

— Mais oui, mon vieux ! L'essentiel est de rester toujours sur le plan de la cloche. Tiens, prends ma ceinture plombée et accroche-toi à la touque pendant que je la descendrai. Et puis, console-toi, tous les gars qui se sont amusés avec cet engin ont commencé par remonter en vitesse comme toi. Reste très « décontracté » et tu y arriveras !

Henry est un peu consolé. Troisième plongée... Ça, par exemple, il a compris ! Je le vois lâcher la cloche, puis évoluer prudemment sur le côté. Une minute après il fait surface, toussant et crachant.

— Espèce de... ! Évidemment tu t'es mis à roupiller sur le pont au lieu de m'envoyer de l'air !

Je m'excuse humblement : « En tout cas, mon vieux Henry, tu as été formidable ; je n'ai jamais vu personne se débrouiller aussi vite que toi (c'est vrai). »

Et à la quatrième plongée, Henry est comme un poisson dans l'eau, tandis que j'envoie l'air régulièrement toutes les trente secondes.

Lui aussi est hypnotisé par le sentiment nouveau qui envahit l'animal terrestre lorsque celui-ci prend possession du monde des poissons.

Pendant près de vingt minutes, Henry restera sous l'eau. À sa remontée, l'extase se lit dans ses yeux. Quant à moi, je suis très loin, perdu dans un rêve…

Ce rêve me montre une grande goélette de transport, ancrée dans les eaux tièdes d'une baie tropicale. Sur le pont, un homme bronzé est occupé à approvisionner en air quatre de ses camarades qui respirent à l'aide d'un tuyau qui les relie chacun à un poumon artificiel unique, constitué par un fût métallique de 200 litres. Ils ont même perfectionné le système que nous venons d'utiliser Henry et moi, par l'adjonction d'un mano-détendeur (Cousteau-Gagnant) branché sur chaque tuyau… Ainsi le poumon artificiel peut être immergé un peu plus bas que la quille du bateau ; et les plongeurs se déplacent dans tous les plans sans être gênés dans leur travail.

Mais que font ces hommes… ? Pour le moment ils brossent la carène. À quatre, ce travail est vite exécuté. Puis vient le calfatage d'entretien sur les endroits douteux, et le masticage au mélange ciment-plâtre-argile des parties qui ont été retouchées[1]. Quelques heures ont suffi. Il ne leur restera qu'à passer sur la coque une couche d'antifouling spéciale. Il s'agit là d'un produit nouveau étudié pour pouvoir s'appliquer… sous l'eau !

Mon rêve est fini. Henry prépare maintenant du café bien chaud dans la cabine de *Marie-Thérèse II.* Et moi je songe, assis sur le rouf, à ce que représente

1. Sur certaines côtes d'Indonésie, les pêcheurs utilisent un mélange argile-ciment pour mastiquer les virures. Jean Gau m'apprit que sur certaines parties des côtes d'Amérique centrale, des bateaux sont mastiqués au « ciment sablé », seul ce matériau pouvant résister à la faune de ces eaux boueuses.

actuellement un carénage pour une goélette de 50 à 60 tonneaux, dans les lieux privés de marées, comme le sont les Antilles et la plupart des îles du Pacifique. Il existe deux moyens.

Le premier est de monter sur un slip. Mais dans ces pays sous-développés, les slips sont rares et il faut attendre longtemps son tour. De plus, les chantiers de halage y coûtent généralement très cher, du fait de leur rareté.

L'autre manière est d'abattre en carène. Cette opération consiste à vider le bateau de tout ce qu'il contient, y compris le lest intérieur, puis à le coucher quille hors de l'eau, en tirant sur les mâts au moyen de palans. Il faut choisir un mouillage en eau profonde parfaitement calme.

L'abattage en carène est pratiqué, dans certaines îles, à deux bateaux, l'un servant de corps mort à l'autre. Quand le premier bateau a terminé les réparations de ses œuvres vives ou son travail d'entretien, ayant été couché sur un bord puis sur l'autre, il prête la main au camarade. Lorsque tout est réglé, il faut encore rembarquer le lest et le matériel.

Ce travail, délicat en soi, s'accompagne donc d'une grosse perte de temps. Aussi s'y décide-t-on trop souvent le plus tard possible, à cause du « manque à gagner » dû à l'immobilisation simultanée de deux bateaux. Et, à force de tarder, la belle goélette âgée de quelques années seulement, commence à devenir la proie des tarets : la quille épaisse sera bientôt parcourue de longues galeries, certaines grosses comme le doigt, et la goélette encore neuve fera alors penser à un jeune athlète qui aurait trop forcé : cœur claqué, plus capable de tenir un vrai coup dur...

Cœur claqué... Nous avions connu ça à bord du *Snark*, Deshumeurs et moi : au retour de notre croisière d'Indonésie, Deshumeurs était à la barre, la nuit, au large de Poulocondore, à 150 milles environ du cap Saint-Jacques.

Mer courte et dure, comme cassée par le courant Sud qui contourne la pointe de Camau, contre la Mousson de Sud-Ouest ; le vieux *Snark* gémissait.

Je dormais dans ma cabine lorsque Deshumeurs vint me secouer.

— Déjà ? mais quelle heure est-il ?

— Je n'en sais rien, et je m'en fous. Viens prendre la barre, Bernard, il s'est passé quelque chose qui ne me dit rien qui vaille : j'ai entendu la quille craquer !

— Tu es cinglé ?

— Peut-être, mais prends la barre quand même, ne serait-ce qu'une heure ou deux, le temps que je me calme un peu. Je t'assure que la quille a craqué et crois-moi si tu veux, eh bien, mes tripes se sont tordues en sentant le bateau souffrir aussi fort ; on aurait dit qu'il criait tant il avait mal !

Je prends la barre. Rien ne se passe. La mer est toujours dure, hargneuse, c'est tout.

Deshumeurs donne quelques coups de pompe comme nous le faisons à chaque relève de quart. Quand s'arrêtera-t-il de pomper ? Je lui avais passé la barre deux heures plus tôt et ça me paraît beaucoup, d'avoir autant d'eau à pomper.

— Dis donc, Bernard, il y a quelque chose qui ne tourne pas rond : la cale devrait être déjà sèche, après ce que je viens d'enlever.

Deshumeurs pompera encore près de dix minutes avec une pompe qui débite son demi-seau à chaque coup de bringuebale... Il avait bel et bien raison, quelque chose avait dû craquer, et comment ! Car depuis cette minute, et jusqu'à notre arrivée, nous devions passer une grande partie de nos loisirs... à la pompe. Il faut dire que nous avions de beaux biceps en arrivant au cap Saint-Jacques ! Mais nous en avions un peu marre du *Snark*, et du golfe de Siam, et de tout le reste !

Ce n'est qu'après nous être engagés dans la rivière de Saigon, que les choses s'arrangèrent, d'elles-mêmes : le limon, pénétrant avec l'eau par les défauts du calfatage et… les trous des tarets, venait se déposer sur les parois et colmater petit à petit nos innombrables voies d'eau, y compris celles de la quille.

Deux jours après avoir jeté l'ancre, dans le port fluvial de Saigon nous ne retirions plus que quatre ou cinq seaux d'eau par jour. Une semaine après, un seau tous les deux ou trois jours !

Il ne restait plus qu'à vendre ce pauvre *Snark,* pourri de la pomme des mâts au fond de la quille, en passant par la coque et les membrures ! Pauvre bougre, bouffé par les tarets ! Et même pas un canot à bord pour sauver nos peaux de chiens, si les choses avaient tourné au vinaigre, entre Singapour et le cap Saint-Jacques…

Ensuite eut lieu cette conversation précieuse avec un vieux pêcheur vietnamien, alors que le *Snark* dormait paisiblement de son dernier sommeil, l'arrière à quai, dans la rivière de Saigon.

Il avait assisté à notre départ huit mois plus tôt. Sans y croire, bien sûr. Personne n'y croyait vraiment, à part quelques intimes.

À notre retour, ce vieux pêcheur y croyait un peu plus, quoique avec des réserves. Mais de toute l'aventure, assez banale, en somme, une seule chose devait l'intéresser vraiment : la voie d'eau, ou plutôt la multitude de voies d'eau qui auraient pu nous coûter si cher.

— Ainsi, vous vous êtes contentés de pomper comme des forçats ? Et le son, alors ? Connaissez pas ce truc ? À défaut de son, la sciure de bois donne des résultats presque aussi bons. Tout cela ne vaut pas la bouse de vache desséchée au soleil et pulvérisée, mais avec quelques seaux de sciure de bois, vous étiez dépannés !

— … ?

— Pas la peine d'avoir vécu toute votre vie en Indochine pour ne pas connaître ce truc. Ah, c'est vrai ! Vous naviguiez avec les pêcheurs du golfe de Siam. Connaissent probablement pas cette technique enfantine. Sur la côte d'Annam, c'est une autre race !

— ... ?

— Votre baille faisait plusieurs tonnes d'eau par jour entre Singapour et Saigon, n'est-ce pas ? et voici deux jours que vous êtes ici, et qu'elle ne prend plus que deux ou trois seaux par jour. Pourquoi ? Tout simplement parce que la vase en suspension dans l'eau de la rivière est venue colmater les voies d'eau.

— Pas besoin de tout ce discours pour piger, Ong Già (terme de respect pour les vieux). Nous avions compris ça tout de suite.

— Alors, il ne vous suffisait que d'un petit effort supplémentaire pour comprendre le reste : si la vase en suspension dans la rivière peut colmater les voies d'eau, il doit exister beaucoup d'autres corps capables de faire aussi bien, sinon mieux.

« Sur la côte d'Annam, nous employons la bouse de vache desséchée, puis pulvérisée entre deux pierres. Il suffit de plonger sous la coque avec une boîte de cette poudre que l'on applique contre la partie suspecte du bordé. La bouse de vache pénètre en même temps que l'eau, par les défauts de calfatage, se coince à l'intérieur de la voie d'eau, puis gonfle en une demi-minute et bouche alors parfaitement les moindres trous. »

— Et si l'eau entre de partout à la fois, comme c'était le cas pour le *Snark* ?

— Dans ce cas, la sciure de bois est parfaitement indiquée, parce qu'il en faudra beaucoup et que cela ne coûte pas cher. La bouse de vache, il faut la ramasser, la faire sécher, puis la pulvériser. Le son, il faut l'acheter. Mais la sciure de bois, on en ramasse à la pelle et on en remplit un sac en une demi-minute, chez n'importe quel menuisier.

« Avec la sciure de bois, la technique est un peu différente : on en remplit un bidon ou une grosse boîte de 2 à 3 litres, qui sera retournée à 1 m 50 ou 2 mètres au-dessous de la quille, et on agitera l'eau en même temps, de manière à disperser les particules de bois. Celles-ci monteront vers la surface, rencontreront la coque en chemin, pénétreront dans les voies d'eau grâce à l'aspiration et agiront alors comme le fait la bouse de vache : gonflement à l'humidité, puis bloquage au bout d'une minute.

« Le résultat est durable au mouillage, mais varie de quelques heures à quelques jours suivant les cas, lorsque le bateau navigue : pigé, les blanc-becs ? »

Oui, c'était compris, bien compris, quoique, à ce moment, nous pensions, Deshumeurs et moi, que ce vénérable vieillard vantait un peu trop l'astuce des pêcheurs de la côte d'Annam et voulait nous faire voir, dans un remède boiteux, une panacée.

Et pourtant, il avait raison, cent fois, mille fois raison ! Car par la suite, dans l'océan Indien, à bord de *Marie-Thérèse*, c'est plus d'une fois que je passai par-dessus bord avec une grosse boîte de sciure de bois ; le truc des pêcheurs vietnamiens marchait à merveille et pas seulement pour les petites voies d'eau...

Inutile de préciser qu'un sac de sciure de bois, casé dans un coin du poste avant, fait maintenant partie intégrante de l'armement de mon bateau. Avec en plus, le précieux ciment, l'argile, et depuis Capetown, le plâtre, dernier cri du progrès en matière de traitement d'urgence des voies d'eau, grosses ou petites. C'est la trousse de pharmacie de la coque !

De l'épave, il ne fut bientôt plus question !... L'hélice de bronze pourrait rester où elle se trouvait, cela n'avait pas d'importance et n'en avait jamais eu. L'essentiel avait été la mise au point de l'appareil de plongée, et de son maniement, à partir du pont d'un voilier. Du reste, à Sainte-Hélène, la mer est un peu fraîche... Oh ! pas froide, tout de même. Mais pas exactement chaude, non plus. C'est du reste étonnant, si l'on considère la position géographique de cette île située en pleine zone tropicale. Cette fraîcheur de l'eau est due au courant de l'Antarctique, dévié par la pointe Sud de l'Afrique, qui va lentement rejoindre le grand courant équatorial formé dans le golfe de Guinée.

Pour les oiseaux des Tropiques que nous sommes tous les deux, c'est froid... Pourtant, il fallut bien aller chercher sous l'eau notre pâture, avec le fusil sous-marin, car les maquereaux commençaient à déserter la baie, entraînant avec eux les pêcheurs saint-héléniens.

Sidi tint parole. Le jour prévu, les baleinières en réparation sur le wharf étaient remises à l'eau et *Marie-Thérèse II* prenait leur place. La mer, très calme depuis l'arrivée, avait bien voulu différer un peu sa petite crise périodique de mauvaise humeur, car sans la bonne volonté de la mer, pas de levage possible à Sainte-Hélène : les bateaux doivent attendre que tout rentre dans l'ordre, que la mer se calme tout à fait et que la grue fonctionne. Celle-ci, actionnée par une dizaine d'hommes, soulève *Marie-Thérèse II*, lentement, très lentement.

Henry et moi restons sur le pont pendant l'opération, la gorge un peu serrée, car je n'aime pas beaucoup voir mon bateau ainsi suspendu au bout d'un câble d'acier, si gros que soit ce câble.

Enfin, au bout d'une heure, *Marie-Thérèse II* repose sur le wharf, maintenue par quatre épontilles.

Notre travail ne traînera pas : le soir même, tous les bordés douteux étaient arrachés. Henry n'en revenait pas.

— Au lieu de me parler si souvent du *Snark* comme d'un bateau miracle, pourri, crevard et flottant malgré tout, tu n'avais pas besoin de chercher si loin dans tes souvenirs. Car enfin, comment as-tu osé naviguer sur ta *Marie-Thérèse II* ?...

À part moi, je me demande aussi comment j'ai pu tenir le mauvais temps du Cap avec ces cinq bordés en carton. Ah, si j'avais su, au moment de la construction, il y en aurait eu, des couches et des couches de créosote, du pétrole et même du sel gemme, placé dans de petits trous percés sur le haut des membrures. Car la pourriture est sûrement le pire adversaire du bateau en bois. Plus qu'un adversaire : c'est un ennemi hideux, sournois, cherchant à s'insinuer partout où le pinceau ne passera plus jamais, dans les joints, dans les parties les plus secrètes de la coque, privées d'air et de lumière.

Le « truc » du sel gemme sur les têtes de membrures, je l'ai appris à Capetown. Cela vient, paraît-il, d'un Américain qui aurait constaté, du temps héroïque de la marine en bois, le penchant à pourrir qu'ont les têtes de membrures où aucun pinceau ne passe jamais plus, une fois le pont posé. Pour prévenir la pourriture, il aurait eu l'idée de percer verticalement un trou de quelques centimètres de profondeur, au sommet de chaque membrure et de le remplir de sel gemme (pas de sel marin, trop hydrophile).

Il paraît également que sur ces grands voiliers, maintenant presque disparus, on ne perdait pas son temps à remplacer les pièces de la charpente attaquées par la pourriture. Changer un bordé c'est facile. Remplacer une varangue, la quille ou l'étrave, c'est une tout autre affaire.

Dans ce cas, un petit caisson en bois était monté sur la partie contaminée, puis on le remplissait de sel gemme et on le fermait. Le sel en s'humidifiant agissait alors comme un médicament à dose concentrée, bloquant la pourriture dans sa progression irréversible.

Il n'y avait heureusement que cinq bordés à remplacer. Il eût pu y en avoir beaucoup plus ! Quant à la membrure, elle se révélait intacte et le travail ne prendrait pas longtemps. Toutes les parties mises à nu furent lavées à grande eau, grattées, nettoyées à la brosse. L'air extrêmement sec de Sainte-Hélène sécherait rapidement le bois et permettrait à la créosote de pénétrer profondément à l'intérieur des fibres. Les deux galbords (bordés le plus près de la quille) ayant été retirés, la râblure de quille pourrait être elle aussi, traitée à la créosote, ainsi que la base des varangues. Et *Marie-Thérèse II* s'en tirerait pour cette fois, après quelques semaines d'hôpital. Mais il était temps !...

Le profane s'imagine, et c'est naturel, que l'opération qui consiste à remplacer un bordé nécessite le concours d'un spécialiste. À première vue, cela semble être un travail énorme, méticuleux, très difficile même pour un homme de l'art.

En fait, c'est effectivement un travail délicat. C'est tout. Rien d'énorme, rien de vraiment difficile. Il suffit de s'y mettre sans complexes en essayant de bien faire comprendre aux mains qu'elles ne doivent pas s'emballer et se mettre à travailler plus vite que la tête.

Pour le « non spécialiste », le remplacement d'un bordé devrait être réalisé en passant la plus grande partie de son temps, assis sur son derrière, à réfléchir en fumant une cigarette. Cela s'entend pour le premier bordé ! Les suivants se placent tout de même un peu plus vite...

Pour tout travail, il existe une technique : c'est elle qui fait la différence entre le cafouillage et le travail précis, rapide. Comment expliquer cette technique d'une manière compréhensible ? Je peux au moins le tenter !...

Il faut d'abord se souvenir qu'un bordé a presque toujours une forme bizarre : aucune ligne n'y est vraiment droite, ce serait trop facile ! Les parties les plus proches des extrémités du bateau sont généralement plus étroites que la partie se trouvant vers le centre.

On pourrait penser que le plus simple, pour tracer un bordé neuf, serait de le mesurer d'après le vide laissé par la planche qu'on vient de retirer. À première vue, cela se tient. En pratique, non, car un bordé doit être presque toujours courbé dans deux sens : tout d'abord, pour épouser la forme de la coque, ce qui n'est pas trop difficile en se servant de serre-joints, de coins et de poutrelles pour l'appliquer à force. Mais aussi vers le haut ou vers le bas. La largeur de la planche empêche alors toute flexion dans ces deux dernières directions. Il est donc indispensable de tracer et de découper exactement cette planche afin qu'il ne soit pas nécessaire de lutter pour l'incurver vers le haut ou vers le bas, ce à quoi elle se refuserait obstinément.

Voici une manière d'opérer. Il en existe peut-être d'autres plus simples, mais je ne les connais pas.

Une mince latte en bois, très flexible, d'une quinzaine de centimètres de largeur, est appliquée sur la partie où manque le bordé à remplacer. Il est important (très important) de ne pas opérer la moindre traction vers le haut ou vers le bas. On la maintient contre les membrures à l'aide de petits clous. Cette latte doit être à peine plus courte que le bordé à remplacer et être maintenue par des petits clous, entre les deux bordés adjacents.

Une petite planchette rectangulaire sera alors découpée d'environ 15 cm de long sur 10 de large. Le côté le plus étroit en sera appliqué contre le bordé supérieur et on tracera un coup de crayon sur la latte en appliquant soigneusement la pointe du crayon contre le bord inférieur de la planchette.

Une marque sera ainsi tracée, de la même façon, tous les 20 ou 25 cm, en suivant le bordé supérieur. Puis on répétera l'opération en appliquant la planchette contre le bordé inférieur. Pour finir, les deux extrémités seront marquées de la même manière.

La latte est alors déclouée, posée sur la planche neuve où elle est maintenue par deux ou trois petits clous. Puis, la planchette qui a servi à tracer les traits de crayon sur cette latte est employée, exactement de la même manière, à tracer de nouvelles marques sur la planche neuve. Ces marques seront ensuite réunies par un trait continu au crayon, à l'aide d'une longue baguette flexible (car elles ne sont pas en ligne droite), ce qui donnera les contours du nouveau bordé. Il suffit alors de découper à la scie et de terminer au rabot.

Si le marquage a été effectué soigneusement, le tracé sera absolument exact et le nouveau bordé viendra remplacer l'ancien sans qu'il ait été nécessaire de proférer d'épouvantables jurons pour ajuster la maudite planche.

Mais en aucune circonstance, ne laisser l'enthousiasme ou la hâte prendre la place du calme et de la réflexion, car alors tout pourrait être à recommencer...

Au travail ! Le deuxième jour fut employé à tracer le premier bordé et à le couper méticuleusement, réservant une petite marge de sécurité en arrêtant de raboter à un demi-millimètre du trait de crayon.

Le premier bordé terminé, c'est-à-dire découpé et prêt à être cloué, je préférai attendre pour laisser sécher encore les membrures. Et, j'employai, à cet effet, quelques litres de pétrole dans la lampe à braser qui fut promenée pendant plusieurs jours consécutifs sur toutes les parties mises à nu. Il fallait que mon bois fût sec, très sec, condition indispensable à la pénétration de la créosote dont il allait être badigeonné.

Après une semaine de ce régime, *Marie-Thérèse II* était parée à recevoir son premier bordé. Ce fut l'affaire d'une journée. Nous avions commencé par le bordé le plus facile, pour laisser le métier entrer progressivement... Serre-joints, coins en bois, poutrelles et quelques mots sonores furent mis en œuvre. Et le bordé prit sa place sans trop de protestations.

En deux semaines, la coque avait retrouvé son aspect habituel. Nous avions travaillé paisiblement sans rien casser ni sur le bateau, ni dans nos organismes délicats... mais le poisson-perroquet commençait à nous sortir par les yeux. Car le perroquet abonde dans les eaux de Sainte-Hélène. Le matin, pour nous mettre en forme, plongeon dans l'eau fraîche : perroquets, rien que des perroquets. On en tire deux, de taille respectable, pour le casse-croûte matinal.

Vers onze heures, je monte à bord et pose la casserole de riz sur le feu. Ensuite Henry et moi nous nous mettons à l'eau. Là, nous cherchons en vain quelque chose à manger... Les perroquets viennent presque nous grignoter les palmes. Nous les ignorons. Ils viennent alors faire les pitres, à un mètre de nos harpons. Nous les méprisons. C'est quelque chose d'autre que nous voudrions nous mettre sous la dent. Des perroquets, nous en avons MARRE. Nous dévorerions volontiers une murène, pleine d'arêtes, crue même. Enfin n'importe quoi, pourvu que ce ne soit pas un perroquet.

Finalement, il faut nous y résoudre, car c'est très bien, le travail, mais encore doit-on manger. Et six imbéciles de perroquets sont embrochés avec rage.

La séance reprend vers cinq heures de l'après-midi : il faut bien dîner ! Et ce n'est pas dans une île poissonneuse que nous irions ouvrir une boîte de conserves !...

Cette comédie dura pendant tout le mois que *Marie-Thérèse II* passa sur la jetée. Et encore pendant la semaine qui suivit sa remise à l'eau, car les maquereaux avaient pris le large, hélas, trois fois hélas !

Les jours passaient comme ils savent le faire à Sainte-Hélène : avec sérénité. Puis vint Noël. Un Noël calme et gai à la fois, comme doivent l'être en ce coin du monde tous les Noëls.

Après Noël, un événement : la *Jeanne-d'Arc* et le *La Grandière* venaient passer trois jours en rade de l'île : trois jours de fête pour les Saint-Héléniens ; trois jours fructueux, aussi, pour cette île isolée.

Car Sainte-Hélène, autrefois très fréquentée par les bateaux faisant le tour du Cap, est délaissée depuis que le canal de Suez offre aux navires une route plus courte et moins coûteuse.

De nos jours, l'économie de Sainte-Hélène est liée, d'une part au prix de l'agave sur le marché mondial, d'autre part aux navires qui consentent à y faire escale. Les prix de l'agave étant bas, les navires très rares, Sainte-Hélène vit au ralenti, isolée, mais sans soucis, grâce aux subventions gouvernementales, à la philosophie de ses habitants, et au soleil des Tropiques...

La visite de la *Jeanne* et du *La Grandière* serait donc une aubaine. On vendrait quantité de souvenirs : colliers, coquillages, aquarelles, napperons, dessous de verres, etc. Toutes les automobiles converties en taxis promèneraient l'équipage sur les routes de l'île (car les routes y sont excellentes), et pendant trois jours, un vent nouveau soufflerait sur Sainte-Hélène.

Mais la guigne voulut que la pluie fût aussi du rendez-vous : une pluie fine, pénétrante, qui commença à l'arrivée de nos deux navires-écoles, pour cesser comme par miracle le jour de leur départ !

Et j'entends encore, avec un serrement de cœur, cette réflexion d'un officier de la *Jeanne* : « Napoléon n'est pas mort, les Anglais l'ont assassiné en l'enfermant dans cet enfer de pluie et de crachin. »

Quand je pense au doux climat qui règne ici, à cet air sec et frais, sans orages, sans coups de vent, si ce n'est par extraordinaire lorsque pour des raisons incompréhensibles, très rares, le visage des dieux locaux se renfrogne. Oh non ! Napoléon n'a pas été assassiné. Pas par le climat de Sainte-Hélène, du moins.

Pour ma part, le contact de mes compatriotes marins, et leur chaude hospitalité, firent du séjour de la *Jeanne* et du *La Grandière*, trois jours de fête. Le calfatage serait terminé plus tard... !

Les midships s'intéressaient prodigieusement à cette petite sœur perchée sur la jetée de Sainte-Hélène, et mon bateau les vit souvent dans sa cabine, assis sur des couchettes, une grande moque de café dans les mains, tirant sur les bonnes vieilles gauloises dont j'avais presque oublié le goût.

Quant aux officiers chevronnés, si *Marie-Thérèse II* les intéressait aussi, leur intérêt se portait dans une large mesure sur l'ensemble « bateau-homme » et se traduisait d'une manière concrète, sans équivoque.

« Venez donc déjeuner à bord aujourd'hui. On vous emmène, tout de suite. Du reste, le carré vous est ouvert à n'importe quel moment. Prenez vos tables de navigation puisqu'il paraît que vous avez eu quelques démêlés avec la méthode dont vous vous servez. Nous y jetterons un coup d'œil ensemble. » (Bien entendu, nous avions déjà parlé « navigation » dans la cabine de *Marie-Thérèse II* !)

Déjeuner sympathique, cordial et d'une gaieté bien française. Émotion de me trouver sans transition « en France », à quelques centaines de mètres d'une petite île anglaise, en plein Atlantique.

Les leçons de navigation allèrent bon train : j'étais du reste mûr pour en profiter pleinement et comprendre enfin (ce n'était pas trop tôt) le maniement des mystérieuses abaques de Neufville.

La méthode de Dieumegard me fut également expliquée. Cela me rappelait un peu la manière dont on place un bordé sur la coque de *Marie-Thérèse II :* j'étais soutenu par deux officiers du *La Grandière* qui, tout comme si je représentais le bordé réticent, me poussaient calmement, bien étayé, clouant au fur et à mesure de la progression. En quelques minutes, c'était rentré ! Merci, *La Grandière !*

— Les cadets ne sont pas autorisés à se servir de cette méthode, tenaient à préciser mes nouveaux amis. Pensez donc, ce serait trop facile !... Lorsqu'ils auront quelques galons, ils seront libres de faire ce qu'il leur plaira, mais pour le moment, c'est l'école !... Vous êtes paré, du côté cartes marines ?

— Oui... à peu près.

— Jetons un coup d'œil ensemble, tout de même...

À l'issue du « coup d'œil » ensemble, on décide à l'unanimité que je pourrais être « un peu mieux paré » ; et je passe une journée à décalquer des cartes, aidé par un quartier-maître aussi gentil qu'il est possible de l'être. Il y a aussi comme par hasard des « cartes en double » que l'on me demande d'accepter sans faire d'histoire !

Maintenant, je suis paré côté cartes, si l'on peut employer ce mot qui, en réalité, ne fait pas partie du vocabulaire marin. Car on n'est jamais vraiment paré à bord d'un petit voilier. Il faudrait pour y parvenir passer sa vie au port et on finirait alors par construire un voilier plus spacieux pour y pouvoir tout embarquer !

Le docteur Aury, médecin-chef de la *Jeanne*, attaché aux recherches scientifiques, s'occupe personnellement de combler quelques lacunes déplorables concernant l'équipement de secours de *Marie-Thérèse II* et les connaissances de son capitaine.

Le docteur Aury est un ami de Bombard, et un passionné de tout ce qui concerne la survie en mer.

Nous passerons ensemble près de deux heures dans sa cabine, d'où je sortirai avec des notes utiles et les principales notions sur les moyens de sauver ma vilaine peau au cas où un accident grave me retiendrait en mer au-delà des délais prévus. J'apprendrai entre autres choses, qu'il faut s'abstenir de consommer du plancton coloré, celui-ci pouvant contenir le dangereux curare qui paralyse le système nerveux.

Après le départ de la *Jeanne* et du *La Grandière*, le calfatage fut terminé. Il ne restait qu'à appliquer le brai chaud sur les virures puis à passer deux couches de peinture sous-marine avant la mise à l'eau.

Henry partit alors. L'escale avait assez duré. Nous nous retrouverions à l'île de l'Ascension ou à Trinidad, ou bien en enfer.

Et les trinquettes jumelles de *Wanda* furent bientôt hors de vue, poussant le petit bateau vers de nouveaux rivages, toujours plus loin.

*Marie-Thérèse II* regagna son élément deux jours après, juste à temps pour ne pas rester un mois de plus sur la jetée, car le lendemain de sa descente au bout du câble d'acier, la mer commençait à s'agiter. Ce n'étaient pas les fameux « rouleaux » dont parlent les instructions nautiques, mais c'eût été trop fort pour risquer la remise à l'eau, si près des roches avoisinantes.

Hélas, tout n'était pas parfait : une heure plus tard, j'entends le glouglou de l'eau dans les fonds, ce bruit détesté de tous ceux qui naviguent... L'eau atteint déjà le plancher de la cabine ! Calfatage défectueux ? Impossible, car j'y ai mis le temps et les choses ont été bien faites. Séchage des bordés avec pour conséquence un léger écartement des virures ? Ce serait un peu plus vraisemblable, mais j'ai remastiqué toutes les fissures de la coque. Alors ?

La nuit se passe à pomper toutes les heures... Mais j'ai pu localiser une voie d'eau importante, de l'intérieur, derrière une membrure.

Équipé des lunettes de plongée, je m'en vais inspecter la coque au petit jour. Il me faut une bonne heure d'exploration sous-marine pour découvrir enfin la cause de cette voie d'eau.

Par pitié, lecteur, ne lisez pas cela, tournez vite la page. C'est trop honteux... J'avais tout simplement oublié d'enfoncer un clou dans un trou percé pour le recevoir. Encore heureux que j'aie fini par le découvrir. À propos, c'est en promenant ma tête contre la partie suspecte, que j'ai senti l'aspiration sur mes cheveux. Merci, Asie millénaire !...

Armé d'un tournevis et d'un brin de coton à calfater, j'effectue le petit travail d'étanchéité, puis applique un peu de ma mixture argile-ciment-plâtre afin que les tarets de la mer des Antilles ne pénètrent pas dans le coton avant de s'en prendre au bois.

Dernière inspection sous-marine de ma coque. C'est bien ce que je craignais : les élingues en câble d'acier utilisées pour soulever *Marie-Thérèse II* et la remettre dans la mer, ont, malgré leur fourrage et toutes les précautions prises, détérioré la peinture anti-fouling en trois endroits.

Quelques broquettes en cuivre sont enfoncées à moitié sur les parties mises à nu et le fameux mélange y est appliqué. Ma coque est maintenant à l'abri des vers marins.

Quant à la voie d'eau, on n'en parlera plus ; du moins, pas de la grosse, qui est maîtrisée. Mais un peu d'eau persiste à pénétrer par d'autres fissures de la coque. C'est une chose à laquelle il faut s'attendre lorsqu'un bateau en bois est resté six semaines hors de l'eau. Surtout dans un pays aussi sec que l'est *Sainte-Hélène*.

Le sac de sciure de bois est alors placé sur le pont et avec quelques boîtes du précieux remède, plus une goutte d'eau ne pénètre dans mon bateau.

Tout est maintenant paré pour le prochain saut jusqu'à l'île de l'Ascension. Mais j'aimerais connaître mieux Sainte-Hélène que j'ai assez peu visitée pendant cette longue escale, ayant dû me consacrer aux réparations de *Marie-Thérèse II*. Aussi, mon ami le docteur Ocorski, médecin pour le compte du Gouvernement, m'emmènera avec lui pendant quelques jours, lors de ses visites à l'intérieur de l'île : verdure, fleurs, parfums. C'est étonnant ce qu'un paysage peut changer avec l'altitude. Sur le plateau, bien qu'il y pleuve avec parcimonie, tout est vert. Car les plantes savent absorber l'humidité par leurs feuilles pour la diriger ensuite vers les racines, où elle arrivera par les dernières ramifications, au contact des sels minéraux nourriciers qui seront alors dissous avant de remonter, avec la sève, vers la lumière.

Il y a, chez mes amis Ocorski, un tourne-disque, de bons disques, et des fauteuils confortables pour écouter ces disques. Je pense alors à ce qui me manque encore pour être tout à fait « at home » à mon bord : un petit tourne-disque à piles (en existe-t-il ?) que je suspendrai « à la cardan », avec toute une collection de microsillons. C'est pour cela que je travaillerai la prochaine fois, au Venezuela (ou ailleurs, peu importe !).

Je pense aussi à la dernière lettre de Joyce, à ma réponse : « D'accord, rendez-vous à Trinidad. »

Et je me sens en paix, totalement, à la veille du départ.

# 9

# Sainte-Hélène – Ascension : 700 milles

L'alizé souffle faiblement, le 22 janvier 1958. Mais je ne m'en plains pas. Prendre la mer par beau temps est de loin ce que je préfère. Et en fait de beau temps, on ne peut rêver mieux aujourd'hui. Un regret, pourtant… ce mot que je n'ai pas eu le courage de prononcer avant de quitter Capetown. Car, pour la première fois depuis que je navigue, un sentiment de culpabilité m'envahit, tendant à gâcher cette journée lumineuse, qui eût été parfaite avec, en plus, la compagnie d'un être cher, à qui ce genre de vie ne faisait pas peur.

Pour la première fois, aussi, je me sens seul en mer. Cette solitude, jamais je ne l'ai ressentie, une fois l'ancre dérapée. À terre, oui, parfois. En mer, jamais.

« Allons, mon vieux, secoue-toi ! du reste, les dés sont jetés. Ne lui as-tu pas donné rendez-vous à Trinidad ? Alors, pourquoi broyer du noir, par une aussi belle journée ? »

Décidément, *Marie-Thérèse II* est gentille, aujourd'hui. Elle n'a pas l'habitude de me parler de cette manière. Peut-être est-elle devenue plus conciliante depuis que j'ai donné pour elle un tel coup de collier, sur la jetée de Sainte-Hélène ?

Trois heures après le départ, Sainte-Hélène s'est presque totalement estompée dans le Sud-Est : un léger voile de brume, qu'on ne soupçonnait pas à terre, et qui semble exister en permanence sous cette latitude, s'est interposé entre l'île et mon bateau.

La routine du large reprend. Les trinquettes jumelles sont envoyées dès que la terre est suffisamment éloignée pour que le vent soit devenu plus régulier.

Décidément, *Marie-Thérèse II* est pleine de mansuétude : pas de reproches pour avoir omis d'installer au bout des tangons les poulies qui auraient servi à envoyer mes deux focs de réserve, à raser l'eau, suivant le système de Henry.

Le gouvernail automatique de Marin Marie fait merveille, comme toujours. Comment peut-il fonctionner avec un vent si faible ? C'est peut-être grâce à cette idée d'Henry, d'un gouvernail compensé par le prolongement du safran sur l'avant de la mèche, à la partie inférieure.

Coup d'œil dans la cale : pas d'eau, la sciure de bois a fait du bon travail. Après tout, la vie est belle et la paix reprend bientôt possession de ce petit monde flottant qui navigue cap au Nord-Ouest vers un autre petit monde « l'île de l'Ascension ». Réveillez-vous donc, ô divinités endormies, sans quoi il me faudra un mois avant de laisser à nouveau tomber l'ancre de mon voilier parmi ces autres bateaux qui reposent en face de la plage de l'Ascension !

Mais la mer dort à poings fermés. L'alizé presque autant. C'est à peine si sa respiration s'accélère un peu pendant la première moitié de la nuit.

Étranges mystères de l'Océan. On pourrait croire qu'une frontière invisible sépare la partie de l'Océan qui s'étend au Sud de Sainte-Hélène, de tout ce qui est à son Nord immédiat : entre Capetown et Sainte-Hélène, je naviguais entre un ciel complètement couvert et un océan terne, sans poissons, sans autres oiseaux que les pétrels et de rares albatros.

Ici, un peu plus au Nord, les poissons volants font leur apparition, au lendemain même du départ. Ailes scintillantes sous le soleil clair et chaud, ils prennent leur vol par petits groupes dispersés au début, puis quelques jours plus tard, par bandes compactes d'une centaine de corps argentés sous un ciel dégagé, d'un bleu profond, couleur des tropiques, qui semble communiquer à la mer une sorte de vie intime, tranquille et reposante.

Le domaine des poissons volants est aussi celui des dauphins, amis de l'homme et des bateaux. Confiants et gais, ils jouent avec un voilier comme une bande d'enfants turbulents et rieurs. C'est à celui qui fera le plus de tours sur soi pour retomber bien à plat avec un grand splash.

L'exhibition dure entre cinq et vingt minutes. Je les vois arriver de loin, par grands bonds, coupant notre route. À la hauteur du bateau, changement de direction et toute la bande escorte la grande sœur, avec des ébats de gosses qui auraient trouvé un jouet amusant. Puis, le jeu terminé, le troupeau poursuit sa route initiale, pour reparaître parfois au cours de la nuit.

Cette première visite des dauphins me fit songer avec honte aux harpons que nous avions fabriqués Henry et moi, avant de quitter Capetown... engins énormes, meurtriers, spécialement conçus pour eux. Et cette discussion que nous avions eue à leur sujet :

— Ton crâne bourré d'os a tout de même compris que les conserves, ça représente une sérieuse dose de travail, donc de prostitution dans les ports. Alors, autant commettre un vague péché, en zigouillant un de tes dauphins de temps en temps, afin d'éviter le plus possible de nous prostituer au prochain port. Cent kilos de bidoche séchant dans tes haubans, ça ne te ferait pas venir l'eau à la bouche ? Et puis, le créateur du Ciel et de la Mer n'a-t-il pas pris la peine d'informer nos premiers ancêtres qu'ils étaient libres de disposer de tout ce qui vit ?

— D'accord, Henry, mais les dauphins sont de vrais copains. Sans leur compagnie, je me demande comment j'aurais tenu dans la mousson de l'océan Indien. Tu comprendras peut-être un jour ce que j'essaie de faire pénétrer dans ton crâne aussi plein d'os que le mien.

— You stupid French Bastard. Avoue honnêtement qu'ils étaient trop gros pour toi ! Car tu ne me feras pas croire que tu aurais hésité à occire un vulgaire dauphin, avec la gueule que tu as et la fringale chronique dont tu es affligé. Surtout dans l'océan Indien, où tu ne bouffais que du riz et des sardines à l'huile !

Et pourtant... lorsque je revis Henry, à l'île de l'Ascension, nous devions en reparler.

— Eh bien, Henry, tu as vu des dauphins, ou bien se sont-ils tenus à distance respectueuse de ton bateau crasseux ?

— Évidemment, j'en ai vu. Et beaucoup. Ce qui m'étonne, c'est qu'ils se soient aussi rapprochés du tien, de bateau, car les dauphins apprécient la vitesse ! (Henry, qui a profité d'un meilleur vent, n'a mis que sept jours pour le parcours, alors qu'il m'en a fallu presque neuf...)

— Et... ça se bouffe, les dauphins ?

— Pas essayé. Too friendly...

Le 26 janvier, *Marie-Thérèse II* a tracé 280 milles, sur une ligne qui doit la placer à une cinquantaine de milles à l'est de l'Ascension, à cause du courant Ouest qui, d'après les instructions nautiques et surtout les Pilot-Charts se fait nettement sentir dans ces parages. Le calcul de ma position journalière ne présente plus le moindre problème, le soleil étant visible toute la journée. Seule cette légère brume le cache encore, au lever et au coucher.

Et comme une personne qui vient d'apprendre un tour de cartes très astucieux, et qui s'amuse à le répéter toutes les deux minutes en s'extasiant de ne jamais le manquer, je bombarde inlassablement le soleil de mon sextant, dès son apparition. Puis, je me rends dans la cabine et, maniant avec une désinvolture croissante les admirables tables de Neufville, je trace, à longueur de journée, des droites de hauteur qui perdent leur aspect merveilleux à mesure que les tâtonnements timides du premier jour font place à l'automatisme total de mes mains tournant les pages, sans hésitation, pour poser la mine du crayon à l'endroit précis qui me donne à la fois une droite et son azimut.

Quand je pense au temps qu'il m'a fallu pour « piger »…

Les oiseaux des Tropiques arrivent. Cela commence par la visite matinale de deux « paille-en-queue », l'un des oiseaux les plus familiers que je connaisse, après la « goélette blanche » des Chagos et des Cargados-Carajos.

Après avoir fait plusieurs fois le tour du bateau, ils essayent de se poser sur le mât. « Trop de mouvements là-haut, mes amis ; d'autres ont tenté la chose avant vous sans y parvenir. » Il faut être allé se percher au sommet d'un mât, même par très beau temps, pour savoir à quel point cela peut remuer !

Encore deux ou trois passages autour du bateau suivis d'un dernier en rase-mottes comme pour dire au revoir, et mes deux paille-en-queue repartent vers Sainte-Hélène. Je n'en verrai plus jusqu'à la prochaine escale.

Bien que ressemblant en tous points aux paille-en-queue de l'océan Indien, ceux de l'Atlantique Sud ne me paraissent pas être de grands voyageurs à l'inverse de leurs confrères de l'autre océan qui avaient accompagné *Marie-Thérèse* pendant plus de deux mois, du nord de Sumatra jusqu'aux Chagos.

Mais d'autres oiseaux viennent remplacer les deux déserteurs : ce sont les petits et bruyants « wide awake » qui arrivent par bandes d'une vingtaine, en faisant un vacarme à réveiller un mort, puis, leur curiosité satisfaite, s'en vont piailler plus loin, faisant penser au proverbe chinois : « Les plus petits oiseaux sont aussi les plus bruyants. »

Quant aux fous, tellement loquaces autour de Capetown, ils sont, ici, beaucoup plus calmes. Muets pour tout dire. « La pêche n'est sans doute pas aussi bonne entre Sainte-Hélène et l'Ascension, que dans les parages du Cap, et c'est pourquoi vous prenez cet air pincé et refusez de jouer avec moi ? Allez donc à Capetown, c'est bourré de sardines ! Peur des voyages ? Ah ! je comprends ! Vous n'aimez pas le froid. Moi non plus du reste, ce qui montre que nous avons quelque chose en commun. » (J'ai toujours souhaité que l'enfer ne soit pas glacé. On a beau prétendre qu'il y fait chaud, je me méfie tout de même !...)

C'est mal choisir le moment de blasphémer, quand tout, autour de moi, est si plaisant, à part le vent, bien entendu, qui se met à dormir un peu trop souvent. Hélas, rien n'est vraiment parfait, et quand les choses le sont effectivement (comme c'est le cas aujourd'hui) on trouve malgré tout le moyen de critiquer les divinités amies.

Et pour bien me prouver que tout est parfait, mais que rien ne l'est vraiment, ces mêmes divinités me murmurent à l'oreille que c'est un jour idéal pour une petite station au sommet du grand mât ; que je pourrais, par exemple, contempler le spectacle toujours nouveau et toujours aussi émouvant, du plus beau bateau du monde, vu de dessus, étirant derrière lui, sans personne à la barre le sillage de ses trois nœuds sur les flots calmes de l'Atlantique. Car mon bateau est le plus beau du monde, tout comme l'est *Wanda* aux yeux d'Henry et *Kurun* à ceux de Jacques-Yves Le Toumelin...

Et me voilà en haut du mât. Hélas ! divinités maudites, n'auriez-vous pu attendre les Antilles pour me porter ce coup ! Car mon grand mât est pourri à son sommet ! Je ne jure même pas. Je ne blasphème plus. J'en ai « marre », tout simplement, et le ressens profondément dans toutes les fibres de ma poitrine. Je voudrais presque pouvoir pleurer. Cela me détendrait. Mais non, je suis là, à la tête du grand mât, vidé, écœuré, avec une terrible envie de vomir.

Puis, lentement, je redescends, serrant ce mât pourri, de mes deux bras noués autour, entre dans la cabine, m'affale sur la couchette. Si Joyce était ici, elle trouverait le mot qu'il faut pour me faire reprendre courage. Elle me dirait par exemple : « Tout cela n'est pas grave ; c'est même une chance, puisque tu te plains toujours que *Marie-Thérèse II* est sous-voilée. Nous trouverons ensemble un bon mât aux Antilles, plus haut, tout neuf (pour une bouchée de pain, évidemment) et je t'aiderai à tailler puis à coudre une grande et belle voile neuve, pour l'habiller. Tu vois comme c'est simple. »

Mais, moi, je me sens seul, terriblement, devant ce grand mât qui montre le ciel et semble me dire : « Toi, mon petit, tu ne l'as pas volé : combien de fois as-tu pensé à mon entretien ? Une fois, quand tu m'as fabriqué, en m'imprégnant d'huile de lin, puis une autre fois avant de quitter l'île Maurice, en me collant dessus une couche de peinture à bon marché. Depuis ? rien de rien ! Pourtant, toutes ces gerçures qui me déparent, tu ne les as pas remarquées ? Tu as soigneusement imprégné de sel le pont et la coque de ton bateau, pendant les escales, et tu n'as pas songé une minute à me consacrer un peu de temps en me badigeonnant d'huile de lin tous les six mois pour me préserver de la pourriture. Tu n'as pas volé ce qui t'arrive ! »

Volé ou pas volé, j'en ai marre aujourd'hui... Plus, même que le jour où j'ai découvert la pourriture sur ma coque, à Capetown. Car brusquement un sentiment terrible me frappe au cœur : je n'ai plus confiance dans mon bateau.

J'entrevois maintenant que ce travail hâtif, à l'île Maurice, va se payer, petit à petit, planche après planche, et que ces deux années passées en Afrique du Sud à travailler comme un forçat, pour pouvoir par la suite me consacrer à des activités intéressantes, n'ont servi à rien. Que cette vie libre dont j'avais rêvé ne sera jamais une vie libre. Pas avec ce bateau en tout cas, pas lorsque l'on doit passer son temps, dans chaque port, à de « grosses réparations », pour maintenir en vie une coque qui s'en va peu à peu, inéluctablement là où vont les crabes morts...

Et ce jour m'aura marqué. Car je songe déjà à mon prochain bateau... Un bateau solidement construit, soigneusement préservé contre la pourriture, impeccable. Un bateau que j'aimerai vraiment, et qui me fichera un peu la paix.

Je pense à l'idée que m'avait suggérée Bardiaux, à l'île Maurice, d'un bateau en acier inoxydable. Et j'en dresse les plans dans mon esprit ; neuf à dix mètres hors tout, compartiments étanches, réservoirs d'eau et coffres à provisions soudés directement sur la coque, faible tirant d'eau pour pouvoir pénétrer presque partout, avec un lest en quille suffisant pour qu'il puisse se redresser au cas où une vague déferlante le retournerait.

Oui, un bateau construit une fois pour toutes, avec des prodiges de travail, des privations héroïques, une dépense d'énergie qui vous laisse, le travail terminé, à bout de souffle. Mais le résultat serait une demeure flottante qui tiendrait pour le reste de mon existence, moyennant un entretien minime, presque nul, me permettant alors de me consacrer davantage à ce qui me plairait, sans qu'il soit impératif de me prostituer aussitôt un port atteint.

Que le marin consacre une partie de son temps au plus beau bateau du monde, rien de plus normal. C'est même nécessaire du point de vue moral, sentimental. Car un bateau n'est pas seulement le résultat d'un travail de charpenterie ; il existe aussi, dans l'ensemble coque, gréement et voiles, autre chose que du bois, des câbles d'acier et de la toile. Un bateau possède une personnalité et, oserais-je l'écrire ? une âme. Tout marin a conscience de cette âme, à la seule vue de son bateau, que celui-ci dorme paisiblement au bout de sa chaîne, à l'abri dans un port tranquille, ou qu'il navigue, taillant sa route vers la ligne d'horizon.

Un bateau en acier inoxydable… presque pas d'entretien, presque plus de dépenses, une fois lancé, équipé de voiles en fibres synthétiques. Pas de peinture extérieure. Et, peut-être, pas même de peinture sous-marine. Il en existe un au monde, le *Seven Seas* : dix à onze mètres, inspiré des formes d'*Islander* d'Harry Pidgeon, c'est-à-dire à bouchains vifs.

Son propriétaire, un Américain, avait habité quelques semaines chez un de mes amis, à Capetown, pendant son escale en Afrique du Sud. Il était, paraît-il, extrêmement satisfait de ce bateau qui ne lui avait causé aucun ennui pendant son tour du monde, partie en solitaire, partie en compagnie de son épouse.

Mais il avait dit ceci à mon ami Moekli de Capetown : « Je doute fort de voir un autre bateau en acier inoxydable naviguer de sitôt. La construction en serait effroyablement coûteuse, je sais de quoi je parle ! »

Je ne peux cependant m'empêcher d'en rêver ?… cela ne coûte rien et console un peu d'un mât pourri et d'un bateau qui commence à flancher…

Peut-être existerait-il une solution intermédiaire : le bateau en bois, entièrement revêtu de polyester, coque, pont et cabine. Mais il vaudrait mieux attendre encore quelques années, que les experts soient parvenus à mettre au point un produit absolument parfait, qui ne craque pas, comme c'est déjà arrivé, hélas !... Pourtant, il paraît que certaines techniques de fabrication ont déjà donné des résultats impeccables. Encore un peu cher, cependant... mais si les résultats sont vraiment parfaits, cela vaut, je crois, la grosse mise de fonds supplémentaire. Car alors, plus de peinture, ni d'entretien sur les œuvres mortes et, au cas où l'on serait « un peu à sec » du point de vue pécuniaire, on pourrait même ne pas utiliser de peinture sous-marine : un bon nettoyage à la gratte, puis à la brosse la veille du départ et en route ! quitte à recommencer de temps en temps, en pleine mer.

Cela ne paraît pas très sérieux ? C'est possible, en tout cas. Je l'ai du reste fait assez souvent, à bord de *Marie-Thérèse*, dans l'océan Indien, pour retirer de sa coque d'innombrables coquillages ressemblant à des moules, qui se moquaient des meilleures peintures sous-marines. Quant aux bernicles et autres coquillages marins, plaies des ports et mouillages tropicaux, ils ne se fixent presque jamais à la coque, en pleine mer. Et tant que le bateau navigue, tout se passe bien de ce point de vue.

*Marie-Thérèse II* continue de naviguer calmement.

Le 27 janvier 1958, voici mon premier poisson pilote. Il vient je ne sais d'où, et semble heureux du voisinage de sa grande sœur, qu'il précède à quelques centimètres de l'étrave. Est-ce le souhait de bienvenue des mers tropicales ? Ce doit être ça car nous y sommes maintenant : soleil d'or, mer qui s'est beaucoup réchauffée depuis Sainte-Hélène et, pour couronner le tout, mon pilote rayé, pas plus long qu'un peigne de poche, pour me montrer le chemin. Il accomplit sa tâche sans effort, *Marie-Thérèse II* ne filant pas plus de trois nœuds.

Je sais de quoi vivent mes pilotes. Mais comment dorment-ils ? Souvent, je m'étais posé cette question dans l'océan Indien, où ils avaient accompagné *Marie-Thérèse* pendant plus de deux mois, sans jamais manquer à l'appel du matin.

C'est, je crois, en lisant Bernicot par la suite, que je crus pouvoir répondre à cette question que se sont aussi posée tous ceux qui ont vécu sur un voilier naviguant dans les eaux tropicales.

Mais il s'agissait de dorades, si mes souvenirs sont exacts : la lune était pleine, cette nuit-là, et Bernicot, qui se trouvait sur le pont d'*Anahita*, distingua une forme blanche immobile dans l'eau, à toucher la coque. Puis la dorade (Bernicot l'avait identifiée) fut laissée derrière par le voilier poursuivant sa course à quelques nœuds.

Plusieurs fois, en une demi-minute, *Anahita* dépassa une dorade endormie, couchée sur le côté : c'était la même qui, une fois dépassée par le bateau, se réveillait, filait comme une flèche pour atteindre l'avant d'*Anahita*, et reprenait son somme de quelques secondes le long du bord, protégée par sa grande sœur au nom chantant, contre les convoitises éventuelles d'un requin maraudeur.

La lune étant presque pleine aujourd'hui, j'essaierai de voir mon pilote dormant le long du bord. Pas pour lui faire des blagues, bien sûr ; pas aux copains. Simplement pour voir et pour observer.

La nuit venue, j'écarquille les yeux pour essayer de distinguer mon camarade. Rien. Ce n'est du reste pas étonnant. Y serait-il que je ne pourrais le différencier des flocons d'écume rejetés par l'étrave.

À tout hasard, j'ai pris le harpon. Pas pour le petit pilote ! Mais, sait-on jamais : peut-être verrai-je une forme blanche, d'un mètre de long reposant bien à plat sur l'eau ! Ni pilote, ni dorade…

Finalement, je me rends sur le bout-dehors avec la torche électrique caoutchoutée et éclaire la vague d'étrave.

« Eh bien, mon petit vieux, pas sommeil ? Pas fatigué ? Pas envie de dormir un moment ? Besoin de rien ? » Car il est là, à la place qu'il s'est choisie en arrivant aujourd'hui, à l'abri de la vague d'étrave.

Peut-être est-il trop tôt pour dormir ? Je m'amuserai à le vérifier. Mais comme je pourrai le constater plus tard dans la nuit, puis les nuits suivantes, mon poisson pilote applique une technique de sommeil à lui. Il est toujours à la même place, de jour comme de nuit, et maintient une vitesse égale à celle de *Marie-Thérèse II*.

Évidemment, il doit lui arriver de dormir. Chacun à sa manière, tous les êtres vivants dorment. Cela va de plusieurs mois dans un trou de neige, pour la marmotte, à quelques secondes pour le lapin et la dorade.

Alors, de quel sommeil se contentent les poissons pilotes ? d'une fraction de seconde toutes les fractions de secondes ? En s'y prenant bien, ils pourraient s'offrir douze heures de sommeil par jour, tout en restant éveillés vingt-quatre heures sur vingt-quatre. Je connais quelqu'un qui aimerait pouvoir en faire autant... !

Le 30 janvier, nous avions parcouru presque toute la distance qui sépare Sainte-Hélène de l'île de l'Ascension. Beau temps, mer calme, ciel clair. Le vent soufflait un peu plus depuis quelques jours et mon point à midi ce jour-là me place à une cinquantaine de milles d'Ascension.

Bien entendu, et en admettant que mes calculs soient exacts (avec un aussi joli temps, il faut y mettre de la bonne volonté pour faire une erreur), je verrai apparaître le sommet de la Montagne Verte, avant le coucher du soleil. Et comme il se doit, le soleil va se coucher sans qu'aucune terre n'ait montré le bout de son nez !

À onze heures du soir, l'île apparaît enfin, d'une seule pièce, à six ou huit milles : Coucou, c'est moi ! *Marie-Thérèse II* est mise en panne[1] pour attendre le jour car aucun phare n'existe ici (non plus qu'à Sainte-Hélène). De plus, un banc de sable étendu avec des roches sous-marines plantées dessus comme de grosses dents, déborde de la côte quelques centaines de mètres à l'Ouest du mouillage habituel.

Vers quatre heures du matin, la dérive et un assez faible courant nous ont rapprochés de quelques milles et *Marie-Thérèse II* reprend sa route, dans un calme devenu presque plat... Éternelle répétition ; entre deux continents, on fait une moyenne de quatre-vingts milles par jour en se plaignant de ne pas avancer. Puis il faut des heures pour parcourir les 5 ou 6 milles qui restent avant de laisser tomber l'ancre qui passera par-dessus bord au grand jour, devant l'œil amusé d'Henry.

— Eh ! Bloody Frenchman ! combien de jours depuis Sainte-Hélène ?

— Huit et demi, you Tramp !

— Tu veux dire neuf en chiffre rond ?

— Ça va ! Et toi ?

— Sept, grand paresseux. Qu'est-ce qui t'a retenu si longtemps en mer ?

— Pas de vent. Ça soufflait bien pour toi ?

— Pas plus que pour toi, mais *Wanda* n'aime pas traîner en mer.

— Tu parles ! On vérifiera sur le prochain parcours !

— Console-toi : *Phœnix* qui avait mis quinze jours entre Capetown et Sainte-Hélène en a mis onze entre Sainte-Hélène et Ascension.

— Et comment sont les gars, ici ?

— Pas mal. Mais tout le monde est terriblement occupé dans cette île : les Américains à leurs fusées

1. Grand-voile bordée plat, trinquette à contre et barre sous le vent.

téléguidées et les employés de « Cables & Wireless », à leurs télégrammes. J'ai du reste l'impression que ces derniers se méfient un peu des yachts de passage : ils ont dû voir défiler de tels « bumps » pendant leur séjour ! Mais viens donc prendre le petit déjeuner à mon bord, j'ai harponné quelques poissons en supplément quand je t'ai vu arriver.

— Des maquereaux ?

— Non, rien à voir. Ceux-là sont noirs, vivent par grandes bandes compactes, nettoient les coques en dévorant tout ce qui aurait pu s'y accrocher : coquillages ou algues. Du reste, je te préviens, ils mangent de « tout ».

— Toi aussi, et moi de même.

# 10

# L'île de l'Ascension : *une escale dans la Lune*

Ce qui caractérise l'île de l'Ascension et la différencie de la plupart de ses sœurs tropicales, c'est l'incroyable sécheresse qui règne sur son littoral. La seule verdure qu'on y voit se trouve au sommet de la Montagne Verte, le plus haut piton de l'île. Tout le reste est rocailleux, mais pas de la façon qu'on pourrait imaginer : ce sont des étendues accidentées de grosses pierres rondes qui s'étendent partout où l'on regarde, dans les vallées, en bordure des routes, à flancs de coteaux ; sans un brin d'herbe, sans même un squelette de plante qui eût témoigné d'une vie végétale révolue. De la pierre, rien que de la pierre : un spectacle à vous donner envie de repartir tout de suite.

Mais la très grande plage de sable blanc qui s'étend face au mouillage, à gauche et à droite de la jetée, devant la petite agglomération de la Compagnie « Cables & Wireless », semble conseiller au voyageur de rester encore un peu, le temps de « s'y faire ». Une autre voix donne aussi le même avis plein de sagesse : celle des innombrables « wide-awake », oiseaux de mer aussi bruyants qu'ils sont petits, et dont les œufs couvrent sûrement une bonne étendue de terrain, si l'on en juge par le vacarme permanent qui règne à l'ouest du mouillage...

Henry avait eu la même impression à son arrivée. Il était tout de même resté une semaine à bricoler dans sa cabine : « Rien d'intéressant dans ce patelin, à part peut-être la Montagne Verte où j'aurais aimé faire un tour à pied. Mais cela m'ennuyait d'y aller seul. Tu aimes la marche ?

— Dans la forêt tropicale, oui... Mais sur les cailloux, beaucoup moins, surtout quand ça monte... !

Il est finalement décidé que nous ferons ensemble cette promenade ( !...) à la Montagne Verte demain (10 milles de grimpette !) et qu'ensuite nous rendrons une visite de courtoisie au « Terrain réservé » des wide-awake avec un bidon de 20 litres pour récolter les œufs.

Puis, l'opération « œufs » réglée, nous irons dire bonjour aux tortues de mer qui viennent pondre de nuit, à cette saison, sur la grande plage. Cela nous permettrait d'économiser nos conserves...

— En attendant, viens à terre, sans oublier ton passeport, car Mr Harryson, Directeur de « Cables & Wireless », qui fait en même temps fonction de Gouverneur de l'île, te demandera de le lui confier jusqu'au jour du départ.

— Pourquoi garderait-il nos passeports jusqu'au jour du départ, au lieu de nous les rendre immédiatement après avoir constaté qu'ils sont en règle ?

— Je n'en sais rien, mais c'est ainsi. J'ai l'impression que les oiseaux de notre espèce n'inspirent pas grande confiance à l'Ascension.

— Il faut dire qu'avec la gueule que tu as...

— Quand il aura vu la tienne, son doute maladif fera place à une certitude bien établie !

Ma petite annexe est montée, puis nous nous rendons à terre. L'accès à la jetée est beaucoup plus acrobatique qu'à Sainte-Hélène et c'est dans des cas comme celui-ci que l'on est content de disposer d'un youyou ultra léger, facilement transportable à bout de bras : une fois le débarquement opéré, le youyou est déposé sur le haut de la jetée, à l'abri des vagues.

Mr Harryson nous reçoit aimablement dans son bureau et nous invite sur-le-champ à venir déjeuner avec sa famille.

Cadre charmant, gai, très « home ». Les Anglais s'y entendent pour vivre dans un désert aussi bien (et même mieux parfois) qu'ils ne le feraient dans leur propre pays : tout pour l'intérieur. Et une fois entré dans une maison coloniale anglaise, un rideau semble tiré sur tout ce qui se trouve hors les murs ou plutôt hors du jardin.

Autre miracle : dans cette île où l'eau douce doit être parcimonieusement rationnée, la petite colonie anglaise trouve le moyen d'entretenir un jardin frais et vert autour de chaque maison.

Tout compte fait, les épithètes peu flatteuses que nous avons employées tout à l'heure, Henry et moi, au sujet de nos « gueules » respectives, étaient sans doute un peu forcées, car les Harryson semblent contents de nous voir parmi eux. Comme la plupart du personnel attaché à « Cables & Wireless », ils font partie d'un clan nomade, dont les séjours au même endroit durent rarement plus de deux ou trois ans.

Ils étaient déjà passés à l'Ascension quelque dix-huit ans plus tôt, et c'est dans cette île qu'était née la ravissante jeune fille (leur fille) auprès de laquelle nous étions placés, Henry et moi.

— À notre dernier séjour, nous apprend Mr Harryson, la verdure était rare (je regarde Henry qui ne bronche pas). C'était dû aux chèvres sauvages qui dévoraient tout. Mais pendant la guerre, les soldats anglais et américains en garnison dans l'île ont trouvé un dérivatif à leur isolement : la chasse aux chèvres… Et il semble qu'ils soient parvenus à les faire disparaître complètement, car personne n'en a vu depuis des années, au grand bénéfice des plantes, qui gagnent du terrain sur les pentes de la Montagne Verte, comme nous avons pu le constater en arrivant récemment. Je dois m'y rendre demain pour une tournée d'inspection avec ma femme et ma fille. Voulez-vous en être ?

Je lève le doigt, trop heureux de cette occasion qui me permettra d'aller voir de plus près ce site curieux, sans payer ma curiosité d'une quinzaine de kilomètres de marche en montée et d'autant en descente, sans un soupçon d'ombre pendant le trajet !

Henry, bien qu'heureux de cette gentille invitation, semble regretter ses trente kilomètres de marche au soleil et je le plaisante à ce sujet.

— Soyez sans inquiétude, nous assure Mr Harryson : de la marche, vous en ferez, car si la jeep peut atteindre le sommet, ou presque, il restera quelques bons milles à faire à pied pour mon tour d'inspection. (Voilà Henry consolé.)

Nous abordons alors le sujet « tortues ». L'île de l'Ascension est en effet célèbre pour le nombre des tortues de mer qui viennent pondre sur ses plages. Elles semblent même avoir en grande partie déserté Sainte-Hélène, moins sûre du fait de la population relativement nombreuse de cette île qui, comme partout où la viande rouge est rare, ne laisserait pas passer l'occasion de retourner sur le dos une de ces énormes femelles avant de la tranformer en steaks propres à nourrir cinquante personnes, avec du rab pour les gourmands.

Par contre, l'Ascension a toujours été une île déserte ou presque, occupée seulement par les trente ou quarante employés de « Cables & Wireless » et une poignée de Saint-Héléniens recrutés par cette compagnie. Autrement dit, c'était, pour ces tortues, l'assurance presque certaine de regagner leur élément en toute tranquillité.

Depuis l'installation de la base américaine, les choses auraient pu changer. Mais les Américains recevaient leur viande frigorifiée par bateau, si ce n'est par avion, et les tortues ne furent pas inquiétées, d'autant plus que pour tuer une tortue, il faut... l'autorisation du Gouverneur, en l'occurrence Mr Harryson.

Henry, arrivé une semaine avant moi, et qui avait entendu parler de la répugnance avec laquelle quelques rares permissions avaient été délivrées, m'avait recommandé le plus grand doigté.

Il avait vu juste : car sitôt abordé ce sujet, une ombre couvrit le front de Mr Harryson ! Comme un seul homme, nous battions en retraite, Henry et moi : « Manger de la tortue ! oh, bien sûr que non ! Nous en avions mangé une fois à Sainte-Hélène (nous mentions effrontément), pour faire plaisir à notre hôte. Pensez donc, plusieurs heures après le dépeçage la chair de cette pauvre bête bougeait encore sur la table de la cuisine ! Un spectacle à vous soulever le cœur... » (Je pense à part moi aux chargements de 50 à 150 tortues que j'expédiais mensuellement vers l'île Maurice et aux festins de ce mets délicieux, pendant mon séjour d'administrateur de la « Raphaël Fishing » aux Cargados Carajos...) Et nous enchaînions vite : « Ce sont leurs œufs que nous aurions aimé goûter ; excellents, paraît-il ! ».

Mr Harryson retrouve sa bonne humeur : « Excellent n'est pas le mot. Disons plutôt que c'est mangeable » (je sais par expérience que les œufs de tortue sont tout simplement infects, et pourtant je ne suis pas difficile !), « mais si vous tenez vraiment à essayer, vous avez carte blanche. Le meilleur moyen de vous en procurer serait d'aller assister à la ponte, dans quelques jours, pour profiter de la pleine lune ». (Les tortues pondent la nuit sur les plages, avec ou sans lune, mais il faut un clair de lune pour les distinguer.)

Henry devait me dire plus tard : « Tu vois, Bernard, que cet homme à poigne est foncièrement bon. D'après ce que j'en ai entendu dire, il aime et respecte tout ce qui vit. N'as-tu pas remarqué le ton avec lequel il nous parlait du massacre des chèvres sauvages pendant le séjour de la garnison anglo-américaine ? Je suis certain qu'il n'aurait jamais toléré une telle hécatombe, s'il s'était trouvé ici à l'époque : les chèvres aussi ont le droit de vivre, même si elles boulottent la verdure. »

Après que la question « tortue » eût été réglée (c'est du moins ce que croyait Mr Harryson qui nous connaissait mal...), nous passâmes au café et la conversation fut orientée, comme par hasard, sur le groupe d'ornithologues envoyés à l'Ascension par je ne sais quel organisme britannique afin d'y étudier les différentes variétés d'oiseaux de mer.

Les « wide-awake » représentent la faune ailée dominante de l'Ascension. Assez petits (mais « forts en gueule »), ils piaillent jour et nuit, dans les airs, sur leurs nids, et je crois même pendant leur sommeil ! L'homme ne leur fait pas peur, et pour chiper un œuf il faut souvent le cueillir sous la femelle vociférante.

Contrairement aux œufs de tortue, ceux des « wide-awake » (ce qui veut dire « bien éveillés ») sont excellents, malgré un très léger arrière-goût de poisson. Et surtout, ils sont infiniment nombreux, qualité irrésistible de notre point de vue.

Mr Harryson nous voit venir, mais cette fois avec un sourire bienveillant : « Je remettrai à chacun de vous un permis pour récolter quatre douzaines d'œufs (pour les œufs d'oiseaux, il faut aussi un permis). Ce n'est pas beaucoup, mais ces œufs ne se conservent pas et ce serait un gaspillage que d'en emporter trop. »

— D'autre part, nous apprend Mr Harryson, les Saint-Héléniens venus ici sous contrat ne sont pas autorisés à envoyer plus de deux douzaines d'œufs chacun à leur famille, au passage du navire habituel. Sans ce règlement un peu strict, je l'admets, les wide-awake seraient allés s'installer ailleurs. Vous comprenez donc qu'en vous permettant d'emporter un plus grand nombre d'œufs, cela pourrait provoquer des jalousies parmi les contractuels. Et puis, de toute façon, il n'y a pas de problème puisque ces œufs ne se conservent pas, comme je vous le disais tout à l'heure.

S'il est une chose que nous savons, Henry et moi, c'est que les œufs se conservent frais pendant un minimum d'un mois et demi lorsqu'on a pris la précaution de les enrober d'un corps gras afin de boucher les pores de la coquille. Il existe bien d'autres procédés dont certains permettraient de conserver des œufs pendant des mois. Les Chinois sont même parvenus à préserver les œufs de cane pendant plusieurs années, mais j'admets que le résultat n'est pas tout ce qu'il y a de plus agréable au goût. Ceux qui ont vécu en Asie et connaissent les « œufs de cent ans » l'admettront sûrement... !

Toutes ces considérations techniques mises à part, il se trouvait que les mécréants que nous sommes savent très bien se souvenir des paroles bibliques, lorsque cela arrange... Le Maître du Ciel et de la Terre n'a-t-il pas affirmé à notre premier ancêtre que tout ce qui nage, vole ou rampe lui appartient, à lui et à sa descendance ? Bien sûr, les volailles du voisin appartiennent au voisin, pas aux mécréants !

Mais les tortues et les oiseaux de mer qui passent le plus clair de leur existence au large, dans des eaux qui n'appartiennent à personne (jusqu'à nouvel ordre), sont de ce fait la propriété de tout le monde.

Et si cette question semblait « classée » pour Mr Harryson, elle ne l'était pas du tout pour Henry ni pour moi. L'un raisonnait en administrateur responsable de la bonne marche de l'île qui lui avait été confiée, les deux autres en vagabonds des mers, citoyens du Monde, bien décidés à vivre (or, pour vivre, il faut manger, bien que des esprits chagrins prétendent qu'il suffit de travailler...) sans trop se soucier des lois incompréhensibles dont ils n'avaient cure. Sans, pour autant, casser les vitres.

Comme on le voit, la parfaite bonne foi régnait de part et d'autre. C'était l'essentiel, du point de vue moral. Quant au côté plus pratique de cette affaire, l'essentiel tenait en un point : quitter Ascension avec une demi-tortue et quelques centaines d'œufs dans chacun de nos bateaux sans que notre hôte en eût connaissance. Ainsi tout le monde serait content.

Que ceux qui nous jugent cyniques se mettent à notre place... et que Mr Harryson nous pardonne si, par aventure, ces lignes lui tombent sous les yeux. Du reste, pourrait-il en vouloir à deux gars qui se sont montrés aussi foncièrement honnêtes avec... eux-mêmes ?

Le soir même, au cours du dîner à base de « black fish » (ça change du perroquet de Sainte-Hélène, mais sans valoir ce dernier), nous traçons les grandes lignes de la future opération « œufs d'oiseaux-tortue ». Il faudra attendre la veille du départ pour être rentrés en possession de nos passeports. Puis nous remplirons chacun un bidon de vingt litres d'œufs que nous ramènerons au crépuscule. Une fois les œufs à bord, quelques heures de travail seront nécessaires pour les enrober de vaseline et les ranger soigneusement dans des boîtes en carton (la vaseline ne communique aucun mauvais goût aux œufs. La graisse pourrait le faire).

Puis nous irions rendre visite aux tortues. Cette dernière opération serait la plus délicate : il faudrait repérer la tortue (ce n'est pas difficile par clair de lune), puis lui passer une élingue double autour des pattes de devant. Les élingues seraient ensuite amarrées à un cordage d'une quinzaine de mètres de longueur qui servirait à guider la tortue jusqu'au bateau, suivant la méthode employée par les pêcheurs des Cargados Carajos.

Car il est surprenant de constater avec quelle docilité une tortue de 150 à 200 kilos peut se laisser conduire en laisse dans le sillage d'un youyou, une fois qu'elle est dans son élément, alors que sur une plage cette même tortue remorquerait aisément plusieurs hommes tout en leur lançant du sable dans la figure avec une telle violence qu'ils pourraient en perdre un œil !...

Le seul obstacle un peu sérieux serait de traverser en youyou, avec la tortue en remorque, les rouleaux qui se brisent directement sur la plage. Avec un peu de chance, et en recommençant deux ou trois fois, nous pensions y parvenir sans qu'il fût nécessaire de prononcer des mots trop orduriers...

Du reste, la mer n'est pas forte en ce moment.

Le lendemain, nous sommes à l'heure du rendez-vous chez les Harryson. En route vers la Montagne Verte, dans un décor aride, désolé. Comment peut-on tenir trois années consécutives dans un tel pays ?...

Et pourtant, je ne suis pas long à comprendre. Car, à mesure que la jeep approche du sommet, un paysage nouveau se dévoile peu à peu, en contrebas. Un paysage que l'on voudrait contempler depuis le lever du soleil jusqu'à son coucher. Un spectacle que je n'aurais jamais pu imaginer et que pourtant, j'ai déjà aperçu quelque part : ce que je vis, je l'avais contemplé en regardant la lune à travers les puissantes jumelles de quart de l'aviso *Gazelle*, pendant mon service militaire. J'y avais trouvé les mêmes cirques, les mêmes ombres, ce même paysage volcanique infiniment désolé et d'une infinie beauté, d'un autre Monde désert, séparé du nôtre par une distance que seul, alors, le rêve pouvait franchir.

Et devant cette nouvelle révélation, je ne peux m'empêcher de penser à la stupidité de l'existence que je mène : car je comprends, plus que jamais, à quel point je suis l'esclave de mon bateau alors que je devrais être le maître de ma vie. Déjà, je me surprends à modifier mentalement les dimensions de mon futur bateau en acier inoxydable (ou en bois recouvert de fibres de verre, car il ne faut pas être trop exigeant !...) : il devra être aussi petit que possible, tout en étant le plus grand possible... !

Aussi petit que possible pour limiter mon esclavage au strict minimum : moins d'entretien, moins de dépenses lorsqu'il faut remplacer les haubans, coudre une voile neuve ou renouveler la peinture. Aussi petit que possible, pour pouvoir être facilement hissé à terre et laissé quelque temps au sec si le pays est joli et si l'on peut y vivre pour rien !... ou presque... (comme c'est le cas ici, par exemple).

Mais également aussi spacieux que ses dimensions réduites le permettront, car il faut pouvoir emmagasiner beaucoup de vivres et de rechanges si l'on veut avoir la paix pour longtemps.

Car le drame de ce genre de vie, il faut l'admettre honnêtement, c'est qu'après quelques années passées à bord, on en a souvent un peu « assez ». En mer (quand le temps n'est pas trop vilain), c'est généralement la grande vie, qu'on serre à bras-le-corps pour la goûter pleinement.

Mais au mouillage... lorsqu'il s'agit d'un coin merveilleux comme il en existe souvent, un de ces coins qui vous disent : « Reste, petit, viens planter une tente sur la plage, ou ailleurs... Tu es libre, et lorsque tu en auras assez, tu pourras repartir sans regrets. »

Alors c'est le bateau qui veut que l'on s'occupe de lui... Car un bateau est faible, même dans la baie la plus tranquille : il craint le vent qui peut le jeter à la côte après avoir cassé le mouillage, il craint les autres bateaux qui risquent de venir le heurter (et qui ne s'en privent pas, hélas !), il craint les marées qui font raguer la chaîne et surpatter les ancres. Il craint la pourriture, beaucoup plus redoutable au port qu'en pleine mer. Enfin il craint tout.

Au mouillage, le bateau est donc un être faible qu'il faut protéger incessamment contre toutes sortes de maux. On ne peut lui dire : « Attends-moi sagement, je m'en vais habiter une semaine, un mois, ou six mois chez un copain. »

Ou bien : « Je vais planter une tente sur la Montagne Verte pour pouvoir contempler jusqu'à saturation cette vallée de la lune où je ne puis te conduire. Mais dans une semaine je serai de retour, et nous repartirons ensemble. À moins que ce ne soit dans un mois. »

Ou encore : « Je te quitte pour une durée indéterminée, car un camarade voyageur de commerce m'offre la traversée de l'Afrique du Sud dans son auto convertie en roulotte, et tu seras bien sage pendant mon absence qui risque d'être longue, car il me faudra regagner le port en auto-stop. Mais console-toi, je t'apporterai un bijou à mon retour : une trinquette en dacron ou des haubans en acier inoxydable. »

Tout cela, hélas, je ne puis le dire à *Marie-Thérèse II*. Elle en mourrait, ne comprenant pas l'importance des « vacances conjugales ». Moi, je commence !

La jeep atteint bientôt la zone baignée de brume et la verdure nous absorbe. Pas la grosse forêt tropicale, certes, mais une végétation touffue, extrêmement dense, verte et humide. C'est cette humidité de l'air, sur la hauteur, qui est absorbée par les feuilles, dirigée sur les racines et transformée en sève, comme sur les plateaux de Sainte-Hélène ; plus encore qu'à Sainte-Hélène, car ici les pluies sont presque inconnues. L'eau potable elle-même provient de la rosée qui se dépose au cours des nuits sur les parois d'un immense entonnoir artificiel construit dans un volcan éteint, dont l'intérieur a été revêtu de dalles de ciment. Un puits creusé au centre emmagasine l'eau ainsi récoltée, qu'une pompe éolienne envoie dans une citerne d'où elle est conduite jusqu'au centre administratif par un pipe-line.

Après avoir vérifié le niveau de l'eau dans la citerne et le bon fonctionnement de la pompe éolienne (nous avons quitté la jeep et marchons depuis quelques heures dans cette végétation luxuriante), l'inspection de Mr Harryson nous conduit à une ferme du genre anglais. Haricots, petits pois, laitues, radis, toute la gamme des légumes consommés par la petite agglomération qui vit au bord de la mer, est cultivée dans ce brouillard permanent par un Anglais au teint rose, respirant la santé et la bonne humeur, comme les membres de sa petite famille à la fois isolée et solidement unie, vivant pour leurs plantes et pour ces camarades Tit-Tit-Tat qui rôtissent sur la pierre, à quelques kilomètres.

Puis la jeep redescend lentement, s'arrêtant çà et là pour qu'Henry et moi puissions contempler à loisir ce paysage étrange que nous ne verrons probablement nulle part ailleurs, si ce n'est à travers un télescope.

De retour chez les Harryson, je leur fais part du visage nouveau que je trouve à ces milliards de pierres uniformes s'étendant à perte de vue, car je me sens coupable et honteux d'avoir employé, au départ, des qualificatifs tels que « désolé », « monotone », « aride », « inhumain »...

— Ce paysage pourrait vous montrer un visage encore différent, en l'espace de quelques heures, nous dit Mrs Harryson. Toute cette pierre, qui paraît morte, n'est qu'endormie, car elle est habitée par une vie latente, prête à se réveiller à la première ondée. Les pluies sont exceptionnelles ici ; mais lorsque éclate un orage, comme c'est arrivé à notre séjour précédent, une chose extraordinaire se produit : tout devient vert, à perte de vue. L'herbe pousse à une vitesse inimaginable, les insectes naissent en quelques minutes, envahissent les maisons, dévorent la verdure, se reproduisent puis, leur tâche accomplie, disparaissent.

« Entre chacune de ces pierres, dorment une infinité de graines et de larves engourdies qui attendent le Grand Jour. Elles savent l'attendre pendant des années. Mais lorsque arrive l'eau du Ciel, c'est une explosion de vie pendant quelques jours.

« Savez-vous jusqu'où peut aller l'intensité de cette vie animale ? poursuivit Mrs Harryson. Voici ce que nous avons vu, mon mari et moi, il y a bien des années.

« Les employés de "Cables & Wireless" avaient organisé une soirée dansante, comme cela arrive chaque mois à l'Ascension. C'est cette nuit-là que la pluie choisit de tomber. Et en quelques minutes, de grosses blattes ailées avaient pris d'assaut la salle de danse, volant dans la pièce, courant sur le plancher, se faisant écraser par centaines. Spectacle à peine croyable ! Fermer portes et fenêtres était peine perdue ; il en venait de partout, s'infiltrant par les moindres orifices, et par milliers. Nous avons dû évacuer la salle, pour trouver également nos maisons envahies par ces bataillons d'insectes qui voulaient tout dévorer, des plantes d'intérieur jusqu'au linge !

« Mais le lendemain matin, quel spectacle merveilleux ! L'île entière était vert tendre, embaumant le sol humide et la verdure, et des fleurs parsemaient ce paysage nouveau d'innombrables points colorés !

« Puis tout disparut en quelques jours. Les insectes d'abord, les plantes ensuite. Pourtant, ils sont là, sous ces pierres bombardées de soleil, dans l'attente tranquille de l'eau miraculeuse qui, dans quelques mois, ou dans un an, ou dans dix, leur permettra de s'épanouir encore pendant quelques jours. Cela me fait songer à ce conte de Selma Lagerloff : vous savez lorsque le petit Nils découvre cette ville qui sort des flots une fois par siècle, pour ne vivre qu'une nuit, intensément… »

Les deux jours qui suivirent, nous ne quittâmes pas nos bateaux : bricolage dans la cabine et sur le pont ; car le bricolage fait partie de l'existence du navigateur à voile. Je me demande même... si ce ne serait pas plutôt le navigateur à voile qui fait partie de son bateau... un peu comme la femme d'intérieur qui passe son temps à ranger, astiquer, nettoyer, pour recommencer le lendemain !

Mais je profite de mes bonnes dispositions du moment pour installer au bout des tangons des trinquettes jumelles, les poulies qui me serviront à envoyer les deux voiles supplémentaires.

Un autre travail utile (moralement, tout au moins), est entrepris : grimper en tête du mât, envelopper la partie pourrie d'un sac en jute, imbiber ce sac de créosote, en priant à haute voix pour que celle-ci veuille bien pénétrer profondément dans le bois et en sauver ce qui n'a pas été atteint par le mal.

Ainsi, chaque matin, j'escaladerai mon grand mât avec la bouteille de créosote. Pas très amusant, mais éminemment sportif et... dégoûtant ! Car je redescends du mât, chaque fois, couvert de créosote, sous l'œil amusé d'Henry et des « black-fishs ».

Fort utiles, ces « black-fishs », un véritable garde-manger à portée de la main. S'ils sont en excursion un peu plus loin, il suffit de les appeler en agitant le manche de la foëne dans l'eau, et les voilà qui accourent par centaines ! Quelques coups de foëne dans le tas, et le problème « repas » est réglé.

Il est un autre problème que ces poissons voraces, pas plus grands que la main, savent résoudre pour le bien de tous, avec une conscience digne d'éloges : celui du nettoyage des coques. *Wanda,* qui était arrivée à Sainte-Hélène avec beaucoup d'algues sur la ligne de flottaison, devait en être totalement débarrassée, deux jours après avoir jeté l'ancre à l'Ascension. Quant aux péniches de débarquement amarrées à leurs bouées, elles montraient des coques étonnamment propres grâce à ces poissons vigilants, toujours affamés.

Et le temps passe, sous un soleil chaud ; mais le mouillage commence à s'agiter d'une manière inquiétante, la houle du Nord ayant forci depuis la nuit dernière. Nous nous concertons alors, Henry et moi, sur un sujet important : l'opération œufs.

Car pour ramener les œufs à bord, il faut une mer à peu près maniable, permettant de quitter la jetée de ciment sans tout briser. Aussi, prévoyant que la mer continuera de forcir, nous décidons de régler ce travail aujourd'hui même.

Débarquement difficile. Sandales et vêtements dans nos sacs de plastique que nous portons en bandoulière, nous restons en slip de bain. Personne sur la jetée pour nous donner un coup de main. Dans un sens, cela est préférable, car les réflexes rapides d'un homme se débrouillant seul donnent généralement un meilleur résultat que plusieurs bonnes volontés réunies, et qui tirent « à hue et à dia ».

Une fois nos youyous en sécurité sur le haut de la jetée, nous nous regardons : hum... !

— Avec une pareille mer, nous risquons fort d'avoir trente ou quarante pour cent de casse sur les œufs...

— Nous nous en sortirons, Henry. Tu quitteras la jetée le premier, et je plongerai avec la touque d'œufs que je te passerai à une vingtaine de mètres de la zone dangereuse.

— Quelle que soit la manière dont nous nous en sortirons, ce sera du sport ! C'est ridicule d'avoir attendu jusqu'à ce jour pour cette affaire qui aurait dû être réglée dès ton arrivée, alors que la mer était belle !

— Je n'aime pas non plus cette histoire de passeports conservés par Mr Harryson... Comment les récupérerons-nous, si cette houle se transforme en rouleaux ? Il serait alors impossible de nous rendre à terre, même à la nage...

— Quant à l'opération « tortue », voilà qui est réglé d'avance : pas question de pouvoir quitter la plage en youyou. Nous nous rattraperons sur les œufs de « wide-awake ».

Nous voilà donc partis, cap sur le lieu de ponte, avec chacun une touque de vingt litres, sous le plein soleil et l'intense réverbération de ses rayons, par la route bordée de champs de pierre. Cinq kilomètres de marche pour l'aller, autant pour le retour, avec le chargement en plus ! Celui qui a inventé la bicyclette savait ce qu'il faisait !

Un camion nous double, s'arrête : « Vous allez par là-bas ? Grimpez ! Mon nom est Bob. »

Bob nous dépose après avoir fait un détour pour nous amener le plus près possible du « champ d'œufs ». Pendant le trajet, nous étions devenus les meilleurs amis du monde : il nous avait raconté sa vie, nous lui avions raconté la nôtre ! Bob prépare une licence d'histoire tout en gagnant sa vie comme chauffeur de camion à la base américaine de l'Ascension. Pas de dépenses, pas de distractions, pas de soucis : conditions idéales pour étudier. Bien entendu, il est emballé par l'existence que nous menons et voudrait pouvoir nous être utile...

— Eh bien, mon vieux Bob, tu pourrais peut-être nous donner un sérieux coup de main : nous avons à bord quatre bidons soudés contenant chacun 25 litres de lait en poudre, autrement dit quatre ans de lait pour chacun de nous... »

Nous avions acheté ces huit bidons pour la somme modique de 2 ou 3 livres sterling au gouvernement de Sainte-Hélène qui cherchait à s'en débarrasser : personne n'en voulait, depuis que l'Aide américaine ravitaille gratuitement en lait la population saint-hélénoise...

Bob a déjà compris :

— Vous aimeriez échanger un de ces bidons contre autre chose ? (Clignement d'œil de Bob.) Légumes ou viande ?

— Viande, si possible. Nous n'avons presque pas de corned-beef à bord. Si le cantinier de la base manque de lait et déborde de corned beef...

— Il ne manque sûrement pas de lait. Mais je suppose qu'il ne sait que faire de son corned-beef dont personne ne veut. Ramassez vos œufs, je serai de retour à la fin de l'après-midi pour vous ramener à l'embarcadère. Entre temps, j'expliquerai « votre cas » au cantinier.

Et le camion démarre. Brave Bob, lui aussi veut aider deux copains de rencontre à réaliser ce rêve que tant d'hommes nourrissent précieusement tout au fond de leur cœur : cingler à la voile vers des rivages inconnus, laissant derrière soi les servitudes de la vie en société.

Pourtant, ce que Bob veut faire pour nous, peut-être ne l'aurait-il pas fait pour un de ses semblables crevant de faim et de froid sur les pavés de New York. Et je me sens coupable, pour toutes les gentillesses qui m'ont été prodiguées depuis ce premier départ à bord du *Snark*.

Car enfin, ai-je mérité tout cela ? N'y a-t-il pas de ma part une tricherie scandaleuse ?... « Tu gagneras ton pain à la sueur de ton front... » Certes, il m'est arrivé de transpirer pour maintenir mon bateau à flot et pour l'équiper ; mais n'existe-t-il pas un nombre immense d'êtres humains qui transpirent beaucoup plus que je ne l'ai jamais fait, et n'en continuent pas moins à crever de faim ?

— Eh, Bernard ! Qu'est-ce que tu fiches là, les bras ballants ? Tu ne t'imagines pas que je vais m'envoyer tout le travail, par hasard ?

— Je remuais de nobles pensées...

— Une nouvelle idée pour te procurer de la boustifaille ? En tout cas, chapeau bas pour le coup du corned-beef ! Si ça marche, tu mériteras la plus grosse part, you, hypocrit french bastard !

— Sacré Henry, quand apprendras-tu à te taire, une fois par hasard ?

La saison de la ponte tire à sa fin. Les œufs ne sont pas aussi nombreux que nous l'espérions et le temps nous manque pour employer une technique éprouvée, garantissant leur fraîcheur. Celle-ci consiste à tracer un grand carré marqué d'un piquet à chaque coin, puis à retirer tous les œufs placés à l'intérieur de ce périmètre, pour les déposer en tas sur ses bords. On revient alors le lendemain pour récolter les œufs frais pondus entre temps... Un peu cruel, ce procédé ? Oui, peut-être, mais pas trop, car les wide-awake qui ne couvent qu'un seul œuf à la fois sont capables d'en pondre un ou deux autres en cas de malheur.

De toutes façons, le temps nous manque, et il nous faudra nous contenter d'une méthode moins infaillible, mais néanmoins satisfaisante, conseillée par un Saint-Hélénien de « Cables &amp ;Wireless ».

Nous prenons un œuf au hasard et... le brisons sous une volée d'injures expectorées par la maman wide-awake qu'il a fallu arracher à son cher trésor (elle connaîtra la joie d'en pondre un autre dans quelques jours). Si l'embryon central est déjà développé, nous changeons de secteur pour répéter la même expérience un peu plus loin, jusqu'à ce que nous trouvions un œuf récemment pondu. Et alors nous ramassons, ramassons et ramassons sous une avalanche d'injures des mères outragées, brisant un œuf de temps en temps pour nous assurer que le bon secteur n'a pas été dépassé.

En moins d'une heure, nous avons notre compte et nos bidons sont pleins. Espérons qu'ils le seront encore quand nous arriverons à bord de *Wanda* et de *Marie-Thérèse II*.

Bob a tenu sa promesse, ses deux promesses plutôt. Le camion arrive en fin d'après-midi avec des bouteilles de coca-cola bien frais et de la bière en boîtes métalliques : « Je pensais que vous auriez soif. C'est de la part des copains de la base américaine. Et cette caissette vous est offerte par le cuistot avec ses vœux de bonne traversée. Malheureusement, il n'avait que ces grosses boîtes pas très pratiques pour des solitaires... »

Bob soulève le couvercle de la caisse et nous pouvons caresser des yeux six boîtes géantes de corned-beef !

— Formidable ! s'exclame Henry. Il suffira de préparer cette viande au curry pour qu'elle se conserve pendant une semaine, une fois la boîte ouverte. À raison d'une boîte par mois, cela durera longtemps.

— Tenez, prenez ça avec : les copains ont pensé que vous arriveriez peut-être à New York un jour ou l'autre, et c'est un peu en dehors des Tropiques... » Bob nous tend à chacun une chemise en épaisse flanelle, solide, neuve...

Nous atteignons l'embarcadère un peu avant le coucher du soleil.

La houle du Nord n'a pas augmenté, comme son comportement du matin le laissait craindre. Le youyou d'Henry est descendu le long de l'escalier et lancé à l'eau sous une volée d'embruns. Le pauvre Bob qui, malgré nos conseils, voulait nous assister, est trempé de la tête aux pieds, en un clin d'œil.

Quant à Henry et à moi, nous nous étions remis en tenue de bain, sac de plastique en bandoulière, contenant bien au sec nos short, chemise et sandales.

Les deux bidons sont ensuite déposés dans le youyou, sans casse ! et Henry avec ! Nous en restons ébahis. Et nos œufs gagnent le large en sécurité, à la godille, dans le même... panier.

Quant à la caissette de corned-beef... j'ai bien cru un moment qu'il me faudrait aller la repêcher en plongée sous-marine... mais elle se contente de baigner dans mon dinghy à moitié plein d'eau. Il faudra rincer les boîtes à l'eau douce et les enduire de vaseline après les avoir mises en sécurité sur le pont.

Henry s'est rendu directement à bord de *Marie-Thérèse II,* pour y déposer les œufs : « Ta cabine a beau être mal rangée, il s'y trouve plus de place que chez moi pour terminer le travail ensemble. Tu me passes les œufs un par un après les avoir enrobés de vaseline, et je les range à raison de quatre douzaines à la fois, dans des boîtes séparées pour limiter la casse éventuelle.

— Bonne idée, mais laisse-moi mettre le riz sur le feu. Il sera cuit lorsque nous aurons terminé le travail et nous pourrons alors passer à table.

— À propos, Bernard, je te renouvelle mes félicitations pour le coup du lait en poudre en échange de corned-beef. Mais supposons que le cuistot ait accepté l'affaire... Qu'aurions-nous fait alors ?

— Il ne l'aurait pas acceptée, bien que n'ayant jamais eu faim de sa vie...

— Hum !... En tout cas cela m'a donné une « wonderful idea » : ces boîtes, tu le comprends, sont beaucoup trop grosses pour notre consommation. En ouvrir une constituerait un gaspillage luxueux. Par contre nous pourrions proposer au cuisinier d'un navire à l'ancre dans un port des Antilles, de nous les échanger contre des boîtes plus petites : une boîte de trois kilos contre six boîtes d'un demi-kilo... Qu'en penses-tu ?

— Je pense que tu ne vaux guère mieux que moi.

— C'est ce que je commence à craindre... Mais il m'est aussi venu une autre idée, Bernard.

— Pour arriver plus sûrement en enfer ?

— Bien au contraire. Tu as vu ces tortues qui traînent partout, ainsi que ces poissons. Or, pourquoi n'avons-nous pas ramené une tortue à bord ? Tout simplement parce que nous n'aurions su qu'en faire après l'avoir tuée : certes, nous aurions commencé par préparer un curry monstre, capable de se conserver cinq ou six jours. Mais qu'aurions-nous fait du reste ? de la salaison ou de la viande séchée en lanières à la mode sud-africaine ?

« La salaison est, en général, infecte. La viande séchée ne vaut guère mieux. De plus, cela demande des précautions constantes pour finir malgré tout par empester la cabine, puis être jeté par-dessus bord. Quant au poisson salé, c'est la même chose : ça passe pendant une semaine et puis l'on s'en dégoûte, sans parler de l'odeur qui flotte dans la cabine ! » (Nous en avions consommé régulièrement pendant plus d'un mois à Capetown, cela suffisait !).

— Très juste, Henry. Sans le problème délicat de la conservation, nous aurions déjà une tortue à bord, avec ou sans permission, vagues déferlantes ou non. Mais quelle est l'idée que tu mijotes ?

— Fabriquer un jour nos propres conserves en boîtes serties !

— Tu n'as pas l'impression de commencer à dérailler ?

— Peut-être un peu. Mais réfléchis tout de même, et tu comprendras que, si la chose n'est pas vraiment facile, elle est toutefois possible : car, enfin, qu'est-ce qu'une boîte de conserves ? Tout bonnement une boîte métallique contenant de la viande, du poisson ou des légumes passés à l'autoclave. Après cuisson, ces produits sont mis dans des boîtes ouvertes et le tout repasse une seconde fois à l'autoclave. Les couvercles sont ensuite posés sur les boîtes encore brûlantes, puis sertis à la machine. Or, je suis certain d'avoir lu quelque part qu'un modèle familial de machine à sertir les boîtes existe en Amérique où certaines ménagères fabriquent leurs propres conserves. Pour ce qui est de l'autoclave, nous le possédons à bord : la marmite à pression. Resterait à nous procurer l'appareil à sertir les boîtes et un stock de boîtes vides démontées, pour qu'elles n'occupent pas de place à bord. Nous pourrions en acheter chez n'importe quel fabricant de conserves alimentaires…

— Nous pourrions même essayer de nous faire embaucher comme manœuvres dans une de ces fabriques, afin d'en apprendre un peu plus sur cette technique. Il paraît que les conserves mal préparées peuvent exploser !

— Lorsqu'elles sont fabriquées en série, peut-être. Mais préparées soigneusement par nous-mêmes, il n'y aurait aucun risque de ce côté, car ce qui fait gonfler une boîte sertie, c'est la fermentation provoquée par une mauvaise stérilisation du produit ou du récipient lui-même. Pas de danger que cela nous arrive en les faisant cuire sous pression et en sertissant la boîte alors qu'elle est encore brûlante.

« Essaie d'imaginer notre indépendance en utilisant cette technique ! Tous ces « black-fishs » mis en conserve en plus d'un chargement de tortues en boîte... Nous pourrions même en échanger contre des fruits et des légumes frais, aux escales...

— Et hisser les voiles sans attendre l'explosion ! Mais je plaisante, Henry, car il se trouve certainement quelque chose d'intéressant dans ton idée. Sa réalisation nous permettrait au moins de ne plus pécher par hypocrisie, en offrant d'échanger du lait en poudre contre de grosses boîtes de corned-beef, et ces dernières contre autre chose...

— Rassure-toi, Bernard, nous trouverons sûrement l'occasion de nous rattraper ailleurs, et finirons de toute manière notre voyage en enfer. J'espère comme toi qu'il y fait chaud...

L'empaquetage des œufs terminé, Henry regagna son bord avec sa part du butin, bien rangée dans des boîtes en carton. Nous avions près de 400 œufs chacun, ce qui, à raison d'une dizaine pour notre consommation journalière, nous permettait de tenir un mois et demi sans trop toucher à notre stock de conserves (les œufs de wide-awake représentent à peu près les deux tiers d'œufs de poule moyens, et nous avons un foie solide !).

Le lendemain matin, le débarquement fut un spectacle épique, et c'est de justesse que nous devions atteindre le haut de la jetée, avec nos chers youyous... Vive la toile tendue sur une armature flexible ! La toile résiste, beaucoup plus qu'on ne l'imagine, à la déchirure. Et lorsqu'elle finit par se déchirer (c'est difficile, mais cela arrive quelquefois), coudre une rustine sur la partie abîmée ne prend guère de temps !

Les passeports nous sont rendus. Puis Mr Harryson nous conduit à la boulangerie où nous prenons livraison du pain qu'il a commandé pour nous la veille. Comment arrivera-t-il à bord ? C'est encore une énigme, avec une telle mer battant contre la jetée ! Par précaution nous le répartissons en quatre lots placés dans des sacs en jute séparés, afin de limiter les risques d'un bain forcé.

Le navire habituel doit arriver dans quelques heures, et nous attendons notre courrier de Capetown et d'ailleurs, en parlant « oiseaux » avec l'un des ornithologues. Celui-ci me confie une petite mission : ouvrir l'œil et prendre note de tous les oiseaux rencontrés entre Ascension et l'île brésilienne Fernando-Noroña, prochaine escale prévue, en précisant les points où j'aurai vu ces oiseaux de mer. Je lui enverrai ces renseignements de Trinidad.

Le courrier nous est enfin remis. Pas grand-chose, mais le principal est là : nouvelles de la famille et lettres de Capetown.

— Alors, Bernard, les projets tiennent toujours, à Capetown ?

— Oui. Elle s'est fait inscrire. Il est temps de filer pour Trinidad, avec une courte escale à Fernando-Noroña sans quoi elle risque d'arriver la première et d'avoir des ennuis avec les services de l'Immigration.

Nous allons faire nos adieux à tous et remettons du courrier à Mr Harryson qui ne veut pas entendre parler de timbres. Il enverra nos lettres par avion, via New York, à ses frais. Même réaction au sujet du pain : « Acceptez ce cadeau en toute simplicité ; vous vous être montrés très « indépendants » au cours de votre escale, en vous débrouillant par vos propres moyens pour le va-et-vient entre vos bateaux et la jetée ; c'était très bien, et nous conserverons de vous deux un excellent souvenir. Vous n'avez pas oublié de récolter vos œufs ?

— Ils sont à bord depuis hier. Un peu de casse, mais nous l'avions prévue en en ramassant « un peu plus » (nous n'osons lui avouer que nous avions aussi prévu les œufs gâtés).

Nos bords respectifs sont atteints, mais non sans peine cette fois.

Une vague vicieuse a lancé le youyou d'Henry contre la jetée, et les deux premiers sacs de pain flottent allégrement dans le fond de son embarcation à demi pleine. Henry se réchauffe en jurant. Et pour ne pas faire de jaloux, une autre vague me réserve le même sort. Mais le précieux pain atteindra tout de même nos bateaux où il sera coupé en tranches qui sécheront sur le roof pendant les premiers jours de la traversée.

# 11

# Ascension – Fernando-Noroña : *une régate de 1 100 milles*

Le 6 février, peu après le lever du jour, nos ancres quittent le fond de la baie. *Wanda* et *Marie-Thérèse II* déploient ensemble leurs ailes à l'Alizé modéré, cap sur Fernando-Noroña, à 1 100 milles dans l'Ouest-Nord-Ouest, sur la route des Antilles. Mais pour la première fois un vent nouveau souffle sur les équipages : celui de la régate…

Dans un alizé normal (où le vent est en général des plus irréguliers), il est très probable que j'aurais laissé *Wanda* partir avant moi, pour écarter toute tentation de performance. Car pour moi, l'esprit de la croisière est aussi éloigné de celui de la régate que peut l'être, pour un cavalier, la promenade en forêt de la course sur l'hippodrome…

Mais avec un alizé aussi extraordinaire que celui qui nous a conduits jusqu'ici sans un jour de calme, sans un grain, il est permis de plaisanter un peu, à condition que ce soit avec un minimum de respect… !

Aussitôt dégagé de la côte et du grand banc qui prolonge celle-ci sur bâbord, les deux trinquettes sont envoyées, tandis que *Marie-Thérèse II* est dirigée par le gouvernail automatique. Puis deux focs de réserve sont établis sur les tangons. Toutes voiles dehors !

Non, pas encore ! La voile d'artimon de réserve est extirpée du poste avant, frappée sur la drisse d'artimon, envoyée à son tour en tête d'artimon, bordure libre, avec une écoute frappée sur chaque bord pour la tenir en position oblique. Elle aidera les voiles avant, pour la propulsion et... tendra à soulager l'arrière du bateau, grâce à sa position oblique par rapport à la verticale. C'est là, du moins, une idée personnelle que je mijote depuis quelques jours !

Bientôt, je veux faire mieux, car *Wanda* a trouvé le moyen de me doubler malgré mon système olé-olé que je veux croire prodigieusement astucieux et efficace... Toute la réserve de chaînes, dont une partie se trouve à l'arrière, est alors déposée, paquet par paquet, le plus près possible de l'étrave, ainsi qu'une lourde ancre de secours, habituellement amarrée au pied du mât d'artimon.

Mon idée dans tout ce tra-la-la ? Tout bonnement d'enfoncer l'avant du bateau, allégeant l'arrière de ce fait, afin d'utiliser au maximum les bienfaits de l'hydrodynamisme. Des esprits chagrins trouveront probablement cette idée un peu saugrenue, et diront que le fait de surcharger l'avant d'un bateau filant avec le vent risque de le faire « engager » et que, d'autre part, le cap est difficile à tenir dans ces conditions.

Parfaitement exact, par mauvaise mer et vent fort. Mais aujourd'hui la mer est calme, le vent force 3, et *Marie-Thérèse II* maintient un cap parfait. Cela dépend des bateaux. Et puis j'ai envie de m'amuser ; c'est du reste très souvent en s'amusant qu'on finit par résoudre bien des problèmes...

Au coucher du soleil, *Wanda* semble avoir conservé son avance de 300 ou 400 mètres, et je prends un cap de cinq degrés Sud pour éviter un abordage possible. Ce serait trop idiot. Le fanal, contrairement aux habitudes, est installé sur l'avant. Tiens ! Henry a la même idée : sa petite lumière clignote entre les vagues lorsque la nuit se fait.

Nuit paisible. *Marie-Thérèse II* taille sa route à quatre nœuds, sous les caresses du vent chaud, laissant derrière le gouvernail une traînée phosphorescente bien droite, nette et claire.

De grandes plaques phosphorescentes sont visibles çà et là, brillant pendant quelques secondes pour s'éteindre aussitôt. On croirait des boules lumineuses. J'essaie vainement de deviner le phénomène qui provoque ces apparitions multiples et fugaces : passage de gros poissons ? Non ; il y aurait alors une traînée phosphorescente, et non pas cet éclatement localisé. Agglutination de plancton ? Mais alors pourquoi cette brusque explosion de lumière bleu-vert, sans raison apparente ? Il est vrai que le plancton se rapproche souvent de la surface, au cours de la nuit.

Le jour se lève sur une ligne d'horizon intacte. Et je suis de nouveau seul avec mes divinités, Vent, Mer et Soleil. Autrement dit pas solitaire. Et puis mon pilote rayé joue devant l'étrave. Est-ce celui qui s'était pris d'affection pour *Marie-Thérèse II* entre Sainte-Hélène et l'Ascension, et qui avait disparu pendant l'escale ? Pas impossible. Je lui lance des miettes de pain mais il fait celui qui ne me voit pas. Alors, pour le taquiner, j'envoie des boulettes plus grosses juste devant son museau. Et il s'en va bouder à l'arrière, contre le gouvernail ! On dirait même qu'il veut y rester jusqu'à l'arrivée...

— Allons, va rejoindre l'étrave ; c'est la place d'un poisson pilote, et cesse de bouder !

Il obéit docilement, le manche du harpon l'aidant à mieux comprendre, et retourne se poster à l'avant.

Le point, à midi, nous situe à 97 milles d'Ascension. Un peu lent. (À force de toujours me plaindre de ce que c'est « un peu lent », je finirai par m'attirer des ennuis...). Quelques paille-en-queue et des wide-awake pêchent à une centaine de mètres du bord. J'en prends note pour mon camarade ornithologue de l'Ascension à qui j'aimerais envoyer un rapport sérieux à mon arrivée aux Antilles. Cela nous fera plaisir à tous les deux : à lui parce que je n'aurai pas oublié ma promesse, à moi parce que je l'aurai tenue et que je sais qu'il sera heureux de savoir ce que font « ses oiseaux », en mer.

En attendant qu'il sache ce que deviennent « ses oiseaux », une mauvaise nouvelle se manifeste, le soir, dans la cabine : en fouillant parmi mes livres, je découvre trois petits cancrelats qui se sauvent. Ça y est ; voilà que l'invasion recommence : depuis Durban, ces passagers clandestins que connaissent tant de voiliers avaient déserté le bord, ou plutôt y avaient été exterminés, grâce à quelques boîtes de gaz. Le but de cette opération n'était pas la destruction des cancrelats, mais celle beaucoup plus importante d'un insecte extrêmement prolifique qui s'attaque au bois, transformant celui-ci en éponge, en l'espace de quelques années. Seule, une traînée jaune pulvérulente m'avait révélé sa présence à bord. Inutile de préciser que mes joues avaient pâli sous l'effet de cette découverte... d'autant plus que j'avais déjà parlé de la question à l'île Maurice, avec un camarade.

Ce dernier possédait un petit bateau du type « Colombine », à dérive centrale, et avait dû employer la seule solution possible pour se débarrasser de ces maudits insectes, après qu'il eût essayé plusieurs produits aussi inefficaces les uns que les autres, créosote et pétrole inclus. Sa solution avait été de couler le bateau dans une baie abritée, pendant une dizaine de jours. Ensuite, ce fut fini. Les insectes n'avaient pas résisté à ce traitement de miséricorde.

Mais il n'était pas possible d'employer la même méthode pour *Marie-Thérèse II*. Du moins pas avant d'avoir tout essayé. Seules, trois membrures étaient atteintes par le mal, et j'essayai de tuer ces insectes en échauffant le bois avec une lampe à braser.

Pendant une dizaine de jours, je crus la partie gagnée : plus de poudre jaune s'écoulant des petits orifices (grosseur d'un trou d'aiguille fine). Mais après dix jours, cela recommençait… Deuxième tentative, avec par surcroît un bon badigeonnage au pétrole après le passage de la lampe à braser. Le résultat n'est pas meilleur, et je recommence à être très inquiet.

Raymond Cruickshank, consulté, me prévient que le gouvernement sud-africain ne plaisante pas sur le chapitre des « wood-borers » (nom donné à ces insectes), et qu'il a assisté il y a quelques années à la destruction intégrale par le feu (sur les ordres du Gouvernement), d'une maison en bois atteinte par le mal… !

Complètement affolé (il y a de quoi), je prends un jour de congé et fais la tournée des maisons spécialisées dans la préservation des bois. Les deux premières firmes visitées n'ont que des produits destinés à la prévention du mal.

— Et si ma maison est déjà attaquée par ces sales bêtes ? (par prudence je ne dis pas qu'il s'agit d'un bateau, la police pouvant trouver ma trace en cas de dénonciation, sait-on jamais ?).

— Dans ce cas, le seul remède est d'en extirper toutes les poutres et planches atteintes et de les brûler, pour les remplacer par du neuf. Badigeonnez ensuite tout le bois sain avec le produit préventif que nous vendons.

Ma gorge se noue… Sacré bateau, tu m'en auras fait voir de toutes les couleurs ! La troisième firme me met du baume au cœur.

— Voici un produit nouveau. C'est un liquide qui se gazéifie aussitôt la boîte percée, et qui nous a donné des résultats inespérés dans le traitement curatif des bois attaqués par les « wood-borers ».

Ce type a une bonne tête ; je sens qu'il ne me trahira pas et qu'il sait de quoi il parle. Le cas lui est exposé dans tous les détails.

— Oui, ça devrait sauver votre bateau. Nous ne l'avons jamais essayé autrement que pour des meubles passés dans une salle spéciale ; mais si vous pouvez fermer hermétiquement votre cabine et coller du papier sur tous les joints, le résultat devrait être le même…

Il me remet dix boîtes. Elles seront posées sur le plancher de la cabine et percées, à l'aide d'un clou emmanché au bout d'un bâton, par un hublot qui sera ensuite refermé de l'extérieur. Il faudra percer une boîte toutes les demi-heures au début, puis une toutes les trois heures pour les six dernières.

Deux jours après, la cabine fut ouverte, ventilée. Le gaz avait tenu sa promesse : jamais plus il ne fut question de « wood-borers ». Mais un autre miracle s'était lié au premier : les cancrelats disparurent eux aussi pendant près de dix-huit mois, et il semblait même que leurs œufs amenés à bord par la suite (ils arrivent avec les provisions, en général), ne pouvaient arriver à terme. Le bois avait été imprégné de ce produit insecticide qui le protégeait de tout développement ultérieur des parasites, pendant très longtemps. Je regrette d'avoir perdu le carnet sur lequel était noté le nom de ce produit.

8 février au matin, grand branle-bas à bord de *Marie-Thérèse II* : *Wanda* est en vue. À peine croyable, cette rencontre de deux voiliers, quarante-huit heures après avoir quitté un port pour une traversée de 1 100 milles.

Je grimpe au mât d'artimon pour mieux jouir de notre… victoire. Car *Wanda* est à trois ou quatre milles, dans le sillage. Henry est-il perché lui aussi sur sa barre de flèche, en jurant qu'il n'y a pas de Bon Dieu, pendant que moi, je jubile ?

Un peu ridicule, ce sentiment… Mais je ne peux m'en défendre. Puis je redescends pour tripoter les écoutes, améliorer ceci, modifier cela, enfin, faire tout mon possible pour essayer d'augmenter un peu la vitesse. Le loch est ramassé, la ligne de traîne lovée sur l'arrière. Cela diminuera un peu le léger freinage.

De toute manière, le loch n'est pas très utile par un aussi joli temps qui permet de tracer des droites de hauteur à tout moment. Quant à la ligne de traîne, il semble qu'elle soit habitée par un esprit malin, car rien n'y a jamais mordu... Il faut préciser que je ne suis pas spécialement doué pour la pêche !

La matinée se passe fébrilement. Idiot. Mais Henry m'a si souvent plaisanté sur la lenteur de mon bateau, sous prétexte que le sien a mis douze heures de moins pour la traversée de 1 740 milles de Capetown à Sainte-Hélène, que j'aimerais malgré moi lui prouver que *Marie-Thérèse II* n'est pas si lente qu'il le prétend... idiot ! (c'est moi, l'idiot).

Vers midi, la distance me semble plus grande entre nos deux bateaux. Mais je passe une bonne demi-heure à déplacer le plus de choses possible vers l'avant, dans le but de soulager encore un peu l'arrière. Je suis même tenté de... vider l'un des réservoirs d'eau douce de ses 120 litres, pour alléger le bateau... !

En fin d'après-midi, *Wanda* est toujours visible, quoique un peu plus éloignée. Le soleil est passé à l'Ouest (donc derrière moi, lorsque je regarde vers l'arrière), et me permet d'estimer mieux la distance qui nous sépare. Cinq milles, peut-être...

*Marie-Thérèse II* navigue bien droit sur son cap, sans presque rouler, l'arrière allégé au maximum afin que les filets d'eau s'écoulent plus librement, avec le minimum de friction[1].

---

1. C'est là une loi de l'hydrodynamique que l'on peut vérifier en observant les poissons, par exemple. La partie arrière de ces animaux est toujours plus effilée que la tête. Un autre exemple est apporté par la

De petits tangons supplémentaires (en l'occurrence un manche à balai et la hampe d'un harpon) sont établis vers l'arrière pour écarter le plus possible les écoutes des deux voiles supplémentaires inférieures.

Et je m'en vais préparer le repas du soir en sifflotant.

Encore un cancrelat (le troisième en dix-huit mois) qui se sauve à « toutes pattes » de la boîte de lait condensé. C'est de cette manière que commencent parfois les grandes invasions.

En fait d'invasion par les cancrelats, nous en avions vu de dures, un beau jour, Deshumeurs et moi, à bord du *Snark*. Ce souvenir de l'époque héroïque me fait rire aujourd'hui, tandis que le café chauffe à l'intérieur du « percolator », et que mon esprit satisfait du travail accompli dans la journée part à l'aventure très loin, très loin, vers le petit village indonésien de Toboali...

Le *Snark* était à l'ancre dans la baie de Toboali et le Chef de la Police du village, convaincu qu'il avait affaire à deux braves garçons inoffensifs « bien qu'un peu cinglés », nous conseilla de venir amarrer notre bateau à quai. C'est ce que nous fîmes, trop heureux de cette aubaine qui nous permettait de retaper le vieux *Snark* aux marées basses, en attendant la décision de Jakarta.

La manœuvre terminée, Deshumeurs et moi descendons dans la cabine pour préparer un bidon d'Ovomaltine. Car, à bord du *Snark*, peu de café : de l'Ovomaltine, beaucoup d'Ovomaltine, et lorsque nous en préparions, c'était par bidons de cinq litres ! Les établissements Wander nous avaient aimablement fait parvenir quatre caisses d'Ovomaltine à titre d'encouragement.

---

forme donnée à un plomb de sonde : la partie reliée à la ligne est effilée, alors que la base est large. Si l'on amarrait la ligne à l'extrémité la plus volumineuse du plomb de sonde, on verrait sa vitesse de descente diminuée. Le freinage provoqué sur l'avant d'un bateau est donc moindre (à section égale) que l'effet de succion subi par son arrière.

Mais au lieu de boire paisiblement notre Ovomaltine en croquant des biscuits chinois, ce furent les cancrelats qui faillirent nous dévorer !

Ils étaient devenus fous, ayant senti la terre humide (il venait de pleuvoir), à moins que leurs antennes n'aient détecté dans les multiples crevasses de la jetée de pierre, la présence d'une autre variété, amie ou ennemie.

On eût pu croire que tous les cancrelats de la terre s'étaient donné rendez-vous dans notre cabine, en l'espace de trente secondes. Ils volaient dans tous les sens, couraient sur nos torses et nos épaules nues, sur nos visages, et... mordaient, tandis que nous rugissions de dégoût en nous précipitant hors de la cabine, laissant biscuits et Ovomaltine aux cancrelats...

Je suis debout au lever du soleil, et je jette un regard vers l'arrière. Rien. Un peu inquiet, je scrute l'horizon des deux côtés et même... sur l'avant. Sait-on jamais, cet animal a peut-être fait travailler son cerveau pour trouver le moyen de me rattraper ! Toujours rien de visible !...

Mais la distance qui nous séparait hier n'a pas augmenté pendant la nuit ; *Wanda* est en ce moment « dans le soleil », donc invisible.

Encore quelques tâtonnements pour que les voiles prennent bien le vent (Ô démon de la régate !), et je prends une droite de hauteur. Cela me permettra de patienter jusqu'à ce que le soleil soit assez haut pour ne plus m'aveugler lorsque je scruterai l'horizon à l'Est...

Après la hauteur méridienne une courte station sur le mât d'artimon révèle que *Wanda* est toujours en vue, mais un peu plus loin qu'hier. Trois jours après avoir quitté Ascension ensemble ! Cela ne doit pas être très fréquent pendant les courses croisières transocéaniques !

*Wanda*, pourtant, n'est plus dans le gisement qu'elle occupait la veille : elle est plus nord. Diable ! Il semble que nous avons eu ensemble la même idée ; car hier, voyant *Wanda* dans mon sillage, j'avais réfléchi à une solution possible qui lui permettrait peut-être d'arriver la première : l'utilisation des courants.

Les courants favorables, d'après nos « pilot-charts », seraient plus forts sur la latitude Fernando-Noroña ; mais les indications fort utiles données par ces cartes, sont rarement infaillibles. Néanmoins, dans la position d'Henry, sa meilleure chance d'arriver le premier serait d'aller chercher le courant en se déroutant d'une centaine de milles. Si la « pilot-chart » avait raison, il rattraperait facilement le temps perdu et arriverait le premier. Dans le cas contraire, c'est-à-dire si les indications données par cette carte se révélaient erronées, *Wanda* se serait déroutée pour rien et arriverait avec un jour de retard.

Au coucher du soleil, la tactique d'Henry est claire : *Wanda* va chercher le courant au Nord ; *Marie-Thérèse II* conserve son cap initial. Pile ou face ! Le plus extraordinaire serait que nous laissions tomber ensemble nos ancres, dans la baie de Fernando-Noroña en nous injuriant pour une question de secondes !

Notre navigation « pour demoiselle » se poursuit, sans rien qui vienne rompre son charme tranquille, fait de chuchotements, de petits grincements de poulies, du son à peine perceptible de l'Alizé glissant sur les ailes du bateau qui trace son chemin régulier de 100 milles par jour, précédé par le fidèle pilote rayé, toujours seul à l'affût dans la vague d'étrave.

Une petite dorade (coryphène) vient parfois nous rendre visite, juste avant le coucher du soleil, depuis quelques jours. Vient-elle aussi chercher la protection de sa grande sœur ? Si oui, elle a tort car je ne fais pas de sentiment avec ce qui est assez gros pour remplir une poêle à frire. Et ma dorade y finit son voyage. Voilà qui me change pour un jour des œufs de wide-awake !

L'estomac de la jeune dorade a été ouvert. C'est chez moi une manie : savoir de quoi vivent les poissons qui se sont laissé prendre. Ce que mangent habituellement les dorades, je le sais depuis longtemps (les poissons volants le savent aussi !). Mais la chose curieuse, c'est de constater que tous les poissons volants retrouvés dans l'estomac d'une dorade, ont la tête tranchée avec beaucoup de netteté, à la naissance des nageoires latérales qui leur servent d'ailes. Autrement dit, la dorade happe le poisson volant, lui tranche la tête aussi promptement qu'on peut le faire en se servant d'un couteau, lâche ensuite sa proie pendant une fraction de seconde avant de la reprendre pour l'avaler « d'un seul coup et sans mâcher », comme le font les vilains enfants.

Bien entendu, plusieurs poissons volants se trouvent dans l'estomac de ma dorade, la plupart à demi-digérés. L'un d'eux cependant, le plus gros, semble avoir été pris voici à peine quelques instants, car il est intact, à part sa tête (il se trouve pourtant des calories dans la tête d'un poisson volant... ce n'est pas moi qui la rejetterais à la mer... !) et je me demande un instant s'il n'ira pas rejoindre la rachitique dorade dans ma poêle à frire...

Tout compte fait il passera par-dessus bord : la tête d'un poisson frais me semble plus appétissante qu'un poisson déjà avalé par un autre !

Mais l'estomac de cette dorade me réserve une surprise : une quinzaine de minuscules poissons « ballon » y sont entassés parmi les poissons volants habituels. Et moi qui aurais été prêt à parier ma tête que cette variété de poissons qui se gonflent en cas de danger, ne vivent qu'au bord des côtes, parmi les coraux ou les rochers où ils peuvent se cacher pour vivre en paix ! Il en existe donc des bandes en plein cœur de l'Atlantique, entre l'Afrique et l'Amérique... Vraiment curieux, de la part de ces poissons sans défense qui ne mordent pas, ne volent pas, et ne naviguent pas à plus de quelques nœuds avec la meilleure volonté du monde. Mais il faut préciser qu'il s'agit aujourd'hui de bébés... et qu'alors, poussés par la désobéissance, ils s'étaient peut-être embarqués dans la mauvaise direction !

Mais une chose est certaine : la dorade qui frit en ce moment dans la cabine, a dû tomber sur une bande compacte de jeunes poissons « ballon », pour que j'en aie trouvé un tel nombre dans son estomac ; et cela quelques minutes à peine avant d'avoir été harponnée, car les victimes sont encore intactes.

*12 février*

L'Alizé se maintient entre la force 2 et 4 Beaufort, de l'Est-Sud-Est. Plein arrière depuis le départ, sans la moindre giration, contrairement à ce qu'il faisait entre Capetown et Ascension.

La mer, par contre, est devenue telle que je l'ai habituellement connue : houleuse sans excès, mais parcourue d'ondulations secondaires venant d'une direction différente de celle du vent régnant. Ce sont les lointaines manifestations de l'alizé du Nord-Est qui domine le régime des vents de la ceinture tropicale située au Nord de l'Équateur, après la zone du Pot-au-Noir.

De ce Pot-au-Noir, nous ne sommes plus très loin aujourd'hui : il doit se situer (en cette période) entre 3 ou 4° et 5 ou 6° Nord, sur la longitude de Femando-Noroña qui, elle, reste dans la zone des alizés, sur le parallèle de 3° Sud.

Ce n'est qu'après l'escale de Fernando-Noroña que nous devrons traverser cette zone qu'ont maudite tant de voiliers, à cause des calmes prolongés entrecoupés de violentes rafales et de grains de pluie qu'ils y ont rencontrés ; cette zone qui peut retenir un bateau sans moteur pendant des jours, et même des semaines entières, totalement encalminé, voiles tombant sans vie le long des espars ou, au contraire, à sec de toiles sous des rafales à démâter.

Par contre, le Pot-au-Noir est parfois très étroit ; c'est en général le cas à proximité des côtes brésiliennes. Il est même arrivé que des navires faisant route de Capetown vers la Manche[1] soient passés de l'alizé du Sud-Est à celui du Nord-Est dans une courte rafale. Le « Cerbère » de l'Équateur, en promenade dans son domaine, devait être bien surpris de voir ainsi sa proie lui échapper en un clin d'œil et trop contente de sa bonne fortune pour regarder derrière.

Mais, par bonheur, toutes ces petites misères qui m'avaient été prodiguées avec tant de largesse pendant la traversée de *Marie-Thérèse* dans l'océan Indien, seraient épargnées à *Marie-Thérèse II*.

Les « pilot-charts » étaient formelles à ce sujet : la zone du Pot-au-Noir est presque inexistante dans la partie de l'Atlantique qui s'étend de Fernando-Noroña à la côte du Brésil ; en cette période tout au moins. Et lorsque les « pilot-charts » sont vraiment formelles, il est presque permis de les croire sur parole…

Par contre, il est un petit détail dont ne parlent pas ces excellentes cartes : le régime des vents au large de l'Amazone. C'est du reste pardonnable, étant donné que ces cartes américaines, embrassant la moitié de l'Atlantique, ne peuvent préciser les moindres détails, car alors on n'y verrait plus rien. Du reste, mon intention n'est pas d'aller flirter avec cette côte mal famée, dont les bancs de vase parsemés de roches vicieuses s'étendent parfois si loin au large, que des bateaux après s'être échoués, se sont perdus, hors de vue d'une terre privée de points culminants.

---

1. C'est-à-dire traversant le Pot-au-Noir le plus loin possible des côtes du Brésil, afin de ne pas perdre trop de route. Or c'est vers le centre de l'Atlantique et surtout près des côtes d'Afrique, que le Pot-au-Noir est le plus redoutable, parce que très étendu.

Point à midi : longitude Ouest 23° 55'. Latitude Sud 5° 39'.

Distance parcourue depuis Ascension : 595 milles en six jours, soit 99 milles de moyenne journalière. Faible… Mais il est vrai que je trouve toujours que c'est peu (entre nous, si j'avais fait 120 ou 130 milles de moyenne, je ne me plaindrais pas… !).

Le ciel est resté sans un nuage depuis le départ, mais une légère nébulosité doit flotter dans cette atmosphère, malgré sa pureté apparente, car je n'ai jamais assisté au lever ni au coucher du soleil, et cela depuis les quelques jours qui ont suivi mon départ de Capetown.

Et la vie royale continue. Rien à faire. Une navigation de tout repos : le bateau fait son travail sans avoir besoin de personne, tandis que l'homme vaque à ses petites affaires, c'est-à-dire ne fait rien, sinon ce qui lui plaît : lire, rêver, écrire parfois une lettre et surtout contempler ce domaine qui l'entoure, lui appartient, et auquel il appartient lui aussi sans partage.

L'homme doit aussi faire la cuisine : c'est moins plaisant. Et la vaisselle : beaucoup moins plaisant encore ! Il lui arrive quelquefois d'astiquer et de ranger la cabine lorsque *Marie-Thérèse II* commence à grogner trop ouvertement. Il est dur de s'y mettre, mais lorsque cette tâche, commencée en protestant, est bien en train, elle semble devenir tellement naturelle que les heures passent agréablement. C'est un peu comme avec la culture physique : on commence avec des yeux de chien battu, mais aussitôt les muscles réchauffés, on se demande si la séance ne va pas se poursuivre jusqu'au lendemain…

Le souvenir d'un honorable débat avec Henry me revient alors en mémoire : le sujet en était la propreté d'un petit voilier. La conclusion pratique (ou, si l'on préfère, purement théorique) de ce passionnant échange de vues peut se résumer de la sorte :

— Nous les hommes, aimons l'ordre et la propreté du lieu que nous habitons. Mais voilà... nous pouvons tenir le coup en vivant comme des cochons. C'est pourquoi la cabine d'un solitaire n'est pas toujours reluisante de propreté.

« Par contre, la femme autant que l'homme aime ordre et propreté. Mais elle ne peut pas vivre dans un cadre crasseux, mal rangé. Voilà pourquoi la cabine où habite un couple de navigateurs est toujours propre, coquette, agrémentée de petits rideaux délicats, de tentures et de housses aux couleurs chatoyantes, de coussins verts, jaunes, rouges, en un mot, de tout ce qui est la « Femme » ; cette femme dont le cœur et les doigts de fée savent, d'un taudis, faire un palais. »

Pendant deux jours encore, *Marie-Thérèse II* continue d'ajouter les milles aux milles, et les points tracés sur la carte sont presque en ligne droite, depuis Ascension.

Puis, sans préavis, sans que le vent ait augmenté, ce furent deux autres journées de 130 milles chacune. Plus de cinq nœuds en moyenne...

La « pilot-chart » avait raison : nous étions entrés en plein dans le courant équatorial qui prend naissance dans les parages de la Guinée, longe l'Équateur sur une bande où se trouve Fernando-Noroña, puis va buter, en Amérique du Sud, sur le cap Récife qui partage le grand courant océanique dont une partie remontera le long de la côte, vers les Antilles, tandis que l'autre suivra la côte du Brésil et de l'Argentine jusqu'aux parages du cap Horn, avant de repartir vers l'Est, entraînée par le courant général de la Ceinture antarctique.

Le 16 février, à midi, 60 milles restent à parcourir. Encore un atterrissage de nuit, car le vent tient bon, force 3 à 4.

Au coucher du soleil, les deux trinquettes principales sont amenées, ferlées sur les tangons, tandis que *Marie-Thérèse II* continue sa course au ralenti sous les deux voiles basses.

J'aurais aimé prendre une dernière longitude au soleil couchant, mais l'habituel voile de brume le cache avant l'heure, comme cela se produit chaque jour depuis Capetown. Un point aux étoiles me serait utile aujourd'hui. Encore un détail d'importance au sujet duquel je ne suis pas paré, ne possédant pas les éphémérides nautiques de l'année, indispensables pour ce calcul. Il faudra m'occuper de combler cette lacune dès que l'occasion s'en présentera, aux Antilles.

Car le point aux étoiles est beaucoup plus rapide et précis que celui que l'on calcule avec le soleil : trois hauteurs d'étoiles sont relevées en quelques minutes et permettent de tracer, après un petit calcul classique aussi simple que pour le soleil, trois lignes de position dont l'intersection correspondra au point occupé par le bateau. Autrement dit, la position par un calcul d'étoiles est donnée en vingt minutes ou une demi-heure.

Par contre, une hauteur de soleil ne pourra donner qu'une seule ligne de position, et non pas un point exact. Pour obtenir ce point, il faudra attendre que le soleil passe à la méridienne ; et c'est alors le calcul de la latitude qui donnera la seconde ligne de position dont l'intersection avec la première (compte tenu de la distance parcourue entre les deux moments d'observation) indiquera la position du bateau.

À défaut d'un calcul de la latitude par hauteur méridienne du soleil, une autre ligne de position peut être tracée, au moins trois heures après la première (pour donner au soleil le temps de changer d'azimut).

Pas claires, ces explications théoriques ? Oui, je le reconnais. Mais avec les tables de Neufville ou de Dieumegard et la bonne volonté d'un officier de Marine disposant d'exemples concrets (c'est-à-dire du livre de bord), tout ce qui précède peut devenir limpide comme de l'eau de roche... à condition que vous y mettiez également un peu de bonne volonté !

Bien entendu, pas question de dormir cette nuit. Une divinité maligne a-t-elle jeté un mauvais sort sur mon bateau au jour de sa naissance ? Peut-être aurais-je dû brûler des baguettes d'encens et immoler un jeune coq sur l'étrave de *Marie-Thérèse II* afin que les divinités invisibles réunies autour de son berceau la comblent de tous les dons !

Pour sûr, une sorte de fée Carabosse avait agité sa main crochue au-dessus de l'innocente en prononçant ces mots : « Tu arriveras toujours de nuit. »

Vers une heure du matin, le rayon du phare balaye le ciel, droit sur l'étrave. Les deux voiles basses sont ramassées et mises en vrac dans le poste avant. Puis grand-voile, trinquette et foc sont hissés et le bateau mis en panne, voiles d'avant bordées à contre, grand-voile bordée à plat et barre sous le vent. Les mouillages sont parés depuis le coucher du soleil, ancres manillées sur leurs chaînes.

À trois heures, le phare est visible au-dessus de l'horizon et j'appareille. Très désagréable : les voiles d'avant masquées par la grand-voile ne servent à rien, et le bateau roule. J'en avais perdu l'habitude, car, fait assez curieux, *Marie-Thérèse II* qui roule volontiers dans un mouillage à peine agité, n'a pas ce défaut au vent arrière sous trinquettes jumelles.

Par contre, *Wanda*, qui reste sage au mouillage, roule parfois bord sur bord, pont dans l'eau, lorsqu'elle navigue sous trinquettes jumelles, même dans les conditions idéales que nous avons trouvées en Atlantique. Autre bateau, autre comportement. C'est pourquoi il est raisonnable de ne pas émettre des opinions catégoriques sur la manière de prendre ou de ne pas prendre la cape, de courir ou de ne pas courir au vent arrière par grosse mer, d'utiliser ou non le gréement bermudien.

Tel marin proclamera qu'une filière haute est une condition *sine qua non* de la sécurité en mer ; un autre affirmera que c'est un excellent moyen de se ficher à l'eau, et qu'une filière doit être aussi basse que possible car on ne marche pas sur un pont, mais on y rampe comme un lézard ; enfin le troisième dira qu'il se fout éperdument de la filière et n'en a jamais eu sur son pont. Or, ces trois marins ont raison (ou tort, ce qui revient au même et n'empêche pas la terre de tourner...).

L'île nord-est du groupe est contournée au petit jour. Courant de marée contraire, soulevant un clapot modèle réduit du plus bel effet. On dirait des frissons courant sur le dos d'un chat qui ronronne.

La brise, heureusement, est pleine de bonne volonté : elle nous pousse gaiement de l'arrière après avoir, elle aussi, contourné l'île. Merveilleux ! Nous aurions pu arriver presque jusqu'au mouillage sous trinquettes jumelles, en faisant du Sud-Ouest, alors qu'au large l'alizé souffle du Sud-Est !

Bientôt apparaît le mouillage marqué sur la carte. Une grande et belle plage de sable, éclatante de blancheur, sur laquelle vient s'éteindre une houle légère de Nord-Est, venue de très loin, comme fatiguée par son long voyage à travers le Pot-au-Noir.

Puis, caché jusque-là par un rocher géant planté comme un chicot, tout seul dans la baie, apparaît un mât bien connu, orné d'une pomme blanche au sommet... Ah, l'animal ! *Wanda* a gagné.

Mes coups de trompe de brume font sortir une tête barbue, et Henry saute dans son youyou qui arrive à la godille, tandis que *Marie-Thérèse II* fonce au plus près, dans l'alizé qui souffle maintenant en courtes rafales à travers le couloir délimité par les collines bordant la baie.

Le youyou est cueilli au passage, tenu en laisse à l'arrière, et Henry va se poster près des ancres, paré à mouiller. L'opération se termine à cinquante mètres de *Wanda* où *Marie-Thérèse II* pourra dormir au bout de sa chaîne terminée par l'ancre C.Q.R., dans le calme absolu de cette baie tropicale.

— Je pensais que tu avais décidé de poursuivre directement sur Trinidad, lorsque je ne t'ai pas trouvé ici en arrivant hier soir.

— À quelle heure ?

— Tout juste avant la nuit.

— Bravo Henry ! Tu as encore gagné cette manche.

— Je suis allé chercher le courant équatorial plus au Nord. Je risquais de perdre une journée à la recherche d'un courant fantôme, mais... Il fallait jouer à quitte ou double !

— On essaye encore sur les derniers 2 000 milles de Fernando à Trinidad ? Si tu arrives le premier, tu as gagné sur toute la ligne !

— O.K. Du reste, ce sera là le « real test » car nous devrons faire une bonne partie du chemin sous voilure habituelle de route...

— Et comment sont les Fernando-Noroniens ?

— Pas descendu à terre. Il est encore tôt !

— Tu as pris ton breakfast... ? Non ? Alors reste à bord ; le porridge est paré, et l'on complétera avec des œufs durs, pour varier un peu... Puis nous irons honorer de notre visite les autochtones de cette terre nouvelle... !

# 12
# Fernando-Noroña

Le groupe des îles Fernando-Noroña est à peu près inconnu des navigateurs à la voile. De tous les récits que j'ai lus, et si mes souvenirs sont exacts, seul celui de Harry Pidgeon en donne une courte description.

*Islander* était passé dans l'étroit chenal qui sépare l'île principale de sa petite sœur abrupte plantée à quelques dizaines de mètres dans le nord-est. Mais Pidgeon ne s'était pas arrêté, pour une question de « saison des cyclones » qui approchait dans les parages des Antilles, je crois.

J'aimerais savoir comment Pidgeon aurait parlé de ce groupe d'îles étendues en longueur sur une dizaine de milles, plantées de « choses » rocheuses qui ne sont ni des montagnes, ni des collines, ni des gros rochers... Une sorte de combinaison des trois.

Il est parfois des paysages qui vous laissent insatisfaits, parce qu'absolument secrets. Et celui-ci restera une énigme pour mes sens. Pas sévère, pas jovial : énigmatique.

Les couleurs de ces amas rocheux ne me rappellent aucune des teintes familières. Ici le mauve n'est pas mauve, le jaune est autre chose que du jaune... le vert est insolite : il n'est pas vraiment vert. Quoi alors ? Je ne sais : autre chose...

Et peut-être se passe-t-il là, pour moi, ce qui se produit lorsqu'une oreille occidentale écoute de la musique indochinoise et cherche à associer ses accents étranges à quelque chose de connu. Elle n'y parviendra pas. Car la musique d'Extrême-Orient est faite de sons qui ne contiennent pas le même nombre de vibrations que ceux auxquels nous sommes accoutumés...

Et maintenant, passons aux choses pratiques.

Pour commencer, Henry et moi décidons que l'escale sera très courte. Inutile d'assembler mon youyou ; le sien suffira pour le va-et-vient entre la plage et nos bateaux. Aussitôt le petit déjeuner avalé, nous enfilons nos shorts et chemisettes de nylon et partons dans le youyou d'Henry, sandales en bandoulière, et passeports ficelés aux sandales.

Débarquement sans incidents sous les regards sympathiques des matelots qui travaillent sur l'avant d'un navire de débarquement du type L.C.T., occupé à décharger du matériel pour la base américaine de fusées radio-guidées.

L'un deux, grand et fort, torse nu sous le soleil, nous invite à venir prendre un drink à bord. Serait-ce le bosco, ou mieux, le... cuisinier ?

— Nous passerons vous voir au retour, si l'invitation tient encore.

— Bien sûr, qu'elle tiendra encore !

— O.K. Merci !

La route est poussiéreuse, le soleil vindicatif, et nous retirons nos chemises pour ne point les voir trempées par la transpiration.

— Dis donc, Henry... ce gars qui nous a invités pour le drink a une bonne tête ; le bosco, je pense. Si nous l'invitions en retour ? Mais il serait regrettable de l'inviter seul, puisque nous avons suffisamment de cordages à bord. Faudrait essayer d'attirer également le cuistot dans notre guet-apens...

— Quel guet-apens ?

— Le coup du *Snark*, à Singapour...

— Tu ne m'as jamais raconté ça. Encore une confession ? Alors vas-y, je te donne d'avance mon absolution !

— Nous revenions d'Indonésie, Deshumeurs et moi, et attendions depuis deux mois à Singapour, en donnant des leçons de français, que le Consulat d'Indonésie puisse nous faire obtenir l'autorisation de traverser les eaux territoriales en direction de l'Australie.

Les finances étaient basses. Notre stock de vivres encore plus. Quant au moral, n'en parlons pas : lorsqu'on a mangé du riz matin, midi et soir, depuis des mois, en y ajoutant quelquefois une boîte de petits pois ou de sardines à l'huile, il est naturel de ne plus se sentir une âme de conquérant...

Nos amis de Singapour mouraient d'envie d'aller passer un week-end en mer, à bord du *Snark*. Nous avions jusque-là prétexté de multiples raisons pour éviter un envahissement qui nous eût fait grand plaisir, mais que nous ne pouvions envisager, n'ayant rien pour nourrir nos invités.

Puis un beau jour, nous trouvâmes la solution de ce problème. Les voiles furent transfilées, les drisses et les poulies vérifiées, et les invitations étaient faites le lendemain, par téléphone, du bureau d'un copain (ça ne coûtait rien...). Quatorze invitations : quatorze réponses enthousiastes !

« Et surtout, n'apportez rien, à part une couverture chacun, si vous avez l'habitude de vous couvrir pendant la nuit. Mais pas de provisions, nous avons ce qu'il faut à bord. Promis... ? »

Le « week-end » en mer fut une réussite : un coup de Sumatra à deux heures du matin vint à propos pour remplir nos hôtes d'admiration pour les qualités du

*Snark* et des deux hardis navigateurs. Puis ce fut le pique-nique mémorable sur la plage d'une petite île, suivi d'un accostage un peu brutal contre la plate-forme d'une des innombrables pêcheries malaises qui débordent la côte du détroit de Malacca ; et, pour finir, les affres d'un calme presque plat dans lequel le *Snark* sous-voilé dériva avec le courant, pendant une partie de la nuit, avant que le faible souffle ne se fût transformé en brise portante pour ramener nos amis au port, quelques heures avant l'ouverture des bureaux, le lundi.

Tous débarquèrent absolument enchantés, mais... mourant de faim : riz pour le petit déjeuner, riz à midi (avec un peu de sel... ça donne bon goût...), au dîner : riz mélangé avec le contenu de deux boîtes de petits pois...

Et... « rendez-vous à bord du *Snark* vendredi en huit, à la sortie des bureaux, pour un autre week-end en mer ! Nous visiterons un nouveau coin... ».

La virée devait avoir laissé une forte impression sur nos hôtes... car tous furent au second rendez-vous, à l'heure dite, mais... avec des provisions pour plusieurs mois : conserves, lait condensé, confitures, biscuits, beurre... !

— Tu ne m'as jamais donné l'impression de valoir grand-chose, Bernard. Mais aujourd'hui, je commence à comprendre que tu es tout simplement « disgusting »...

— Tu m'as pourtant donné l'absolution à l'avance !

— Tiens, tu es répugnant !

— Et cette idée que tu m'as sortie avant le départ d'Ascension, d'échanger nos grosses boîtes de corned-beef contre d'autres conserves, sachant bien que nous n'aurions qu'une chance sur mille de perdre ces boîtes ? Et cette autre idée, d'ouvrir soigneusement ces boîtes géantes, d'en manger le contenu puis de les remplir de sable et de les ressouder, en continuant toujours de les proposer en échange de plus petites, sachant très bien que les cuistots ne nous les prendraient pas ?

— C'était une idée en l'air, pour plaisanter... Je ne l'aurais tout de même pas mise à exécution !

— Cela me rassure un peu sur ton compte, car je t'ai pris pour une vraie charogne, au sujet de cette dernière trouvaille. N'empêche que le coup du *Snark* n'était pas plus vilain que ta première idée. Enfin, tant pis ! Puisque ta sensibilité de bébé britannique se trouve remuée, on ne parlera pas au bosco, ni au cook, de la gentille invitation que nous leur réservions pour ce soir...

— Après tout... s'ils ont vraiment l'air sympathique, nous pourrions tout de même les inviter...

— Et leur servir des œufs de wide-awake ?

— Il n'y a aucune raison qu'ils ne trouvent pas cela excellent, puisque les sensations sont faites de contrastes. Le riz aux œufs les changerait de leurs steaks saignants et de leur crème au chocolat dont ils sont peut-être un peu saturés...

— Bravo Henry ! Baudelaire t'avait déjà appelé « son semblable, son frère », mais tu es aussi le mien, sans que le doute soit permis.

— ...

Deux heures plus tard, le village apparaissait, en contrebas d'un coude de la route. Nous avions choisi le chemin des écoliers malgré la chaleur devenue presque pénible. En mer, la vraie chaleur (je parle de la chaleur désagréable) est très rare. Presque toujours, un léger souffle permettra de la supporter. Mais à terre, il en peut aller tout autrement. Pour peu que le paysage soit aride, sans arbres suffisamment hauts pour fournir de l'ombre, la chaleur attaque alors sur deux fronts : du ciel et de la terre surchauffée.

Et ici, pas un brin d'ombre, rien, tout au long de la route poussiéreuse déjà brûlante à nos pieds nus ; car les sandales, nous les portons en bandoulière pour ne pas les user… Elles seront à nouveau chaussées avant notre arrivée dans le village.

Malgré ces petites misères, nous avions beaucoup traîné en route, parce que… les lézards affectionnent la chaleur des bords de routes. Peut-être aimeraient-ils aussi se nourrir de cancrelats sans, pour autant, perdre le bénéfice des bains de soleil que leur offrirait le pont de nos bateaux !

C'est Henry, surtout, qui avait besoin, pour ses passagers clandestins, d'un traitement de choc. Quant aux miens, un ou deux lézards suffiraient pour briser l'invasion qui n'en était encore qu'au stade de l'incubation…

Nous voilà donc devenus trappeurs de lézards. Ceux-ci sont longs de 10 à 20 centimètres, avec de petites écailles lisses, aux reflets gris-vert. De vrais joyaux pour égayer une cabine. D'autre part, s'ils mangent chaque jour leur poids d'insectes, comme je crois l'avoir lu quelque part, les cancrelats de *Wanda* n'auront pas longtemps à vivre. Quant aux miens, ils seront rayés du rôle d'équipage en une matinée ! Il faudra alors laisser ouverte la boîte de lait condensé, et y repêcher de temps en temps les nouveaux pensionnaires…

Attraper des lézards est peut-être moins dangereux que chasser le rhinocéros dans la brousse africaine, mais je me demande si c'est beaucoup plus facile ! Pensez donc, ces petites bêtes gentilles et familières (sans excès de familiarité) peuvent happer une mouche du premier coup ; ce ne sont donc pas les gros mammouths maladroits que nous sommes à leurs petits yeux malins, qui risqueraient de les mettre facilement dans leur poche !

Mais voilà… Les serments d'amour se disent au grand soleil, chez la gent rampante (elle peut ramper à la vitesse de l'éclair), et c'est en profitant sans pitié des quelques secondes pendant lesquelles nos victimes extasiées regardent dans le vague, que celles-ci, deux par deux, sont mises dans nos poches…

Trois couples suffiront : deux pour *Wanda*, un pour *Marie-Thérèse II.* C'est la poche droite de mon short qui leur servira de prison provisoire avant qu'ils connaissent les joies des voyages au long cours et l'émotion qu'apporte la vue d'une terre nouvelle sortant peu à peu des flots de l'Océan !...

Empocher ces charmants animaux ne fut donc pas trop difficile, mais les faire rester sages ensuite, devait se révéler une tout autre affaire. Peut-être aurions-nous dû méditer le dicton anglais : « Two is company, three is crowd », d'autant plus valable que là, dans une seule poche, ils étaient six...

Ma chemise fut utilisée en guise de bouchon... avec l'espoir que ces pauvres bêtes ne seraient pas allergiques au nylon !

Mais il faudrait trouver maintenant une solution plus compatible avec les nécessités arbitraires de la vie en société, car il n'est pas possible de se présenter devant un commissaire de Police comme le promoteur d'une mode nouvelle, torse nu bien bronzé, chemise sortant à moitié d'une poche gonflée de lézards. Pas en territoire brésilien toutefois.

À l'entrée du village, nous essayons de questionner le seul être humain visible. Comme par hasard, il s'agit d'une jeune femme. Elle file sans demander son reste, comme si nous étions des Casanova ou des pestiférés... ! Nous avions pourtant remis nos chemises, tandis que le mouchoir d'Henry ajouté au mien servait maintenant de bouchon à la réserve de lézards...

— Diable de pays ! Les gens n'ont pas l'air drôles, ici...

— Bloody latin mind ! Et tu me conseilles d'aller un jour jeter l'ancre en face de Cannes !

— Les Français ne sont pas exactement des Latins. Une jolie fille de là-bas aurait au moins essayé de répondre, en te consolant par un sourire, au cas probable où elle n'aurait pas saisi le sens de ton charabia.

— « Police » et « Passeport » sont pourtant des mots internationaux !

— Essayons avec la vieille qui se tient sur le pas de sa porte, à cinquante mètres...

Ça, par exemple ! Nous prend-t-elle pour deux bandits ? La vieille a fermé la porte après être rentrée dans la maison !

Nous poursuivons notre chemin par des rues désertes, vibrantes de chaleur (c'est presque l'heure de la « siesta »). Derrière notre passage, les portes s'entr'ouvrent et des têtes apparaissent.

Non, c'est trop idiot ! Nous faisons demi-tour et frappons à une porte...

— Pas comme ça, Henry, plus fort ! Ces gens-là sont vraiment trop bêtes.

— Et s'il surgit un malabar armé d'un bâton pour te montrer qu'il a compris ?

La porte s'ouvre, et apparaît un géant barbu et souriant. Un de ces types qu'on voudrait attraper des deux mains par les épaules, pour lui dire : « Toi, mon vieux, tu as une bonne tête ; tu me plais, et nous sommes frères. »

Derrière lui se pressent des enfants, timides malgré leurs yeux brillants de bons petits diables. Timidité de courte durée... car leur regard se porte sur ma poche droite, tandis qu'ils tentent d'étouffer un éclat de rire. Je regarde moi aussi... et repousse dans le fond de son cachot un de mes pensionnaires qui en était à moitié sorti. Pauvre vieux... ! L'odeur du mouchoir d'Henry t'incommoderait-elle ?

Les gosses, maintenant déchaînés, sont devenus des copains... un tout petit peu envahissants comme le deviennent souvent les enfants lorsque la glace est rompue. Ils veulent d'abord « voir » le lézard. Nous leur expliquons par gestes que c'est difficile, car les autres pourraient s'échapper... Il y en a donc d'autres... ? Et tous les enfants se ruent vers nous. L'un d'eux porte la main à sa bouche, geste international, pour nous demander si nous mangeons les lézards ! Comment leur expliquer par gestes que ce sont les lézards qui mangeront nos cancrelats ?

Une chose me frappe, dans le comportement de ces enfants (ceux des maisons voisines sont accourus) : les garçons semblaient enchantés d'apprendre que nous dévorons des lézards ; les petites filles en pleuraient presque de chagrin, si j'en juge par l'expression de leurs grands yeux qui semblent supplier : « Non, ce n'est pas vrai, vous ne les mangez pas ! Vous n'êtes pas aussi cruels, n'est-ce pas ? »

Alors, pour les rassurer, je dessine un bateau sur le ciment du perron, en me servant d'une pierre ; puis un insecte qui pourrait aussi bien ressembler à un cancrelat qu'à une araignée, ou à Henry, est ensuite représenté au milieu du bateau avec, juste derrière, le lézard.

Notre petite assemblée a probablement compris tout autre chose que ce que je tentais d'expliquer… et cette autre chose doit être fort drôle, car tous rient aux éclats. Mais pour un succès, c'en est un : les gosses nous ont adoptés.

Aux choses sérieuses maintenant :

— Dové Police ?

Le géant exhibe sa dentition dans un large sourire. Mais il n'a rien compris. Bien sûr, c'est de l'italien, ou du moins ça prétend en être.

— Laisse-moi faire, idiot (c'est Henry qui me parle) ; Police ! Passeport… ! (et il brandit le passeport jusque sous son nez).

Même sourire. Ces braves gens ne voient pas souvent passer de visiteurs… mais tout de même, ce sont là des mots qui veulent dire la même chose dans tous les pays du Monde !

Brusquement le mot juste (ou à peu près) me revient en mémoire :

— Carabiniero !

Alors une vingtaine de petites mains se saisissent de nos chemises, de nos shorts, de nos bras ; c'est une troupe babillante, grossissant en cours de route, qui nous emmène vers le bâtiment où se trouve le Chef des Carabinieros, ayant aussi compris que nous voulons voir le Chef, et non pas son sous-fifre.

Un homme charmant d'une trentaine d'années, extrêmement sympathique. Un bureau somptueux avec tapis, tentures, fauteuils confortables où j'aimerais pouvoir faire un brin de sieste... car la pièce est merveilleuse de fraîcheur.

Nos passeports sont à peine regardés. « Vous êtes Français ! » Il s'exprime assez bien dans notre langue, mais poursuivra la conversation en anglais, par politesse à l'égard d'Henry.

Étrange rayonnement que celui de cette France dont on s'est toujours gentiment moqué dans les pays où je suis passé, mais qui n'en reste pas moins une nation infiniment respectée et admirée, symbole de culture et de liberté.

Les yeux emplis d'émotion, il se met à parler de Gide et voudrait que je lui dise combien je l'aime, moi aussi. Il voudrait savoir si je l'ai compris de la même manière que lui : Gide a-t-il ouvert chez moi des portes nouvelles ? Ai-je connu, à sa lecture, le choc, les transes de la « révélation » ?

C'est un tout autre choc que je ressentis, pendant une minute : mes yeux s'étaient portés sur Henry, et je m'aperçus que les siens fixaient un point précis de mon anatomie... Miséricorde ! Un de mes pensionnaires était encore sorti de ma poche. Je sens qu'Henry va se trouver pris de fou rire... Mais notre hôte n'a rien remarqué. Il est encore dans le nirvana gidien. Quant à moi, je suis en transes...

Pourvu qu'Henry ne fasse pas l'idiot, ni moi non plus ! Mes mains se dirigent lentement vers mes genoux, d'un geste que je voudrais naturel. Elles frôlent le lézard en passant : malédiction, il ne bouge pas et je crains qu'il ne me morde ! Ça ne serait pas douloureux, mais Henry pourrait très bien exploser d'un rire incoercible. Ce serait alors le bouquet : Gide bafoué, la Police brésilienne insultée... !

Mes doigts caressent maintenant le lézard, tandis que je réponds aux questions de notre hôte en essayant de garder un visage imperturbable... « Allons, file de là, misérable excrément des divinités terrestres !... » Quel curieux animal, tout de même ! Impossible de l'attraper autrement que par ruse, lorsqu'on veut le mettre en cage ; et maintenant qu'il en est sorti il ne veut plus me quitter !

Ah ! Le voilà qui remue enfin. Je le sens descendre le long de ma jambe nue, tandis que, les yeux au plafond, je fais à l'admirateur de la culture française une confession qui va le suffoquer :

— Gide... Ah oui ! Quel dommage que je n'aie jamais été « réceptif » aux trésors qu'il a laissés à l'humanité pensante ! Je m'y suis pourtant pris à trois fois pour essayer de lire *Les Nourritures terrestres :* au premier essai j'avais vingt-quatre ans. La deuxième fois vingt-six ou vingt-sept. Ma dernière tentative est toute récente : entre Capetown et Sainte-Hélène. Mais malgré ma bonne volonté, je n'ai jamais pu aller plus loin que la moitié de ce chef-d'œuvre... Non, voyez-vous, je ne suis pas réceptif à Gide...

— Il eût fallu le lire à dix-sept ou dix-huit ans, la première fois... Quel dommage !

Le lézard est maintenant sur le tapis, hors du champ visuel de notre hôte, et il regarde dans toutes les directions, étonné du décor qui l'entoure. Il ne bouge pas. Dommage qu'il se soit échappé ; nous serions devenus très bons amis, à bord, car il est déjà familier.

El Señior Carabiniero donne un coup de téléphone :

— J'ai un ami qui sera heureux de vous rencontrer. Il sera ici dans un instant ; c'est un grand amateur de chasse sous-marine qui occupe ses moments de loisir à diriger le seul hôtel de l'île…

Au mot « hôtel », nous avons dressé l'oreille, Henry et moi, inconsciemment sans doute, simple réflexe. Ces choses-là ne se contrôlent guère. C'est une sorte d'instinct, chez le navigateur solitaire qui parvient à renifler la délicieuse odeur d'un repas qui va lui tomber tout cuit dans le bec…

L'ami arrive bientôt. Un homme délicieux, qui est « à tu et à toi » avec le chef de la Police et parle couramment l'anglais.

Décidément notre « flair » n'était pas émoussé :

— Où allez-vous déjeuner, vous deux ?

— Oh… ! Pas avant ce soir… Il faut dire que nous avons ingurgité un copieux breakfast avant de quitter le bord, ce matin. C'est ce que nous faisons habituellement lorsque nous partons en reconnaissance pour la journée.

— Allons, ce n'est pas sérieux. Vous déjeunez chez moi. Du reste, c'est l'heure, et je vous emmène. Mon ami m'apprend que vous désirez convertir deux livres sterling contre de la monnaie locale, pour vos petits achats dans le village ? Je puis vous les échanger. Et maintenant, en route.

La route n'est pas longue, l'hôtel est à deux pas.

— Whisky ?

— Non, merci ; pas par cette chaleur. Coca-cola, avec plaisir.

Nous sommes étendus dans des chaises longues en rotin, d'un confort à se demander comment il sera possible un jour de s'en arracher… Les stores sont baissés, la grande pièce, coquettement décorée de « pin up » et de poissons peints sur les murs, est aussi fraîche qu'une cave.

Pauvres lézards ! Ils doivent mourir de chaleur dans la poche de mon short... Je tâte doucement : curieux... Auraient-ils fondu... ? J'ôte avec précaution le bouchon de mouchoirs et... un survivant tirebouchonné gît au fond de la poche, à l'agonie !

Le malade est immédiatement remis en liberté sous un buisson, museau contre la terre sur laquelle j'ai préalablement répandu un verre d'eau, pour l'humidifier. Cela me rappelle mes vacances d'Indochine, lorsque je m'en allais nu-pieds, à l'âge de douze ou treize ans, pour tirailler sur les oiseaux à coups de lance-pierre. Les oiseaux tués étaient plumés, vidés et rôtis sur place, entre trois pierres servant de foyer. Ceux qui étaient seulement blessés étaient posés à terre, le bec contre le sol humide d'où ils tiraient, comme par miracle, les forces mystérieuses qui les ramèneraient à la vie. Alors je les apprivoisais. Les écureuils, surtout, pouvaient devenir très familiers. Mais si, au lieu de la terre humide, ces petits animaux avaient été placés sur une litière d'herbes moelleuses, le résultat n'eût pas été aussi magique et beaucoup d'entre eux n'auraient pas survécu au choc de la pierre sur leur petit corps fragile.

Et le grand combat mythologique que se livrèrent Hercule et Chronos, a peut-être son origine dans une observation très juste des anciens Grecs, sur l'étonnant pouvoir de notre mère Géa. Ainsi donc, la Mer ne serait pas la seule grande guérisseuse... ?

Allons, allons, pas de chauvinisme !

Le déjeuner s'écoula gaiement. Rien à redire sur la cuisine brésilienne ! Étant donné que nous n'aimons pas abuser de l'hospitalité de nos hôtes (doutez-en si vous voulez, mais c'est pourtant la vérité), Henry et moi refusons poliment les boissons alcoolisées coûteuses, prétextant la chaleur qu'il nous faudra affronter en sortant, et demandons de l'eau.

— De l'eau minérale !... Quelle marque ? J'en ai ici plusieurs...

— Vous êtes trop gentil ! C'est seulement de l'eau du Bon Dieu que nous aimerions... vous savez, celle qui tombe du ciel... la meilleure de toutes...

— Si vous y tenez absolument... Encore un morceau de viande ?

L'hôte nous sert d'office, malgré nos protestations pourtant honnêtes, car nous n'en pouvons plus. En mer, le marin grignote souvent, de jour comme de nuit, par petites doses. Aussi son estomac doit-il se rétrécir un peu et ne lui permettra pas d'absorber un repas trop copieux lorsque... l'occasion s'en présentera !

Henry et moi avions déjà constaté ce fait gênant qui nous empêchait de faire pleinement honneur à la cuisine d'une maîtresse de maison, lorsque nous étions invités pendant nos escales. Bien entendu, à l'origine de tout effet existe une cause ; et lorsque celle-ci est découverte, il ne reste qu'à trouver la « parade » (c'est ainsi que marche le progrès !...).

Le brillant cerveau d'Henry vint un jour nous apporter la lumière (ce goinfre avait dû y réfléchir pendant ses nuits d'insomnie).

— Dis donc, Bernard, as-tu remarqué à quel point nous mangeons peu lorsque nous sommes invités chez des amis ?

— Pas étonnant ; nous avons l'estomac rétréci. Figure-toi qu'après le naufrage de *Marie-Thérèse* aux Chagos, je pouvais tout juste avaler une demi-assiettée de riz au repas. J'étais pourtant dans une forme physique parfaite.

— As-tu cherché une solution ?

— Quelle solution ?

— Eh bien, pour parvenir à manger davantage quand des amis ont l'honneur de nous recevoir à leur table... je crois avoir trouvé une combine, un truc épatant...

— En en mettant dans tes poches ou en te fabriquant une paire de bajoues comme en portaient tes ancêtres ?

— Je ne suis pas un « bloody frenchman » pour songer à me conduire comme un vulgaire voyou !

— Allons, pas de tels mots, honorable représentant de la perfide Albion. Vas-y de ton idée... elle doit être encore chaude.

— N'as-tu jamais songé, stupide ambassadeur d'un pays décadent, que si nos estomacs se sont rétrécis, nous pourrions les « regonfler » avant de nous rendre à une honorable invitation ! Fais un petit effort ! Réfléchis... !

— Je donne ma langue au chat.

— C'est pourtant très simple : il suffirait d'avaler un gallon[1] d'eau douce et de parvenir à la conserver pendant une demi-heure, le temps que nos estomacs adoptent (et surtout conservent) la forme d'une belle petite outre rondelette... !

— Sacré Henry ! Le drame, avec toi, c'est qu'on ne peut jamais savoir à quel moment tu es sérieux et à quel autre tu te fiches du monde !

Les confortables chaises longues sont péniblement regagnées. Que c'est bon, une chaise longue... ! Trois fois hourrah pour le grand paresseux qui a inventé cette merveille ; il est sûrement né sous le soleil des Tropiques... !

L'hôte, un mordu de la pêche sous-marine, nous montre les photos des mérous géants qu'il a harponnés avec des amis, sur la côte brésilienne. Discussions sur l'arme idéale. Cela ressemble un peu aux divergences des marins parlant bateau, gréement, tables nautiques : il est partisan du fusil à ressort, très précis, tandis que je préfère la simple arbalète à quatre sandows, rallongée

---

1. Mesure britannique qui correspond à 4,5 litres, environ. Les yachtmen connaissent bien ces récipients commodes dont ils se servent pour garder huile, essence, pétrole, sucre, lentilles, riz, etc.

par un bout de manche à balai, simple et robuste, pouvant flotter sans la flèche…

A-t-il entendu parler de l'expédition *Moana ?*

Non seulement il en a entendu parler, mais il possède la première partie du livre : « L'ouvrage le plus complet et le plus honnête que j'aie pu lire sur la question chasse sous-marine et le problème de requin. »

— Et Cousteau ?

— Un type formidable, lui aussi. D'ailleurs Cousteau et les gars du *Moana* se complètent : le premier est un genre de savant, de chercheur, foncièrement amoureux du monde sous-marin qu'il a étudié avec une conscience et une honnêteté de « grand bonhomme. » Les quatre du *Moana*, eux, ont poussé à fond le côté pratique de la question avec la même intransigeance dans la recherche de la vérité, présentant les faits et les analysant avec une extrême prudence, sans essayer de jeter de la poudre aux yeux. Chapeau bas, aussi bien pour Cousteau et son équipe que pour ceux du *Moana* ! Dommage que je possède seulement la première partie du livre de Gorski… et en anglais ! C'est un de mes anciens équipiers qui me l'a expédié d'Angleterre ; j'attends le deuxième tome, car, ça au moins, c'est « sérieux ».

Malgré mon absence de chauvinisme, de tels compliments sur les « gars du pays », recueillis sur un îlot perdu dans l'Atlantique Sud, font quand même plaisir…

Le café est servi.

— Un petit cognac, pour le faire passer ?

— Non, merci ; vous êtes vraiment gentil mais… ça ne serait pas raisonnable, avec la chaleur qui nous attend dehors…

— Allons, allons ! Vous n'êtes pas des petites filles !

Craignant de blesser notre amphitryon par un refus trop formel, nous acceptons « une goutte » de cognac avant d'aller faire nos menus achats dans le village : oignons et pain, rien d'autre !

Il nous remet alors les billets de banque en monnaie locale, avec, en plus… l'addition !

Mais oui, l'addition, c'est bien ça ! Même la goutte de cognac y a été comptée !

Les récits de plusieurs navigateurs mentionnent des surprises de ce genre, au cours d'une escale en Espagne ou au Portugal. J'avais alors trouvé la chose très amusante… sans me douter qu'elle m'arriverait un jour, exactement de la même manière : « Venez donc déjeuner chez moi, ça vous changera de votre ratatouille… Encore un petit verre… Allons, une fois n'est pas coutume… ! Il reste de la tarte, vous n'allez pas la laisser perdre… Un petit effort, mes enfants ! »

Et vlan ! L'addition est aussi servie, avec un sourire charmant et naturel… parce que cette manière d'agir est naturelle, dans certains pays.

Attention, toutefois : ce comportement de certains hôteliers d'Espagne, du Portugal ou du Brésil ne signifie pas que tout le monde agisse ainsi dans la péninsule ibérique et en Amérique latine !

Monsieur (ou Madame) Lézard, en pleine forme maintenant, disparaît sans demander son reste lorsque nous allons nous enquérir de sa santé. Tant pis ! Nous renonçons à la chasse aux lézards. Ils ne savent pas ce qu'ils perdent : de bons cancrelats, du lait condensé et une expérience unique de navigation hauturière !

La tournée des achats est rapidement expédiée et nous regagnons la plage avec quelques oignons et du pain. Deux minutes plus tard, le L.C.T. est pris à l'abordage : le gaillard de ce matin n'est ni bosco, ni cook, mais Commandant du navire… Solidement bâti, sans être corpulent, il a les cheveux très blonds, des yeux bleus dans un visage ouvert, sérieux. Il y a, dans les yeux de cet homme d'une quarantaine d'années, un mélange de finesse, de bonté et de sagesse. La main qu'il nous tend est large, bien ouverte, paume dirigée vers le haut, ce qui est signe de franchise, de droiture et d'altruisme, paraît-il... et je me sens un peu gêné (malgré moi !) pour le petit traquenard pas méchant, mais pas joli-joli non plus qui lui était réservé : « le coup du *Snark* »...

Nous parlons d'abord navigation. C'est normal. Le « Pacha » s'intéresse à nos méthodes, sans chercher à imposer la sienne. Bon signe. Il s'intéresse aussi à nos problèmes, meilleur signe... Il est même une des rares personnes qui comprenne d'emblée que des navigateurs solitaires peuvent avoir d'autres problèmes que celui de la navigation pure. L'idée de fabriquer un jour nos propres conserves de tortue et de poisson, avec les moyens du bord, lui plaît. Il s'intéresse beaucoup à l'appareil de plongée rudimentaire mis au point à Sainte-Hélène. Et lorsque je lui parle du calfatage sous-marin et du principe de la sciure de bois pour bloquer les voies d'eau introuvables, son comportement amical paraît faire place à un autre sentiment : ses yeux clairs posés sur nous, semblent dire : « Nous autres, Américains, sommes pénétrés de l'idée que la mécanisation et les techniques modernes auront toujours le dernier mot... et pourtant, voilà deux clochards d'océans qui s'en tirent avec des moyens antédiluviens, parce qu'inspirés par les nécessités premières d'une existence indépendante !

— Vous restez dîner parmi nous, n'est-ce pas ?

— Et si c'était vous, plutôt, qui veniez partager la tambouille du bord ? Riz et œufs d'oiseaux, pour vous changer de la cuisine américaine... ?

— Ça me ferait plaisir, mais laissons tomber les complications : vous êtes ici, restez-y ; c'est plus simple, et cela vous changera aussi de votre riz aux œufs. À propos, vous n'auriez pas besoin de quelque chose, en attendant de pouvoir fabriquer vos propres conserves ?

Henry se sent gêné. Moi aussi. C'est difficile de dire à un chic type : « Oui mon vieux, tu peux y aller carrément.

Il y a de la place à bord, et s'il n'y en a pas, on en fera... » Il n'est pas plus aisé de lui répondre : « Nous avons des boîtes de corned-beef beaucoup trop grosses pour des solitaires... et aimerions les échanger contre quelque chose de plus pratique. »

C'est Henry qui a parlé le premier, très vite :

— Nous avons du riz pour près d'un an, et un approvisionnement général suffisant pour vivre pendant de nombreux mois sans connaître la hantise du pain quotidien...

Merci Henry. Je me sens mieux. Toi aussi, je présume ?

Dîner d'allure familiale. Le « Pacha » est en pantoufles, torse nu comme les autres. Chacun va se servir au buffet. Après le thé, ou le café au choix (il suffit d'ouvrir un robinet et de presser ensuite un bouton pour le sucre), un Western passe sur l'écran, et clôt cette petite réunion pleine de gentillesse, simple et gaie, où chacun est appelé par son prénom, le « Pacha » inclus.

Au moment des adieux, celui-ci nous souhaite « all the best » pour la prochaine traversée, puis, désignant quatre gros cartons contre l'échelle de coupée :

— C'est pour vous... Nous avons pensé que ces quelques provisions pourraient vous être utiles. De la part de tous, ici.

Comment exprimer notre reconnaissance et notre joie à tous ces chics types ? Nous le voudrions tant, mais il semble que nous soyons devenus muets... Et c'est peut-être mieux ainsi.

Nous serrons alors les mains tendues, très fort, la gorge un peu serrée, sans prononcer un mot. Qu'aurions-nous pu dire, sinon les banalités d'usage. C'est si difficile quelquefois... ! Mais ce que nos cœurs voulaient dire, nos yeux, je crois, l'exprimaient pleinement.

Et dans le youyou chargé à couler, qui s'éloigne dans la nuit vers nos bateaux, Henry et moi restons cois, comme si de ces cartons de vivres se dégageait un esprit sacré, commandant une minute de silence respectueux, en même temps qu'une prière pour ces amis de quelques heures.

La cabine de *Marie-Thérèse II* nous trouve réunis une fois de plus, partageant ce nouveau trésor : une pour toi, une pour moi ; une pour toi, une pour moi... C'étaient des boîtes de viande, de fruits, de légumes, des bonbons, des cigarettes, du thé en petites doses pour quatre tasses, etc.

Et tout au fond de l'un des cartons, deux énormes lampes électriques, et deux chemisettes en nylon pour faire le jeune homme aux Antilles... !

La journée du lendemain fut occupée à bord par les menus travaux qui précèdent (autant que possible) une traversée : coups d'œil sur les drisses et écoutes, goutte d'huile sur les axes des poulies et manilles, mise en ordre du pont et du poste avant, lovage des aussières de mouillage, arrimages, coups de balai et seaux d'eau pour finir...

Car la prochaine traversée pourrait ne plus être le paradis au sein duquel nous naviguions depuis Capetown : les alizés de Nord-Est, ou plutôt d'Est, prendraient bientôt la place des vents réguliers de Sud-Est qui nous avaient conduits jusqu'à Fernando-Noroña. Or, dans l'Atlantique Nord, l'alizé n'a pas la même régularité qu'au Sud de l'Équateur. Les grains y sont plus fréquents, la mer peut se hacher sous l'effet du fort courant qui remonte le long des côtes de Guyane, jusqu'aux Antilles ; enfin, la proximité des bouches de l'Amazone, devant lesquelles nous allions passer, imposait une prudence respectueuse dans la vérification du gréement. Plusieurs voiliers avaient rencontré, au large de cette immense embouchure, des conditions de temps qui n'avaient rien à voir avec l'alizé béni du Sud-Est.

Henry, de plus, voulait replacer l'hélice de *Wanda* sur son arbre... Il l'avait retirée avant le départ de

Capetown, pour éviter le freinage, et aussi la tentation de se servir du moteur, pas nécessaire en navigation, hauturière, mais qui pourrait devenir un précieux auxiliaire aux Antilles.

Et en quelques minutes de travail sous l'eau, *Wanda* redevenait un voilier à moteur auxiliaire : l'hélice était présentée devant son axe, assurée par de solides coups de masse transmis par une cale en bois interposée, et enfin goupillée. Terminé pour la manœuvre. Dans les mers chaudes, un tel travail est un plaisir (je dois ajouter qu'Henry n'employa ni ma bonne volonté, ni mes qualités aquatiques, pour l'aider à exécuter cette tâche... ce qui me vexa un peu. L'animal voulait me prouver que je n'étais pas le seul à pouvoir jouer au poisson !).

Tout était paré en fin d'après-midi. Le départ fut fixé au lendemain matin.

— Alors, Bernard, c'est convenu ? Si j'arrive avant toi à Trinidad, j'ai gagné sur toute la ligne. Si c'est toi qui arrives le premier, on efface tout, et nous restons à égalité. D'accord ?

— D'accord en principe, mais je ne peux me permettre de trop souquer *Marie-Thérèse II* en cas de mauvais temps, à cause du mât pourri[1]. D'autre part, tu as un moteur maintenant...

— Okay, j'ai un moteur... Mais ton bateau a près d'un mètre de plus que le mien.

— Rendez-vous à Trinidad !

---

1. Une parenthèse me semble ici souhaitable : il se trouvait un peu de pourriture sur une hauteur d'environ un mètre à partir du sommet de mon grand mât. Mais celui-ci était encore solide ! Un remplaçant s'imposait, de toute manière, car la pourriture est presque impossible à maîtriser, une fois en place...

# 13
# Vers les Antilles

Appareillage le 19 février. Tout est paré à bord depuis hier, même le petit déjeuner au porridge qu'il suffira de réchauffer lorsque les voiles auront monté le long des mâts et des drailles pour retrouver l'alizé du Sud-Est.

Mais c'est avec un sentiment mêlé de regret que je verrai défiler sur bâbord les plages et les formations rocheuses de Fernando-Noroña, car il est un peu criminel de quitter ainsi, après seulement deux jours d'escale, un décor d'où émane tant de beauté mystérieuse.

La carte indique une vaste plage qui s'étale sur près d'un mille à la pointe Sud-Ouest. La tentation est forte, de laisser tomber l'ancre à nouveau dans la grande baie déserte qu'elle forme… Mais tant pis !

*Wanda* et *Marie-Thérèse II* longent ensemble la côte abritée, sur une mer presque plate, parcourue de longues ondulations à peine décelables. Une ligne traîne à l'arrière de nos bateaux, mais c'est seulement la cuiller d'Henry qui intéresse les petits barracudas. Cela ne me surprend guère : jamais un poisson n'a daigné mordre à ma ligne de traîne, sauf une fois, par hasard, dans l'océan Indien… Je ne semble vraiment pas doué pour la pêche à la ligne !

*Wanda* s'approche alors, et, pour me consoler, Henry me lance un barracuda...

Au large maintenant, pour les derniers 2 000 milles qui me séparent de Trinidad... et de Joyce !

Les trinquettes sont envoyées, les voiles basses établies ; et les deux bateaux, après avoir un peu hésité sur le cap à prendre, partent côte à côte en direction des Antilles, de leurs palmiers et de leur musique aux rythmes primitifs.

L'alizé souffle régulièrement, force 3 à 4, emportant nos bateaux qui glissent à plus de quatre nœuds sur une mer encore calme, tandis que la terre disparaît peu à peu derrière son voile de brume. Au coucher du soleil, *Wanda* mène la course... encore ! Quant à moi, j'enrage à la perspective du travail difficile qui m'attend demain.

Ayant voulu améliorer encore le rendement du petit gouvernail automatique, j'avais augmenté, à Fernando-Noroña, la surface compensatrice qui se prolonge sur l'avant du safran. Dans la baie calme, il avait suffi de retirer ce gouvernail, d'opérer la transformation sur le pont, puis de tout remettre en place : un quart d'heure de travail facile et agréable.

Mais... « Le mieux est l'ennemi du bien », dit-on, et la partie compensatrice, à l'usage, s'avère trop importante ; il me faudra couper à la scie, sous l'eau, la partie excédentaire, puisqu'il me serait impossible de replacer le gouvernail en pleine mer à cause du roulis, si je le retirais pour effectuer ce travail sur le pont...

En consolation préalable pour la tâche qui m'attend (avez-vous essayé de couper, sous l'eau, un morceau de bois animé de mouvements incontrôlables ?), j'appris une chose utile : contrairement à ce que le simple bon sens pourrait laisser croire, un gouvernail compensé dont la partie qui se prolonge sur l'avant de la mèche représente plus du quart de la surface totale du safran, donnera des résultats tout à fait décevants lorsque le bateau dépassera une certaine vitesse. Pourquoi ? Mystère ! Car, enfin, comment expliquer que, si la partie avant d'un gouvernail compensé produit un résultat parfait pour une vitesse de deux à trois nœuds, la situation puisse se renverser dès que cette vitesse limite augmente légèrement ? Il en est pourtant ainsi : au-dessus d'une vitesse donnée, un gouvernail « trop bien » compensé se met en drapeau ! L'hydrodynamique recèle de telles surprises.[1]

La houle augmente au cours de la nuit. La mer a retrouvé son visage habituel du grand large, lorsque aucune terre trop proche ne trouble la progression des ondes qui la parcourent. De plus, le courant est « pour », ce qui donne à l'Océan une humeur charmante…

Le fanal d'Henry, suspendu au-dessus de sa double girouette de vent arrière, joue à cache-cache entre les crêtes.

Quant à *Marie-Thérèse II*, elle gouverne mal depuis que le vent est devenu plus fort : avec l'augmentation de sa vitesse, le gouvernail automatique tend à se mettre en drapeau, freinant la progression. Un bout de ligne est alors amarré provisoirement à l'extrémité de la petite barre à rainure, pour limiter à une trentaine de degrés l'angle des oscillations. C'est mieux, mais il faudra « opérer » demain matin… car *Marie-Thérèse II* ressemble un peu à un ivrogne qui fait des zigzags.

Un dangereux récif de corail, presque à fleur d'eau, gît à une trentaine de milles de la ligne droite qui joint

---

1. À titre de renseignement (!). Un ami spécialisé en hydrodynamique m'avait déjà parlé des difficultés soulevées par certains problèmes de calcul et d'installation des tuyauteries. Les surprises seraient nombreuses dans le domaine de l'hydrodynamique…

Fernando-Noroña à Trinidad. Aussi fais-je un cap nettement plus Nord. Demain, une droite de hauteur matinale, coupée par une autre à midi, me dira où nous sommes.

En attendant, soyons prudents, bien qu'un phare occupe le centre de ce récif, témoin de plusieurs naufrages à l'époque des grands voiliers d'antan, lorsque ceux-ci, par calme plat (le Pot-au-Noir étant très proche) se trouvaient entraînés par le courant déjà fort dans ces parages. Mais le vent tient bon toute la nuit, force 4, et le phare reste invisible.

La sonnerie du réveille-matin me tire de ma couchette toutes les heures, à partir de minuit… puisque, plongé dans la contemplation de mes divinités retrouvées, je ne reviens pas m'y étendre avant cette heure tardive.

Quel dommage que Joyce ne soit pas du voyage… car ce récif à fleur d'eau a aussi des avantages : la carte indique une belle échancrure sous le vent, avec un mouillage signalé par une petite ancre. Il existe même une passe aboutissant à une vaste cuvette parfaitement abritée par tous les vents, où il ferait bon d'ancrer pour quelques jours, ou pour quelques semaines…

Le youyou assemblé, nous serions allés dire bonjour au gardien du phare et à sa famille ; de braves gens, à n'en pas douter, puisque je n'ai rencontré que de braves gens depuis… toujours !

Mais, au fait, le gardien est peut-être seul, avec ses oiseaux de mer et ses tortues, sur le banc de sable qui surmonte le côté sud-est du récif ? Et nous serions sûrement devenus amis. Il nous aurait fait visiter son domaine, nous lui aurions présenté le nôtre. Il nous aurait dit : « Restez ici le temps que vous voudrez ; ramassez autant d'œufs qu'il vous plaira, plongez dans la cuvette qui sert de demeure à votre bateau et à mes poissons qui sont aussi les vôtres. Et lorsque vous serez rassasiés de votre séjour sur mon territoire, vous repartirez alors, comme vous êtes venus... Et je regarderai s'estomper, du haut de mon phare, les ailes blanches de votre bateau, en priant le Maître des Océans qu'elles vous portent très longtemps... »

Regret, de n'avoir pas le temps de m'arrêter là, ne serait-ce qu'une semaine...

— Allons, allons ! Il existe d'autres terres et d'autres hommes, plus loin...

— C'est vrai, mais j'aurais aimé connaître cet homme et son récif. Dommage !

— Tu aurais dû te décider à Capetown ! Car maintenant la notion de temps existe, pour toi.

— C'est vrai, bateau ; tant pis pour cette fois. Tout reviendra dans l'ordre après Trinidad...

Dès le jour, les trinquettes sont affalées et la grand-voile envoyée pour prendre la cape. Cela limitera le roulis. Puis le petit gouvernail est amarré dans l'axe du gouvernail principal et, armé d'une petite égoïne (ainsi que d'un peu d'optimisme), je m'en vais jouer au phoque sous la quille de *Marie-Thérèse II*.

Près d'une heure d'acrobaties démoralisantes sera nécessaire pour couper un bout de planche qui n'a pas plus de 15 centimètres de large, sur 2 d'épaisseur ! Le même travail m'eût demandé trente secondes, sur le pont ; mais sous l'eau, la scie coinçait, pendant que l'arrière du bateau bondissait en tous sens ; et je ne pouvais même pas me consoler en proférant d'horribles jurons. Tout, heureusement, a une fin, et les voiles de vent arrière purent enfin monter le long du mât.

Le cap est devenu parfait, le freinage de la veille supprimé.

Et me voilà possédé du démon de la régate que j'honore en me livrant encore une fois aux multiples comédies de la traversée précédente : déplacement des poids sur l'avant, voile supplémentaire installée en bordures libres sur le mât d'artimon et qui, par sa position en oblique, soulagera l'arrière[1].

Le vent tient bon, force 4 ; et *Marie-Thérèse II* dévale les pentes avec une belle moustache blanche, offrant à l'alizé cinq voiles bien remplies.

Comme si cela ne suffisait pas, je démanille la trinquette de route, la libère de sa draille et la hisse devant le triangle vide qui sépare les trinquettes jumelles ! Et de six... ! Cela devient du vice. Puis je me mets à rire, en pensant à la tête que ferait Slocum, si ce patriarche de la mer voyait passer *Marie-Thérèse II* étalant au vent toute sa garde-robe...

Mais j'imagine que Slocum, la première surprise passée, me crierait simplement : « Vas-y, petit ! Profite de ce bon vent puisqu'il n'est pas éternel ; et si tu peux grignoter deux milles de plus toutes les vingt-quatre heures, cela fera vingt mille de gagnés en dix jours, trente milles en quinze... ! Et maintenant, bonne chance « baby », que les divinités du ciel et de la mer bénissent tes voiles blanches ! »

En attendant, ces divinités sont de bonne humeur. La mer montre ses moutons brillant au chaud soleil, tandis que l'alizé nous pousse à près de cinq nœuds. Le courant aidant, cela fera un joli sillage en vingt-quatre heures.

Au point de midi, le grand récif est largement paré. J'en suis passé à... 100 milles ! Quant à la côte du Brésil, et surtout des Guyanes, je n'ai pas l'intention de m'en approcher à moins de 100 à 150 milles. Le courant sera moins favorable au large, mais nous resterons ainsi en dehors des lignes de navigation, et aussi des conditions

---

1. Une voile dont la bordure inférieure se trouve placée très en avant du mât, ce qui incline le plan de cette voile par rapport à la verticale, aura tendance à soulever la partie du bateau au-dessus de laquelle elle est placée. Un cerf-volant tire aussi sur sa ficelle... Même principe... théorique.

souvent perturbées des bouches de l'Amazone, où vents violents et courants étranges aiment à se faire la guerre.

Durant trois jours, l'alizé se maintient force 3, diminuant un peu au cours de la matinée, comme pour reprendre son souffle.

Nuits semées d'étoiles, mer phosphorescente illuminant les deux côtés du bateau qui traîne derrière son gouvernail un long ruban bleu-vert bien droit. Avec les 15 ou 20 milles apportés chaque jour par le courant équatorial, cela fait des moyennes journalières de 100 milles, par un temps idéal.

Le Pot-au-Noir va-t-il manquer son rendez-vous ? Ou bien nous attend-il plus au Nord ? Il semble que ce soit cela : le quatrième jour, des cumulus apparaissent dans le ciel jusqu'alors cristallin, tandis que l'alizé faiblit. Quatre-vingt-dix mille seulement ont été couverts pendant les dernières vingt-quatre heures.

Puis le vent, plein arrière depuis le départ, passe progressivement à l'Est, ce qui permet d'établir la grand-voile et l'artimon tribord amures, tandis que la trinquette bâbord est amenée et ferlée sur le tangon brassé carré. De cette façon, tout sera paré si le vent revient de l'arrière, et la trinquette bâbord pourra être envoyée en cinq secondes.

Cette manière de naviguer sous grand-voile et artimon d'un bord, trinquette de l'autre, a été souvent adoptée par *Omoo*, au cours de son tour du monde. Cela permet, quand le vent vient du travers de l'arrière, d'augmenter considérablement la surface de la voilure, puisque la grand-voile offre généralement une surface nettement supérieure à celle de l'une des trinquettes jumelles, et que, d'autre part, l'apport de l'artimon constitue un « bénéfice net », puisqu'il ne dévente pas la grand-voile à l'allure du grand largue.

Le seul inconvénient de cette allure est d'exiger de fourrer les haubans, aux endroits où la voile vient porter sur eux et s'user avec une rapidité alarmante. Jean Gau et Bardiaux (bien d'autres aussi, je présume) employaient un système de fourrage extrêmement simple et efficace : à bord d'*Atom* et des *Quatre-Vents*, les haubans arrière susceptibles d'user la grand-voile, avaient été enfilés à l'intérieur d'un tuyau d'eau en matière plastique, avant l'épissure du bas. Résultat : un portage parfaitement lisse ne pouvant user la voile, peu de prise au vent, pas d'entretien. Et pour finir, pas de suie ni de poussière de charbon comme cela se produit dans les ports avec les fourrages classiques qui peuvent salir les voiles.

Non, ce n'est pas encore le Pot-au-Noir...

Le soir même, le vent se met à souffler force 5, chassant du ciel les nuages qui étaient apparus au cours de la matinée.

*Marie-Thérèse II* fonce dans la nuit, à plus de cinq nœuds, traînant derrière elle sa longue chevelure phosphorescente, tandis que les embruns viennent imprégner de sel les fissures invisibles de ses œuvres mortes.

C'est l'alizé du Nord-Est, ou du moins un de ses cousins, car nous ne sommes pas encore dans la zone des brises de Nord-Est.

Les deux trinquettes jumelles sont maintenant ferlées sur leurs tangons respectifs, ressemblant aux antennes chargées de lignes qui se projettent hors des thoniers pêchant à la traîne. Car *Marie-Thérèse II* navigue maintenant vent de travers sous voilure de route habituelle. Aucune complication ne surgira au cas où l'allure du vent arrière ou du grand largue devrait être prise à nouveau : les trinquettes n'auront qu'à être déferlées et envoyées sans perte de temps, et sans que l'on ait à s'occuper des tangons qui sont déjà parés avec écoute, retenue et balancine. J'ignore si d'autres voiliers se sont amusés à naviguer ainsi, mais pour une solution simple et rapide... c'en est une !

Bien entendu, je me garderais de lancer mon bateau au plus près serré dans une mer dure, avec mes tangons se projetant de chaque côté, car cela augmenterait le fardage. Mais au vent de travers, même par mer forte, pas de problème : il suffit de relever l'extrémité des tangons en étarquant la balancine, afin que le bout de ces espars ne risque pas de traîner dans la mer pendant un coup de roulis. Car alors, gare à la casse !

*25 février.* – 150 milles ont été tracés sur la carte, pendant les dernières vingt-quatre heures. Le mors aux dents ? Bravo, *Marie-Thérèse II*, et merci, courant équatorial... car sans toi nous n'aurions pas fait plus de 130 milles.

En fin d'après-midi, le vent vire à l'Est. La vitesse augmente ; car la trinquette tribord a pu être envoyée ainsi que la voile basse que soutient le tangon. L'écoute de cette dernière doit être maintenue aussi loin que possible vers l'extérieur du bateau, à l'aide du manche de la foëne ; bricolage un peu sommaire, mais qui donne satisfaction : le harpon a été retiré de sa hampe, et l'extrémité la plus mince de celle-ci maintenue à l'écoute par deux tours morts. Puis la hampe a été poussée à l'extérieur (en entraînant l'écoute), et la partie de cet espar de fortune, dirigée vers le bateau, est venue s'appuyer dans l'angle représenté par la jonction de la lisse et du pavois. Pour finir, un bout de ligne est amarré sur la grosse extrémité de la hampe (côté bateau), et sur la cadène arrière du hauban de grand mât. Ainsi, au cas où ce dispositif barbare se révélerait moins efficace que je l'espérais, la hampe du harpon ne resterait pas dans notre sillage. Rien ne broncha ! Mais je comptais me procurer un petit espar de deux mètres, à Trinidad, afin que le manche de mon harpon ne se trouve pas immobilisé au moment précis où une dorade apparaîtrait le long du bord...

Le matin, le vent a terminé sa giration et passe de nouveau au Sud-Est. *Marie-Thérèse II* poursuit sa route sous trinquettes jumelles et voiles basses.

Cent soixante milles ont été couverts en vingt-quatre heures.

Si les choses se maintiennent ainsi, Trinidad sera en vue dans huit ou neuf jours...

Les bouches de l'Amazone sont à 250 milles sur bâbord. Mon bateau ne pourra donc pas me reprocher d'être allé flirter avec cette partie mal famée de la côte brésilienne ! Mais je n'ai aucune bonne raison de vouloir le faire, puisque cela m'écarterait de la ligne droite qui, avec des vents portants, est... quelquefois le plus court chemin d'un point à un autre.

Rien à faire, sinon la cuisine vite expédiée et les quelques très vagues coups de torchon, lorsque je suis particulièrement en forme...

Et si j'essayais d'écrire un peu... ?

Il est possible qu'aujourd'hui je parvienne à tenir le serment d'ivrogne que j'avais fait à *Marie-Thérèse II* avant de quitter Capetown. Bien entendu, de ce noble projet n'était jamais résulté plus d'une ligne, à chacune de mes rares tentatives ; car, comme par miracle, je découvrais aussitôt qu'une occupation très importante nécessitait ma présence ailleurs... partout ailleurs que devant une feuille de papier obstinément blanche.

C'est en lisant le récit de *Moana*, à Capetown, que ce serment d'écrire chaque jour, ne fût-ce que deux lignes, avait été solennellement... proféré (à voix basse et sans témoins). Car enfin, si Gorski avait trouvé le courage et la ténacité de réunir ainsi, pendant son voyage, tous les éléments d'un aussi bon livre, il n'y avait aucune raison pour que je ne parvienne pas à en faire autant, ou (soyons modeste)... presque autant !

Oui, mais... Il y avait un « mais », et beaucoup de « si » après ce « mais ».

Et aujourd'hui, comme les autres fois, au moment d'écrire je suis pris par une angoisse subite au sujet de *Marie-Thérèse II* : comment tient-elle son cap... ? Ses voiles ne pourraient-elles pas être mieux établies pour profiter au maximum de ce bon vent qui ne sera pas éternel ? Et la hampe du harpon, et le manche à balai qui servent à écarter les écoutes des voiles basses, ne pourraient-ils pas être poussés un peu plus loin à l'extérieur pour augmenter la surface portante de ces deux voiles ?

Et le gros cahier toujours vierge que j'avais vu noirci de lignes serrées, dans un accès d'imagination délirante, est remis dans son tiroir.

Ma paresse intellectuelle me semble aujourd'hui d'autant plus détestable que c'est le moment que choisissent mes souvenirs pour me ramener à Toboali...

Le *Snark* venait d'arriver dans ce petit village d'Indonésie en remorque d'un patrouilleur de la Police, parce que Deshumeurs et moi avions débarqué sans visa dans une Indonésie encore hantée par la menace d'une guerre civile...

Le premier interrogatoire devait laisser la police extrêmement perplexe et indécise sur notre cas : la question « H » avait été celle-ci :

— Quels sont vos moyens d'existence et votre profession ?

— Écrivains.

Le Commissaire qui mène l'interrogatoire, entouré de ses sbires, se gratte la tête... Nous, nous sommes très décontractés, bien que mentant effrontément, car nous n'avions jamais écrit une ligne...

— Et... sur quels sujets écrivez-vous ? La Navigation, je présume ?

— Pas exactement... Ce sont les contacts humains qui nous intéressent le plus ! Il est tant de choses passionnantes à révéler sur les peuples auxquels nous nous sommes mêlés...

Le Chef de la Police marque un bon moment d'arrêt : sans aucun doute possible, nous avons bel et bien tapé dans le mille ! Et nos yeux d'anges candides égarés sur ce bas monde cachent difficilement le délicieux sentiment qu'éprouveraient deux gosses sur le point de recevoir une correction, et qu'un mot magique aurait brusquement fait grandir, au point qu'on les respecterait maintenant profondément... pour plusieurs raisons, dont l'une est... qu'ils peuvent mordre !

Je dois avouer que nous nous sentîmes un peu « morveux » par la suite, après que les Indonésiens nous eurent prouvé qu'ils se seraient montrés aussi gentils pour de vulgaires clochards qu'à l'égard d'une haute personnalité. Mais en arrivant dans leur pays en remorque d'une vedette de la Police armée de canons de 20 millimètres, nous ne pouvions le deviner...

*28 février*. – L'alizé conserve sa direction Sud-Est, soufflant plein arrière. Mais il a diminué d'intensité depuis deux jours : 120 milles de moyenne journalière, pour hier et aujourd'hui.

Il semble que le Pot-au-Noir est atteint, ou plutôt la zone de calme et de vents variables qui sépare les alizés Nord-Est et Sud-Est. *Marie-Thérèse II* se traîne sur une mer presque plate, recouverte par un ciel lourd de gros cumulus.

Pourtant, aucun des terribles grains qui m'ont assailli dans le Pot-au-Noir de l'océan Indien ne montrera son vilain nez dans la zone bénie où nous naviguons en ce moment. C'est à peine si le vent, toujours Sud-Est, augmente un peu au passage d'une masse nuageuse. Mais le calme plat restera inconnu, *Marie-Thérèse II* recevant dans ses voiles suffisamment de brise pour les maintenir un peu gonflées, même pendant les périodes les plus calmes.

Cent trente milles sont couverts en trois jours. Le temps est encore beau, bien que le Dieu Soleil soit en vacances au-dessus des nuages. Impossible de tracer plus que de rares droites de hauteur, suffisantes pour le moment, puisque nous sommes très au large…

Sans parler des conditions météorologiques assez troublées que l'on peut rencontrer à proximité des bouches de l'Amazone, un danger très sérieux peut exister devant ce fleuve et sur les côtes de Guyane : les arbres flottants arrachés aux rives du grand fleuve, puis entraînés en mer d'où ils remontent le long des côtes de Guyane jusqu'au Venezuela !

Le risque de rencontrer un de ces troncs hérissés de grosses branches est particulièrement grand, au cours de la saison des pluies qui provoque d'importantes inondations dans le bassin de l'Amazone. Le courant devient alors violent, arrache les arbres, charrie de véritables îles flottantes jusqu'à l'Atlantique. Bien que nous soyons encore en période de « saison sèche », le danger existe tout de même, et le livre du Sud-Africain Whitman sur sa traversée de l'Atlantique, de Capetown à la Guyane anglaise, se trouve à bord, pour me rafraîchir la mémoire et m'inciter à la prudence : par nuit noire et vent frais, Whitman et son compagnon heurtaient un arbre, à cinq ou six nœuds… et parvenaient à gagner la Guyane hollandaise pour réparer la voie d'eau.

Une légère différence d'angle, la poisse aidant, et leur bateau pouvait aller tout droit au Paradis des Voiliers…

Peut-être est-ce à la suite d'un accident de ce genre, que le grand Slocum et son *Spray* partirent ensemble pour leur dernier voyage, sur l'océan toujours calme et poissonneux de ce Paradis, où un alizé force 4 souffle éternellement dans un ciel cristallin…

Mais aujourd'hui, une chose est sûre : si *Marie-Thérèse II* heurtait un tronc d'arbre, ce ne serait pas à la vitesse d'un cheval au galop. Il est même probable qu'elle ne jugerait pas nécessaire de me tirer de mes rêves...

Mais le moral est excellent, puisque le courant fait un bon nœud, et qu'une lettre de Capetown m'attend, en poste restante, à Trinidad...

Bonnes nouvelles ? Bien sûr, puisque les mauvaises nouvelles n'existent pas : il suffit de les prendre à l'envers pour voir leur bon côté... Espérons tout de même que celles de Joyce seront bonnes, sans qu'il soit besoin pour cela de les regarder dans l'autre sens.

Trois jours durant, *Marie-Thérèse II* devait se traîner vers Trinidad avec un vent force 1 à 2, tout juste suffisant pour maintenir ses trinquettes légèrement gonflées et permettre au gouvernail automatique d'agir sur les filets d'eau.

Le ciel est toujours couvert, mais d'une manière supportable, puisqu'il ne pleut pas. La chaleur a nettement augmenté, mais le capot avant, ouvert jour et nuit depuis Capetown, permet une excellente ventilation de tout le bateau : le souffle léger, ramassé par les trinquettes, redescend le long de ses voiles, s'engouffre dans le capot et s'échappe par le panneau arrière, après avoir traversé tout l'intérieur de la coque, de l'avant à l'arrière (empêchant ainsi la moisissure si fréquente et pénible qu'on peut connaître au cours d'une longue période de vents debout, par mer dure).

À Durban, nous avions débattu, Jean Gau, Joseph Merlot, Bardiaux et moi, la question de savoir s'il était préférable de se laisser envahir par une humidité croupissante à l'intérieur d'une cabine non ventilée, ou de laisser tranquillement un panneau grand ouvert, même s'il devait y pénétrer quelques... vingtaines de litres d'eau, de temps en temps.

Une solution intermédiaire avait été adoptée à l'unanimité, après maintes controverses : fabriquer une petite manche à air d'une dizaine de centimètres de diamètre à l'ouverture, placée sur un hauban à deux mètres du pont, hors de portée des embruns, et munie d'un tuyau flexible descendant le long du hauban pour passer à travers le pont.

Il existe, naturellement, des aérateurs qui sont censés laisser passer l'air, et non l'eau. Mais leur prix nous les rendait inaccessibles. C'est finalement un principe un peu différent que j'avais adopté à Capetown, donnant un résultat satisfaisant.

De petites manches à air, fabriquées à l'aide de joints courbes pour tuyaux d'eau en fer galvanisé, furent placées aux deux extrémités du bateau, sur le pont. Leur diamètre extérieur ne dépassait pas cinq centimètres. De plus, elles étaient orientables, et d'une solidité à toute épreuve.

Ces manches à air furent alors orientées à contre, et devaient fonctionner par aspiration de l'air contenu dans la cabine, qui serait alors chassé à l'extérieur.

Henry, témoin de mes... profondes méditations concernant la mise en pratique de ce principe élémentaire, hochait une tête incrédule :

— En théorie, ce truc à la gomme devrait fonctionner ; mais sur le plan pratique le débit sera presque nul... !

— Faible ou non, il se produira, malgré tes sarcasmes, un renouvellement lent mais continuel de l'air respirable...

Les essais eurent lieu la semaine suivante, une fois mes trois manches à air lilliputiennes boulonnées aux places prévues : le panneau de la cabine étant ouvert, la fumée d'une cigarette se dirigeait effectivement vers les deux extrémités du bateau. Oh, pas vite, mais elle s'y rendait malgré tout ! Ainsi le bateau tout entier connaîtrait, en permanence, les bienfaits de l'aération, en mer, et dans les ports.

Nous sommes le 1er mars.

*Marie-Thérèse II* fonce depuis deux heures du matin dans une mer hachée. Des paquets d'eau balaient le pont, les embruns fouettent la cabine. Plus près, bon plein, panneaux fermés, les trinquettes jumelles sont ferlées sur les tangons brassés carrés, prêtes à être envoyées aussitôt que le vent sera plus favorable...

C'était arrivé subitement, sans préavis... Oh, un simple petit rappel à l'ordre pour me dite que les vents ne sont pas toujours favorables, et que le beau temps n'est jamais éternel. Comme toujours, lorsque je suis obligé de manœuvrer sur le pont la nuit, dans un grain de pluie, je sors de la cabine en jurant qu'il n'y a pas de Bon Dieu... !

Mais, comme toujours aussi, la réadaptation est instantanée et, la manœuvre calmement terminée, le Primus est allumé sous la cafetière : une moque, deux moques, trois moques... voilà la cafetière vidée. Et je n'ai plus sommeil. La radio est alors branchée. Tiens ! Tout le monde ne dort pas, à terre ? Ah, c'est vrai ! les fuseaux horaires...

Le petit jour me trouve occupé à faire ma toilette sur le pont, contrairement à mes mauvaises habitudes acquises dans l'Atlantique (je parle du lever matinal, pas de la toilette !). Et brusquement, je comprends la raison de cette agitation de la mer. Elle a perdu sa couleur bleu sombre pour devenir d'un gris sale, tirant sur le vert : les eaux de l'Amazone ? À 120 milles, au large des côtes de Guyane ! Cela fait penser à une sérieuse inondation sur le plancher des vaches !

Un groupe de dorades apparaît le long du bord, au début de l'après-midi, et le harpon est remis en service. Hélas, cet engin coûteux ne vaut pas ce qu'on pourrait en attendre. La première dorade, longue de plus d'un mètre, se dégage d'un simple soubresaut, bien qu'elle ait pris le fer de plein fouet. Une seconde dorade en fait autant, sans peine. Décidément, malgré sa taille respectable, ce trident ne vaut pas grand-chose avec d'aussi gros poissons.

Le harpon « home made » fabriqué à Capetown est alors mis en service : cette fois une magnifique dorade est harponnée en beauté, hissée sans peine sur le pont et jetée dans la cabine par le panneau d'entrée, car je crains qu'elle ne s'échappe, tant elle se débat vigoureusement... et je n'ai que le temps d'aller l'y assommer à coups de marteau, avant qu'elle ne brise la batterie de cuisine qui commence de voler au plafond ! Ce poisson d'un mètre vingt est d'une incroyable puissance, d'une incroyable vitalité aussi, d'après ce que m'en dit Jean Gau pendant son escale de Durban : Gau attrapait fréquemment des dorades à l'aide d'une ligne très courte appâtée avec un bout de chiffon blanc ou rouge qu'il faisait sautiller le long du bord, pour donner à sa victime l'illusion d'un poisson volant.

Les dorades accompagnaient *Atom* depuis plusieurs semaines, et Jean Gau n'aimait pas le poisson réchauffé... aussi, un jour que mon ami désirait du poisson pour le déjeuner, il découpa tout bonnement un filet sur le flanc d'une grosse dorade prise à l'hameçon, puis, sa part prélevée, rejeta le poisson à la mer... pour le retrouver le lendemain nageant le long du bord. Le lendemain et les jours qui suivirent !

Cent trente milles ont été parcourus depuis hier, sous une pluie d'embruns, dans une mer de plus en plus hachée et irrégulière, parcourue de frissons imprévus : effet d'un vent frais soufflant sur un courant contraire, ou presque.

Puis, vers le soir, le vent amorce sa giration vers l'Est. Décidément les alizés du Nord-Est et du Sud-Est se sont déclaré la guerre au sujet d'une région qui appartient habituellement au Pot-au-Noir. C'est mieux ainsi !

La trinquette de tribord est envoyée au coucher du soleil, et les écoutes des autres voiles filées pour l'allure du grand largue. Le temps semble vouloir se remettre au beau et la lune, presque pleine, rend l'horizon visible entre les masses nuageuses. Elle sera encore pleine pour l'atterrissage dans les Antilles. Cela fait partie de mes petits calculs habituels ! Essayer de faire cadrer, tant bien que mal, mes atterrissages avec la pleine lune, en estimant approximativement la durée d'une traversée. (Un peu prétentieux, n'est-ce pas ?). C'était tombé juste pour l'arrivée à Durban et cela devrait aller encore pour Trinidad...

En navigation côtière, par contre, j'aime partir un peu avant la pleine lune afin de profiter le plus longtemps possible du réconfort et de l'aide apportés par cette divinité. Bien entendu, rien n'est parfait, puisqu'en période de pleine lune les courants de marée sont plus forts. Mais sans lune du tout, ils ne le sont pas moins...

*3 mars*. – 150 milles s'ajoutent à ceux d'hier.

Le vent poursuit sa giration et souffle frais. L'artimon commence de masquer un peu trop la grand-voile, le vent venant presque de l'arrière. La seconde trinquette est alors envoyée, ainsi que les deux voiles basses. *Et Marie-Thérèse II* poursuit sa route, un os entre les dents...

Le démon de la Régate, refoulé depuis quelques jours, remonte en surface... Les poids sont à nouveau déplacés sur l'avant, le foc établi derrière le triangle libre qui sépare les trinquettes jumelles, et la voile d'artimon de réserve à nouveau hissée en oblique, pour soulager l'arrière... et donner 165 milles au point de midi, le jour suivant. C'est la meilleure traite de *Marie-Thérèse II* depuis sa naissance ! Mais sans vouloir la vexer, il faut dire que le courant l'a un peu aidée. Trinidad n'est plus qu'à 300 milles...

Depuis trois jours, un petit oiseau de mer ressemblant par sa forme et sa taille à la goélette blanche de l'océan Indien, vient nous rendre visite au crépuscule et pendant la nuit. Il se pose parfois sur le tangon de la trinquette bâbord et, la tête sous l'aile, dort une heure ou deux avant de reprendre son vol.

Familier et sauvage à la fois, il s'approche très près, mais tient à rester hors d'atteinte de la sympathie qu'il m'inspire, et de mes mains qui aimeraient le saisir pour lui faire visiter la cabine où il aurait chaud. Mais il se méfie à tort, car je ne le traiterais pas comme un vulgaire pigeon de Durban...

Ces derniers l'échappèrent belle ! Comme ils étaient trop prudents pour se laisser approcher à portée de lance-pierre, nous avions essayé, Henry et moi, de mettre en pratique une idée machiavélique qui devait les faire passer du quai dans nos marmites à pression : des grains de maïs furent mis à macérer pendant quelques jours dans du cognac bon marché. Puis ils furent généreusement répandus à l'endroit où nos pigeons avaient coutume de se réunir tandis que nous nous tenions à une cinquantaine de mètres, attendant que l'effet de l'alcool se manifestât.

Il semblait effectivement se manifester, mais... les pigeons prenaient alors leur vol pour s'en aller cuver leur vin sur les toits, sans attendre mon coup de fronde à bout portant, et la mise en sac éclair à laquelle Henry était préposé...

*5 mars*. – Encore 150 milles, à midi.

Trinidad sera en vue demain matin, si Allah le permet...

Depuis hier après-midi la mer est redevenue bleue. *Marie-Thérèse II* naviguait alors dans une eau vert sale et agitée, irrégulière malgré le bon vent arrière. Puis une ligne écumante bien droite, comme tracée au cordeau, s'était montrée à quelques centaines de mètres de l'étrave, se perdant dans le lointain. Et en l'espace de quelques minutes, *Marie-Thérèse II* franchissait cette mystérieuse frontière, pénétrant en eau bleue, régulière et reposante.

Ce n'est qu'après coup que je songeai à mon oubli : j'aurais dû tremper le pied dans la mer, avant le passage de cette ligne de démarcation des eaux, puis après, pour vérifier s'il s'agissait seulement d'une différence de couleur due à l'Amazone, ou si la température avait quelque chose à voir dans ce phénomène. Eric de Bischop, pour sûr, aurait fait demi-tour, malgré les protestations blasées de Tatibouet.

La lune est pleine. *Marie-Thérèse II* taille sa route à près de cinq nœuds, dans la nuit claire, sous un ciel d'alizé parsemé de petits cumulus de beau temps, les fameux « fair weather cumulus » des marins anglais... Car l'alizé du Nord-Est est établi, et *Marie-Thérèse II* lui offre ses voiles de route habituelles, tandis que les trinquettes jumelles ferlées sur leurs tangons se projettent sur chaque bord.

Ma simili-goélette blanche vient se poser dessus... pour la dernière fois je présume, car demain je serai devenu un oiseau des ports...

Oh, pardon, Allah ! J'ai oublié d'ajouter : « Si tu le permets... »

Nuit claire, nuit blanche. Car, voilà... Il faut veiller : un maudit récif à fleur d'eau déborde Trinidad à une trentaine de milles dans son Est. D'autre part, la lune sera passée à l'Ouest lorsque *Marie-Thérèse II* atteindra ses parages, et, quand la lune se trouve sur l'arrière d'un récif à fleur d'eau, il est presque impossible de le distinguer. Notre cap devrait nous faire passer à une vingtaine de milles au nord de ce caillou, mais sait-on jamais avec les courants, surtout en période de pleine lune ?

Les conditions seraient idéales, cette nuit, pour calculer un point d'étoiles. C'est dommage... ou plutôt c'est idiot que je ne me sois pas arrangé plus tôt pour apprendre à faire ce calcul très simple. Mes amis de la *Jeanne-d'Arc* et du *La Grandière* étaient pourtant disposés à me l'expliquer ; ils m'offraient même les éphémérides de l'année... J'avais refusé. La raison ? Pas le temps de me farcir la tête à ce moment. Ce serait pour une autre fois... à la Martinique, par exemple... Triple idiot !

En attendant, il faut passer une nuit blanche, avec beaucoup de café... pour la faire passer !

Une bande de dauphins nous escortent pendant une bonne demi-heure, mais menacent de repartir sur-le-champ si je persiste à les taquiner avec la torche électrique qui, lorsqu'elle est braquée sur eux, leur inspire une folle terreur. Ça m'amuse. Pas eux !

À neuf heures du matin, Trinidad est en vue. Puis l'île Tobago, à son nord, sort doucement de l'horizon, tandis que nous faisons cap sur le passage qui les sépare. Bien visé, avec ou sans points aux étoiles !

Cependant... une divinité de second ordre vient me souffler à l'oreille que « quelque chose ne tourne pas rond » : Trinidad devrait paraître plus grande, Tobago étant visible...

Une droite de hauteur, prise par pur « principe », me situe sur une ligne qui passe presque... sur Tobago, et en plein sur Trinidad !

Une seconde droite de hauteur est calculée. Je suis un peu moins « décontracté » : même position !

Enfin, tout devient clair... et j'en ai un peu marre : la grande terre que je vois, c'est Tobago ; et la petite, une île au nord de Tobago, à quelques milles de sa grande sœur…

J'aurais pourtant pu prévoir que le courant équatorial, dévié par la grande île de Trinidad, prendrait une direction Nord en atteignant ces parages… ! Un simple coup d'œil sur la carte suffisait pour le faire comprendre !

À midi, Tobago est débordée par le nord, et nous longeons ensuite sa côte ouest, sous trinquettes jumelles, dans une mer absolument plate.

La nuit nous surprend au sud de l'île et, toujours sous trinquettes jumelles, nous continuons vers Trinidad, fanal se balançant entre les haubans… et moi sur le pont toutes les cinq minutes car de nombreux navires empruntent ce passage. Encore une nuit blanche.

Merci, inventeur du café… ! Et merci Neptune, de tant me gâter en poissons volants ! Dix-huit devaient atterrir sur le pont au cours de la nuit. Je n'en avais jamais vu autant à la fois…

Le 7, à midi, la seconde passe qui donne accès au golfe Paria fut embouquée en souplesse, vent arrière. Puis succédèrent des heures de légers souffles contraires, et enfin, une forte brise debout qui m'obligea de fermer le capot avant, car la mer montait allégrement sur le pont. Mer terriblement courte et hachée, que je n'aurais pas soupçonnée dans ce grand golfe fermé.

Vers dix heures du soir, l'ancre tombait à un demimille du Yacht-Club, à côté d'un navire qui déchargeait de la bauxite. Impossible d'aller plus loin : la brise était tombée complètement ; et moi, je n'avais plus qu'une envie : dormir.

Le lendemain matin, l'ancre était dérapée, et elle retombait quelques heures plus tard dans le port des goélettes, devant les bureaux de la douane. *Wanda* y avait laissé tomber la sienne une heure plus tôt.

— Alors... ! Bernard, ta baille arrive encore après moi ?

— Sorry pour cette fois, mais *Marie-Thérèse II* a mouillé hier soir à dix heures dans les parages du Yacht-Club. C'est là que je voulais t'attendre. Alors Henry... on efface tout, ou bien vas-tu te mettre à discuter ?

— Tu es vraiment arrivé hier soir ?

— Bien sûr ; et nous avons même été faire une promenade sur la côte nord de Tobago, histoire d'apprendre la géographie...

— Sans blague ? Le courant t'a fait ce coup-là. Tu t'écartais de Darien Rock, n'est-ce pas ? Moi, j'ai préféré attaquer Trinidad par l'entrée sud. Une mer à tout casser dans les « Bouches du Serpent »... Enfin, cette fois tu as gagné, et on efface tout, puisque c'était convenu ainsi.

— Tu as l'air crevé, Henry, viens donc prendre le breakfast à mon bord, et tu pourras y rester dormir un peu, pendant que j'irai à la poste...

— Dis donc, French Bastard... tu t'es regardé dans une glace... ? Faut que tu aies vraiment envie d'aller le chercher, ton courrier, pour n'être pas déjà en train de dormir, à l'heure qu'il est !

# 14
# Trinidad

Trinidad est la plus grande île du groupe des Antilles du Sud. La plus riche aussi. Richesse toute relative, il faut le dire. Mais richesse quand même, puisque tout est relatif et que nous sommes dans les Antilles du Sud.

Canne à sucre, agrumes, maïs et cocotiers représentent les principales ressources du sol. Et le pétrole extrait du sous-sol par de nombreux puits installés à terre et sur les flots du golfe de Paria, s'en va, par des pipes-lines, remplir d'immenses réservoirs où vient s'alimenter une flotte de tankers de toutes les nationalités.

Une autre richesse, moins… concrète que le pétrole et la canne à sucre, mais infiniment précieuse, différencie Trinidad de ses proches parentes, et l'élève au rang de capitale artistique des Antilles du Sud : la musique.

Musique faite de mélodies et, surtout, de rythmes où l'on retrouve l'âme toute nue de l'Afrique tapant sur des tam-tams tendus de peaux de bêtes.

Mais ces tambours d'antan ont fait place à des fûts métalliques d'où s'échappe toute la passion que les cœurs de ces anciens esclaves savent libérer.

Nos annexes une fois assemblées, nous nous rendons à terre où Douane, Immigration, Capitaine du Port nous reçoivent vite et gentiment. En une demi-heure tous les papiers sont réglés, sans trop de questions.

Pour ma part, les formalités n'auraient pas eu trop d'importance puisque l'accord franco-britannique autorise les Français à séjourner trois mois sans visa (donc sans ennui) en territoire anglais. Les ressortissants britanniques peuvent en faire autant en territoire français (au moins ai-je appris quelque chose au Consulat de France, à l'île Maurice...).

En revanche, une chose ahurissante eût pu se produire pour Henry : les services de l'Immigration étaient en droit d'exiger de lui le versement d'une somme de mille dollars, à titre de caution, après un séjour excédant deux ou trois semaines (peut-être un mois, je ne m'en souviens plus). Or, Trinidad fait partie du Commonwealth britannique, et Henry possède un passeport britannique.

Les Trinidiens, eux, peuvent débarquer en Angleterre sans un sou, et y rester le temps qu'ils veulent... Essayez d'y comprendre quelque chose !

Aux questions concernant la durée prévue de son séjour, Henry répondit évasivement « qu'il ne savait pas exactement... », « qu'il n'aimait pas rester trop longtemps dans le même patelin... », que « *Wanda* devrait monter un jour ou l'autre sur le slip, à la Martinique probablement... », etc.

Toujours est-il que les questions indiscrètes cessèrent. Car, après tout, Henry n'avait pas une tête de flibustier, et le chaud soleil des Tropiques tempère presque toujours la rigueur des règlements administratifs ; car, enfin... les Trinidiens sont en général de braves gens qui ont appris à ne rien prendre trop au sérieux, dans leur pays ensoleillé. Bravo !

La poste étant à deux pas, notre courrier fut vite empoché, et nous partîmes à la recherche d'un coin tranquille et frais, où lire nos lettres dans le calme.

« Hôtel de Paris »... Allons voir à quoi ça ressemble... !

Le hall franchi, nous débouchons dans une cour ombragée, avec tables rondes et sièges coquets, décorée de peintures pittoresques. Un bar, et une estrade dans le fond pour les musiciens d'un « steel-band ». Cadre tropical, frais, accueillant. Asseyons-nous !

C'est alors que les « panthères » apparaissent... pour s'informer de nos besoins... Évidemment, nous étions tombés pile dans une boîte à matelots.

Par malice, nous nous informons des « prix » (c'est permis, n'est-ce pas ?)... et demandons ensuite un coca-cola et un peu de paix afin de pouvoir lire notre courrier et y répondre.

— Braves filles... ! déclare Henry. Pas collantes, pas rancunières, pas chères... et rudement bien balancées sous voiles !

— Avec ton imagination fertile, n'as-tu pas pensé qu'il existe peut-être, sur place, la solution d'un problème difficile : tu en embarques une, tu la promènes à travers les Antilles, et... elle gagne sa vie, avec la tienne en plus !

— On pourrait même s'associer, toi et moi, pour monter ensemble une entreprise de moyenne importance : tu en serais le « Manager », et... ça t'irait comme un gant !

— Le courrier m'annonce de bonnes nouvelles. Mais je devrai me montrer patient : seuls des cargos mixtes assurent le transport des passagers, de Capetown aux Antilles ; de plus, les places sont retenues longtemps à l'avance. Joyce s'est fait inscrire aussitôt qu'elle a reçu mon câble de Sainte-Hélène, mais elle devra attendre son tour. Entre temps elle fera des économies (bonne idée !) et me tiendra au courant, chaque semaine, de son départ...

Quant à ce départ, pour l'instant aucune date ne peut être précisée par l'agence.

Lettres et télégrammes sont expédiés (on fait les choses bien, ou pas du tout...).

Mais la première lettre que j'écrivis, ce jour-là, fut adressée à mon camarade de rencontre, D. F. Dorward, ornithologue à Ascension : je lui faisais part de mes observations concernant les régions en mer, où j'avais vu ses chers oiseaux. J'avais noté pour lui :

« 9 février. – Entre Ascension et Fernando, à 300 milles d'Ascension : paille-en-queue et wide-awake.

« 13 février. – À 600 milles d'Ascension et 500 milles de Fernando, vu bande importante de wide-awakes, avec beaucoup de jeunes parmi eux. Les jeunes sont facilement reconnaissables, car ils ont les plumes tachetées (les taches disparaissent avec l'âge)... »

Le courrier expédié, Henry s'en va vaquer à ses propres affaires, tandis que je vais faire une visite de politesse au Consul Général de France.

M. Jacques Boizet m'accueille d'une façon exquise et, vu l'heure tardive, me retient à déjeuner « à la fortune du pot » (mais je jure que cette histoire d'« heure tardive » ne fut qu'une pure coïncidence... !).

Dès la première minute, nous nous trouvons un point commun : l'Asie, que nous aimons autant l'un que l'autre. Cette Asie profonde, raffinée, tellement séduisante, dont nous ne reverrons probablement jamais plus le visage d'autrefois.

Et ce que je croyais ne devoir être qu'une visite de pure courtoisie, fut en fait la rencontre de deux déracinés, remuant des souvenirs communs et voyant renaître les sons, les couleurs, la lumière et la magie d'une terre qu'ils ne reconnaîtraient sans doute plus : terre natale de l'un, terre d'adoption de l'autre. Jamais, depuis mon adieu à l'Indochine, je n'avais ressenti comme en cet instant, à quel point je demeurais profondément attaché à ce pays de mon enfance !

Jamais non plus, jusqu'à ce jour, je n'avais imaginé que deux hommes aussi différents l'un de l'autre que peuvent l'être un Consul Général de France, raffiné jusqu'au bout des ongles, et un navigateur solitaire se nourrissant de riz et vivant nu à son bord, pouvaient avoir une optique aussi semblable sur la Vie ! Mais pourquoi pas, après tout ? Car aimer l'Asie, n'est-ce pas un peu comme embrasser une religion ?

Henry m'attendait avec une « big news » : d'après des renseignements assez imprécis, mais convergeant malgré tout vers le même point, un radeau « serait » ancré en face du Yacht-Club, après avoir été conduit à travers l'Atlantique par un groupe de Mormons...

— Des Mormons ?

— C'est du moins ce que j'ai pu comprendre. Il s'agirait d'un Anglais et de deux Allemandes, plus un bébé venu au monde le lendemain de leur arrivée à Trinidad... C'est évidemment une histoire à dormir debout, mais il s'y trouve sûrement un fond de vérité. Le mieux serait d'aller vérifier la chose au Yacht-Club, demain matin !

Des renseignements un peu plus précis nous sont donnés par le cuisinier du club (aucun sociétaire n'était en vue, étant donné l'heure matinale) :

— Oui, il est exact qu'un Anglais est arrivé voici quelques mois, avec ses deux épouses, à bord d'un radeau. Ce dernier est mouillé à une centaine de mètres de la côte, entre le club et le port (le club est à une dizaine de kilomètres du port).

Nous décidons alors d'y aller voir, avec *Wanda* qui est munie d'un moteur, et appareillons au début de l'après-midi pour longer la côte vers le Yacht-Club.

C'est bien ça ! Un radeau est en vue, ou plutôt une petite maison flottante recouverte de feuilles de cocotiers. En nous approchant, nous distinguons une autre embarcation amarrée derrière le radeau : c'est un catamaran, un bébé catamaran !

Puis une pirogue se détache du bateau, vient à notre rencontre. Présentations, solides poignées de main, et, sitôt mouillés, nous sommes emmenés à bord du radeau…

Là, assis « en tailleur » devant une tasse de thé, sur le plancher de la maison flottante, nous écoutons l'extraordinaire histoire de *Tangaroa*…

*Tangaroa* (du nom d'un dieu polynésien), est le petit catamaran qui se balance à l'arrière du « radeau-habitation ». Sa vue fait songer à un jouet… Mais ce jouet a traversé le golfe de Gascogne, d'Angleterre au Portugal, puis l'Atlantique, des îles Canaries à Trinidad.

Jim et Ruth l'avaient construit de leurs mains, dans la banlieue londonienne. En voici les caractéristiques approximatives :

Longueur : sept mètres.

Largeur : trois mètres.

Tirant d'eau : 10 centimètres à lège, et une vingtaine avec son équipement de croisière.

Franc bord : environ 50 centimètres. Pas de tonture. La quille de chaque pirogue est aussi large que le pont, à quelques centimètres près (80 centimètres de large, environ), ce qui explique le faible tirant d'eau. Des dérives mobiles y remédient lorsqu'il faut monter dans le vent.

L'assemblage des coques et de la plate-forme a été réalisé en s'inspirant de l'idée directrice d'Eric de Bischop, lorsque ce dernier construisait *Kaïmiloa* avec son camarade Tatibouet : la flexibilité.

Pour y parvenir, Bischop et Tatibouet s'étaient servi de solides ressorts en acier. Jim leur préféra des rondelles en caoutchouc et des bouts de lignes en nylon.

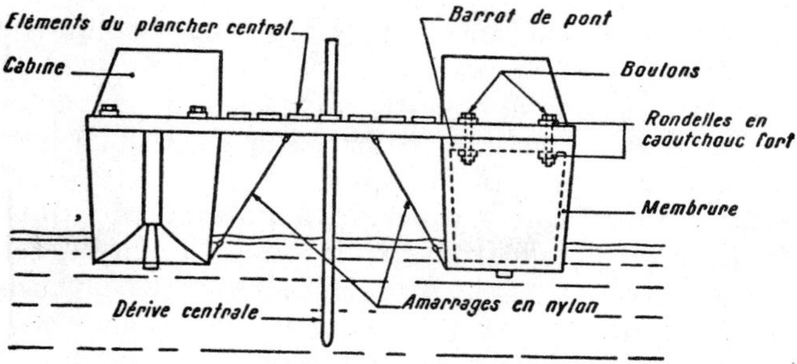


Fig. 7. – Tangaroa, *un double coque qui a traversé l'Atlantique,* se caractérise par sa simplicité de construction et par l'originalité de la liaison entre les coques : rondelles en caoutchouc servant d'amortisseurs et amarrages en nylon.

Bois employé ? de vieilles caisses[1].

Clous ? des pointes en fer ordinaires ; celles dont on se sert pour fabriquer les caisses d'emballage !

Calfatage ? Aucun. Tout était cloué et collé à la résine synthétique.

En deux mois de travail, les deux coques étaient terminées. Encore un mois pour l'installation de la plateforme, et *Tangaroa* était prêt à prendre son premier bain dans la Tamise.

Vint ensuite l'installation du gréement, les aménagements intérieurs, les nombreux détails de mise au point qui prennent toujours beaucoup de temps, pour vous laisser sans un penny.

Il fallut alors prendre le harnais, économiser, tout en continuant de travailler sur *Tangaroa* le soir, après la fermeture du chantier qui employait Jim…

Quant à Ruth, elle n'avait pas quitté son emploi de femme de ménage, l'une des rares professions permises

1. Malgré leur faible longueur, les planches de caisses avaient pu être utilisées, *Tangaroa* étant bordé « en diagonale ».

aux Allemandes en Angleterre. Enfin, *Tangaroa* fut terminé, équipé, prêt à partir.

C'est alors que le hasard et ses lois impénétrables firent qu'une ravissante Allemande de dix-sept ans vint à croiser le chemin de *Tangaroa*...

Ce fut le coup de foudre pour Jim, comme pour Juta. Et Ruth accepta : on partirait à trois... Quoi qu'on pense de cette attitude, on ne peut lui refuser une certaine grandeur. Elle comportait aussi ses risques. Mais l'impossible eut lieu, et c'est un trio solide, uni, qui occupait cette maison flottante.

Peu après leur rencontre, Juta dut retourner en Allemagne. C'est là que Jim et Ruth allèrent la chercher, avec *Tangaroa*. Entre temps, ils avaient eu trois mois pour réfléchir, et mettre de l'ordre dans leurs idées.

Mais c'était tout réfléchi : Juta déposa son sac à bord ; on se serra un peu ; et hisse la grand-voile, pour l'Amérique !

Manche et golfe de Gascogne furent franchis par petites étapes (sans un sou, bien entendu), et le Portugal atteint. Ils y restèrent près de six mois, chez des amis de rencontre, amis au grand cœur qui ne voulaient pas les laisser affronter à nouveau les éléments déchaînés, à bord de leur frêle esquif... (Ô Terriens, quand donc comprendrez-vous que les éléments ne sont pas aussi « déchaînés » que vous vous obstinez à le croire !)

Ce sont pourtant les amis portugais de notre trio qui l'emportèrent : un fort bateau de pêche devait appareiller pour les Canaries, et le Capitaine offrit à l'équipage du *Tangaroa* de les y déposer avec leur double pirogue...

Pourquoi pas, après tout ? Ces marins portugais étaient sympathiques et l'imprévu de cette situation ne manquait pas de pittoresque. Le qu'en dira-t-on ? Ils s'en moquaient ! Du reste, *Tangaroa* n'avait-il pas remonté la Manche et traversé le golfe de Gascogne ? Et puis s'il fallait s'occuper de l'opinion des autres, la vie deviendrait bien compliquée... Après tout, on voyage pour son propre plaisir, non pour celui des autres, n'est-ce pas ?

Les boulons joignant les coques à la plate-forme furent donc démontés, et les deux flotteurs allèrent sagement se ranger sur le pont du bateau de pêche, en attendant de se trouver à nouveau mariés dans la baie de Las Palmas.

Les Canaries étant un coin sympathique, avec du soleil et des cocotiers, ils y restèrent quelques mois ; outre l'agrément du séjour, cette escale permettrait à la saison des cyclones de se « tasser » un peu dans la mer des Antilles.

Puis les voiles furent à nouveau hissées et Trinidad atteinte dans un temps normal pour un aussi petit bateau, et sans autres incidents que six ruptures de gouvernail[1]. Mais le système de jonction flexible des deux coques avec la plate-forme se révélait parfait. C'était là l'essentiel.

Autre révélation d'importance : aucun coup de bélier, par en dessous, n'avait été subi par la plate-forme, comme cela se produisait pour *Copula* et *Tohu-Bohu*, lorsque ces deux catamarans naviguaient au plus près, avec de la houle. La formule *Tangaroa* était donc sûre, sinon rapide (sa meilleure traite en vingt-quatre heures n'avait pas dépassé 100 milles, alors que *Wanda*, avec la même longueur de flottaison, faisait souvent 120 milles par jour malgré son poids considérable, dû à l'énorme quantité de vivres et de matériel embarqués, sans parler des échantillonnages employés dans la construction).

---

1. *Tangaroa* ayant très peu de tirant d'eau, les gouvernails devaient descendre assez profondément sous le niveau inférieur de la quille, d'où grand bras de levier sur la ferrure du bas, et fragilité de l'ensemble.

Mais l'accueil de Trinidad ne fut pas exactement conforme aux rêves de nos amis...

En mer, Dieu est le seul juge. Et comme Il est infiniment sage et qu'il comprend tout, il n'y a pas de problème. Mais la société s'est créé une foule d'autres petits dieux qu'elle n'aime pas voir ignorés par une secte nouvelle... qui devait compter un membre de plus : Johanes était né de Juta après l'arrivée de *Tangaroa.*

L'Immigration devint tout de suite la bête noire de notre quatuor. D'après la loi, cette petite famille devait être expulsée après quelques semaines de séjour dans les eaux territoriales trinidiennes. Une lutte farouche s'engagea sur-le-champ ; moins farouche, en réalité, que ne le croyait Jim, car j'eus quelques mois plus tard l'occasion d'entendre Mr Agostini, Chef de l'Immigration, me parler de ce « cas ». Il le fit avec humanité. La preuve en est, du reste, que Jim, Ruth, Juta et Johanes restèrent à Trinidad, ignorés des autorités sans doute, mais qu'ils y restèrent. Le dieu Soleil, aidé par la bonne volonté des hommes dont on a beaucoup médit, avait su tempérer l'intransigeance des règlements administratifs...

En fait, *Tangaroa* ne manquait pas de fidèles amis, comme il me fut donné de le constater.

Ils restèrent, parce qu'ils ne pouvaient faire autrement : *Tan-garoa*, déjà minuscule pour trois, était devenu invivable avec un bébé en supplément. N'oublions pas que l'habitation se trouvait à l'intérieur des coques de 80 centimètres de large, sur 1 m 20 de hauteur sous barrots de cabine !

D'autre part, *Tangaroa* n'était à l'origine qu'un banc d'essai destiné à en apprendre davantage sur le catamaran.

Le premier travail de notre famille de navigateurs fut la construction d'un « radeau-maison ». Ainsi l'on ne serait pas tout à fait à Trinidad, tout en y étant (décidément, les services de l'Immigration étaient en face d'un « cas » des plus compliqués !).

Puis, du bateau expérimental qu'avait été *Tangaroa*, naquirent les plans de *Rongo* (enfant du dieu polynésien Tangaroa), magnifique double-pirogue de 13 m 1/2 de longueur, admirable de lignes, racée jusqu'à la tête d'étrave.

Comment Jim parvint-il à réunir la somme et les matériaux nécessaires à la construction de *Rongo ?* Par sa plume, d'une part, et parce qu'il existe des chics types de par le monde.

Une fabrique hollandaise de contreplaqué « Marine » lui envoya les panneaux au prix de revient. Une fabrique européenne de colle synthétique adressa ses produits avec « ses compliments » et souhaits de bonne réussite. Des articles écrits par Jim, Ruth et Juta, publiés dans diverses revues et journaux d'Europe (avec des photos, bien entendu) procurèrent assez d'argent pour que puisse être envisagé le démarrage du travail.

*Rongo* n'était plus une chimère lorsque Henry et moi vîmes le plan dessiné par Jim. Mais le travail proprement dit, celui qui fait du rêve une réalité, n'était pas encore commencé.

Et brusquement, nous comprenons : quelque chose de tragique plane sur nos amis. Un peu de lassitude, de fatigue... Lutter seul est relativement facile. Lutter à deux peut l'être plus, ou moins, cela dépend. Mais lutter quand on est quatre, sur un radeau qui s'enfonce chaque jour un peu plus, avec un bébé qui demande des soins constants, sans qu'aucune perspective de travail rémunéré se dessine à l'horizon pour permettre à la marmite de rester pleine, cela devient de l'héroïsme. Et l'héroïsme se prolonge difficilement au-delà d'une certaine limite.

D'autre part, Jim, Ruth et Juta n'étaient pas comme Henry et moi des oiseaux des Tropiques. Accoutumés depuis toujours au climat de l'Europe, avec son hiver et sa neige, la chaleur de Trinidad pesait sur eux, les déprimait...

Le matériel et l'argent nécessaires à la construction de *Rongo* étaient arrivés depuis plusieurs mois. Le plan du bateau terminé bien avant... Alors ?

Pour moi, la question ne se posait pas : je donnerais à Jim le coup de main du démarrage, en attendant l'arrivée de Joyce, et peut-être passerions-nous ensemble la saison des cyclones à Trinidad, en continuant de travailler avec Jim.

Henry ? Pour lui non plus, pas de problème : Jim pouvait compter sur sa collaboration, mais à la condition que le travail soit commencé dans les quelques jours qui suivraient, car il n'avait pas l'intention de s'éterniser à Trinidad à cause de la prédilection qu'éprouvent les tarets pour le golfe de Paria. Disons un mois... D'ici là les coques seraient bien avancées, en nous y mettant sérieusement.

Le lendemain, *Wanda* et *Marie-Thérèse II* se balançaient au bout de leur chaîne, à une cinquantaine de mètres du radeau. Et nous discutâmes tous les cinq de la conduite du travail.

Les finances ayant baissé à bord du radeau, Jim craignait de « manquer de souffle » avant d'avoir terminé *Rongo*. Aussi, après bien des échanges de vues, la longueur du bateau fut réduite à onze mètres et demi, toutes proportions gardées. C'était là une sage décision, car on s'aperçoit souvent, le bateau à moitié achevé, qu'on a eu les yeux plus gros que... le portefeuille.

Une dizaine de jours plus tard, les bois nécessaires au montage de la charpente, membrures, quilles et serres, furent livrés dans la cour d'un Indien, ami de Jim. C'est là que devait être construit *Rongo*, à l'ombre d'un grand manguier, à deux cents mètres du débarcadère. Un lieu idéal, bien ombragé, à proximité de nos habitations flottantes. De plus, cet Indien et sa famille témoignaient, à l'équipe de *Tangaroa*, d'une gentillesse touchant à l'adoration.

Les matériaux réunis, nous nous mîmes tous les trois au travail.

En quatre jours, la base horizontale sur laquelle allait être montée la première coque, fut achevée. Elle se composait de dix à douze madriers disposés parallèlement à même le sol, suivant un plan horizontal.

Chaque madrier correspondait à l'emplacement d'une membrure, et les coques seraient montées à l'envers, selon une technique bien connue des constructeurs de bateaux[1].

La semaine qui suivit fut consacrée au tracé et à la confection des membrures. Et en six jours, exactement, les membrures des deux coques étaient terminées, ainsi que les quatre partitions en contreplaqué !

Incroyable, ce que quatre gars décidés peuvent abattre comme besogne ! Car nous étions quatre maintenant, Adolfo, un Argentin de vingt-six ans, s'étant joint à notre équipe.

Le montage des membrures de la première coque sur la base horizontale fut exécuté en deux jours, avec quelques jurons... Mais enfin, tout rentra dans l'ordre, et les membrures furent alignées au cordeau, et au fil à plomb. Puis les pièces d'étrave et d'étambot furent mises en place, provisoirement tenues par de gros clous ; et la pose des grandes serres longitudinales commença : ce fut un peu plus long et délicat, car il nous fallait mortaiser les membrures sur place, ce que

---

1. Ce travail de préparation est d'une grande importance. Si la base a été montée avec soin, solidement maintenue par des pieux enfoncés dans la terre, et par des cales, la construction de la coque aura lieu sans surprises désagréables. Une horizontalité parfaite est la condition majeure du succès de la construction ultérieure, car ensuite tout pourra se faire au fil à plomb et à l'équerre.

nous aurions pu faire beaucoup plus facilement au moment du montage de ces membrures.

Toujours est-il que la première coque fut charpentée en trois semaines, par des amateurs, et que les membrures de la deuxième coque étaient prêtes à être posées. Il suffisait de s'y mettre sans faire de complexes ! Mais il avait fallu Henry, et ses méthodes de travail simples, rapides, précises, coupant toujours au plus court, et aussi le plan dessiné par Jim, chef-d'œuvre de simplicité, que le plus maladroit des amateurs aurait pu exécuter seul, sans commettre d'erreurs à la construction.

Jim peut maintenant poursuivre, avec l'aide de Ruth ou de Juta, la pose du bordé en contreplaqué. C'est un travail facile, mais qui demande du soin et de la précision. Du reste, *Wanda* et *Marie-Thérèse II* ont besoin de passer en carénage, et nous nous préparons à mettre à la voile pour l'île Sainte-Lucie, distante de deux cents milles, où existe, paraît-il, un chantier de halage équipé d'un bon chariot, ce qui est difficile à trouver à Trinidad.

Et puis... Nous avons la bougeotte !

Henry part le premier : « Rendez-vous en enfer, you, French Bastard ! »

— S'il y fait chaud... you, English Tramp !

Quant à moi, je vais rester encore une semaine au mouillage, car l'Alliance Française a organisé une petite réunion patronnée par le Consul de France, au cours de laquelle je dois faire une causerie sur mes voyages, adressée aux membres de l'Alliance Française de Trinidad.

J'ai déjà connu les affres du trac, dans ma vie. Mais jamais autant que ce jour-là, ni aussi longtemps ! Pourquoi ici, et pas à l'île Maurice ? La digestion ? La position de la lune dans le ciel ? Je l'ignore. Mais j'ai compris une bonne fois que l'honorable profession de conférencier ne m'allait pas comme un gant ! Pour me remercier (et aussi pour me consoler) de mes héroïques balbutiements, le Secrétaire de l'Alliance me remet un chèque de 50 dollars... Ça, c'est gentil ! Car il ne me restait plus grand-chose dans les poches pour continuer à faire le jeune homme aux Antilles.

Espérons tout de même que les économies de Joyce...

À propos, ses lettres n'apportent toujours aucune précision quant à la date de son départ... Elle est inscrite, voilà tout, et peut s'embarquer dans une semaine... comme dans six.

Étant donné qu'il est indispensable de caréner, j'irai le faire à Sainte-Lucie et reviendrai immédiatement l'attendre ici, en donnant un coup de main à Jim (pour l'aider à border la deuxième coque, j'espère !).

Un télégramme est expédié à Capetown : « Pars demain pour caréner à Sainte-Lucie. Stop. Envoie courrier poste restante. Stop. Rejoindrai Trinidad à ton départ de Capetown. » (C'est long pour un télégramme, mais... quand on a été conférencier, et qu'on a 50 dollars en poche...)

Tout est donc réglé ; en effet il a été convenu depuis longtemps par lettre, que Joyce câblerait aussitôt qu'elle connaîtrait la date de son départ, et qu'elle m'enverrait un second télégramme, la veille de quitter Capetown, en précisant la date d'arrivée de son cargo à Trinidad.

Ainsi, nous ne risquerions pas de courir à travers les Antilles, à la poursuite d'un fantôme, en essayant de nous retrouver...

# 15

# Trinidad – Martinique : 250 milles

Le premier coup d'œil jeté sur une carte des Antilles du Sud, pourrait faire penser au Paradis des marins ; les îles sont soigneusement disposées sur une ligne orientée à peu près Nord-Sud de Trinidad à la Martinique, d'où s'amorce une courbe gracieuse continuant vers le Nord-Ouest. Les longues flèches qui y symbolisent l'alizé, la coupent à angle droit ou presque. Merveilleux ! Où qu'on veuille se rendre, du vent de travers ou du plus près bon plein !

Mais là, d'autres flèches apparaissent, qu'on n'avait pas remarquées, plus petites que les premières, elles indiquent les courants ; « le courant », devrait-on dire, obstinément Ouest.

En observant mieux, on s'aperçoit que des annotations en marge de la carte, apportent au navigateur des renseignements plus complets. Par exemple : « Le courant est généralement fort dans le chenal qui sépare Trinidad de Grenada, où il atteint parfois 70 milles en 24 heures... » (Ce passage fait environ 80 milles.)

Dans les autres passages, le courant est généralement moins fort, bien que rarement inférieur à un nœud. Autrement dit, où qu'on veuille aller, le long de cette ceinture d'îles, ce sera au plus près serré, puisqu'il faut tenir compte de la forte dérive provoquée par le courant constant qui baigne les Antilles.

Par contre, un autre renseignement, non moins important n'est pas porté sur cette carte destinée aux navires : c'est celui qui concerne l'état de la mer sous le vent des îles. Un vieux patron de goélette me l'a donné :

— À première vue, il est permis d'espérer trouver une mer assez calme, sous le vent des îles. C'est exact, si l'on n'est pas à plus de trois ou quatre milles de la terre ; mais plus loin, c'est faux, et voici pourquoi : les grandes ondulations de l'Atlantique pénétrant par les chenaux qui séparent les îles, contournent celles-ci pour se rejoindre à quelques milles sous le vent, en vagues venant de deux directions presque perpendiculaires qui soulèvent une mer confuse.

« Avec un vent régulier, cela passerait encore. Mais voilà… Même à plus de 10 milles sous le vent des îles, l'alizé est généralement irrégulier et souffle toujours moins fort qu'au vent de l'archipel, de sorte que le bateau ne sera pas assez appuyé pour pouvoir le remonter efficacement. Cela n'est pas toujours valable, mais il s'agit d'une règle générale.

Ce renseignement se terminait par le conseil suivant, étayé par une longue expérience de la région :

— Passez très près sous le vent de chaque île, même si vous êtes complètement déventé par moments. Il viendra toujours un souffle quelconque dont vous pourrez profiter… et vous trouverez une mer parfaitement calme, sans courants Ouest.

« Dans les chenaux qui séparent les îles, vous aurez une houle normale d'alizé, et du courant Ouest augmentant beaucoup la dérive. Il faudra donc serrer le vent au maximum. Mais si, par malheur, vous manquez la première île (Grenada en l'occurrence), je vous plains… car le vent risque d'être faible et la mer très agitée. Vous auriez alors de fortes chances de les manquer toutes, l'une après l'autre, avant d'aller atterrir dans les parages de la Guadeloupe, comme cela m'est arrivé !

Le 26 mars 1958, l'ancre est déposée sur le pont, les voiles hissées, et *Marie-Thérèse II* s'éloigne vers les « boccas » qui s'ouvrent devant la pleine mer, face à Grenada, premier jalon sur la route de l'île Sainte-Lucie.

Adolfo est du voyage. Possédé, lui aussi, par le démon de la bougeotte, les histoires de bateaux le passionnent depuis qu'il aide Jim à construire *Rongo*. Il pense même à mettre le sien en chantier aussitôt les fonds réunis. Et en attendant ce grand jour, Adolfo, qui n'a jamais mis les pieds sur un voilier, souhaite ardemment recevoir le baptême de la mer et en apprendre le plus possible, dans les plus brefs délais.

Avoir un compagnon de voyage... est contraire à mes principes (Dieu sait pourtant que je ne suis pas un homme à principes). Mais une fois n'est pas coutume... et puis j'éprouve une réelle sympathie à l'égard de ce bon camarade qui viendra agrandir, peut-être, un jour, notre famille éparpillée de vagabonds des mers, acceptant d'un coup les joies et les misères que comporte l'instabilité de cet état.

Il est préférable, d'ailleurs, qu'Adolfo ait l'occasion d'entrevoir la réalité, avant de prononcer le vœu sacré et de se lancer corps et âme dans la construction de son bateau.

Embarque, garçon ! Sainte-Lucie sera vite atteinte.

Aïe ! J'avais oublié d'ajouter la formule sacrée, pleine de respectueuse prudence : « Si Allah, qui est grand, le permet... »

J'avais également oublié de préciser que nous allions « vers » Sainte-Lucie, et non pas « à » Sainte-Lucie... Mais, pour sûr, 200 milles, ça se fait les doigts dans le nez ! Ouaille...

L'escale atteinte, Adolfo regagnerait Trinidad par l'une des nombreuses goélettes qui trafiquent parmi les îles.

Les « boccas » furent embouquées, juste avant le coucher du soleil.

Le gouvernail automatique branché, la première tranche du parcours fut attaquée de nuit. C'était déjà une première sottise : dans les Antilles du Sud, l'alizé tend à haler de quelques degrés vers le Nord, au cours de la nuit. Le simple bon sens conseillait donc de jeter l'ancre à l'abri de l'une des îles qui bordent les « boccas », et d'attendre au mouillage, pour profiter, avec la venue du jour, d'un vent moins « pointu ».

Mais hélas... J'étais déjà pressé d'atteindre Sainte-Lucie !

Il souffle frais dehors, et *Marie-Thérèse II* taille de la route, serrant le vent autant qu'elle le peut, c'est-à-dire sans beaucoup de conviction, à cause de sa carène sale. C'était une seconde sottise : en effet une carène sale ralentit énormément un bateau, surtout à l'allure du plus près. Il n'est pourtant pas difficile de brosser une coque sous l'eau, au mouillage, avant de partir. C'est une opération que j'ai réalisée seul, plusieurs fois, à la veille de caréner[1].

Mais voilà : le jour et l'heure même du départ avaient été fixés à la hâte (ce qui était déjà suffisamment ridicule) et respectés (ce qui était le summum de la sottise)...

Car on part lorsqu'on est paré, tout simplement... sans se soucier ni du jour ni de l'heure. Mieux encore : on part

---

1. Le fait de brosser ma coque sous l'eau, avant de caréner, me permet de gagner beaucoup de temps le lendemain, lorsque le carénage doit se faire à l'échouage, à la marée basse. Sous les Tropiques, bien sûr... !

lorsque l'on « sent » que le moment précis est venu de hisser la voile...

Au lever du soleil, nous cherchons Grenada... qui manque à l'appel !

La voici enfin qui sort de son voile de brume, quelques heures plus tard, à une quinzaine de milles au vent...

Virement de bord à midi : il faut atteindre Grenada coûte que coûte, et ensuite ne plus lâcher la ceinture d'îles, jusqu'à Sainte-Lucie.

C'était une troisième sottise ! Car le courant Ouest est généralement plus fort entre Trinidad et Grenada que plus au Nord...

Et, comme de juste, un autre bord tiré pendant la nuit nous ramena exactement à la même place, le lendemain (encore heureux que ce ne fût pas beaucoup plus au large).

Bilan : vingt-quatre heures perdues pour avoir voulu lutter au plus près contre le courant, avec une carène sale et un bateau sous-voilé.

J'adoptai alors la meilleure (ou la moins mauvaise) solution : cap droit au Nord, le plus près possible du vent. Mais, comme me l'avait dit le vieux patron de la goélette, l'alizé n'avait plus la même régularité et la mer, hachée, rendait notre progression difficile, augmentant encore la dérive. Deux jours plus tard, c'est-à-dire quatre jours après le départ, l'île Saint-Vincent était en vue, et nous l'atteignîmes dans la nuit. Seul le passage qui la sépare de Sainte-Lucie restait à franchir pour que notre but soit atteint.

En solitaire, j'aurais sans doute mouillé, pour souffler un peu. Mais, avec Adolfo à bord, une idée fixe s'était emparée de moi, presque dès le départ : arriver à Sainte-Lucie, en finir au plus vite avec cette présence étrangère qui était venue détruire, à son insu, l'équilibre mystérieux qui nous unissait, mon bateau et moi !

Et je crois avoir haï en silence ce pauvre Adolfo, à qui je n'avais rien d'autre à reprocher que d'être le témoin de ma médiocrité, pis encore, de celle de mon bateau. Mais comment *Marie-Thérèse II* eût-elle pu posséder une surface de voilure convenable, alors que je ne m'étais pas soucié de remplacer son grand mât, dès l'arrivée à Trinidad ? Comment aurait-elle gagné contre cette mer hachée, avec sa carène sale ? Il m'aurait suffi pourtant de la brosser au mouillage, avant de lever l'ancre... seul !

Heureusement, la paix régnerait bientôt à bord, dès que nous aurions traversé le passage séparant Saint-Vincent de Sainte-Lucie.

Et quelques heures plus tard, l'île Sainte-Lucie gisait à quinze milles... au vent ! Puis à une vingtaine de milles, toujours au vent, le lendemain matin, malgré une bonne brise qui avait permis de virer de bord et de tenir un cap plein Est à trois nœuds : le courant, dans cette zone, faisait hélas, plus de trois nœuds contre nous...

Il fallait, dès lors, passer à l'exécution de ce que j'aurais dû faire depuis longtemps : brosser la carène. Tant pis pour le temps perdu : il serait largement compensé par la suite ! *Marie-Thérèse II* est donc mise en panne, et je passe par-dessus bord, muni des lunettes sous-marines et d'une raclette : enfin, me retrouver seul, sous l'eau, avec mon bateau !

Les coquillages sont grattés, la coque débarrassée de la mousse qui la couvre... Le temps a passé vite : je croyais être à l'eau depuis vingt minutes à peine ; il y a en réalité plus d'une heure que je travaille sous la coque.

Cap au Nord, maintenant, et tant pis si nous atterrissons à la Guadeloupe ou au diable !

Le lendemain, six jours après le départ de Trinidad, l'ancre tombe, par cinq mètres de fond, à la Martinique ! Ouf !

# 16

# Dans la mer des Antilles

*Wanda* est au mouillage !

Henry, arraché de sa cabine par nos appels joyeux lancés dans un vocabulaire aussi sonore qu'imagé (espérons que les badauds ne comprennent pas l'anglais), nous apprend qu'aucun chantier de halage n'a jamais existé à Sainte-Lucie, autrement que sous la forme nébuleuse d'un vague projet... « Le seul slip qu'on puisse trouver dans toutes les Antilles du Sud est à la Martinique, d'après des renseignements sérieux... »

Tout compte fait, Allah n'avait pas mal arrangé les choses. Il m'avait d'abord appris qu'un navigateur solitaire n'est pas toujours un être assez sociable pour pouvoir prendre un compagnon du même sexe à son bord. Ensuite, il m'avait conduit au seul endroit où *Marie-Thérèse II* pourrait être carénée[1]. Tout était donc pour le mieux !

Un télégramme fut immédiatement expédié à Joyce pour lui faire part de mon... changement d'adresse ; un

1. Dans toutes les Antilles du Sud, les marées sont trop faibles pour permettre de caréner pendant la basse mer. Les goélettes locales vont abattre en carène dans la baie très abritée de l'île Béquia, au sud de Saint-Vincent. Mais le lest en quille d'un yacht ne permet pas cette opération.

autre au Receveur des Postes de Sainte-Lucie, le priant de bien vouloir faire suivre mon courrier en Poste restante à Fort-de-France.

Tout était donc paré, de ce côté, et j'espérais recevoir bientôt des nouvelles de ma future équipière…

Henry, qui est en rade de Fort-de-France depuis une dizaine de jours, a pris ses dispositions pour faire monter *Wanda* sur le slip. Mais il lui faut attendre que le chariot soit libéré du bateau qui l'occupe pour le moment. Il s'agit d'*Annanda*, une grande pirogue à double balancier dont la traversée de l'Atlantique, quelques années auparavant, n'avait pas été une sinécure : au roulis, l'un des flotteurs freinait sur l'eau, faisant pivoter le bateau. Puis c'était au tour de l'autre flotteur de produire le même effet de freinage, provoquant un changement de direction dans le sens contraire. Plusieurs tête-à-queue auraient eu lieu à l'allure du vent arrière, dans l'alizé, par mer un peu forte. Mais à la Martinique, le nouveau propriétaire d'*Annanda* devait se montrer satisfait de ce bateau, qui s'était révélé bon marcheur et maniable : car le vent arrière est une allure à peu près inconnue dans la mer des Antilles. Or, un bateau naviguant au plus près, ou au vent de travers, ne roule pratiquement pas. Ainsi, dans le cas d'*Annanda*, le freinage provoqué par le flotteur « sous le vent » était alors régulier, de sorte que sa tendance à pivoter pouvait être compensée par l'angle de la barre.

Je me mets en rapport avec M. Grant, propriétaire du chantier de halage, à qui j'explique à quel point il m'aiderait en me prenant sur le slip avec *Wanda* ou juste après, afin qu'il me soit possible de regagner Trinidad dans les plus brefs délais et y arriver à temps… C'est promis !

Quelques mots s'imposent au sujet de cet homme absolument délicieux, bien connu des navigateurs de passage à la Martinique, vis-à-vis desquels il montre des attentions quasi paternelles.

M. Grant appartient à l'une des grandes familles de la Martinique. Propriétaire immobilier et planteur, il exploite également ce chantier naval qui... ne lui rapporte rien.

Rien ? Mais pourquoi alors y passe-t-il le plus clair de son temps et lui consacre-t-il une énergie aussi tenace qu'émouvante, malgré un bilan de fin d'année toujours neutre ? Parce que M. Grant AIME profondément les bateaux. Il les aime tous, qu'il s'agisse d'un coursier racé, d'une casserole aussi large que longue ou d'une périssoire, d'une belle carène toute neuve ou d'une coque « qui a fait son temps ».

Pendant ce temps, l'aspect financier du chantier n'est pas brillant, mais peu importe, du moment que les bateaux sont réparés, protégés, remis en état ? Un médecin qui n'exerce que par pure vocation se souciera-t-il sérieusement de savoir si sa clinique par exemple, lui rapporte ou non ? L'essentiel n'est-il pas pour lui de soigner, de soulager ?

C'est ce que fait M. Grant pour les bateaux. Et c'est très beau.

La période que je passai à la Martinique compte parmi les plus déprimantes de mon existence. Aucune nouvelle de Capetown. Rien non plus n'arrivait de Sainte-Lucie, malgré le télégramme que j'avais adressé au Receveur des Postes. Ma nervosité s'accroissait de jour en jour, devenant inquiétude, anxiété.

Au bout d'une semaine, j'envoyai un second câble à Joyce et une lettre à l'une de ses amies intimes, insistant pour avoir des nouvelles. Pas de réponse. Que se passait-il ?

Joyce aurait-elle déjà quitté Capetown ? Elle m'aurait alors télégraphié à Sainte-Lucie, et le message m'eût été retransmis ici. Alors quoi ? Aurait-elle renoncé ? C'était peu probable. Mais l'essentiel était, pour moi, de savoir sur quel pied danser ; et alors, l'Unité Bateau-Homme retrouverait enfin son équilibre...

*Marie-Thérèse II* venait de monter sur le slip, lorsqu'une lettre arriva de Capetown, écrite par l'amie de Joyce. Celle-ci m'informait que ma future équipière avait quitté Capetown à bord du cargo *Betwa*, le jour de mon départ de Trinidad. Nos télégrammes s'étaient donc croisés !

Cette amie de Joyce m'apprenait en outre qu'elle avait câblé elle-même au *Betwa* le texte de mon premier télégramme adressé à Joyce, à mon arrivée à la Martinique[1]. Alors ? Il y avait de quoi devenir enragé !

Je me précipitai à la poste et envoyai un message radio à Joyce : « Urgent m'informer date et port d'arrivée. »

Sa réponse me parvenait quelques heures plus tard : « Arriverai à Trinidad dans quatre jours. »

La couche de peinture sous-marine aussitôt appliquée, *Marie-Thérèse II* regagna son élément, et les voiles furent hissées.

M. Grant n'avait pas voulu entendre parler de règlement, pour la location du chariot de halage :

— Gardez votre argent, vous en aurez plus besoin que moi. Et soyez plus calme, Bernard... Cela m'inquiète de vous trouver tellement nerveux et fatigué, au jour du départ.

Oui, il fallait être calme. Mais il était aussi essentiel d'atteindre Trinidad en toute hâte, car Joyce n'était pas cautionnée et risquait de se voir refuser l'autorisation

---

1. Par la suite, j'appris que Ruth avait fait suivre à Sainte-Lucie le télégramme expédié par Joyce à Trinidad, le jour de son départ. Et ce télégramme était resté à Sainte-Lucie, ainsi que toutes mes lettres envoyées en Poste restante...

de m'attendre à terre, après que le *Betwa* eût quitté le port, son déchargement terminé.

Il me restait quatre jours pour arriver à la voile, sans moteur auxiliaire. Or, il suffisait que la malédiction divine me fît manquer de brise dans le chenal qui sépare Grenada de Trinidad, pour que le courant me jouât les pires tours. Habituellement, un petit voilier sans moteur auxiliaire s'arrête à Grenada si la brise est faible, pour y attendre la venue d'un vent favorable avant d'attaquer les 80 milles du passage. Il est arrivé assez souvent que des voiliers se soient retrouvés en face des côtes déventées du Venezuela pour n'avoir pas respecté cette règle de prudence.

En fin d'après-midi, le Rocher du Diamant (au Sud-Est de la Martinique) est laissé sur bâbord. Vent force 3, de l'Est. *Marie-Thérèse II* trace un bon sillage dans la nuit, et le phare de Port-Castrie (à Sainte-Lucie) apparaît bientôt. Je n'ai pas dormi depuis hier, à cause des innombrables moustiques qui ont envahi la cabine pendant la nuit passée au sec sur le chariot.

Au jour, Port-Castrie est laissé dans le sillage, tandis que *Marie-Thérèse II* longe la côte Ouest de Sainte-Lucie avant de se trouver déventée au Sud de l'île.

Le chenal suivant est attaqué au coucher du soleil. Nous avons beaucoup dérivé vers l'Ouest : vent faible, courant important. Avec la nuit, le vent s'établit force 3 à 4 de l'Est. Et *Marie-Thérèse II* reprend son cap au plus près. Pas de phare sur la pointe Nord de l'île suivante, Saint-Vincent.

Troisième nuit blanche en perspective... Pas sérieux du tout.

Je me demande si la solution la plus raisonnable ne consisterait pas à laisser tomber l'ancre à Grenada que j'atteindrai demain soir, ou après-demain matin... si les divinités veulent bien bénir notre voyage.

De Grenada, je pourrai alors câbler à Joyce, lui demandant de m'y rejoindre, et téléphoner à Mr Agostini, Chef des services de l'Immigration à Trinidad, pour lui expliquer notre cas et le prier d'avoir la gentillesse de faciliter les démarches de ma future équipière. Je suis certain qu'il chargerait un de ses subalternes de conduire Joyce au port des goélettes et de s'assurer qu'elle trouve une place à bord, pour me rejoindre.

Je réfléchirai à tout cela lorsqu'il fera jour. Mais ma décision sera surtout conditionnée par la force et la direction du vent, quand Grenada sortira de l'horizon.

En attendant je tombe de sommeil. Malgré la douceur de cette nuit tropicale, je me sens pénétré par le froid... sans doute n'ai-je pas pris de repas suffisamment substantiels depuis quelques jours, à cause de tous ces tracas. Ridicule !

Vers dix heures, le ciel se couvre. Puis les grains de pluie se succèdent dans la nuit. Rien de méchant : inutile de réduire la voilure. D'ailleurs il n'en est pas question ! Nuit d'encre.

Café et re-café, pour m'aider à lutter contre le sommeil. Ah ! pourquoi n'ai-je jamais voulu conserver une boîte de Maxiton dans la boîte à pharmacie du bord ?

Finalement, je donne un dernier réglage au gouvernail automatique, je mollis un peu les écoutes, et je remonte la sonnerie de mon réveille-matin. Ce dernier m'avertira ainsi toutes les demi-heures, si je m'endors. Ce que je peux avoir sommeil !

À une heure du matin, toujours rien en vue. C'est normal, avec le courant que j'ai rencontré dans ce chenal au cours de la traversée précédente. Il est probable que nous sommes en ce moment à une dizaine de milles sous le vent de Saint-Vincent, si j'en juge par la mer plus confuse dans laquelle navigue maintenant *Marie-Thérèse II*.

Les grains passent, mais le ciel reste couvert ; la nuit est impénétrable. On ne distingue rien... Mais rien !

Combien de temps avais-je dormi ? Je ne saurais le dire... Moins d'une heure, en tout cas, mais plus d'une demi-heure, car la sonnerie de mon réveil, réglée sur une heure et demie, n'avait pas eu raison de ma torpeur.

Il était presque deux heures lorsque je bondis sur le pont, arrachai le petit U en laiton qui servait à bloquer la roue et tentai d'empanner.

Un deuxième choc ébranla le bateau. Puis, tout de suite, un autre, accompagné d'un affreux craquement de bois torturé, tandis que *Marie-Thérèse II*, en équilibre sur un rocher, voyait son pont et sa cabine balayés par une lame.

Le gouvernail ayant talonné lui aussi, venait d'être arraché de ses ferrures et traînait dans la mer, par les filins d'acier qui le retenaient à la roue.

Tout cela s'était passé en quelques secondes.

Une troisième lame frappa alors, nous coucha pont dans l'eau, avant de pousser *Marie-Thérèse II* vers la côte. Nous venions de traverser un banc de roches, juste devant la côte.

J'étais cramponné au grand mât, au pied duquel étaient amarrés l'ancre, la chaîne et l'aussière en nylon, le tout paré à être mouillé.

L'instant d'après, l'ancre passait par-dessus bord, tandis que *Marie-Thérèse II*, maintenant en eau profonde, se dirigeait irrévocablement vers la ligne écumante de la mer battant en côte, à une vingtaine de mètres.

L'ancre C.Q.R. n'avait pas croché sur ce fond rocheux. Il était trop tard, de toutes façons, car l'évitage n'aurait pu se produire en sécurité, aussi près de cette côte accore où le fond tombe brusquement à quelque vingt mètres.

C'était la fin. Ma peau de chacal s'en sortirait indemne, comme toujours, car la vermine a la vie dure. Mais pour mon bateau innocent, le glas sonnait déjà, orchestré et rythmé par les chocs terribles qui tonnaient dans sa coque lancée, lancée, lancée sur les rochers.

Chaque impact de sa carène contre la pierre broyait également ma poitrine, me déchirait les entrailles. Et je restais là, hébété, cramponné au grand mât, serrant pour la dernière fois ce qui avait été mon bateau. Le plus beau bateau du monde.

Et tandis que les lourdes lames, déferlant sur *Marie-Thérèse II*, la recouvraient d'un blanc linceul d'écume tout constellé d'étoiles phosphorescentes, une prière folle est montée dans la nuit où pleurait l'alizé.

Seigneur ! Que l'une de vos vagues arrache de ce mât ma carcasse de chien, et la jette sur ces rochers, entre la pierre et la carène, afin que soit payée la mort de mon bateau.

# Appendice

*Marie-Thérèse II* fut construite « au jugé ». Non pas pour « faire le malin », mais tout simplement par manque de moyens pécuniaires : j'avais dû m'adapter aux conditions locales de l'île Maurice où les bois courbes utilisés pour les membrures chantournées sont rares. Faire dessiner un plan spécialement adapté aux matériaux existant à l'île Maurice m'eût coûté fort cher…

En feuilletant des revues nautiques, il m'eût été possible de dénicher un plan à peu près conforme à mes désirs (et encore…). Mais alors la section de la coque eût été à double courbure (courbure de bouchain et courbure de fond), et fatalement, je n'aurais pas trouvé le bois nécessaire. Et puis… avouons-le tout de même, j'adore l'improvisation ! Or, il est délicat d'improviser sur un plan : il faut le suivre fidèlement ou ne jamais y porter les yeux.

Tout compte fait, malgré sa très forte largeur (proportions longueur-largeur : 2,65), *Marie-Thérèse II* ne fut pas un bateau aussi lent qu'on eût pu le croire. Mais tout de même, pourquoi tellement large ?

Parce que je voulais un bateau relativement petit, qui soit néanmoins habitable. Petit, à cause du coût à la construction, du prix des rechanges, et enfin, parce que plus un bateau est petit, moins on consacre de temps à son entretien. Habitable, parce que ce devait être mon « home », au plein sens du mot, et pas seulement un outil pour faire le tour du monde.

Il me fallait donc accepter un compromis… C'est extrêmement difficile à réussir, et je dois avouer que je n'y suis point parvenu : *Marie-Thérèse II* était bien assez grande pour moi seul, bien que n'offrant pas une hauteur suffisante sous barrots de cabine (1 m 60), à part l'emplacement arrière (de 1 m 82 de hauteur). Mais je comptais remédier à ce défaut en transformant le roof, suivant le principe des *Quatre-Vents*, ce qui m'eût alors donné une hauteur de 1 m 80 dans toute la cabine. Malgré tout, pour deux (nous serions peut-être deux un jour ou l'autre), c'était « un peu tangent » : 8 m 36 ne font que 8 m 36, même avec une bonne largeur. Mais enfin… si ce n'était pas parfait, du moins était-ce raisonnable, à mes yeux.

Par contre un problème grave faisait de ce compromis une faillite totale : celui de l'entretien. Car, je le répète, il ne s'agissait pas pour moi d'avoir en main un outil conçu pour faire le tour du monde, mais bien un « home flottant », que je pourrais promener où bon me semblerait, sans en être l'esclave. Or, je fus précisément l'esclave de ce bateau hâtivement construit avec des matériaux de qualité plus que douteuse, en ce qui concerne le bordé.

Mais, eût-elle été construite par un chantier de premier ordre, avec des matériaux de choix, *Marie-Thérèse II* ne serait pas restée longtemps, *à mes yeux*, le bateau idéal, même avec un mètre de plus : les problèmes d'entretien seraient demeurés les mêmes : peinture, carénage, et repeinture et recarénage, et gare aux tarets, et ceci, et cela… Car tous les bateaux, en bois ou en fer, exigent un entretien et des soins constants, impératifs, qu'il s'agisse d'un bateau neuf ou d'un vieux bateau. Il faut empêcher le bateau neuf de devenir un vieux bateau, et il faut empêcher le vieux bateau de mourir...

— Mais alors, Monsieur le Navigateur à la voile, puisque vous avez choisi ce genre d'existence, pourquoi n'en acceptez-vous pas les servitudes ? Nous acceptons bien les nôtres, à terre... !

— Eh bien, soit ! Nous allons essayer d'en parler ensemble : vous habitez une maison, n'est-ce pas ? En ciment ou en bois ? En ciment, bien entendu ! Peut-on connaître, la raison de ce choix ? Parce que le ciment, la pierre ou la brique ne nécessitent presque pas d'entretien, parbleu ! Tandis que le bois demande des soins constants pour être protégé de la pourriture, des insectes rongeurs, du feu, et de bien d'autres maux. On tend même, de plus en plus, à supprimer les toits en tuiles fragiles, supportées par une charpente en bois, pour les remplacer par des terrasses en béton armé. Parce que la terrasse est plus jolie ? Certes non. Tout bonnement parce qu'elle est plus solide, plus logique, et exige moins d'entretien qu'un joli toit de tuiles ou d'ardoises ! »

Il a fallu des générations d'ingénieurs, pour arriver à la solution approchée du problème contre lequel se débat une grande partie de l'humanité : la mise au point d'habitations pratiques, libérant l'homme de bien des servitudes, pour lui permettre d'avoir davantage de temps à lui.

Or, le Yachting n'est âgé que d'une cinquantaine d'années. Ce délai très court a suffi pour que des architectes navals soient parvenus à donner à ces coques de petits voiliers une robustesse étonnante, des lignes souvent merveilleuses. Cela ne suffit pas, hélas. On peut aussi construire une belle maison en bois, presque aussi solide qu'une bâtisse en dur. Mais alors son entretien coûtera cher, d'où servitude. Car enfin, il est tout de même plus agréable et plus logique de passer ses loisirs à écouter de la musique, à faire de la photographie ou du cinéma documentaire, à bavarder avec ses amis ou à se reposer, que de faire des heures supplémentaires pour payer la peinture et les ouvriers chargés de l'entretien d'une maison en bois…

Ce que pensent les citadins et les ruraux pour leur maison, le marin, lui aussi, le pense pour son bateau…

— Admettons que vous ayez raison dans un sens. Il n'en demeure pas moins vrai que ceux qui habitent à terre méritent de posséder la maison dont ils rêvent, puisqu'ils travaillent pour l'édification de la société, pour son renforcement. Ils sont donc utiles à l'humanité, par le canal de l'agriculture, ou de l'industrie, ou du commerce, ou de toute autre activité contribuant au progrès. Tandis que vous voulez vous offrir des vacances princières, mais refusez d'en payer la note. Ceci dit sans vouloir vous froisser, mais j'aime parler net !

— Moi aussi. Ne laissez-vous pas en paix chanteurs, musiciens, peintres et saltimbanques ? Or, quel est leur apport à cette religion que vous nommez progrès, avec un grand « P » ? Quant aux « vacances princières » !… je me suis souvent demandé ce que j'étais venu faire dans ma galère ! Certes, j'ai eu des vacances princières, comme vous dites ; mais croyez-moi sur parole, je les ai payées !

— Ainsi, cette vie que vous avez menée n'était pas toujours rose… Pourquoi, alors, avez-vous récidivé par deux fois ? Comment avez-vous pu songer à repartir ?

— Est-ce que je vous demande, moi, pourquoi vous restez à terre, où la vie n'est pas toujours rose non plus, et comment vous pouvez vivre dans le même patelin jusqu'à la fin de vos jours, alors que notre planète est un immense jardin ? « des goûts et des couleurs », mon cher !

— Oui, c'est vrai… bien que cela reste contestable… Il n'en demeure pas moins vrai que votre problème est insoluble, n'est-ce pas ?

— Insoluble, je ne le crois pas. On trouve toujours une solution acceptable lorsqu'on réfléchit beaucoup à un problème. Mais difficile, oui, il l'est. Très difficile ! En fait, il y a deux problèmes, ce qui complique encore les choses...

1°) Parvenir à construire un bateau très solide, confortable, calant peu d'eau, pour pouvoir pénétrer dans des passes d'accès difficile, et qui, de plus, ne demande presque pas d'entretien. Cette dernière condition est, *à mes yeux, sine qua non*.

2°) Trouver une source de revenus adaptée à ce mode de vie, et qui permette de reléguer à l'arrière-plan la hantise du pain quotidien.

— Je présume que le premier aspect de ce problème, celui qui vise le bateau lui-même, devrait être assez facilement résolu, quoi que vous disiez, et cela grâce aux techniques modernes. Si l'homme envisage des vacances sur la lune, dans un avenir pas très lointain, il ne devrait pas être difficile de construire un bateau possédant les caractéristiques que vous demandez ?

— En effet, mais à quel prix ? Et au prix de quelle expérience ? Vous ne saisissez pas bien le sens de cette dernière phrase ? Je vais m'expliquer par des exemples concrets : Le Toumelin avait fait construire *Tonnerre*, qui a été perdu pendant la guerre, du fait de l'envahisseur. Il fit alors construire *Kurun* selon ses conceptions, avec deux mètres de plus que son premier bateau qu'il trouvait trop petit. Après l'expérience acquise au cours de son tour du monde, Le Toumelin aimerait posséder un bateau ayant deux mètres de plus que *Kurun*.

Alain Gerbault avait fait construire son second bateau, sur ses plans, après son tour du monde à bord du *Firecrest* qui ne lui convenait pas. Or, Gerbault regretta, par la suite, de n'avoir pas fait construire un bateau de 8 mètres, au lieu de 10 mètres que mesurait l'*Alain Gerbault*...

Bardiaux, au cours de nos conversations, m'assurait que son prochain bateau serait tout autre chose que les *Quatre-Vents* : cinq à six mètres de plus, en acier inoxydable ou en alliage léger, afin d'échapper aux innombrables servitudes qui assaillent le propriétaire d'un bateau en bois ou en fer. Cette question des « servitudes » était alors, pour Bardiaux, l'une des plus importantes.

Jean Gau me disait que son premier bateau, *Onda*, était beaucoup trop grand (12 ou 13 mètres, je crois). Son second, *Atom*, de 9 m 50, nécessitait trop d'entretien. « Si c'était à refaire, me disait Jean Gau à Durban, mon bateau ne mesurerait pas plus de 7 mètres à 7 m 50. Du reste, je serai obligé de vendre *Atom* lorsque j'irai prendre ma retraite à Tahiti. »

Henry Wakelam trouve *Wanda* un peu trop petit, « Si c'était à refaire, mon bateau ne serait pas plus long que *Wanda*, mais j'aurais davantage de place à l'intérieur, grâce à une plus grande largeur et à des formes différentes. »

Les Van de Wiele écrivaient : « Si c'était à refaire, nous opterions pour une bonne coque en bois doublée de cuivre », au lieu de la coque d'*Omoo* qui nécessitait un entretien coûteux et accaparant. (Ils grattaient la grande carène d'*Omoo* jusqu'au métal, à chaque carénage.).

Les Merlot étaient satisfaits de *Korrigan*. Mais voilà... Brigitte grandissait, et *Korrigan* (9 m) devint trop petit. Ils durent se résigner à le revendre.

Rex King a cherché à vendre sa *Jeanne-Mathilde*, de 12 m 50, dans tous les ports où il s'est arrêté, parce que ce grand bateau exigeait une trop lourde servitude. « Si c'était à refaire, mon bateau aurait le tonnage de *Marie-Thérèse II*. Je considère qu'elle possède les dimensions idéales », me disait Rex King à Capetown.

Et moi, je considère que *Marie-Thérèse II* avait presque les dimensions idéales, *pour l'usage que je voulais en faire...* mais pas tout à fait. Et, dimensions mises à part, *Marie-Thérèse II* n'était *pas du tout* le genre de bateau qui me convenait. Or, *Marie-Thérèse II* était mon troisième bateau, et je n'avais pas encore trouvé... »

À la suite de ces diverses expériences, sans parler d'autres beaucoup plus malheureuses, on comprendra peut-être qu'un homme seul, ou un couple, qui déciderait d'acheter ou de construire son premier bateau pour la grande aventure, posséderait assez peu de chances de tomber juste sur « le bon bateau », et cela pour deux raisons, la première étant le manque d'expérience : le meilleur manœuvrier du monde ne peut savoir, sans l'avoir vécue, en quoi consiste *réellement* l'existence qui l'attend. Il aura presque toujours tendance à faire passer les qualités nautiques de son bateau au premier rang : vitesse, remontée au vent, ou au contraire confort à la mer, au détriment de la remontée au vent. Et son bateau sera probablement réussi *pour la pleine mer*. Mais un bateau ne passe pas son temps à naviguer...

Prenons quelques livres relatant des tours du monde à la voile, et faisons le compte des mois de traversée et des mois passés au mouillage : on s'apercevra que la plupart des tours du monde ont duré de 3 à 5 ans, pour une navigation effective de 10 à 12 mois, rarement plus. (Sans parler du temps passé à bord, avant et après ce tour du monde.)

La plupart des navigateurs reconnaîtront qu'à la mer un bateau n'est jamais trop grand. Le magnifique *Omoo*, par exemple, pouvait être manœuvré par un homme seul. Bernicot a réussi un tour du monde parfait, malgré la taille d'*Anahita*, sloop de 12 mètres, avec un mât de 12 mètres de haut...

Mais au mouillage, lorsqu'il faut se battre avec une lourde chaîne, une ancre énorme, qu'il faut payer la peinture, les drisses neuves, changer des haubans, tailler et coudre une voile neuve, nettoyer la coque, brûler la peinture, appliquer les couches protectrices... alors, on risque de trouver le bateau un peu grand, un peu lourd, et de se sentir un peu trop esclave de son bateau, « ce beau et cher souci », comme disait Madeleine Merlot, en parlant de *Korrigan* qui n'avait pourtant que 9 mètres hors tout...

La deuxième raison ? L'homme évolue ; ses idées peuvent se modifier, un impondérable survenir. Voyez l'exemple des Merlot : *Korrigan* leur plaisait en tous points. Et puis Brigitte vint au monde...

Bien entendu, il y a des exceptions : Pidgeon, sans avoir jamais navigué, réussissait du premier coup un bateau parfait (pour lui), à bord duquel il devait passer de longues années. Il m'a même été affirmé qu'*Islander* fut perdu longtemps après son tour du monde, et que Pidgeon reconstruisit un autre bateau, copie exacte d'*Islander*, sur lequel ce grand marin devait finir ses jours, à plus de 70 ans. Autre exemple, celui de Frank Witman : citoyen de l'Afrique du Sud, il construisit à Capetown un bateau semblable en tous points à l'*Islander* de Pidgeon, et traversa deux fois l'Atlantique. Depuis, Frank Witman, âgé de plus de 50 ans, vit en permanence à bord de son bateau, à Saldona-Bay, au Sud de Capetown.

Mais de tels exemples sont exceptionnels, et il convient de noter que Harry Pidgeon et Frank Witman sont restés des solitaires, ce qui leur a évité en partie les fameux « impondérables ».

En revanche, si le but est de faire le tour du monde et d'en rester là, il n'y a aucune raison pour qu'un homme prudent, bien renseigné par ses lectures, et doué d'un esprit réfléchi, ne puisse faire construire un excellent bateau adapté à ses goûts, et surtout à ses moyens. Bien entendu son voilier sera très rarement le « bateau idéal », mais puisque l'aventure ne doit durer que quelques années...

L'ennui, c'est qu'après son tour du monde, l'homme aura peu de chances de se réadapter à son existence d'avant le départ. Et probablement voudra-t-il continuer son existence vagabonde. Seulement, voilà... Trois ou quatre ans à bord d'un bateau imparfaitement adapté, cela passe encore. Plus longtemps, non ! Or, l'on revient en général aussi « fauché » que le jour du départ, après avoir connu, en plus, la hantise du pain quotidien et s'être posé quelques questions un peu troublantes au sujet de l'avenir.

Naturellement, pour ceux qui ont déjà connu cette existence, et à supposer qu'ils en aient les moyens financiers, les chances de réussir leur prochain bateau sont plus grandes, car, en plus d'une expérience technique, fortifiée par des années de pratique, ils posséderont une idée beaucoup plus exacte qu'au départ, des problèmes réels que pose ce genre de vie. Or, ces problèmes sont strictement individuels et l'expérience de Le Toumelin ne peut servir à Bardiaux ni à Henry Wakelam, ni aux Merlot, pas plus que celle de Bardiaux à quelqu'un d'autre. Car le choix du « prochain bateau » sera conditionné par la personnalité du marin, très peu par l'aspect technique de la navigation à voile.

Si c'était à refaire... mais à quoi sert d'en parler, puisque les idées, en matière de bateau, ne peuvent servir qu'à celui qui les expose ? Après tout, cela me permettra de clarifier mes propres conceptions.

Alors, si c'était à refaire, je m'efforcerais (du moins je l'espère) de m'attacher aux points suivants.

J'essaierais de faire dessiner un ketch Marconi par un de nos meilleurs architectes, selon mes prescriptions.

Entièrement construit en bois de bonne qualité, préalablement traité contre la pourriture, ce voilier sera charpenté d'une façon presque exagérée, pour augmenter sa solidité et limiter au maximum les déformations dues aux efforts de torsion par grosse mer et vent fort, qui risqueraient de faire craquer le revêtement en polyester. Car la coque, le pont et la cabine seront entièrement revêtus de polyester. Cela coûtera cher, mais finis la peinture, les risques de tarets, les carénages obligatoires et les innombrables servitudes que j'ai connues avec mes bateaux précédents.

La quille sera très longue. Non pas pour augmenter la stabilité de route (car avec le gouvernail automatique de Marin Marie, le problème ne se pose plus), mais plutôt pour augmenter la solidité de la coque à la mer, et surtout à l'échouage. Ainsi, pas de déformations longitudinales pendant les carénages et... les talonnages éventuels.

Le tirant d'eau sera le plus faible possible et il est probable que je demanderai à l'architecte d'ajouter un aileron latéral de chaque côté de la quille centrale, pour augmenter la résistance à la dérive et permettre de caréner à marée basse sans qu'il soit nécessaire d'appuyer le bateau contre un quai, ou d'utiliser des béquilles toujours encombrantes et souvent dangereuses. Bien entendu, les problèmes posés par ces deux ailerons latéraux seront délicats du point de vue de la solidité d'ensemble. *Mais si une solution peut être trouvée*, je n'hésiterai pas à ajouter ces ailerons qui permettraient de diminuer de beaucoup le tirant d'eau, d'échouer sans ennuis, de s'approcher plus près des plages, et de pénétrer dans des passes interdites à un autre bateau. Certes, la friction provoquée par ces ailerons sur les filets d'eau diminuerait un peu la vitesse... Tant pis, on ne peut pas tout avoir...

Ce bateau serait un ketch, parce que je préfère un gréement divisé que je trouve beaucoup plus maniable par mauvais temps, tout en sachant qu'un cotre saura tirer un meilleur parti d'une bonne brise. Question de goût... Une chose est certaine : mon bateau possédera une surface de voilure importante, lui permettant de

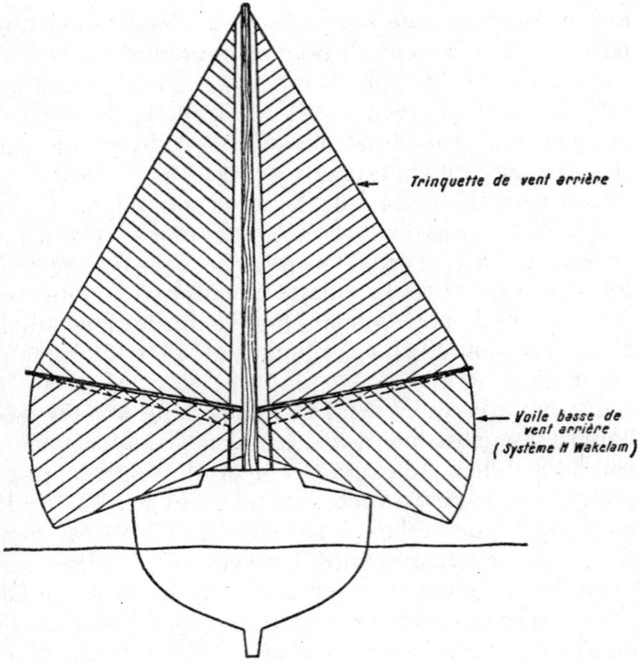


Fig. 8 – *Dispositif des trinquettes jumelles inspiré* d'Omoo *et modifié par l'adjonction de deux voiles basses*. Cette idée d'Henry Wakelam a permis à *Wanda* et *Marie-Thérèse II* d'effectuer une traversée de l'Atlantique dans d'excellentes conditions. Par brise trop fraîche, il est rapide d'amener les deux voiles basses et d'abaisser le point d'amure des trinquettes classiques au ras du pont.

naviguer correctement par vents faibles et au plus près. On peut toujours rouler de la toile, mais il n'est pas possible d'augmenter la surface de celle-ci en allongeant les mâts. Or, un mât haut peut être aussi solide qu'un mât court. Il suffit d'un bon haubanage. *Anahita* a-t-elle démâté lors de son chavirement ? D'autre part, un mât haut permet d'envoyer beaucoup de toile par vent arrière et au grand largue, grâce au système des voiles carrées supplémentaires d'Henry Wakelam.

Mes voiles de vent arrière resteront celles d'*Omoo*, améliorées par le système d'Henry Wakelam. J'en ai déjà parlé suffisamment au cours de cet ouvrage pour ne pas y revenir.

S'il me reste assez d'argent après avoir construit la coque, mes voiles de route seront en dacron : solides, presque inusables et n'exigeant aucun entretien, car le dacron ne connaît pas la pourriture. De plus, elles seront faites par un maître voilier... Mais si les voiles en dacron posent un problème insoluble à mon impécuniosité, j'aurai de bonnes voiles en coton, pas trop lourdes (puisqu'une voile trop épaisse s'use en réalité plus vite qu'une voile raisonnable), que je traiterai moi-même contre la pourriture, avec du « canvos » *noir*, comme l'a fait Henry Wakelam. Cette idée de voiles noires fera hurler ? Elle se justifie pourtant.

Avez-vous observé les parties renforcées d'une vieille voile pourrie ? (points d'écoute, de drisse et d'amures). Si oui, vous avez sûrement remarqué avec surprise que ces petits triangles de toile sont encore intacts, ou presque, à l'intérieur du doublage. Pourtant ce sont précisément ces parties épaisses qui absorbent et conservent le mieux l'humidité et qui, logiquement, auraient dû pourrir en premier. La raison de leur conservation étonnante provient selon toute vraisemblance, de ce qu'elles sont restées à l'abri de la lumière. L'eau douce ne serait donc pas le seul agent de pourriture, pour une voile. La lumière y est pour beaucoup. C'est du moins la conclusion à laquelle nous sommes arrivés, Henry Wakelam et moi, après avoir observé attentivement de nombreuses voiles pourries jetées en vrac sur un tas de déchets, dans la cour du Yacht-Club de Capetown...

Ainsi, des voiles traitées au canvos noir, seront à la fois imperméables à l'eau *et à la lumière* ; autrement dit,

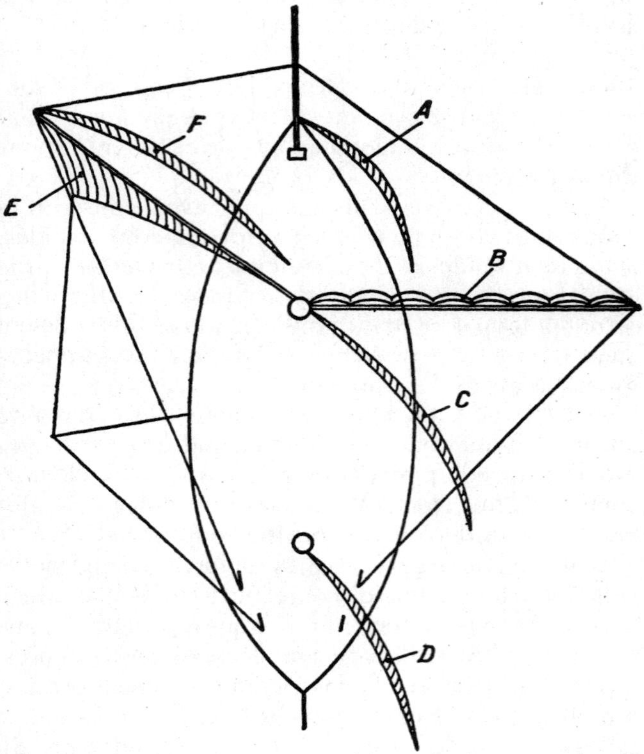


Fig. 9. – *Disposition des voiles, au grand largue, par beau temps*, et lorsqu'il est permis de penser que le vent repassera de l'arrière.

A. Trinquette de route ; B. La trinquette tribord est lacée sur son tangon brassé carré. Si le vent revient sur l'arrière, il sera aisé de l'envoyer et d'amener grand-voile et artimon ; C. Grand-voile ; D. Artimon ; E. Voile basse babord ; F. Trinquette de vent arrière babord.

doublement protégées contre la pourriture. Pas jolies... ? On s'y habitue (comme aux terrasses en béton), et s'il faut lever l'ancre par nuit noire pour des raisons personnelles...

*Forme et dimensions de la coque*

Je voudrais que mon prochain bateau soit aussi petit que possible : disons 8 m 50 à 9 m 50 de longueur hors tout. Le roof s'inspirerait de celui des *Quatre-Vents*, donnant une hauteur complète dans la cabine et peu de prise au vent et à la mer, grâce à sa forme extérieure sans angles vifs.

La largeur de ce bateau serait importante, afin d'obtenir un volume intérieur (donc un confort) maximum. L'arrière serait norvégien, les formes bien pleines, le gouvernail extérieur, le mât d'artimon emplanté sur le pont dont les barrots seraient alors renforcés. Le grand mât lui-même, viendrait peut-être s'emplanter sur le pont, ce qui augmenterait beaucoup la place intérieure. Mais ce dernier détail demande encore de la réflexion... bien qu'avec un excellent haubanage le problème ne se pose pas : bien des voiliers ont le grand mât emplanté sur le pont et ne s'en plaignent pas, au contraire. Cela fait probablement un peu peur, au début... et puis, on s'y habitue !

Les haubans et les cadènes seraient évidemment en acier inoxydable, et les écoutes en nylon. Mais avant d'acheter mes cordages, j'en essaierais différents échantillons dont je comparerais les résistances à la friction, en tentant de cisailler une tringle de fer. Et je m'apercevrais alors (sans stupéfaction, puisque je l'ai déjà fait...) qu'un cordage en nylon proposé par un commerçant, peut s'avérer dix fois plus résistant à la friction qu'un autre cordage en nylon lui ressemblant en tous points, proposé par un autre commerçant, et au même prix : bien

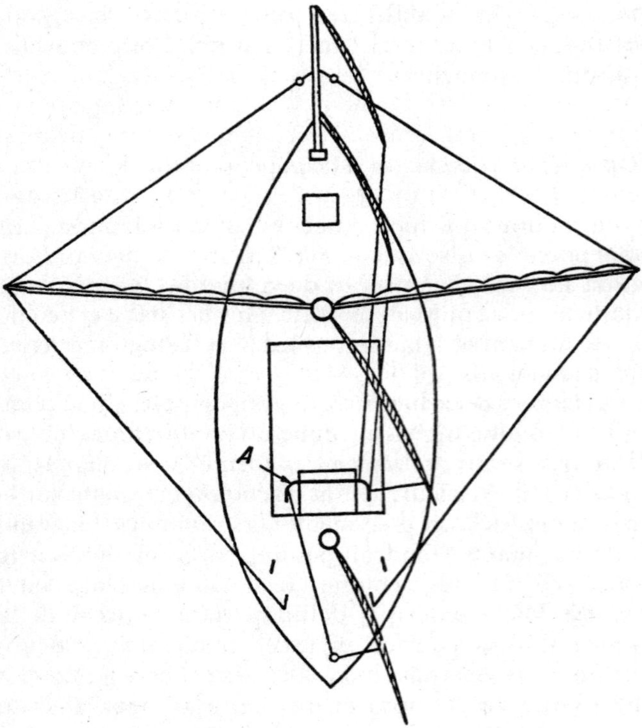


Fig. 10. – Par beau temps, quand on espère que le vent repassera de l'arrière, les balancines des tangons sont raidies pour éviter que ceux-ci traînent dans l'eau, au roulis ou à la gîte. Si le vent arrière n'est pas attendu avant longtemps, les tangons sont rabattus vers l'avant, trinquettes restant ferlées, et viendront reposer sur le bout-dehors.

On remarque que toutes les écoutes sont frappées sur l'arceau A : il sera possible de les régler sans sortir de la cabine.

entendu, s'il existe des « baleiniers alliés » dans les parages immédiats, le problème des cordages se présentera sous un aspect très différent !

Il va sans dire que ce bateau sera équipé d'une roue intérieure, et d'un poste de pilotage dans la cabine, comme *Marie-Thérèse II*. Sans parler du confort apporté par ce dispositif, il convient de considérer également l'aide qu'il procure à la navigation, grâce à l'économie d'énergie : avec la roue intérieure, plus de stations obligatoires sur le pont, par temps pluvieux ou simplement désagréable, surtout la nuit ; d'autre part l'utilisation de ce poste de pilotage intérieur augmente considérablement la sécurité de l'équipage par gros temps, qu'il s'agisse d'un solitaire ou de plusieurs personnes. Qu'on se souvienne, par exemple, de la nuit effroyable que connut le navigateur solitaire anglais Edward Alcart, à bord de *Temptress*, lorsqu'il fut coiffé plusieurs fois par des lames déferlantes, alors qu'il fuyait presque à sec de toile, dans une mer démontée au large des Açores, *Temptress* n'étant plus en sécurité à la cape classique...[1]. Et cet autre grand yacht, dont l'homme de barre a disparu, enlevé par une lame déferlante qui avait arraché toutes les voiles ferlées sur les espars, au large du cap de Bonne-Espérance. Des cas aussi tragiques sont heureusement rares. Mais ils pourraient devenir inconnus avec une roue intérieure permettant de gouverner par les pires temps, relativement au sec, au chaud, en économisant forces et calories, tout en voyant parfaitement la mer à travers les fenêtres disposées autour du poste de pilotage.

Mais un tel bateau, dira-t-on, coûtera une petite fortune ? Oui, c'est vrai. Toutefois, la question se présente

---

1. *Temptress* a été démâtée de l'artimon par une vague déferlante, au cours de ce coup de vent.

à mes yeux sous un aspect légèrement différent : un bateau ne coûte pas un, deux, cinq ou dix millions. Un bateau coûte TOUT ce que l'on possède. Tout, plus le reste !

Alors, lorsque ce sera à refaire, je m'efforcerai de faire quelque chose de bien…

Je sens que vous brûlez de me poser la question suivante : « Ce bateau dont vous rêvez, sera-t-il un but en soi, ou plutôt un moyen pour atteindre un but lointain, encore nébuleux… ?

S'il s'agit d'un but, je me refuse à comprendre car, enfin, vagabonder toute sa vie à travers les océans comme le Juif errant, ne représente pas un but très enviable… Et si, par contre, votre intention intime est de continuer à voyager jusqu'à ce que vous ayez trouvé le « coin idéal » pour y planter votre tente, pourquoi vous encombrer d'un bateau aussi coûteux, puisqu'il faudra vous en débarrasser dans quelques années ? Un bon bateau d'occasion, en bois ou en acier, ferait l'affaire dans ce dernier cas… On en trouve à des prix raisonnables… »

Cette question est logique. Mais voilà…

À mes yeux, le bateau dont je rêve sera à la fois un but en soi, et le moyen de trouver *sans le chercher*, l'endroit qui corresponde à mes goûts. Un endroit du monde où le mot « vivre » ne soit pas synonyme de « tous les coups sont permis », et où le dieu Argent, avec sa tribu de sous-fifres envahissants, se voie contraint de partager son fief avec d'autres dieux qui s'appellent Soleil, Nature, Paix, Vie simple.

— Mais pourquoi, alors, un bateau fait pour durer éternellement, puisque, si nous avons bien compris, vous serez devenu « Terrien » d'ici quelques années… ?

— Parce que je ne crois pas qu'il me soit possible de redevenir tout à fait Terrien. Et un bateau fait pour durer me permettrait de repartir, le jour où je le voudrais, de ce « coin idéal », quitte à y revenir par la suite.

Alors, le Ciel aidant, « Bateau » serait *peut-être* synonyme de « Liberté ».

# Post-Scriptum 1988

Depuis la parution de ce livre, près de trente années ont passé. Trois ans après la perte de *Marie-Thérèse II*, j'ai pu faire construire *Joshua*, ketch acier de douze mètres dessiné par Jean Knocker. L'acier s'est révélé être la meilleure réponse à mes problèmes d'entretien et de solidité. Dix-huit ans après sa mise à l'eau, la coque était aussi neuve que le premier jour, parfaitement protégée de l'électrolyse par des anodes de zinc soudées sur la carène. Et, grâce à l'expérience du constructeur Jean Fricaud, membrures et barrots de pont en *fers plats soudés sur champ* permettaient au pinceau de passer dans les moindres recoins. Ainsi l'intérieur également est resté en parfait état. Seuls les chandeliers, bout-dehors, tête de gouvernail, bittes d'amarrage, mains-courantes et taquets d'écoute, ont dû être remplacés après dix-huit ans : un coup de disque tronçonneur, quelques solides journées d'atelier avec l'aide de mes copains du *Kim* pour refaire toutes ces pièces, un bon soudeur... et *Joshua* redevenait un bateau entièrement neuf. Quelques années plus tard, je le perdais au Mexique, à marée basse, jeté à la côte par un cyclone (je m'étais fait surprendre au mouillage, comme un débutant, avec vingt-cinq autres bateaux). Sur cette plage, les déferlantes frappaient avec une telle puissance qu'en une nuit tous les hublots au vent ont été défoncés, chandeliers pliés sur le pont, mèche du gouvernail acier brisée au ras de la tête, bateau démâté, coque durement cabossée. Une semaine plus tard, le beau temps revenu, avec l'aide d'amis et d'un bulldozer, nous le remettions à flot. La coque ne faisait pas une goutte d'eau. Elle avait alors vingt et un ans, j'en avais cinquante-huit. Cette épreuve me laissait sur le sable avec une épave sur les bras, presque sans un radis et en pays étranger. J'ai fait cadeau de mon bateau aux deux jeunes gars qui m'avaient aidé à le sauver. Pour eux, pleins d'énergie, c'était un don du ciel. Moi, je devais tourner une page. Mais *Joshua* navigue encore à l'heure où j'écris ces lignes. À noter que les vingt-cinq autres bateaux jetés sur cette même plage (tous en plastique ou en bois) ont été entièrement détruits, à part deux rescapés, échoués à marée haute.

Jean-Michel Barrault en France, Ugo Conti et Mary Crowley en Amérique, ont battu le rappel des bonnes volontés pour réunir des fonds me permettant de repartir. Merci à tous, du fond du cœur.

*Tamata* a été construit par John et Ned Hutton, à une vitesse éclair, en Californie. C'est un cotre acier de dix mètres, à bouchain, tableau arrière et bout-dehors. Aménagements réalisés en dix jours seulement, par Jacques Toujan et moi-même : pas de cloisons, intérieur dégagé, aucun placard, des sandows tendus entre les membrures pour tenir les bouquins et autres menus objets, rien que du simple, du fonctionnel, du rapide. Sur le pont, un petit palan mobile remplace les winchs. Ainsi, quelques mois à peine après la perte de *Joshua*, je hissais de nouveau les voiles.

Autrefois, je ne jurais que par le ketch. Pourquoi *Tamata* est-il un cotre ? D'abord, je n'avais pas le choix, il fallait faire vite, à moindres frais. Maintenant, je remercie le ciel pour ce gréement de cotre : meilleure remontée au vent, voilure suffisamment divisée pour bien négocier le mauvais temps, manœuvre sous grand-voile seule dans les ports, peut remonter une brise fraîche sous trinquette seule, simplicité en général. Quant au tableau arrière (que je croyais dangereux pour fuir dans la grosse mer), des centaines de voiliers ont prouvé qu'il valait l'arrière norvégien sous les hautes latitudes, sans parler du gain de place sur le pont et à l'intérieur. Mais je suis resté fidèle au bout-dehors qui augmente beaucoup la surface de voilure par faible brise.

Et si c'était à refaire maintenant ? Si c'était à refaire, et en admettant que j'en aie les moyens, mon bateau ne serait surtout pas plus grand que *Tamata*, avec le même gréement. Mais je crois bien qu'il serait en alu. Car, après les tâtonnements du début, les alliages d'aluminium-marine me semblent avoir fait leurs preuves.

B.M.

# Lexique de quelques termes marins

*Ariser :* Diminuer la surface d'une voile par des ris ou des tours de rouleau.
*Arriver :* Modifier le cap en s'écartant du lit du vent.
*Atterrir :* Arriver en vue de la terre.
*Aussière :* Gros cordage pour ancrer ou pour amarrer le bateau à quai, sur une bouée, etc.
*Border :* Tirer vers l'intérieur une écoute, un cordage.
*Bordé :* Partie extérieure de la coque.
*Choquer :* Le contraire de border : donner du mou, laisser filer.
*Déborder :* Repousser vers l'extérieur.
*Draille :* Câble métallique servant à étayer un mât sur l'avant. Le foc et la trinquette « s'endraillent » le long d'un étai ou d'une draille.
*Drisse :* Cordage servant à hisser une voile.
*Écoute :* Cordage reliant au bateau l'extrémité d'une voile. Chaque voile est munie d'une écoute. On choque ou on borde les écoutes pour orienter la voilure.
*Empanner :* Virer vent arrière, volontairement ou par accident.
*Filer :* Voir *Choquer*.

*Foc :* Voile triangulaire dont l'extrémité avant (point d'amure) se trouve sur l'extrémité du bout-dehors.

*Hiloire :* Partie verticale de la cabine ou d'un panneau.

*Haubans :* Câbles métalliques servant à soutenir le mât de chaque côté du bateau.

*Lofer :* Modifier le cap en se rapprochant du lit du vent. C'est le contraire d'« arriver ».

*Manœuvres :* Ensemble des cordages faisant partie de l'armement d'un bateau.

*Trinquette :* Voile triangulaire placée entre le foc et la grand-voile.
Le point d'amure de la trinquette ne dépasse jamais l'étrave.

## *Table*

LES GRANDES LATITUDES
J'AI LU

3935

Composition
FACOMPO

*Achevé d'imprimer à Barcelone*
*par* CPI BLACKPRINT
*le 29 août 2021.*

Dépôt légal septembre 2021
EAN 9782290359198
OTP L21EPLN003118N001
1er dépôt légal dans la collection : février 2012

ÉDITIONS J'AI LU
87, quai Panhard-et-Levassor, 75013 Paris

Diffusion France et étranger : Flammarion